D1735388

Torsten Schaefer

Der Nemo-Tenetur-Grundsatz
im Steuerstrafverfahren

Torsten Schaefer

Der Nemo-Tenetur-Grundsatz im Steuerstrafverfahren

Tectum Verlag

Torsten Schaefer

Der Nemo-Tenetur-Grundsatz im Steuerstrafverfahren
Zugl.: Osnabrück, Univ. Diss. 2006
ISBN: 978-3-8288-9433-4
© Tectum Verlag Marburg, 2007

Besuchen Sie uns im Internet
www.tectum-verlag.de

Bibliografische Informationen der Deutschen Nationalbibliothek
Die Deutsche Nationalbibliothek verzeichnet diese Publikation in der
Deutschen Nationalbibliografie; detaillierte bibliografische Angaben sind
im Internet über http://dnb.ddb.de abrufbar.

Für Nina Mara

Das Manuskript der vorliegenden Arbeit wurde im Sommersemester 2005 fertiggestellt und im Wintersemester 2006/2007 von der rechtswissenschaftlichen Fakultät der Universität Osnabrück als Dissertation angenommen.

Für die Erstellung des Erstgutachtens, die Aufnahme als Wissenschaftlicher Mitarbeiter am Institut für Finanz- und Steuerrecht sowie die gewährte akademische Freiheit bedanke ich mich bei Herrn Prof. Dr. J. M. Mössner. Herrn Prof. Dr. A. Ransiek danke ich für die Übernahme und zügige Erstellung des Zweitgutachtens.

Meine Promotion verdanke ich zu einem großen Teil meiner Familie, Freunden und Kollegen. Für deren Unterstützung und Anteilnahme bedanke ich mich von Herzen.

Besonderer Dank gilt meiner Lebensgefährtin Nina Mara. Sie gab mir stets den notwendigen Rückhalt und spornte mich an. Ihr entgegengebrachtes Verständnis in jeder Lage der Dissertationserstellung und ihre Sorge für den richtigen Ausgleich haben maßgeblich zum Gelingen der Promotion beigetragen. Mein bester Dank gilt darüber hinaus meinem Freund und Kollegen Dr. Matthias Dominok, der mir ob der Bürde seiner eigenen Dissertation half, so manche wissenschaftliche Klippe zu umschiffen. Auch die vielen heiteren Stunden und der persönliche Austausch sind nicht vergessen und haben zum Erfolg der Promotion wesentlich beigetragen. Einen dankenswerten Beitrag an dem Gelingen der Dissertation hat auch Herr Kai Wünker. Er hat insbesondere die Voraussetzungen für die computergestützte Fertigung der Dissertation geschaffen und war bei allen technischen Widrigkeiten der Garant für die Funktionsfähigkeit der EDV. Dank schulde ich auch Frau Hannelore Klingemann, welche insbesondere durch ihre Sorge um das leibliche Wohl die Gewähr für die Sicherung der physischen Voraussetzungen übernommen hat. Danken möchte ich auch Herrn Prof. Dr. Carsten Klingemann, der insbesondere die schwierige Aufgabe des Lektorats bereitwillig übernommen und kundig gemeistert hat. Mein besonderer Dank gilt nicht zu Letzt meinen Eltern, die mich immer gefördert und mir meine akademische Ausbildung ermöglicht haben. Bei Ihnen und Herrn Rechtsanwalt Jürgen Schaefer bedanke ich mich zudem für die großzügige Übernahme des Druckkostenzuschusses.

Schlussendlich seien sich auch all diejenigen meiner Dankbarkeit gewiss, die ihren kleinen oder großen Beitrag zu meiner Promotion geleistet haben, hier aber nicht namentlich erwähnt werden können.

Inhaltsverzeichnis

Einleitung..1

1. Kapitel.. 5

A. Problemaufriss 5

I. Theoretische Selbständigkeit von Steuerstraf- und
Besteuerungsverfahren.. 8

II. Die faktische Verknüpfung von Steuerstraf- und
Besteuerungsverfahren.. 9

1. Sachliche Verfahrensidentität.. 9

2. Behördliche und personelle Verfahrensidentität 11

a) Die Doppelfunktionalität von Steuerfahndung und
Zollfahndung 13

aa) Die Aufgaben und Befugnisse von Steuer-
und Zollfahndung 14

bb) Meinungsstand.. 16

cc) Zwischenergebnis... 20

b) Doppelfunktionalität der Außenprüfung 21

aa) Der strafrechtliche Vorbehalt gem. § 201 Abs. 2 AO 23

bb) Außenprüfung zur Ermittlung steuerrechtlicher
und steuerstrafrechtlicher Erkenntnisse 26

3. Zwischenergebnis.. 27

B. Verfahrenskollisionen von Steuer- und Steuerstrafverfahren 29

I. Steuererklärungspflichten, §§ 149 ff. AO 29

1. Besteuerungsverfahren und Steuerstrafverfahren erfassen
denselben Besteuerungssachverhalt 31

a) Die steuerrechtliche Schätzung gem. § 162 AO 32

aa) Die Schätzung als (potentieller) Selbstbelastungszwang 33

bb) Meinungsstand 35

b) Die Sanktionsandrohung des § 370 Abs. 1 AO als potentieller
Selbstbelastungszwang 38

aa) Tatbestandserfüllung des § 370 Abs. 1 AO bei Schadensidentität zwischen Vor- und Nachtat 39

bb) Tatbestandserfüllung des § 370 Abs. 1 AO bei Schadensdifferenz zwischen Vor- und Nachtat 42

cc) Meinungsstand 43

2. Das Besteuerungsverfahren erfasst dem Steuerstrafverfahren
nachfolgende Besteuerungssachverhalte 46

a) Selbstbelastungszwang 47

b) Meinungsstand 49

c) Zwischenergebnis 54

3. Der Einfluss der strafbefreienden Selbstanzeige gem. § 371 AO
auf die Zumutbarkeit steuerrechtlicher Mitwirkungspflichten 54

II. Zwischenergebnis 56

2. Kapitel 59

A. Die verfassungsrechtliche Verankerung des Nemo-Tenetur-
Grundsatzes 65

I. Verfassungsrechtliche Grundlagen 68

1. Verfassungsrechtliche Regelungen 68

a) Die Menschenwürde, Art. 1 Abs. 1 GG 69

b) Das Verhältnis zwischen dem Nemo-Tenetur-Grundsatz
und der Menschenwürdegarantie 75

c) Die freie Entfaltung der Persönlichkeit in seiner Ausprägung
durch das allgemeine Persönlichkeitsrecht 79

aa) Das allgemeine Persönlichkeitsrecht
gem. Art. 2 Abs. 1 i. V. m. Art. 1 Abs. 1 GG 79

(1) Der Schutzzweck des allgemeinen Persönlichkeitsrechts 80

(1.1) Kommunikation 80

(1.2) Kommunikationsautonomie 82

(2) Das Verhältnis zu Art. 1 Abs. 1 GG 85

(3) Das allgemeine Persönlichkeitsrecht und sein Verhältnis
    zur allgemeinen Handlungsfreiheit 90

(4) Inhaltliche Ausprägung des allgemeinen Persönlichkeitsrechts 92

(4.1) Der Schutz der Privatsphäre und das Recht auf
    Selbstbestimmung 92

(4.2) Das Recht auf informationelle Selbstbestimmung 94

(4.2.1.) Reichweite des Rechts auf informationelle
    Selbstbestimmung 96

(4.2.2.) Eingriffsbegriff 97

(4.2.3) Schutzbereich 100

bb) Folgerungen für die Interpretation des Nemo-Tenetur-
    Grundsatzes 103

(1) Die Verankerung des Nemo-Tenetur-Grundsatzes in
    Art. 2 Abs. 1 i. V. m. Art. 1 Abs. 1 GG 105

(2) Systematische Widersprüche zwischen dem Nemo-Tene
    tur-Grundsatz und dem Recht auf informationelle Selbst-
    bestimmung 107

(3) Der Nemo-Tenetur-Grundsatz als naturrechtlicher
    Unzumutbarkeitsschutz 109

(4) Zwischenergebnis 113

(5) Das Rechtsstaatsprinzip, Art. 20 Abs. 3 GG 115

2. Der Schutzbereich des Nemo-Tenetur-Grundsatzes 117

a) Schranken des allgemeinen Persönlichkeitsrechts 121

aa) Sphärentheorie 122

bb) Modifikation der Sphärentheorie im Rahmen des
    Rechts auf informationelle Selbstbestimmung 126

cc) Zwischenergebnis 128

b) Der Nemo-Tenetur-Grundsatz als Informationsschutz
    im Strafverfahren 131

c) Der absolut geschützte Kerngehalt 134

aa) Der Wesensgehalt gem. Art. 19 Abs. 2 GG 135

bb) Der Einfluss des Art. 1 Abs. 1 GG 136

cc) Zwischenergebnis 137

dd) Der absolute Schutz des Nemo-Tenetur-Grundsatzes 138

(1) Der Nemo-Tenetur-Grundsatz als Schutz der Kommunikationsautonomie im Strafverfahren 139

(2) Entscheidungsfreiheit im Sinne von Entscheidungsfindung 140

(3) Entscheidungsfreiheit bezogen auf die Entscheidungswahl 143

d) Zusammenfassung und Zwischenergebnis 145

II. Die Auslegung der einzelne Tatbestandsmerkmale des Nemo-Tenetur-Grundsatzes 148

1. Der Zwangsbegriff 149

a) Unmittelbarer Zwang 150

aa) Rechtlicher Zwang im Sinne einer Rechtspflicht 150

bb) Vollstreckungszwang 153

(1) Schweigen als Schuldindiz 156

(2) Versehentliche Nichtbelehrung 160

cc) Unmittelbar faktischer Zwang 161

dd) Zwischenergebnis 164

b) Mittelbarer Zwang 164

aa) Differenzierung zwischen Entscheidungswahl und Entscheidungsfindung 164

bb) Eingriff in die Entscheidungsfindung durch Vergünstigungszwänge 165

(1) Zulässiger Vergünstigungszwang vs. verbotenem Vollstreckungszwang 166

(2) Differenzierung nach dem Handlungszweck 167

c) Unzulässiger mittelbarer Zwang auf die Entscheidungswahl 168

d) Das Verhältnis zwischen dem Nemo-Tenetur-Grundsatz und § 136a StPO 172

e) Zwischenergebnis 174

2. Das durch den Nemo-Tenetur-Grundsatz geschützte Informationsverhalten 175

a) Schutz vor Zwang zur aktiven Mitwirkung 176

b) Der Schutz des menschlichen Wissens 177

c) Trennung zwischen Körper und Geist 179

d) Der Schutz kommunikatorischen Verhaltens mit
Erklärungswert 180

3. Zwischenergebnis 183

**B. Der Nemo-Tenetur-Grundsatz außerhalb des
Strafverfahrens** 185

I. Eingriff in die Rechtsposition der Entscheidungswahl 186

1. Unmittelbarer Zwang i. S. d. Nemo-Tenetur-Grundsatzes 186

2. Mitwirkungspflichten in Leistungsverfahren 187

3. Mitwirkungspflichten in Eingriffsverfahren 189

4. Zwischenergebnis 190

II. Auswirkung auf das Strafverfahren 191

1. Gefahr der Strafverfolgung 193

2. Selbstbelastungsschutz vs. Mitwirkungspflicht 195

a) Aussageverweigerungsrecht vs. Aufzeichnungs-
und Urkundenherausgabepflicht 297

b) Kompensation durch Verwertungsverbot 200

c) Das Kontroll- und Überwachungsinteresse gesetzlicher
Ge- und Verbote vs. den Nemo-Tenetur-Grundsatz 201

d) Mitwirkungspflicht und repressive Informationsverwertung 204

e) Gerechtfertigter Eingriff in den Nemo-Tenetur-Grundsatz 207

f) Zwischenergebnis 208

3. Kapitel 211

A. Steuerrechtliche Mitwirkungspflichten 213

I. Bedeutung 214

II. Qualifizierung als unmittelbarer Zwang 215

III. Gefahr der strafrechtlichen Selbstbelastung 216

  1. Das Steuergeheimnis gem. § 30 Abs. 2 AO und
    das Verwertungsverbot gem. § 393 Abs. 2 S. 1 AO 217

  2. Der Durchbrechungstatbestand des § 30 Abs. 4 Nr. 1
    i. V. m. Abs. 2 Nr. 1 b) AO und § 393 Abs. 2 S. 1 a. E. AO 219

  3. Eingriff in den Nemo-Tenetur-Grundsatz 220

B. Konfliktlösung 221

I. Aussetzung der steuerrechtlichen Mitwirkungspflichten 223

II. Strafrechtliches Offenbarungs- und Verwertungsverbot 225

  1. Strafrechtliches Offenbarungs- und Verwertungsverbot
    vs. nachkonstitutionelles Recht 226

  2. Zwischenergebnis 238

  3. Verfassungskonforme Auslegung des § 30 Abs. 4 Nr. 1
    i. V. m. Abs. 2 Nr. 1 b) AO und § 393 Abs. 2 S. 1 a. E. AO 229

    a) Tatbestandsreduktion der Offenbarungs- und
      Verwertungsbefugnis auf Informationen über
      Tathandlungen i. S. v. § 370 Abs. 1 AO 231

    b) Zwischenergebnis 235

    c) Lückenhaftigkeit des § 393 Abs. 2 S. 1 AO 237

    aa) Abgrenzung zur strafbefreienden Selbstanzeige
       gem. § 371 AO 239

    bb) Zwischenergebnis 240

  4. Schutz des Nemo-Tenetur-Grundsatzes durch
    ein steuerstrafrechtliches Offenbarungs- und
    Verwertungsverbot 241

  5. Offenbarungs- und Verwertungsverbot im
    Zusammenhang steuerrechtlicher Buchführungs-
    und Aufzeichnungspflichten 243

    a) Buchführungsunterlagen und Herausgabepflicht 244

    b) Buchführungsunterlagen und Beschlagnahme 248

  6. Steuerstrafrechtliches Offenbarungs- und
    Verwertungsverbot vs. wirksame Strafverfolgung 250

4. Kapitel 253

A. Zusammenfassung 253

B. Schlussbemerkung 267

Literaturverzeichnis 269

Einleitung

Das dieser Arbeit zugrunde liegende Thema "Der Nemo-Tenetur-Grundsatz im Steuerstrafverfahren" greift ein im Schrifttum immer wieder kontrovers diskutiertes Problem aus dem Bereich des Steuerstrafverfahrens auf und besitzt zudem eine aktuelle praktische Relevanz. Bestätigt wird dies durch mehrere Entscheidungen der höchstrichterlichen Rechtsprechung in jüngster Zeit[1]. Den Entscheidungen lag im Kern dasselbe Problem zugrunde, welches auch immer wieder Gegenstand streitiger Erörterungen im Schrifttum ist: Muss der einer Steuerstraftat i. S. v. § 386 AO Beschuldigte im Besteuerungsverfahren auch dann seinen gesetzlichen Mitwirkungspflichten nachkommen und eine wahrheitsgemäße Steuererklärung einreichen, wenn hiervon die Gefahr der strafrechtlichen Selbstbelastung ausgeht? Angesprochen ist hiermit der Konflikt zwischen dem im Besteuerungsverfahren vorherrschenden Gebot der umfassenden Mitwirkung an der Sachverhaltsermittlung durch den Steuerpflichtigen auf der einen Seite und dem im Strafverfahren geltenden Recht der Aussageverweigerung und dem Schutz vor Selbstbelastung auf der anderen Seite. Werden zeitgleich sowohl ein steuerstrafrechtliches als auch ein besteuerungsrechtliches Verfahren durchgeführt, kann es zu einem Konflikt dieser divergierenden Prinzipien kommen. Gleiches gilt aber auch bei einer zeitlichen Versetzung der genannten Verfahren. Dies beruht vor allem darauf, dass beiden Verfahren der gleiche Ermittlungsgegenstand, d. h. Lebenssachverhalt, zugrunde liegt. Wie diese Kontroverse im Falle der Verfahrensüberschneidung systematisch, über den Einzelfall hinaus gelöst werden kann, ist höchst streitig und Ausgangspunkt für eine auf breiter Front geführte Diskussion.

Auch die vorliegende Arbeit beschäftigt sich in der Hauptsache mit dieser Fragestellung und unternimmt den Versuch, einen sowohl theoretisch fundierten als auch praktisch verwendbaren Lösungsvorschlag zu unterbreiten. Besondere Berücksichtigung verdient hierbei die thematisch bedingte Verknüpfung von Steuer- und Steuerstrafverfahren unter Beachtung deren jeweiliger Prinzipien und Vorgaben. Das vorliegende Thema "Der Nemo-Tenetur-Grundsatz im Steuerstrafverfahren" ist daher nicht allein für den Strafrechtler, sondern auch für den Steuerrechtler von Interesse und von praktischer Relevanz. Dies zeigt sich schon daran, dass z. B. nach teilweise vertretener Ansicht

---

[1] BGH Beschl. v. 12.01.2005 – 5 StR 191/04, NJW 2005, 763 ff.; BGH Beschl. v. 10.01.2002 – 5 StR 587/00 –, BGHSt. 47, 8 ff. = wistra 2001, 341; BGH Beschl. v. 10.01.2002 – 5 StR 452/01 –, wistra 2002, 149 = JZ 2002, 615; BGH Beschl. v. 23.01.2002 – 5 StR 540/01 –, wistra 2002, 150 = NJW 2002, 1733.

der Nemo-Tenetur-Grundsatz dem Steuerpflichtigen bereits im Besteuerungs-verfahren das Recht einräumen soll, die steuerrechtlich normierten Mitwir-kungspflichten verweigern zu dürfen, wenn er sich andernfalls der Begehung einer Straftat selbst bezichtigen müsste[2]. Der Nemo-Tenetur-Grundsatz ist hiernach also bereits weit vor der Einleitung eines eventuellen Strafverfahrens zu beachten. Er entfaltet seine Wirkung schon in dem Steuerverfahren, d. h. zu einem Zeitpunkt, in dem der Steuerpflichtige in Kontakt mit einem Berater für Steuersachen, in aller Regel aber (noch) nicht für Strafsachen steht.

Den Ausgangspunkt der hier in Frage stehenden Problemstellungen bildet der Gewährleistungsinhalt des Nemo-Tenetur-Grundsatzes. Obgleich der Nemo-Tenetur-Grundsatz, der zuweilen auch als Schweigerecht, Selbstbelas-tungsschutz oder Aussagefreiheit benannt wird, dem Grunde nach anerkannt ist und als gesichertes, unabdingbares Recht des Beschuldigten im Strafverfah-ren bezeichnet wird[3], ist seine inhaltliche Ausprägung weitestgehend streitig und seine praktische Anwendung von systematischen und dogmatischen Un-klarheiten begleitet. Dieser Mangel in dem Verständnis sowohl über den Aus-sagegehalte als auch den Regelungsumfang des Nemo-Tenetur-Grundsatzes setzt sich fort und führt schließlich dazu, dass es auch im Verhältnis von Steuer- und Steuerstrafverfahren zu einer weitreichenden Unsicherheit in der Anwendung des Selbstbelastungsschutzes kommt. Sowohl um diese Unsi-cherheit soweit als möglich zu beseitigen, als auch im Fall der Bejahung einer Kollision zwischen dem Selbstbelastungsschutz und den divergierenden Prin-zipien des Steuerverfahrens eine systematisch konsequente Konfliktlösung anbieten zu können, ist es erforderlich, sich eingehend mit dem Nemo-Tene-tur-Grundsatz auseinanderzusetzen. Im Rahmen der vorliegenden Arbeit soll es hierbei aber nicht das Ziel sein, dem Nemo-Tenetur-Grundsatz und dessen Reichweite eine nach subjektiver Ansicht rechtsstaatlich wünschenswerte Ausprägung zu verleihen. Vielmehr soll vor dem Hintergrund einer ange-strebten praktischen Akzeptanz untersucht werden, was unter dem Nemo-Te-netur-Grundsatz verstanden werden kann und unter Berücksichtigung rechts-staatlicher Vorgaben (wenigstens) verstanden werden muss. Soweit sich die vorliegenden Erörterungen nicht allein auf theoretische Aussagen beschrän-ken sollen, sondern ein praktisch verwendbares Ergebnis zum Ziel haben, ist

---

[2] BGHSt 47, 8, 14 f.; BGH JZ 2002, 616, 617; OLG Hamburg wistra 1996, 239, 240; Aselmann NStZ 2003, 71, 74; Grezesch DStR 1997, 1273, 1275; Meyer DStR 2001, 461, 465.

[3] Vgl. nur BVerfGE 56, 37, 43; Wolfslast NStZ 87, 103; Bärlein/Pananis/Rehmsmeier NJW 2002, 1525; Dahs/Langkeit NStZ 1993, 213, 214.

es daher zwingend geboten, methodische Vorgaben der geltenden Rechtspraxis im Wege der induktiven Betrachtung in die anzustellenden Überlegungen mit einzubeziehen. Erst wenn es in Anlehnung an die geltende Rechtspraxis gelungen ist, den Nemo-Tenetur-Grundsatz in subsumierbare Tatbestandsmerkmale zu übersetzen, soll in einem nächsten Schritt das Verhältnis zwischen Steuer- und Steuerstrafverfahren einer abschließenden Bewertung unterzogen werden.

Das angestrebte Ziel eines praktisch verwendbaren Ergebnisses wird sich nur in dem Maße verwirklichen lassen, wie sich auch die Verfahrensprinzipien des Steuer- und Steuerstrafverfahrens entfalten können. Priorität kommt daher einer solchen Lösung zu, welche die beiden Verfahrensprinzipien so weit als unter rechtsstaatlichen Gesichtspunkten möglich nebeneinander zur Anwendung kommen lässt. Als weitere Voraussetzung für die Erreichung diese Ziels ist es notwendig, die bestehende Gesetzeslage als rechtliche Grundlage der anstehenden Diskussion anzuerkennen, will heißen, dass auf eine in diesem Zusammenhang oftmals anzutreffende Aburteilung einzelner steuerrechtlicher Normen als verfassungswidrig weitestgehend ebenso zu verzichten sein wird wie auch auf weiterführende Überlegungen de lege ferenda[4]. Die Unvereinbarkeit der Gesetzeslage mit der Verfassung soll als ultima ratio nur dort erklärt werden, wo ein verfassungskonformer Zustand auch nach dem Versuch einer verfassungskonformen Auslegung nicht zu erreichen ist.

Wer in Folge dieser Vorgabe bereits an dieser Stelle die Befürchtung hegt, der Nemo-Tenetur-Grundsatz werde nicht in einem Höchst-, sondern nur in einem Mindestmaß geschützt, mag nicht ganz Unrecht haben, wird aber eingeladen, ein abschließendes Urteil erst nach der Lektüre der nachfolgenden Ausführungen zu treffen. Um den Leser diese Einladung gerne annehmen zu lassen, hat sich der Verfasser um eine konzise Bearbeitung und individuelle Schwerpunktsetzung bemüht, deren oberstes Gebot es war, in Folge einer strikten Seitenzahlbegrenzung sowohl eine zügige Durchsicht als auch eine verständliche und fundierte Darstellung des vorliegenden Themas "Der Nemo-Tenetur-Grundsatz im Steuerstrafverfahren" zu ermöglichen.

Kernfrage der vorliegenden Arbeit ist, welchen Einfluss der sog. Nemo-Tenetur-Grundsatz auf das Verhältnis zwischen Besteuerungs- und Steuerstrafverfahren ausübt. Von der Untersuchung sind insoweit die thematisch ähnlich

---

[4] So aber z. B. Berthold S. 69, 70 ff., 77 ff., 91 ff., 106 ff.; Rüster S. 142 ff.; Wendeborn S. 223, 227 ff.; Hüttinger S. 135 ff.; Ruegenberg S. 376 ff.

gelagerten Fälle ausgeschlossen, deren Gegenstand die Strafverfolgung wegen Nichtsteuerstraftaten bildet. Zu denken ist hierbei an solche Sachverhaltskonstellationen, in welchen der Steuerpflichtige in Erfüllung steuerrechtlicher Pflichten zugleich die Begehung einer nach dem StGB verbotenen Tathandlung, z. B. einer Urkundenfälschung gem. § 267 StGB, offenbart. Vorliegend gilt das Interesse vornehmlich solchen Informationshandlungen des Steuerpflichtigen, deren Inhalt auf die mögliche Selbstbelastung wegen einer Steuerstraftat gem. § 370 Abs. 1 AO gerichtet ist. Die hier angebotene Antwort auf diese Frage lässt jedoch zugleich auch systematische Rückschlüsse auf andere Kollisionssachverhalte – sowohl im Bereich des Steuerstrafverfahrens als auch im Kern- und Nebenstrafrecht – zwischen gesetzlicher Erklärungspflicht und Selbstbelastungsschutz zu.

1. Kapitel

A. Problemaufriss

Der Beschuldigte einer allgemeinen Straftat ist einem strafrechtlichen Ermittlungsverfahren (§§ 152 Abs. 2, 160, 163 Abs. 1 und 2 StPO) ausgesetzt. Umfasst die Beschuldigung (zudem) eine Steuerstraftat nach § 369 Abs. 1 Nr. 1 AO oder eine Steuerordnungswidrigkeit nach § 377 Abs. 1 AO und ist der Beschuldigte diesbezüglich sogleich nach § 37 Abs. 1 AO Steuerschuldner des staatlichen Steueranspruchs, wird er neben dem strafrechtlichen Ermittlungsverfahren – erneut oder erstmalig – mit dem steuerrechtlichen Veranlagungsverfahren konfrontiert.

Besonders zu berücksichtigen ist der Umstand, dass beide Verfahren grundsätzlich eine unterschiedliche Zielrichtung verfolgen. Während das Besteuerungsverfahren in erster Linie der gleichmäßigen Festsetzung der Steuern dient, soll das Steuerstrafverfahren vornehmlich zur Sanktionierung steuerstrafrechtlicher Verfehlungen führen[5]. Dabei können die beiden Verfahren grundsätzlich gleichzeitig, aber auch zeitlich versetzt durchgeführt werden[6]. § 396 AO eröffnet den Strafverfolgungsbehörden die Möglichkeit, das Steuerstrafverfahren bis zum rechtskräftigen Abschluss des Besteuerungsverfahrens auszusetzen. Im Umkehrschluss folgt daraus, dass beide Verfahren auch gleichzeitig durchgeführt werden können. Festzustellen ist, dass der Betroffene bei einem einheitlichen Untersuchungsgegenstand der Verfahren gleichsam als Beschuldigter und Steuerpflichtiger fungiert[7].

Die Besonderheit einer solchen Doppelstellung im Steuerstrafverfahren liegt darin, dass den Betroffenen, je nach Art seiner Verfahrensstellung, unterschiedliche Rechte und Pflichten zustehen bzw. auferlegt sind, welche scheinbar im Gegensatz zueinander stehen und sich widersprechen. So hat der Steuerpflichtige im Besteuerungsverfahren umfassende Mitwirkungspflichten bei der Ermittlung des besteuerungsrelevanten Sachverhalts zu beachten[8]. Nach

---

[5] Rüpping/Kopp NStZ 1997, 530, 531; Streck DStJG 1983, 217, 219 f; Wendeborn S. 158 m. w. N.

[6] Joecks in F/G/J § 393 Rn. 17 m. w. N.

[7] Henneberg BB 1988, 2181, 2184: "Der Steuerpflichtige als Wanderer zwischen zwei Welten".

[8] Eine Aufstellung wesentlicher Mitwirkungspflichten aus dem Steuerrechtsverhältnis z. B. bei Kohlmann Steuerstrafrecht § 393 Rn. 17; Reiß S. 34 ff; Mösbauer DB 1985, 410 ff.

den §§ 33, 90 Abs. 1 S. 1, 2 AO obliegt es ihm vornehmlich, die für die Besteuerung erheblichen Tatsachen vollständig und wahrheitsgemäß offen zu legen und die ihm bekannten Beweismittel zu benennen[9]. Dies gilt gem. § 40 AO für alle besteuerungsrelevanten Sachverhaltsgestaltungen, unabhängig davon, ob hierdurch strafbare, unsittliche oder sonst kompromittierende Handlungsweisen offenbart werden[10]. Für die Besteuerung ist die Art und Weise der Einkunftserzielung grundsätzlich unerheblich[11]. Das Steuerrecht folgt damit einer streng wirtschaftlichen Betrachtungsweise und orientiert sich ausschließlich an der individuellen und wirtschaftlichen Leistungsfähigkeit des Steuerpflichtigen[12]. Jede Offenbarung strafbarer Handlungen löst aber zugleich die Gefahr der strafrechtlichen Verfolgung und Sanktionierung aus. Wenngleich es sich bei § 40 AO nicht selbst um eine Auskunftspflicht handelt, so konkretisiert sie doch die gesetzlichen Mitwirkungspflichten. Dies führt im Ergebnis dazu, dass der Steuerpflichtige im Falle der Erzielung steuerbarer Einkünfte auch zur steuerlichen Offenbarung strafbewehrten Verhaltens verpflichtet ist, wenn dieses den Tatbestand einer Einkunftsart i. S. v. § 2 Abs. 1 EStG erfüllt.

Verweigert sich der Steuerpflichtige ganz oder teilweise dieser gesetzlichen Mitwirkungspflicht, können die Steuerbehörden Zwangsmittel i. S. d. §§ 328 ff. AO gegen den Unfolgsamen festsetzen und darüber hinaus seine Besteuerungsgrundlage nach § 162 AO schätzen. Insbesondere aber kann die Nichtbefolgung der steuerlichen Obliegenheiten den Tatbestand einer Steuerhinterziehung durch Unterlassen gem. § 370 Abs. 1 Nr. 2 AO verwirklichen und damit im Falle der Mitwirkungsverweigerung zu einer strafrechtlichen Sanktionierung führen[13].

Völlig anders stellt sich hingegen die Situation im Strafverfahren dar. Dort kann der Betroffene jede Mitwirkung an der Sachverhaltsaufklärung verweigern und darf schweigen, §§ 136 Abs. 1 S. 2, 136a StPO. Ebenso verhält es sich nach § 243 Abs. 4 S. 1 StPO in der strafrechtlichen Hauptverhandlung und gem. § 46 Abs. 1 OWiG im Bußgeldverfahren. Es gilt der Grundsatz "nemo

---

[9] Rogall in FS Riess 2002, 951, 955; Hennenberg BB 1988, 2181.

[10] Vgl. hierzu Ruegenberg S. 146 ff.

[11] Ausnahmen gelten nur für Abzüge, vgl. z. B. § 4 Abs. 5 S. 1 Nr. 8 EStG.

[12] Vgl. BR – Drucks. 23/71, 114; BFH BStBl II 1973, 814, 815; BFH BStBl II 1978, 105, 109; BFH BStBl II 1990, 251, 252.

[13] Vgl. Böse wistra 2003, 47.

tenetur se ipsum accusare"[14], wonach niemand gezwungen werden darf, durch eigene Aussagen die Voraussetzungen für eine strafrechtliche Verurteilung liefern zu müssen[15]. Sowohl das Schweigen als auch eine Mitwirkungsverweigerung des Beschuldigten können nicht mit Zwangsmitteln durchgesetzt oder sanktioniert werden.

Damit ist das Kernproblem aufgezeigt. Treffen Steuerstraf- und Besteuerungsverfahren aufeinander, und dies ist im Steuerstrafverfahren regelmäßig der Fall[16], scheinen sich die jeweiligen Regelungen und Verfahrensprinzipien hinsichtlich der Mitwirkungspflichten und des Schweigerechts konträr gegenüber zu stehen und sich gegenseitig auszuschließen. Während das Besteuerungsverfahren auf Kooperation ausgerichtet ist, verlangt das Strafverfahren allenfalls eine Duldung staatlicher Maßnahmen[17]. Mit anderen Worten: Findet hinsichtlich des gleichen Sachverhaltes sowohl ein Steuerstraf- als auch ein Besteuerungsverfahren statt, kann es zu einer Kollision zwischen dem strafverfahrensrechtlichen Recht, die Mitwirkung an der eigenen Überführung der Tat zu verweigern und zu schweigen auf der einen und den steuerlichen Mitwirkungspflichten auf der anderen Seite, kommen. Für den Beschuldigten einer Steuerstraftat ergibt sich daraus der Konflikt, sich einerseits nicht selbst belasten zu wollen und sich auf den strafrechtlichen Selbstbelastungsschutz berufen zu können, andererseits aber den steuerrechtlichen Mitwirkungspflichten nachkommen zu müssen und im Falle der Verweigerung den "Zwangsmitteln" und Sanktionen der Abgabenordnung ausgesetzt zu sein. Aus dieser Kollision ergeben sich erhebliche rechtsstaatliche Bedenken, welche zumindest dem Grunde nach sowohl von der Rechtsprechung als auch der Literatur geteilt werden[18]. Darüber hinaus besteht aber ein erheblicher Streit über die Frage der Reichweite, der Tragweite und der rechtlichen Behandlung solcher Kollisionen.

---

[14] Im Folgenden als Nemo-Tenetur-Grundsatz oder Selbstbelastungsschutz bezeichnet.

[15] BVerfGE 56, 37, 49; Böse GA 2002, 98, 99; Joecks FS Kohlmann 2003, 451.

[16] Vgl. z. B. Hellmann in H/H/S § 393 Rn. 34; Spitz DStR 1981, 428, 434.

[17] Blesinger wistra 1994, 48, 49; Schleifer wistra 1986, 250.

[18] Vgl. Hellmann in H/H/S § 393 Rn. 29; Seer StB 1987, 128 ff.; Grezesch DStR 1997, 1273 ff.; Marx in FS Fachanwalt für Steuerrecht 2000, 673, 675 ff. m. w. N.

I. Theoretische Selbständigkeit von Steuerstraf- und Besteuerungsverfahren

Die sich aus dem Zusammentreffen der divergierenden Verfahrensprinzipien ergebenden Konflikte und das hiermit einhergehende Dilemma des Betroffenen erkennt auch das Gesetz. Die zentrale Vorschrift zur Regelung der Konfrontation von strafrechtlichem und steuerrechtlichem Ermittlungsverfahren bildet § 393 Abs. 1 AO[19], dessen Wortlaut im ersten Satz in aller Schlichtheit bestimmt: "Die Rechte und Pflichten der Steuerpflichtigen und der Finanzbehörden im Besteuerungsverfahren und im Strafverfahren richten sich nach den für das jeweilige Verfahren geltenden Vorschriften." Hiernach scheint das Verhältnis beider Verfahren zueinander völlig unproblematisch zu sein, ergibt sich doch aus dem Wortlaut der Regelung, dass sowohl die strafrechtlichen als auch die steuerrechtlichen Ermittlungen ihren eigenen Gesetzmäßigkeiten unterworfen sind[20]. Der hierdurch suggerierte Eindruck, dass es durch eine formale Verfahrenstrennung zur Durchführung zweier unabhängiger und selbständiger Ermittlungsabläufe kommt, wird zudem noch durch die bestehenden Vorgaben des Rechtsstaatsgebotes aus Art. 20 Abs. 3 GG verstärkt, wonach staatliches Handeln für den Bürger in gleicher Weise vorhersehbar und berechenbar sein muss[21]. Es besteht das Gebot der Zweckgerichtetheit des Verfahrens, womit zum Ausdruck kommen soll, dass sich das Besteuerungsverfahren nicht der Mittel des Strafverfahrens und das Strafverfahren nicht der Mittel des Steuerverfahrens bedienen darf[22].

In praxi gleicht der theoretische Grundsatz eines unabhängigen und selbständigen Verlaufs von Steuerstraf- und Besteuerungsverfahren jedoch einer Chimäre. Tatsächlich wirken nämlich beide Verfahren in erheblichem Maße aufeinander ein[23].

---

[19] Vgl. Dt. Bundestag Drucks. V/1812 S. 32; Drucks. VII/4292 S. 46; Kohlmann Steuerstrafrecht § 393 Rn. 17; Rüster S. 34; Besson S. 101 m. w. N.

[20] Teske wistra 1988, 207 m. w. N.

[21] Herzog in Maunz-Dürig-Herzog Art. 20 Absch. VII, Rn. 58, 62.

[22] Seer StB 1987, 128, 129; Joecks in F/G/J § 393 Rn. 18; Streck in DStJG 1983, 217, 226 und 236; derselbe Steuerfahndung S. 47 ff. Rn. 27 ff.; Besson S. 102 jeweils m. w. N.

[23] Teske wistra 1988, 207, 209.

II. Die faktische Verknüpfung von Steuerstraf- und Besteuerungsverfahren

Entgegen dem sich aus § 393 Abs. 1 Satz 1 AO ergebenden Trennungsgebot wirken das Steuerstraf- und das Besteuerungsverfahren in erheblichem Maße aufeinander ein[24]. Die Ursache für diesen Umstand ist auf mehrere Gründe zurückzuführen, welche sich zunächst in eine sachliche und eine personelle Komponente aufteilen lassen. Erstere besteht in einer (Teil-) Identität der Verfahrensgegenstände, wodurch es zu inhaltlichen Überschneidungen der steuerstrafrechtlichen und der steuerrechtlichen Ermittlungen kommt[25]. Die zweite Komponente liegt zum einen in der Identität der ermittelnden (Finanz-) Behörden, welche den fraglichen Sachverhalt sowohl aus fiskalischen als auch strafverfahrensrechtlichen Gründen ermitteln[26]. Eine solche Doppelfunktion hat wiederum zur Folge, dass der Sachverhalt beider Verfahren hinsichtlich der identischen Ermittlungsgegenstände zumindest faktisch sowohl mit den Mitteln des Steuerrechts als auch des Strafprozessrechts erforscht werden kann.

1. Sachliche Verfahrensidentität

Ein wesentlicher Umstand, welcher für die Überschneidung von Steuerstraf- und Besteuerungsverfahren verantwortlich ist, liegt in der (Teil-) Identität der Ermittlungsgegenstände. Diese umfasst zwar nicht den gesamten Umfang der beiden Verfahren, gilt aber für den Teil der Ermittlungen, der die Feststellungen der Besteuerungsgrundlage betrifft[27]. Unter den Begriff der Besteuerungsgrundlage fallen nach der Legaldefinition des § 199 Abs. 1 AO alle "tatsächlichen und rechtlichen Verhältnisse, die für die Steuerpflicht und die Bemessung der Steuer maßgebend sind."[28] Maßgeblich für die Besteuerungsgrundlage ist die Ermittlung der sachlichen (Steuerobjekt) und subjektiven (Steuersubjekt) Steuerpflicht.

Dass die Besteuerungsgrundlage für die Festsetzung der Steuer innerhalb des Besteuerungsverfahrens unabdingbare Voraussetzung ist, bedarf keiner

---

[24] Schleifer wistra 1986, 250; Kohlmann Steuerstrafrecht § 393 Rn. 23; Wendeborn S. 152 ff.

[25] Die Überschneidung betrifft vornehmlich solche Steuerstraftaten wegen Steuerhinterziehung gem. § 370 AO und leichtfertiger Steuerverkürzung nach § 378 AO. Die übrigen Steuerstraftaten i. S. d. § 369 AO bleiben insoweit außer Betracht.

[26] Vgl. streck in DStJG 1983, 217, 220 ff.; Mösbauer S. 272.

[27] Kohlmann in FS Tipke 1995, 478, 494.

[28] Vgl. Wendeborn S. 60 ff.; Kruse Steuerrecht § 13 I 3.

weitergehenden Erläuterung. Allein die Erforderlichkeit der Besteuerungs-grundlage für das Steuerstrafverfahren soll kurz aufgezeigt werden[29].

Nach ganz überwiegender Ansicht handelt es sich bei dem Straftatbestand des § 370 Abs. 1 AO um eine Blankettvorschrift[30], welche erst durch die materiellen Einzelsteuergesetze ausgefüllt wird. Neben dem in § 370 Abs. 1 AO näher bezeichneten Verhalten bedarf es zur Erfüllung des gesetzlichen Tatbestandes den Eintritt des tatbestandlichen Erfolges[31]. Die Steuerhinterziehung nach § 370 Abs. 1 AO bezeichnet zwei Erfolgsvarianten. Zum einen ist dies die Steuerverkürzung, zum anderen die Erlangung eines nicht gerechtfertigten Steuervorteils.

Steuern sind nach § 370 Abs. 4 Satz 1 AO namentlich dann verkürzt, "wenn sie nicht, nicht in voller Höhe oder nicht rechtzeitig festgesetzt werden." Nicht gerechtfertigte Steuervorteile sind nach § 370 Abs. 4 Satz 2 AO dann erlangt, "soweit sie zu Unrecht gewährt oder belassen werden."[32] Für beide Erfolgsvarianten bedarf es der Feststellung des staatlichen Steueranspruchs und damit nach § 38 AO der Ermittlung der Besteuerungsgrundlage. Bedeutung kommt der Ermittlung der Besteuerungsgrundlage zudem für die Bestimmung der Strafhöhe zu. Denn nach § 46 Abs. 2 StGB ist das Ausmaß des durch die strafbare Handlung verursachten Schadens ein im Rahmen der Sanktionierung zu berücksichtigender Faktor[33]. Bedeutsam ist die Ermittlung der Besteuerungsgrundlage aber auch für den rechtlichen Bestand sowohl der Anklageschrift, des Strafbefehls sowie des Strafurteils wegen Steuerhinterziehung. Nach dem Bestimmtheitsgebot des § 200 Abs. 1 S. 1 StPO hat die Anklage den Verfahrensgegenstand in persönlicher, sachlicher und rechtlicher Hinsicht einzugrenzen (sog. Informations- und Umgrenzungsfunktion)[34]. In einer Anklage

---

[29] Vgl. Hellmann S. 199 ff.

[30] BVerfGE 37, 201, 208 (zu § 392 AO a. F.); BGH wistra 1982, 108, 109; BGH wistra 1987, 139, 142; Schleifer wistra 1986, 250; Bilsdorfer NJW 1999, 1675, 1677; Huchel S. 46; Joecks in F/G/J Einl. Rn. 5; Blumers/Göggerle Rn. 3; Seer in FS Kohlmann 2003, 535 m. w. N.

[31] Entsprechend dem Wortlaut des § 370 Abs. 1 AO geht die herrschende Meinung zu Recht von einem Erfolgsdelikt aus: BGHSt 36, 105, 111; Dumke in PK § 370 Rn. 7; Joecks in F/G/J § 370 Rn. 15; Kohlmann Steuerstrafrecht § 370 Rn. 103; Hellmann in H/H/S § 370 Rn. 56 m. w. N.

[32] Vgl. im einzelnen Joecks in F/G/J § 370 Rn. 102; Hellmann in H/H/S § 370 Rn. 177 m. w. N.

[33] Hellmann in H/H/S § 393 Rn. 9; Bilsdorfer NJW 1999, 1675, 1680 m. w. N

[34] Meyer-Goßner § 200 Rn. 2 m. w. N.

wegen Steuerhinterziehung müssen daher auch die tatsächlichen Grundlagen des Steueranspruchs sowie Zeitraum und Höhe der hinterzogenen Steuer umschrieben werden[35]. Gleiches gilt nach § 409 Abs. 1 StPO auch für den Strafbefehl. Aber auch die Ausführungen eines Strafurteils müssen erkennen lassen, welches steuerlich relevante Verhalten hinsichtlich welcher Steuerart und welchen Besteuerungszeitraumes zu einer Steuerverkürzung geführt hat[36].

All dies zeigt, dass nicht nur innerhalb des Steuerverfahrens, sondern auch im Steuerstrafverfahren wegen Steuerhinterziehung eine intensive Ermittlung und eine umfangreiche Aufklärung des steuerrechtlichen Sachverhalts, also der Besteuerungsgrundlage zu erfolgen hat. Dies ist von erheblicher Brisanz, denn bei genauerer Betrachtung wird der gesamte objektive Tatbestand eines Steuerdelikts von der Reichweite der Besteuerungsgrundlage erfasst. Die Ermittlungen in Bezug auf eine Steuerstraftat beschränken sich daher nicht auf das grundsätzlich hierfür vorgesehene Strafverfahren, sondern erfolgen zudem im Steuerverfahren.

2. Behördliche und personelle Verfahrensidentität

Ein weiterer Umstand, der in erheblichem Maße zu einer Überschneidung von Besteuerungs- und Steuerstrafverfahren beiträgt, liegt in der besonderen Funktion der Finanzbehörden und ihrer Organe[37]. Während im allgemeinen im Strafverfahren die Ermittlungen grundsätzlich durch die Justizbehörden, insbesondere die Staatsanwaltschaft als "Herrin des Ermittlungsverfahrens"[38], durchgeführt werden, ist dies im Steuerstrafverfahren regelmäßig anders[39]. Hier vereinigen sich die Ermittlungen von Steuer- und Steuerstrafverfahren oftmals in der Hand der Finanzbehörden.

Als Finanzbehörden wollen sich in diesem Kontext vor allem die Finanzämter und die Hauptzollämter i. S. v. § 6 AO verstanden wissen. Ihnen kommt aufgrund der allgemeinen Aufgabenzuweisung des § 16 AO i. V. m. § 17 Abs. 2 FVG für die Finanzämter und § 12 Abs. 2 FVG für die Hauptzollämter zunächst die sachliche Zuständigkeit für das Besteuerungsverfahren zu[40].

---

[35] Vgl. OLG Düsseldorf NStZ 1991, 99 f.

[36] Bilsdorfer NJW 1999, 1675, 1684 m. w. N.

[37] Rogall in FS Riess 2002, 951, 953; Schleifer wistra 1986, 250, 251 sieht hierin die Hauptursache für die Verknüpfung beider Verfahren.

[38] Meyer-Goßner § 163 Rn. 3 m. w. N.

[39] Vgl. Müller DStR 1986, 699.

[40] Sunder-Plassmann in H/H/S § 16 Rn. 4 ff; Kruse in Tipke/Kruse § 16 Rn. 12 f.

Gleichzeitig sind sie nach der gesetzlichen Regelung der §§ 386 Abs. 1 und 2, 399 Abs. 1 AO zuständige Ermittlungsbehörde für die Verfolgung von Steuerstraftaten[41]. Sachlich zuständig ist nach § 387 Abs. 1 AO die Finanzbehörde, welche die von den steuerstrafrechtlichen Ermittlungen umfasste Steuer verwaltet[42]. Die Finanzbehörden besitzen nach § 368 Abs. 2 Nr. 1 i. V. m. § 369 AO eine eigene repressive Ermittlungskompetenz für solche Taten, die ausschließlich Steuerstraftaten i. S. d. § 369 Abs. 1 AO darstellen. Im Steuerstrafverfahren wegen Steuerdelikten führen die bezeichneten Finanzbehörden das Ermittlungsverfahren grundsätzlich selbständig und unterliegen keinerlei Weisungen durch die Staatsanwaltschaft[43]. Eine Ausnahme besteht nur für den Fall, dass die Staatsanwaltschaft das Verfahren an sich zieht und "nach pflichtgemäßem Ermessen" von ihrem Evokationsrecht gem. § 386 Abs. 4 S. 2 AO Gebrauch macht[44].

Die Finanzbehörden fungieren im Steuerstrafverfahren daher sowohl als Steuerfestsetzungsbehörden, als auch als (Steuer-)Strafverfolgungsbehörden[45]. Aufgrund dieser Funktionsverknüpfung nehmen die Finanzbehörden im Steuerstrafverfahren eine verfahrensrechtliche Zwitterstellung ein und verursachen hierdurch eine behördliche Verfahrensidentität[46]. Konkretisiert sich die Zwitterstellung in dem Status des einzelnen Ermittlungsbeamten, liegt zugleich eine personelle Verfahrensidentität vor. Solch eine Verfahrensidentität zeigt sich deutlich bei der Steuer- und Zollfahndung, welche als "besondere Prüfdienste" ein Element innerhalb der Organisationsstruktur der finanzbehördlichen Ermittlungsorgane darstellen[47].

---

[41] Gleiches gilt nach §§ 35, 36 OWiG im Falle einer Steuerordnungswidrigkeit. Vgl. auch Sunder-Plassmann in H/H/S § 16 Rn. 6

[42] Die strafrechtliche Ermittlungskompetenz wurde in allen Bundesländern an sog. Straf- und Bußgeldsachenstellen (StraBu oder auch BuStra genannt) deligiert, wobei es sich um Organisationseinheiten der Finanzämter handelt. Vgl. Kohlmann Steuerstrafrecht § 387 Rn. 7 f.; Maurer in Wannemacher S. 724 Rn. 3266.

[43] Maurer in Wannemacher S. 732 Rn. 3292 m. w. N.

[44] Vgl. Joecks in F/G/J § 386 Rn. 41 ff; Müller DStR 1986, 699.

[45] Henneberg BB 1988, 2181; Dumke in PK § 208 Rn. 1; Koenig in Pahlke/Koenig § 208 Rn. 5; Müller AO-StB 2001, 90 f.

[46] Blesinger wistra 1994, 48, 50.

[47] Mösbauer StB 2003, 214.

a) Die Doppelfunktionalität von Steuerfahndung und Zollfahndung

Entsprechend den §§ 208 Abs. 1 S. 2, 404 Abs. 1 S. 1 AO handelt es sich bei der Steuerfahndung um Dienststellen der Landesfinanzbehörden, deren Organisationsgewalt nach Art. 108 Abs. 2 S. 2 GG den Ländern vorbehalten ist[48]. Zurzeit bestehen in Deutschland zwei Organisationsmodelle für die Steuerfahndung. Entweder die Steuerfahndung bildet mit der Dienststelle für Bußgeld- und Strafsachen[49] ein eigenständiges Finanzamt[50], oder sie ist als unselbständige Dienststelle einem (Festsetzungs-) Finanzamt angegliedert[51]. Das Verhältnis zwischen der Dienststelle für Bußgeld- und Strafsachen, als unselbständige Organisationseinheit der Finanzämter, und der Steuerfahndung ist vergleichbar mit dem zwischen Staatsanwaltschaft und Kriminalpolizei.

Bei der Zollfahndung, deren Organisationsgewalt nach Art. 108 Abs. 2 S. 1 GG dem Bund zukommt, handelt es sich hingegen stets um selbständige Bundesbehörden neben den Hauptzollämtern[52]. Die Zollfahndungsämter sind daher Finanzbehörden nach § 6 Abs. 2 Nr. 2 und 5 AO. Ausnahmsweise gilt dies aber nicht für das Steuerstrafverfahren nach §§ 385 ff[53]. Der für das Steuerstrafverfahren verwendete Begriff der zuständigen Finanzbehörden ist in § 386 Abs. 1 S. 2 AO eigenständig definiert und insoweit enger als die Aufzählung in § 6 Abs. 2 Nr. 2 und 5 AO. Zuständige Finanzbehörden im Steuerstrafverfahren sind hiernach insbesondere die Hauptzollämter und die Finanzämter. Auch hier ähnelt die Stellung zwischen Hauptzollamt und Zollfahndung daher derjenigen zwischen Staatsanwaltschaft und Kriminalpolizei.

Während die Dienststellen für Bußgeld- und Strafsachen, bzw. die hinter ihnen stehenden Finanzämter, und die Hauptzollämter im Steuerstrafverfahren gewissermaßen als Finanzstaatsanwaltschaft bezeichnet werden können, fungieren Steuer- und Zollfahndung quasi als Finanzpolizei[54].

---

[48] Rottpeter in PK § 404 Rn. 5 ff. m. w. N.

[49] Vgl. Seer in Tipke/Kruse § 208 Rn. 7 f m. w. N.

[50] In Niedersachsen (vgl. BStBl I 1982, 225) und Berlin (vgl. GVBL Berlin 1995, 830, 836) die Finanzämter für Fahndung und Strafsachen, in Nordrhein-Westfalen (vgl. BStBl I 1986, 506) die Strafsachen- und Fahndungsfinanzämter.

[51] So in den übrigen Bundesländern.

[52] Mösbauer StB 2003, 214, 215.; Rüsken in Klein § 208 Rn. 18.

[53] Maurer in Wannemacher S. 745 Rn. 3348; Reiche wistra 1990, 90, 92.

[54] Maurer in Wannemacher S. 721 Rn. 3254.

aa) Die Aufgaben und Befugnisse von Steuer- und Zollfahndung

Sowohl die Zollfahndung als auch die Steuerfahndung, als Teil der Landes-finanzbehörden, haben die den "übrigen" Finanzämtern zustehenden Befug-nisse und Aufgaben. Wie allen Finanzämtern obliegt es ihnen daher, nach den Vorgaben des § 85 AO für eine gesetzmäßige und gleichmäßige Besteuerung Sorge zu tragen[55]. Darüber hinaus ist der Aufgabenbereich von Steuer- und Zollfahndung speziell in § 208 AO geregelt[56]. Originäre Hauptaufgabe[57] der Steuer- und Zollfahndung ist nach § 208 Abs. 1 S. 1 AO die Ermittlung und Erforschung von Steuerstraftaten und Steuerordnungswidrigkeiten[58]. Nach § 208 Abs. 1 S. 2 gehören aber nicht nur diese repressiven Tätigkeiten zu den Aufgaben der benannten Dienststellen, sondern auch die Ermittlung der von dem Steuerstraf- bzw. Bußgeldverfahren befangenen Besteuerungsgrund-lage[59]. Bereits in der durch die Vorschrift des § 208 Abs. 1 S. 1 Nr. 1 und 2 AO[60] vorgenommenen zweifachen Zuweisung von fiskalischen als auch strafrecht-lichen Ermittlungsaufgaben zeigt sich die verfahrensrechtliche Doppelstellung der Steuer- und Zollfahndung[61]. Diese Doppelstellung ist dabei nicht die Folge einer unbedachten Gesetzgebung. Vielmehr hielt der Gesetzgeber eine derar-

---

[55] Dies gilt auch für die Zollfahndungsämter. Vgl. Benkendorff ZFZ 1977, 106, 107. Zu den Aufgaben und Befugnissen des Zollfahndungsdienstes vgl. das ZFnrG vom 16.08.2002 BGBl I 2002 3202 ff.

[56] In Bezug auf die Ermittlung von Steuerstraftaten ergibt sich dies schon aus § 163 StPO i. V. m. § 404 S. 1 AO bzw. § 53 Abs. 1 OWiG i. V. m. §§ 410 Abs. 1 Nr. 9, 404 S. 1 AO. Mau-rer in Wannemacher S. 748 Rn. 3361; Joecks in F/G/J § 404 Rn. 15 m. w. N.

[57] Vgl. Bericht und Antrag des Finanzausschusses, BT – Drucks. VII/4292, zu 208; Maurer in Wannemacher S. 748 Rn. 3360; Olgemöller in Beratungsakzente. S. 14 f.

[58] Streck Steuerfahndung S. 41 Rn. 6; Mösbauer StB 2003, 214, 216; Spitz DStR 1981, 428, 432; ähnlich BFH/NV 1990, 151 f.; BFH/NV 1992, 254, 255.

[59] BT – Drucks. 7/4292, 36; die Ermittlung der Besteuerungsgrundlage wird als "weitere" Aufgabe der Steuerfahndung bezeichnet; Streck Steuerfahndung S. 41 Rn. 8; Mösbauer StB 2003, 214, 216; Maurer in Wannemacher S. 748 Rn. 3361; Kohlmann FS Tipke 1995, 487, 490.

[60] Die Aufgabenzuweisung nach § 208 Abs. 1 S. 1 Nr. 3 soll hier außer Betracht bleiben. Vgl. zum Meinungsstand Hellmann S. 197 Fn. 1.; Mösbauer DStZ 1986, 339, 341 f. Seer in Tipke/Kruse § 208 Rn. 26 ff.

[61] Vgl. zum Meinungsstand Hellmann S. 197 Fn. 1. und 2. Der Meinungsstand zu der Frage, ob es sich bei § 208 Abs. 1 S. 1 Nr. 2 um eine eigenständige oder überflüssige, weil bereits in Nr. 1 zwingend enthaltende, Aufgabenzuweisung handelt, bedarf hier keiner näheren Betrachtung. Die Ermittlungsgegenstände beider Verfahren sind zumindest in Bezug auf die Besteuerungsgrundlage von gleichem Inhalt.

tige Zusammenlegung der beiden Aufgaben, insbesondere aus administrativen Gründen, für geboten[62].

Untermauert wird die Doppelstellung durch § 208 Abs. 2 AO, welcher die derivativen Aufgaben der Steuer- und Zollfahndung auflistet[63]. Die Vorschrift erweitert den Aufgabenkatalog des § 208 Abs. 1 AO auf "sonstige" steuerliche Ermittlungen, wenn die zuständigen Finanzbehörden die Fahndungsdienste darum ersuchen, oder jene diesen übertragen sind. Durch diese Vorschrift ist klargestellt, dass Steuer- und Zollfahndung auch unabhängig und losgelöst von der Einleitung eines Steuerstrafverfahrens im fiskalischen Ermittlungsverfahren tätig werden können[64].

Der doppelten Aufgabenzuweisung von Steuer- und Zollfahndung entspricht der Befugniskatalog für die Ermittlungskompetenzen, welche sich aus § 208 Abs. 1 S. 2 und § 404 S. 1 und 2 AO ergeben[65]. Im Kern erklärt § 404 AO die dort genannten Fahndungsstellen zur Kriminalpolizei in Steuer- und Zollsachen und gewährt ihnen neben den polizeilichen Ermittlungsbefugnissen nach der StPO auch diejenigen, welche den Hilfsbeamten der Staatsanwaltschaft zukommen[66]. Daneben haben die Steuer- und Zollfahndung aber auch gem. § 208 Abs. 1 S. 2 AO die Ermittlungsbefugnisse, die den Finanzämtern zustehen, d. h. die Ermittlungsbefugnisse, die sich aus der AO ergeben[67]. Die Fahndungsstellen besitzen daher, neben der doppelten Aufgabenzuweisung nach § 208 Abs. 1 Nr. 1 und Nr. 2 AO, eine doppelte Ermittlungsbefugnis, wonach es ihnen möglich ist, sowohl steuerrechtliche als auch strafverfahrens-

---

[62] Für die Doppelstellung sollen insbesondere zwingende administrative Gründe sprechen. Vgl. BR – Drucks. 161/67, III A2. Kritisch Henneberg BB 1988, 2181, 2182; Hellmann S. 204.

[63] Mösbauer StB 2003, 214, 216; derselbe DStZ 1986, 339, 342 f.; Dumke in PK § 208 Rn. 27 ff.

[64] Vgl. Maurer in Wannemacher S. 754 Rn. 3384 ff.

[65] Der Umstand, dass § 208 Abs. 1 S. 2 AO nur die Befugnisse des § 404 S. 2 AO nicht aber auch die des S. 1 erwähnt, soll, nach wohl allgemeiner Meinung, irrelevant sein. Mösbauer StB 2003, 214, 216; derselbe DStZ 1986, 339, 343; Hellmann S 206 f. und 236 f. vermutet ein Redaktionsversehen des Gesetzgebers und sieht darin ein weiteres Indiz für die "misslungene" Regelung des § 208 AO. Seer in Tipke/Kruse § 208 Rn. 49, 52; Maurer in Wannemacher S. 756 ff. Rn. 3394 ff.

[66] Maurer in Wannemacher S. 756 Rn. 3394 ff.; Joecks in F/G/J § 404 Rn. 6 ff.; Mösbauer DStZ 1986, 339, 343 jeweils m. w. N.

Entsprechendes gilt nach § 410 Abs. 1 Nr. 9 AO auch für das Steuerordnungswidrigkeitenverfahren. Allerdings gilt nicht § 404 S. 2 HS. 2 AO.

[67] Streck Steuerfahndung S. 43 Rn. 16; Bekendorf ZfZ 1977, 106, 107.

rechtliche Maßnahmen zu ergreifen[68]. Da es an einer anders lautenden Beschränkung fehlt, hat dies bei einer wörtlichen Auslegung des § 208 Abs. 1 S. 2 AO zur Folge, dass die Steuer- und Zollfahndung grundsätzlich mit einer Befugnismaximierung hinsichtlich aller der nach Satz 1 Nr. 1 bis 3 bezeichneten Aufgaben ausgestattet ist. Eine solch weitreichende Doppelfunktionalität wird, zumindest im Fall parallel verlaufender steuerrechtlicher und steuerstrafrechtlicher Ermittlungen, allgemeinhin aber abgelehnt. Von Interesse ist hierbei die Frage, inwieweit die Möglichkeiten des Steuerverfahrens und die sich hieraus ergebenden Mitwirkungspflichten für die Ermöglichung der Strafverfolgung genutzt werden dürfen[69].

bb) Meinungsstand

Nach überwiegender Meinung sollen die Fahndungsdienste zumindest dann auf die strafverfahrensrechtlichen Befugnisse i. S. v. § 404 AO beschränkt sein, wenn diese allein die Aufgabe der Erforschung von Steuerstraftaten gem. § 208 Abs. 1 S. 1 Nr. 1 AO wahrnehmen und nicht zugleich auch mit der steuerrechtlichen Ermittlung der Besteuerungsgrundlage betraut sind[70]. Der Gesetzgeber habe in § 208 Abs. 1 S. 3 HS. 2 AO ausdrücklich klargestellt, dass im Falle der Ermittlungsparallelität der Regelungsinhalt des § 393 Abs. 1 S. 1 AO zur Anwendung kommen solle[71]. Wenn es dort aber heißt, dass im Besteuerungs- und im Steuerstrafverfahren die jeweiligen Verfahrensordnungen Geltung finden, solle dieser Regelung eine Befugnishäufung ausdrücklich ausschließen[72].

Allein diese Annahme beseitigt aber nicht die sich aus der Doppelstellung und der Befugnishäufung ergebende Überschneidung von Besteuerungs- und Steuerstrafverfahren[73]. Denn abgesehen von den soeben in Bezug auf § 208 Abs. 1 S. 1 Nr. 1 AO getroffenen Feststellungen ist zu beachten, dass der Steu-

---

[68] Rüster S. 154; Hamacher DStZ 1983, 490, 495; Scheurmann-Kettner § 208 Rn. 11.

[69] Zu den Vorteilen der Doppelfunktionalität Rüster S. 152 ff.; vgl. auch Seer in FS Kohlmann 2003, 535, 537 ff., wonach die Doppelfunktionalität die Möglichkeit für eine "Gesamtbereinigung" von Steuer- und Steuerstrafverfahren durch eine "tatsächliche Verständigung" der Beteiligten schafft.

[70] Vgl. Mösbauer StB 2003, 214, 217; Spitz DStR 1981, 428, 423; mit weitergehender Begründung Hellmann S. 208 ff.; a. A. BFH BStBl II 1983, 482, 483, wonach ein Auskunftsersuchen gegenüber Dritten auf steuerrechtliche Befugnisse gestützt werden kann.

[71] Vgl. Dumke in PK § 208 Rn. 57; Seer in Tipke/Kruse § 208 Rn. 48; Wendeborn S. 163; Streck Steuerfahndung S. 46 Rn. 24

[72] Besson S. 101 f.; Hellmann S. 208; Wendeborn S. 164.

[73] Hellmann S. 216.

er- und Zollfahndung, neben der Erforschung von Steuerstraftaten und Steuerordnungswidrigkeiten, nach § 208 Abs. 1 S. 1 Nr. 2 AO auch die Aufgabe der Ermittlung der Besteuerungsgrundlage zukommt. Für die Aufgabenerfüllung nach den §§ 208 Abs. 1 S. 1 Nr. 2 AO sollen der Steuer- und Zollfahndung nach ganz überwiegender Ansicht gem. § 404 AO sowohl die strafprozessualen, als auch gem. § 208 Abs. 1 S. 2 AO die steuerrechtlichen Ermittlungsbefugnisse zur Verfügung stehen[74]. Eben dies soll auch dann gelten, wenn steuerrechtliche und steuerstrafrechtliche Ermittlungsaufgaben, was in aller Regel der Fall ist, zusammentreffen[75]. Im Ergebnis wird der Steuer- und Zollfahndung damit aber eine echte Doppelfunktionalität im hier diskutierten Sinne zugesprochen. Soweit sich aus der damit einhergehenden Verfahrensüberschneidung etwaige Prinzipienkollisionen ergeben, soll die Konfliktlösung über das Zwangsmittelverbot des § 393 Abs. 1 S. 2 AO gefunden werden[76]. Ohne einer genaueren Betrachtung von § 393 Abs. 1 S. 2 AO an dieser Stelle bereits vorgreifen zu wollen, sei schon jetzt darauf hingewiesen, dass die Vorschrift expressis verbis allein die Zwangsmittel i. S. v. § 328 AO verbietet. Sonstige Ermittlungsmaßnahmen bleiben ebenso wie die steuerrechtlichen Mitwirkungspflichten von § 393 Abs. 1 S. 2 AO unberührt[77]. Darüber hinaus stehen in der Abgabenordnung für die Durchsetzung der Mitwirkungspflicht neben den Zwangsmitteln des § 328 AO aber noch weitere Maßnahmen, wie z. B. die steuerliche Schätzung nach § 162 AO oder die Sanktionsandrohung nach § 370 Abs. 1 AO, zur Verfügung. Vor diesem Hintergrund erweist sich die durch § 393 Abs. 1 S. 2 AO gezogene Demarkationslinie als zu kurz gezogen, um effektiv eine Verfahrensüberschneidung durch die Doppelfunktionalität der Fahndungsdienste auszuschließen.

---

[74] BFHE 138, 164, 167 (in Bezug auf den Rechtsweg zu den ordentlichen Gerichten); BFH/NV 1998, 424; Joecks in F/G/J § 404 Rn. 37 ff.; Seer in Tipke/Kruse § 208 25, 47 ff., 113; Schurmann-Kettner in Koch/Scholtz § 208 Rn. 27 f.; Dumke/Rottpeter in PK § 208 Rn. 38; Streck Steuerfahndung S. 43 Rn. 16 S. 44 Rn. 17; Mösbauer DStZ 1986, 339, 343 f.; Benkendorff ZfZ 1977, 106, 107; Hellmann S. 222 Fn. 79 m. w. N.; a. A. Mösbauer StB 2003, 214, 217; Schick JZ 1982, 125, 127 ff., der eine Organisations- und Befugnistrennung bevorzugt.

[75] Vgl. BFH BStBl II 1998, 231; BFH/NV 1990, 151, 152; BFH BStBl II 1987, 440, 441; Maurer in Wannemacher S. 751 Rn. 3373; Hamacher DStZ 1983, 490, 495; Blumers/Göggerle Rn. 393; Seer in Tipke/Kruse § 208 Rn. 49; Dumke in PK § 208 Rn. 18 ff.; Reiß S. 253; Streck Steuerfahndung S. 39 Rn. 2; Wendeborn S. 54 ff.; Koenig in Pahlke/Koenig § 208 Rn. 11, 25; Hüttinger S. 48; Scheurmann-Kettner in Koch/Scholtz § 208 Rn. 11 m. w. N.

[76] Seer in Tipke/Kruse § 208 Rn. 49; Joecks in F/G/J § 404 Rn. 26, 80 ff.; Mösbauer S. 275; Dumke in PK § 208 Rn. 21, 56 ff.; Scheurmann-Kettner § 208 Rn. 22, 29; Bekendorf ZfZ 1977, 106, 107; Streck in DStJG 1983, 217, 248.

[77] Vgl. Wisser in Klein § 393 Rn. 1; Streck Steuerfahndung S. 47 Rn. 25; Olgemöller in Beratungsakzente S. 20 f.; Henneberg BB 1988, 2181.

Soweit § 393 Abs. 1 S. 2 AO nur eine beschränkte Wirkung zur Begrenzung der negativen Folgen aus der Doppelfunktionalität der Steuer- und Zollfahndung zugesprochen wird, besteht doch ein weitgehender Konsens darüber, dass sich die Ermittlungsbehörden zweckgerichtet entscheiden müssen, ob sie im Strafverfahren oder im Besteuerungsverfahren tätig werden wollen[78]. Ein willkürlicher Wechsel der Verfahrensarten und ihrer jeweiligen Ermittlungsmaßnamen im Sinne einer "Meistbegünstigung" soll zumindest in Bezug auf den beschuldigten Steuerpflichtigen[79] ausgeschlossen sein[80]. Praktisch erweist sich die Forderung allerdings als wenig hilfreich, denn infolge der doppelten Aufgabenzuweisung nach § 208 Abs. 1 Nr. 1 und Nr. 2 AO wird allzu oft nicht erkennbar, in welcher Funktion und in welchem Verfahren die Fahndungsbehörden tätig sind[81]. Wenn nicht erkennbar sei, in welchem Verfahren die Steuerfahndung agiere, soll nach teilweise vertretener Ansicht "im Zweifel" von einer Tätigkeit im Strafverfahren ausgegangen werden, mit der Folge, dass die Ermittlungsbefugnisse auf die in der StPO bezeichneten Maßnahmen beschränkt sein sollen[82]. Dem wird allerdings zutreffend entgegengehalten, dass die Steuer- und Zollfahndung nach dem Legalitätsprinzip, welchem auch die Fahndungsbehörden nach § 404 S. 1 AO i. V. m. § 163 Abs. 1 und § 152 Abs. 2 StPO unterworfen sind, angehalten sind, bereits bei dem Verdacht einer Steuerstraftat und nicht nur "im Zweifel" ein strafrechtliches Ermittlungsverfahren einzuleiten und durchzuführen. Es steht daher nicht im Belieben von Steuer-

---

[78] Streck Steuerfahndung S. 47 ff. Rn. 27 ff. Olgemöller in Beratungsakzente S. 21; Reiß S. 253; Jakob StuW 1971, 297, 306; Kohlmann Steuerstrafrecht § 393 Rn. 11; Seer in Tipke/Kruse § 208 Rn. 131 m. w. N.

[79] Unberücksichtigt bleiben insoweit die Ermittlungsbefugnisse gegenüber Dritten. Vgl. oben Fn. 68. So spricht z. B. Joecks in F/G/J § 404 Rn. 80 f. nur insoweit von einer Beschränkung der steuerrechtlichen Befugnisse, wenn andernfalls "die zum Schutz des Beschuldigten geschaffenen Regelungen des Strafverfahrensrechts überspielt werden" und "die Fahndung darf dementsprechend steuerliche Befugnisse in Anspruch nehmen, soweit damit Rechte des Beschuldigten im Strafprozess nicht unterlaufen werden"; vgl. auch BFH BStBl II 1987, 440 ff.

[80] Joecks in F/G/J § 404 Rn. 80; Seer in Tipke/Kruse § 208 Rn. 131 f.; Schleifer wistra 1986, 250, 252; Olgemöller in Beratungsakzente S. 21 f; Spitz DStR 1981, 428, 434; Schleifer wistra 1986, 250, 252; Maurer in Wannemacher S. 751 Rn. 3373; Streck in DStJG 1983, 217, 246 ff.; Rüsken in Klein § 208 Rn. 25.

[81] Rüsken in Klein § 208 Rn. 24, 32; Streck in DStJG 1983, 217, 245; Schleifer wistra 1986, 250, 251; Rüping 2002, 2020, 2023; Kohlmann in FS Tipke 1995, 487, 494; Müller AO-StB 2001, 90, 91.

[82] Jakob StuW 1971, 297, 307; Rüster S. 154; Schleifer wistra 1986, 250, 252; a. A. Hamacher DStZ 1983, 490, 495; Streck in DStJG 1983, 217, 248.

und Zollfahndung, in welchem Verfahren sie tätig werden[83]. Hieraus umgekehrt die Konsequenz ziehen zu wollen, die Fahndungsbehörden sollten im Falle paralleler steuerrechtlicher und steuerstrafrechtlicher Ermittlungen auf den Maßnahmenkatalog der StPO beschränkt sein[84], stellt ebenfalls keine sachgerechte Lösung zur Vermeidung der Verfahrensüberschneidung dar[85]. Wenn nämlich die Fahndungsbehörden nach § 208 Abs. 1 Nr. 2 AO auch die Aufgabe haben, im Besteuerungsverfahren die Besteuerungsgrundlage zu ermitteln, sie aber zugleich ihrer steuerrechtlichen Ermittlungsbefugnisse beraubt werden, taucht unweigerlich die Frage auf, ob dies nicht zu einer steuerlichen Besserstellung des (vermeintlich) Steuerunehrlichen gegenüber dem Steuerehrlichen führt[86]. Der Hauptgrund, der gegen eine auf die Maßnahmen der StPO beschränkte Ermittlungsbefugnis der Fahndungsbehörden sprich, ist aber ein anderer. Es macht nämlich keinen Unterschied, wenn die Steuer- und Zollfahndung zwar nur strafprozessual tätig werden darf, eine andere Organisationseinheit der Finanzbehörden, z. B. die Außenprüfung, aber dann die steuerrechtlichen Ermittlungen übernimmt und sich hierbei der Maßnahmen der Abgabenordnung bedienen kann[87]. Dies gilt insbesondere vor dem Hintergrund, dass zwischen Steuer- und Steuerstrafverfahren ein ungehinderter Informationsfluss statthaft sein soll[88].

In Bezug auf die hier geführte Diskussion um die Doppelfunktionalität der Fahndungsbehörden vor dem Hintergrund der Verfahrensüberschneidung von Steuer- und Steuerstrafverfahren, ist folgendes festzustellen. Soweit die Besteuerungsgrundlage nicht mehr, oder zumindest nicht mehr mit den Maßnahmen der Abgabenordnung durch Steuer- und Zollfahndung zu ermitteln sind, kommt diese Aufgabe gem. §§ 208 Abs. 3, 368 Abs. 1 AO den Finanz- und Hauptzollämtern zu[89]. Diese sind aber nicht daran gehindert, trotz eines eingeleiteten Steuerstrafverfahrens zeitgleich steuerrechtliche Ermittlungen

[83] Vgl. Anweisungen für das Straf- und Bußgeldverfahren (Steuer) – AStBV (St) 2004 in BStBl. II 2003, 654, 659 (Nr. 9); ebenso und mit weitergehender Kritik Hellmann S. 225.

[84] Spitz DStR 1981, 428, 434 f.; Schick JZ 1982, 125, 127; a. A. Rüster S. 152.

[85] Vgl. Hellmann S. 228 f, 233 ff.

[86] Bekendorf ZfZ 1977, 106, 107.

[87] Vgl. Streck in DStJG 1983, 217, 249.

[88] Vgl. Mösbauer S. 272 f.; Teske wistra 1988, 207, 208; Schick JZ 1982, 125, 128.

[89] Vgl. Mösbauer DStZ 1986, 339, 345; Seer in Tipke/Kruse § 208 Rn. 129 m. w. N.

für die Zwecke der Besteuerung aufzunehmen[90]. Wenngleich hiernach auch organisatorisch zwei Dienststellen mit den Ermittlungen betraut sind, können sich die Verfahren – was regelmäßig der Fall sein wird – in Bezug auf die Besteuerungsgrundlage überschneiden. An diesem Umstand vermögen die dargestellten Vorschläge, wonach entweder eine Aufgaben- und/oder Befugnisbeschränkung entweder auf die Ermittlungsmaßnahmen der Abgabenordnung oder der Strafprozessordnung vorgesehen wird, im Kern nichts zu ändern[91].

Der entscheidende Punkt für die mit der Verfahrensüberschneidung ausgehenden Konflikte besteht darin, dass die mit der Strafverfolgung beauftragte Steuer- und Zollfahndungsbehörde gem. § 30 Abs. 4 Nr. 1 AO jederzeit auch auf die Ermittlungsberichte und Ergebnisse aus dem Besteuerungsverfahren zurückgreifen kann[92]. Diese Informationen wurden aber gerade im Steuerverfahren nach dortigen Grundsätzen und unter Anwendung abgabenrechtlicher Befugnisse gewonnen.

cc) Zwischenergebnis

Der Steuer- und Zollfahndung kommt eine echte Doppelfunktionalität dahingehend zu, dass diese zeitgleich steuerliche als auch steuerstrafrechtliche Ermittlungen durchführen kann. Diese Doppelfunktionalität trägt zu einer Verfahrensüberschneidung zwischen Steuer- und Steuerstrafverfahren bei, ist aber nicht die Ursache ihrer Entstehung. Die Doppelfunktionalität vermag von daher die Verfahrensüberschneidung lediglich zu verdeutlichen und die Situation in gewisser Weise, aufgrund der Personenidentität des steuerlichen und

---

[90] BFH BStBl II 1999, 7, 9; BFH/NV 2000, 413, 414; Rüsken in Klein § 208 Rn. 58; Seer in Tipke/Kruse § 208 Rn. 132.

[91] Zuzugeben ist aber, dass z. B. im Falle der Behördentrennung die besondere Machtkonzentration zur Vornahme von Ermittlungsmaßnahmen sowohl nach der AO als auch der StPO in der Hand nur eines Ermittlungsorgans abgemildert würde. Eine Verfahrensüberschneidung lässt sich hierdurch jedoch nicht erreichen.

[92] Streck in DStJG 1983, 215, 239; Mösbauer S. 272 f; Streck/Spatscheck wistra 1998, 334, 342; Ruegenberg S. 18 f., 50 f.; Rüsken in Klein § 208 Rn. 44; In Bezug auf § 393 Abs. 2: Joecks in F/G/J § 404 Rn. 82 m. w. N.
Umgekehrt können grds. auch die im Strafverfahren gewonnenen Erkenntnisse im Besteuerungsverfahren verwendet werden. Eine Ausnahme von diesem Grundsatz gilt für solche Erkenntnisse, welche mit ausschließlich für das Strafverfahren bezweckten Ermächtigungen erlangt worden sind. Hellmann S. 114 Fn. 15 verweist beispielhaft auf Informationen aus einer Telefonüberwachung nach § 100 a StPO; ebenso BFH DStR 2001, 702 f. Zu beachten ist hierbei, dass § 370 a AO als taugliche Vortat des § 261 StGB ebenfalls eine Telefonüberwachung nach § 100 a Nr. 2 StPO auszulösen vermag.

strafrechtlichen Ermittlers, zu verschärfen. Eine nachhaltige Auflösung der Verfahrensüberschneidung von Steuer- und Steuerstrafverfahren lässt sich (allein) durch die Beseitigung der Doppelfunktionalität von Steuer- und Zollfahndung jedoch nicht erreichen. Die Vermeidung der Verfahrensüberschneidung muss daher auf anderer Art und Weise angegangen werden.

b) Doppelfunktionalität der Außenprüfung

Wie schon angesprochen, zeigt sich die finanzbehördliche Doppelfunktionalität in Bezug auf das Steuer- und Steuerstrafverfahren nicht allein im Bereich der Steuer- und Zollfahndung. Ermittlungsbehörde im Steuerstrafverfahren ist gem. § 386 Abs. 1 AO in erster Linie die Finanzbehörde[93], wobei es sich bei der Steuer- und Zollfahndung lediglich um besondere Dienststellen handelt. Verdeutlichen lässt sich die Doppelfunktionalität der Finanzbehörden insoweit auch am Beispiel der Außenprüfung nach §§ 193 ff. AO.

Die Außenprüfung dient gem. § 194 Abs. 1 S. 1 AO der Ermittlung der steuerlichen Verhältnisse des Steuerpflichtigen. Sie ist daher eine Maßnahme des Steuerverfahrens, wobei insbesondere die Besteuerungsgrundsätze aus § 90 und § 200 AO uneingeschränkte Geltung finden. Während der Außenprüfung treffen den Steuerpflichtigen daher umfassende Auskunfts- und Mitwirkungspflichten[94]. Obwohl die Außenprüfung fiskalischen Zwecken dient, ist es nicht ungewöhnlich, wenn der Steuerbeamte im Verlauf der Prüfung auf Anhaltspunkte stößt, die auf das Vorliegen einer Steuerstraftat hindeuten[95]. Der Außenprüfer ist zwar in erster Linie Steuerbeamter und nicht Strafverfolgungsorgan, doch auch er ist nach den §§ 385, 399 Abs. 1 AO dem Legalitätsprinzip verpflichtet. Ergeben sich während der Außenprüfung zureichende Anhaltspunkte für eine Steuerstraftat, hat daher auch der Prüfungsbeamte nach § 152 Abs. 2 und § 160 Abs. 1 StPO ein Steuerstrafverfahren einzuleiten und die Befugnis, den Sachverhalt insoweit zu ermitteln[96]. Die Außenprüfung bleibt zudem, trotz des eingeleiteten Steuerstrafverfahrens zulässig[97].

---

[93] Gast-de Haan in Klein § 386 Rn. 1; Streck BB 1980, 1537; Henneberg BB 1988, 2181, 2182; Hellmann S. 347.

[94] Betriebsprüferhandbuch: K., S. 10 Rn. 18 f.; Krekeler PStR 1999, 131.

[95] Vgl. Rößler DStZ 1996, 142, 145; Dannecker S. 125; Krekeler PStR 1999, 131, 132.

[96] Vgl. Seipl in Wannemacher S. 843 Rn. 3730; Henneberg BB 1988, 2181, 2183; Gast-de Haan in F/G/J § 397 Rn. 10; Blesinger wistra 1994, 48, 49; Bilsdorfer PStR 2001, 238; Krekeler PStR 1999, 131, 132; Meyer DStR 2001, 461, 462; Streck BB 1980, 1537; Kohlmann Steuerstrafrecht § 386 Rn. 11.

[97] Bilsdorfer NJW 1999, 1675, 1685; Frotscher in PK § 201 Rn. 11.

Zur Vermeidung von Fehlentscheidungen hat der Prüfungsbeamte beim Vorliegen zureichender steuerstrafrechtlicher Verdachtsmomente nach § 10 Abs. 1 S. 1 BpO[98] (= § 9 BpO a. F.) die Außenprüfung zu unterbrechen und die für die Bearbeitung dieser Straftat zuständige Straf- und Bußgeldsachenstelle unverzüglich zu unterrichten[99]. Hierdurch soll sichergestellt werden, dass von Anfang an ein mit steuerstrafrechtlichen Fragestellungen vertrauter Sachbearbeiter die notwendigen strafrechtlichen Beurteilungen vornimmt. Für den weiteren Verfahrensablauf sieht § 10 Abs. 1 S. 3 BpO vor, dass die Ermittlungen bei dem Steuerpflichtigen erst dann fortgesetzt werden dürfen, wenn ihm die Einleitung des Strafverfahrens mitgeteilt worden ist. Des Weiteren ist der Steuerpflichtige nach § 10 Abs. 1 S. 4 BpO darüber zu belehren, dass seine Mitwirkung im Besteuerungsverfahren entsprechend § 393 Abs. 1 AO nicht mehr erzwungen werden kann[100]. Aufgabe des § 10 Abs. 1 BpO ist es, für den Fall des Auftretens strafrechtlicher Verdachtsmomente während der Außenprüfung klare Verhältnisse für die Beteiligten zu schaffen und feste Verfahrensdirektiven zu bestimmen[101]. Der Steuerpflichtige soll davon ausgehen können, dass der Betriebsprüfer frühestens erst dann den Verdacht einer Steuerstraftat hegt, wenn dieser Handlungen nach den Vorgaben des § 10 BpO vornimmt und die Einleitung eines steuerstrafrechtlichen Ermittlungsverfahrens bekannt gibt[102].

Vor dem Hintergrund von § 201 Abs. 2 AO sind die Vorgaben des § 10 Abs. 1 BpO in der Praxis aber nur von geringem Wert. Dies zeigt sich insbesondere dann, wenn dem Steuerpflichtigen durch den Prüfungsbeamten im Rahmen der sog. Schlussbesprechung, also erst nach Offenlegung der steuerlich relevanten Informationen und Abschluss der Außenprüfung, eröffnet wird, dass sich in Folge der Prüfung der Verdacht einer Steuerstraftat ergeben hat. Der Prüfungsbericht (bzw. der sog. „Rotbericht") wird zum Zweck der steuerstrafrechtlichen Rechtsbewertung an die Dienststellen für Steuerstraf- und Bußgeldsachen gesendet, welche dann in aller Regel ein Steuerstrafver-

---

[98] Allgemeine Verwaltungsvorschriften für die Betriebsprüfung – Betriebsprüfungsordnung (BpO 2000) vom 15.03. 2000, BStBl I 2000, 368.

[99] Kohlmann Steuerstrafrecht § 386 Rn. 11; Bilsdorfer PStR 2001, 238; Mösbauer StBp 2004, 229, 230 f.; Schleifer wistra 1986, 250, 251; Meyer DStR 2001, 461, 462.

[100] Bilsdorfer PStR 2001, 238, 239 f.; Mösbauer StBp 2004, 229, 231; Dierlamm StraFo 1999, 289; Seipl in Wannemacher S. 845 Rn. 3736; Krekeler PStR 1999, 131, 133; Meyer DStR 2001, 461, 462; Blesinger wistra 1994, 48, 50.

[101] Seipl in Wannemacher S. 632 Rn. 2470; Meyer DStR 2001, 461, 462; Streck BB 1980, 1537, 1540

[102] Streck BB 1980, 1537, 1540; Seipl in Wannemacher S. 844 Rn. 3734.

fahren gegen den Steuerpflichtigen einleiten[103]. Der Tatverdacht des Steuerstrafverfahrens stützt sich dabei auf die Ergebnisse und Erkenntnisse der Außenprüfung, an deren Erstellung der Steuerpflichtige in Erfüllung seiner steuerlichen Mitwirkungspflichten in aller Regel in erheblichen Umfang mitgewirkt hat.

aa) Der strafrechtliche Vorbehalt gem. § 201 Abs. 2 AO

Die rechtliche Grundlage für eine solche Vorgehensweise des Prüfungsbeamten findet sich in dem sog. strafrechtlichen Vorbehalt gem. § 201 Abs. 2 AO. Diesem liegt der Gedanke zugrunde, dass der Steuerpflichtige frühzeitig über das weitere mögliche Vorgehen der Finanzbehörden informiert wird und es nicht zu einer überraschenden Einleitung eines Steuerstrafverfahrens kommt[104]. Der Steuerpflichtige soll darauf hingewiesen werden, dass steuerstrafrechtlich- oder bußgeldrechtlich relevante Erkenntnisse innerhalb der Außenprüfung einer gesonderten Würdigung in einem besonderen Verfahren vorbehalten bleiben. Mit dieser Zielsetzung steht § 208 Abs. 2 AO in Widerspruch zu dem zuvor beschriebenen Legalitätsprinzip, § 10 BpO und § 393 Abs. 1 S. 4 AO, denn wenn ein Anfangsverdacht besteht, muss hiernach ein Strafverfahren eingeleitet werden[105].

Zur Vermeidung dieser Widersprüchlichkeit, soll § 201 Abs. 2 AO daher dann ausgeschlossen sein, wenn sich schon während der Außenprüfung der Anfangsverdacht einer Steuerstraftat ergibt. Demgegenüber soll der Prüfungsbeamte immer dann von dem strafrechtlichen Vorbehalt Gebrauch machen können, wenn sich im Laufe der Außenprüfung schon solche Anhaltspunkte ergeben, die nur die Möglichkeit einer steuerlichen Verfehlung des Steuerpflichtigen begründen[106]. Die Annahme der Möglichkeit einer Steuerstraftat soll in ihrer Intensität hiernach geringer sein, als die Voraussetzungen für die Bejahung des Anfangsverdachts im strafrechtlichen Sinne[107]. Von der Möglichkeit einer Steuerstraftat soll, im Gegensatz zum Verdacht, dann ausgegangen werden, wenn zwar der objektive Tatbestand des § 370 Abs. 1 AO

---

[103] Henneberg BB 1988, 2181, 2183; Bilsdorfer StBp 2002, 25.

[104] Vgl. Mösbauer in Koch/Scholz § 201 Rn. 6; Henneberg BB 1988, 2181, 2182; Rüster S. 143; Seipl in Wannemacher S. 848 Rn. 3749.

[105] Frotscher in PK § 202 Rn. 14; Meyer DStR 2001, 461, 462; Intemann in Pahl/Koenig § 201 Rn. 24 m. w. N.

[106] Mösbauer in Koch/Scholz § 201 Rn. 6; Tipke in Tipke/Kruse § 201 Rn. 17.

[107] Vgl. Tipke in Tipke/Kruse § 201 Rn. 17; Mösbauer in Koch/Scholz § 201 Rn. 7; Rüsken in Klein § 201 Rn. 7; Intemann in Pahl/Koenig § 201 Rn. 23 m. w. N.

erfüllt ist, sich demgegenüber aber die Feststellungen hinsichtlich der subjektiven Tatbestandsmerkmale noch nicht weiter konkretisiert haben[108].

Gegen diese vorgeschlagene Differenzierung nach den Merkmalen der Möglichkeit und des Verdachts ist einzuwenden, dass bereits § 10 Abs. 1 S. 2 BpO selbst nur von der "Möglichkeit, dass ein Strafverfahren durchgeführt werden muss", spricht. Darüber hinaus ist auch die inhaltliche Abgrenzung zwischen den beiden Begriffen kaum handhabbar. Wann nämlich eine Konkretisierung der subjektiven Tatbestandsmerkmale einer vorsätzlichen oder leichtfertigen Steuerverkürzung vorliegt, bleibt weitgehend der individuellen, objektiv kaum kontrollierbaren Vorstellung des Außenprüfers überlassen[109]. Hinzu kommt, dass es sich bereits bei dem Merkmal des Anfangsverdachts um einen sog. unbestimmten Rechtsbegriff handelt, bei dessen Prüfung dem Beamten ein weit reichender Beurteilungsspielraum eingeräumt ist[110].

Zu dieser Abgrenzungsschwierigkeit gesellt sich der Umstand, dass der Prüfer während der Dauer der Außenprüfung in aller Regel die Einleitung eines Steuerstrafverfahrens soweit als möglich verzögern wird. Das natürliche Interesse des Prüfungsbeamten ist nämlich darauf gerichtet, die von der Außenprüfung umfasste Besteuerungsgrundlage zutreffend und zügig zu ermitteln und das Verfahren zu einem baldigen Abschluss zu bringen[111]. Um die zu erreichen, ist der Außenprüfer aber in erheblichem Maße auf die Kooperationsbereitschaft des Steuerpflichtigen angewiesen. Ergeben sich während der Außenprüfung Anhaltspunkte, die auf das Vorliegen einer Steuerstraftat hinweisen, gerät der Prüfer in eine Konfliktsituation. Er muss befürchten, dass mit Einleitung eines Steuerstrafverfahrens das Prüfungsklima vergiftet wird und die bisher bestehende Mitwirkungsbereitschaft des Steuerpflichtigen ein abruptes Ende findet. Hieran ist ihm aber nicht gelegen, weshalb es

---

[108] Gast-de Haan in F/G/J § 397 Rn. 78; Kohlmann Steuerstrafrecht § 397 Rn. 42; Frotscher in PK § 202 Rn. 14: *"Solange der Prüfer also glaubt, lediglich ein Versehen aufzuklären, gelten die Regeln über die Außenprüfung. Erst wenn der Argwohn sich (...) so verdichtet, dass nach der Lebenserfahrung ein straf- oder bußgeldrechtliches Verhalten als möglich erscheint, liegt ein Verdacht vor."*

[109] Vgl. Blesinger wistra 1994, 48, 53, welcher für die Frage, wann zu belehren ist, nur auf objektive Kriterien abstellt. Diese liegen vor, "sobald sich aus dem ermittelten Sachverhalt der auch nur leise Verdacht einer Steuerstraftat ergibt". Vgl. Hellmann S. 251; Für die Prüfung, ob ein Anfangsverdacht vorliegt, kommt der zuständigen Stelle ein Beurteilungsspielraum zu: BVerfG NJW 1984, 1451; BVerfG NJW 1986, 96

[110] BVerfG NJW 1984, 1451, 1452; BGHSt 37, 48, 51 f.; BGH NJW 1992, 1463, 1466.

[111] Vgl. Seipl in Wannemacher S. 844 Rn. 3733; Henneberg BB 1988, 2181, 2182; Betriebsprüferhandbuch: K., S. 6 f. Rn. 11.

nur natürlich und nachvollziehbar ist, dass steuerstrafrechtliche Hinweise in der Außenprüfung oftmals so lange wie möglich ignoriert werden[112]. Ergänzend kommt hinzu, dass die Außenprüfer strafrechtlich kaum geschult werden[113]. Auch soll teilweise das Verständnis vorherrschen, zu viele steuerstrafrechtliche Verfahren würden später wieder eingestellt, so dass sich der mit der Einleitung eines Steuerstraf- oder Bußgeldverfahrens verbundene Arbeitsaufwand und die gegebenenfalls hinzukommende Abkühlung des Prüfungsklimas nicht lohnen würden[114].

Unter Beachtung dieser Interessenlage stellt der strafrechtliche Vorbehalt nach § 201 Abs. 2 AO für den Außenprüfer ein verführerisches Instrumentarium dar, um die Entscheidung über die Frage eines Anfangsverdachts über die Außenprüfung hinaus zu vertagen und eine Beantwortung auf die dann zuständige Straf- und Bußgeldsachenstelle abzuschieben. Hiervon wird in der Praxis auch häufig Gebrauch gemacht[115]. Liegt aber ein strafrechtlicher Anfangsverdacht vor, darf die Einleitung eines Steuerstrafverfahrens nicht hinausgezögert werden, da andernfalls die Rechte des Steuerpflichtigen als Beschuldigtem, insbesondere mit Blick auf das Zwangsmittelverbot des § 393 Abs. 1 S. 2 AO, unterlaufen und verletzt würden[116]. Kann der Steuerpflichtige zur Auskunft gezwungen werden, besteht die Gefahr der Selbstbelastung. Der Außenprüfer tritt nämlich als Fiskalbeamter in Erscheinung, fungiert zugleich aber unerkannt als Strafverfolgungsorgan. Der strafrechtliche Vorbehalt nach § 201 Abs. 2 AO forciert insoweit eine finanzbehördliche Doppelfunktionalität und ermöglicht daher die Gefahr verdeckter strafrechtlicher Ermittlungen während der Außenprüfung[117]. An dieser Einschätzung ändert auch der Umstand nichts, dass im Falle der verspäteten Einleitung des Steuerstrafverfahrens durch die Finanzbehörden ein entsprechendes Verwertungsverbot für die

---

[112] Henneberg BB 1988, 2181, 2182; Streck BB 1980, 1537, 1538; Seipl in Wannemacher S. 844 Rn. 3733 m. w. N.

[113] Betriebsprüferhandbuch: K., S. 7 Rn. 11; Meyer DStR 2001, 461, 463; Mösbauer StBp 2004, 229, 232; Tipke in Tipke/Kruse § 193 Rn. 29 m. w. N.

[114] Vgl. Görn DStZ 1996, 142, 144 f.

[115] Henneberg BB 1988, 2181, 2183; Streck BB 1980, 1537, 1538; Betriebsprüferhandbuch: K., S. 7 Rn. 12; Hellmann S. 375; Dierlamm StraFo 1999, 289, 290; vgl. auch oben Fn. 98.

[116] Vgl. Kohlmann Steuerstrafrecht § 397 Rn. 42; Henneberg BB 1988, 2181, 2184.; Hellmann S. 379.

[117] Die Regelung wird daher als bedenklich und überflüssig kritisiert. Hübner in H/H/S § 397 Rn. 23; Rüster S. 142 ff.; Kohlmann Steuerstrafrecht § 397 Rn. 26 m. w. N.; a. A. Mösbauer in Koch/Scholz § 201 Rn. 7.

im Besteuerungsverfahren erlangten Erkenntnisse eingreifen soll[118]. Eine klare Trennlinie lässt sich nämlich aufgrund der oben dargestellten Abgrenzungsschwierigkeiten nicht ziehen, so dass eine verspätete Verfahrenseinleitung allenfalls in offenkundigen Missbrauchsfällen angenommen werden kann[119].

bb) Außenprüfung zur Ermittlung steuerrechtlicher und steuerstrafrechtlicher Erkenntnisse

Die finanzbehördliche Doppelfunktionalität besteht darüber hinaus auch, wenn der Außenprüfer beim Verdacht einer Steuerstraftat den Vorgaben aus § 10 BpO nachkommt. In dieser Situation weiß der Steuerpflichtige zwar, dass gegen ihn ein steuerstrafrechtliches Ermittlungsverfahren eingeleitet ist, und er wurde zudem über seine Rechte belehrt. Doch auch bei dem Verdacht einer Steuerstraftat ermittelt die Finanzbehörde nach § 386 Abs. 1 AO den strafrechtlichen Sachverhalt. Dies gilt auch dann, wenn während einer Außenprüfung zugleich ein Steuerstrafverfahren eingeleitet worden ist. Nach vorherrschender Auffassung in der Rechtsprechung ist die Außenprüfung nicht auf die steuerrechtliche Sachverhaltsaufklärung begrenzt, sondern umfasst auch die steuerstrafrechtlichen Ermittlungen[120]. Eine sich gegenseitig ausschließende Zuständigkeit von Außenprüfung und Steuerfahndung soll nicht bestehen[121]. Insoweit kann der Außenprüfer auch unter Beachtung des Legalitätsprinzips und den Vorgaben des § 10 BpO eine Doppelfunktion einnehmen und sowohl als Fiskalbeamter als auch als Strafverfolgungsorgan tätig werde. Dies wiederum hat zur Folge, dass der steuerstrafrechtlich zu ermittelnde Sachverhalt grundsätzlich sowohl mit den Mitteln des Besteuerungsverfahrens als auch mit strafprozessualen Mitteln erforscht werden kann. Zwar sind im Besteuerungsverfahren gem. § 393 Abs. 1 S. 2 AO die Zwangsmittel nach § 328 AO ausgeschlossen. Doch abgesehen hiervon bestehen die im Besteuerungsverfahren geltenden Mitwirkungspflichten fort. Das Gleiche trifft auf sonstige steuerliche Maßnahmen, welche nicht unter den Zwangsmittelbegriff

---

[118] Kohlmann Steuerstrafrecht § 397 Rn. 43 ff. m. w. N.

[119] Missachtet der Außenprüfer, trotz offenkundiger Anhaltspunkte für das Vorliegen einer Steuerstraftat, die Vorgaben aus § 10 BpO, läuft er Gefahr sich einer Strafvereitelung im Amt gem. § 258a StGB schuldig zu machen, wenn er aufgrund der Nichteinleitung eines Steuerstrafverfahrens ein steuerstrafrechtliches Verwertungsverbot zu Gunsten des Steuerpflichtigen provoziert und „billigend in Kauf" nimmt.

[120] BFH BStBl II 1999, 7, 9; BFH BStBl. II 1988, 113, 114; BFH/NV 1988, 550, 552; BFH BStBl II 1986, 433, 434 f.; Gast-de Haan in F/G/J § 397 Rn. 99; ausführlich Zacharias/Rinnewitz/Wiesbaum DStZ 1988, 609, 613 ff; a. A. Hellmann in H/H/S § 393 Rn. 69 m. w. N.

[121] BFH BStBl. II 1988, 113, 114; BFH/NV 1988, 550, 552; BFH BStBl II 1999, 7, 9.

des § 328 AO fallen, zu. So z. B. auch für die steuerliche Schätzung nach § 162 AO[122].

3. Zwischenergebnis

Die durch § 393 Abs. 1 AO beabsichtigte Trennung zwischen Steuer- und Steuerstrafverfahren ist rein formeller Natur[123]. Tatsächlich wirken Steuer- und Steuerstrafverfahren in erheblichem Maße aufeinander ein und überschneiden sich in weiten Teilen. Die Ursache hierfür liegt in einer weitgehenden sachlichen Verfahrensidentität hinsichtlich des jeweiligen Ermittlungsgegenstandes von Steuer- und Steuerstrafverfahren. Hinzu kommt eine - zumindest faktisch bestehende – Doppelfunktionalität der Finanzbehörden, die es diesen erlaubt, sowohl im Steuer- als auch im Steuerstrafverfahren tätig zu werden. Insoweit sind die Finanzbehörden im Steuerstrafverfahren mit einer besonderen Machtkonzentration versehen[124], welche zugleich die Gefahr von Missbrauch in sich birgt[125]. Denn auf die Gegenwehr des beschuldigten Steuerpflichtigen im Steuerrecht kann mit Maßnahmen des Strafverfahrens und umgekehrt reagiert werden[126].

Aufgrund der sachlichen und behördlichen Verfahrensidentität kann es zu einer Verfahrensüberschneidung und damit zu einer Kollision zwischen den steuerlichen und den strafrechtlichen Grundsätzen kommen. Im Folgenden soll anhand weniger ausgewählter Fallvarianten dargelegt werden, welche Sachverhaltskonstellationen eine Kollision der divergierenden Verfahrensprinzipien von Steuer- und Steuerstrafverfahren vermuten lassen.

---

[122] Dierlamm StraFo 1999, 289, 290.

[123] Streck/Spatscheck wistra 1998, 334, 335.

[124] Vgl. Kohlmann Steuerstrafrecht § 404 Rn. 40; Rüster S. 157 wonach die Doppelfunktion "ein hohes Maß an rechtsstaatlichem Fingerspitzengefühl bei den Fahndungsbeamten voraussetzt".

[125] Rüping DStR 2002, 2020 f.

[126] Vgl. Streck in DStJG 1983, 217, 218; Rogall ZRP 1975, 278, 279.

B. Verfahrenskollisionen von Steuer- und Steuerstrafverfahren

Zu einer Kollision zwischen den Verfahrensgrundsätzen des Besteuerungs- und Steuerstrafverfahrens kommt es dort, wo die Datenerhebung in Form der Preisgabe steuerrechtlicher Informationen durch den Steuerpflichtigen aufgrund der steuerrechtlichen Mitwirkungspflichten erzwungen werden kann, und diese Informationen nicht nur dem Besteuerungsverfahren, sondern auch dem Steuerstrafverfahren zugeführt werden. Die Abgabenordnung versucht die Gefahr einer Kollision der Verfahrensgrundsätze durch ein differenziertes System aus Zwangsmittel- (§ 393 Abs. 1 S. 2, 3 AO), Offenbarungs- (§ 30 AO) und Verwertungsverboten (§ 393 Abs. 2 AO) zu verhindern[127]. Ob und in welchem Umfang die Normentrias aus § 393 Abs. 1 S. 2 und 3, Abs. 2 und § 30 AO in der Lage ist, das beabsichtigte Ziel der Verfahrenstrennung zu verwirklichen, sei im Folgenden als Befund, unter Einbeziehung der jeweiligen Meinungsstände, dargestellt.

I. Steuererklärungspflichten, §§ 149 ff. AO

Im Zusammenhang abgabenrechtlicher Steuererklärungspflichten, z. B. der Pflicht zur Einkommensteuererklärung gem. § 25 EStG i. V. m. § 149 Abs. 1 S. 1 AO, versucht das Gesetz, einer möglichen Konfliktsituation zwischen dem Steuer- und Steuerstrafverfahren durch das in § 393 Abs. 1 S. 2 AO normierte Zwangsmittelverbot zu begegnen[128]. Nach dessen Regelungsinhalt bleibt der Steuerpflichtige zwar trotz eines strafrechtlichen Ermittlungsverfahrens weiterhin zur fiskalischen Auskunft verpflichtet, die Befolgung der Pflicht kann allerdings bei Gefahr der strafrechtlichen Selbstbelastung nicht mit den Zwangsmitteln i. S. v. § 328 AO durchgesetzt werden[129]. In Folge dieser Regelung wird das Zwangsmittelverbot des § 393 Abs. 1 S. 2 AO als Ausdruck des Nemo-Tenetur-Grundsatzes begriffen[130]. Betrachtet man allein die soeben genannten Vorschriften, hat es den Anschein, die gesetzliche Konzep-

---

[127] Vgl. Otto wistra 1983, 233; Röckl S. 119 f. m. w. N.

[128] Aufgrund der grundsätzlichen Gleichrangigkeit von Steuer- und Steuerstrafverfahren wird § 393 Abs. 1 AO als "Schlüsselnorm" bezeichnet. Besson S. 101; ähnlich Ruegenberg S. 173; Rüster S. 32 ff.

[129] Joecks in F/G/J § 393 Rn. 5; Kohlmann Steuerstrafrecht § 393 Rn. 6; Hellmann S. 99; Samson wistra 1988, 130, 131; Ruegenberg S. 149 f.; Rogall in FS Kohlmann 2003, 465, 472 m. w. N.

[130] Vgl. BGH NJW 2005, 763, 764; Besson S. 133; Ruegenberg S. 173 f.; Hellmann in H/H/S § 393 Rn. 5, 77; Böse S. 476 m. w. N.

tion erlaube kein Zusammentreffen der diametralen Verfahrensprinzipien von Besteuerungs- und Steuerstrafverfahren, fehlt es doch aufgrund von § 393 Abs. 1 S. 2 AO an einer wesentlichen Voraussetzung des Nemo-Tenetur-Grundsatzes, nämlich der Anwendung von Zwang[131]. Bei näherer Betrachtung zeigt sich aber, dass durch § 393 Abs. 1 S. 2 AO allein die spezifischen Zwangsmittel des § 328 AO, d. h. Zwangsgeld, Ersatzvornahme und unmittelbarer Zwang, ausgeschlossen sind. Demgegenüber können gegen den schweigenden Steuerpflichtigen eine Reihe weiterer steuerrechtlicher Maßnahmen angeordnet werden, die faktisch nicht minder geeignet sind, einen erheblichen Druck auf die Mitwirkungsbereitschaft des Steuerpflichtigen auszuüben[132]. Im Vordergrund steht hierbei die Möglichkeit der steuerlichen Schätzung nach § 162 AO, die es den Steuerbehörden erlaubt, Unsicherheiten bei der Ermittlung der Besteuerungsgrundlage zu Lasten des Steuerpflichtigen zu berücksichtigen[133]. Hinzu kommt, dass von dem Wortlaut des § 393 Abs. 1 S. 2 AO ausdrücklich nur die Zwangsmittel i. S. v. § 328 AO angesprochen sind, und der Steuerpflichtige daher Gefahr läuft, im Falle der steuerlichen Mitwirkungsverweigerung eine (erneute) Steuerstraftat gem. § 370 Abs. 1 AO zu begehen[134]. Kurzum, wird dem Gebot der steuerlichen Mitwirkungspflichten durch den Steuerpflichtigen nicht Folge geleistet, eröffnet dies grds. den Tatbestand sämtlicher in der Abgabenordnung normierter Vorschriften zur Durchsetzung einer tatsächlichen und effektiven Besteuerung, nur eben mit der Ausnahme der in § 328 AO genannten Zwangsmittel.

Welche Auswirkungen sich aus dem auf die Zwangsmittel des § 328 AO beschränkten Wortlaut des § 393 Abs. 1 S. 2 AO ergeben und welche Schlussfolgerungen hieraus in Rechtsprechung und Literatur gezogen werden, soll mit Hilfe von zwei Sachverhaltskonstellationen, deren Fallgestaltungen regelmäßig der Erörterung des vorliegenden Problemkreises dienen, beispielhaft veranschaulicht werden. Gemeinsam ist beiden Fallvarianten, dass der Steuer-

---

[131] Eine Einschränkung enthält § 393 Abs. 1 S. 2 AO bereits insoweit, als das Zwangsmittelverbot nur im Falle der Selbstbelastungsgefahr wegen einer Steuerstraftat oder Steuerordnungswidrigkeit greift, bei der Offenbarung einer allgemeinen strafrechtlichen Verfehlung hingegen keine Wirkung entfaltet. Vgl. Spriegel in Wannemacher S. 1010 Rn. 4508.

[132] Vgl. Kohlmann in FS Tipke 1995, 478, 503 f. mit dem Hinweis auf weitere "subtilere, aber auch brachialere" Maßnahmen durch die Steuerfahndung; Krieg S. 91.

[133] Vgl. Röckl S. 124 f.; Huchel S. 5 ff.; Besson S. 110 ff.,119; Kohlmann Steuerstrafrecht § 393 Rn. 33 m. w. N.

[134] Vgl. Aselmann NStZ 2003, 71, 72; Samson wistra 1988, 130, 131; Spriegel in Wannemacher S. 1015 Rn. 4523.

pflichtige für den steuerrechtlichen Veranlagungszeitraum[135] 01 seine Steuer-erklärungspflichten nicht ordnungsgemäß erfüllt hat und es hierdurch zu einer Tatbestandsverwirklichung der Steuerhinterziehung gem. § 370 Abs. 1 AO bzw. einer Steuerordnungswidrigkeit gem. § 378 Abs. 1 AO gekommen ist. Um eine gestraffte Darstellung potentieller Konfliktsituationen zwischen den Mitwirkungspflichten und dem Nemo-Tenetur-Grundsatz zu ermöglichen, soll zunächst unterstellt werden, dass für den VZ 01 bereits ein steuerstraf-rechtliches Ermittlungsverfahren wegen des Verdachts der Steuerhinterzie-hung eingeleitet ist[136].

Unter der Einbeziehung dieser Ausgangsbedingung unterscheiden sich die anzusprechenden Fallvarianten dadurch, dass es zum einen in Frage steht, ob der Steuerpflichtige zu einer (nochmaligen) Steuererklärung oder z. B. auf Verlangen der Finanzbehörden zu ergänzenden Angaben für den VZ 01 ver-pflichtet ist und zum anderen, ob der Steuerpflichtige für den VZ 02 eine Steu-ererklärung auch dann abzugeben hat, wenn er sich hierdurch der Begehung der im VZ 01 begangenen Steuerstraftat selbst bezichtigen müsste.

1. Besteuerungsverfahren und Steuerstrafverfahren erfassen denselben Besteuerungssachverhalt

Innerhalb dieser Fallgruppe stellt sich die Frage, inwieweit der Steuer-pflichtige nach der Begehung einer Steuerstraftat gezwungen werden kann, Angaben über den Besteuerungssachverhalt desselben VZ´s abzugeben. Wie soeben ausgeführt, bleibt der Steuerpflichtige zur Mitwirkung verpflichtet, kann gem. § 393 Abs. 1 S. 2 AO aber nicht mehr mit den Maßnahmen des § 328 AO zu einer Auskunft gezwungen werden.

---

[135] Im Folgenden al VZ abgekürzt.

[136] Mit der Bekanntgabe und der Einleitung eines steuerstrafrechtlichen Ermittlungsverfah-rens entfällt für den Steuerpflichtigen sowohl die Möglichkeit eines strafbefreienden Rücktritts gem. § 24 StGB, sowie der Erlangung der Straffreiheit durch Abgabe einer steu-erlichen Selbstanzeige gem. § 371 AO. Insoweit Ermittlungen noch nicht eingeleitet sind und durch die Abgabe einer strafbefreienden Selbstanzeige die Entschärfung eines beste-henden Konfliktes zwischen den steuerlichen Erklärungspflichten und dem Nemo-Tenetur-Grundsatz diskutiert wird, soll eine Erörterung durch kurze Darstellung an ge-eigneter Stelle erfolgen. Vgl. unten 1. Kapitel C. I. 3. S. 54 ff.

a) Die steuerrechtliche Schätzung gem. § 162 AO

Ungeachtet des Zwangsmittelverbotes nach § 393 Abs. 1 S. 2 AO muss der schweigende Steuerpflichtige im Besteuerungsverfahren[137] mit einer Schätzung seiner Besteuerungsgrundlage nach § 162 Abs. 1 und 2 AO rechnen[138]. Dies gilt vor allem und gerade auch für die von den Ermittlungen eines Steuerstrafverfahrens umfassten Besteuerungssachverhalte[139]. Wenngleich die steuerliche Schätzung nicht vom Kanon der Zwangsmittel i. S. v. § 328 AO und deren Verbot gem. § 393 Abs. 1 S. 2 AO umfasst wird, bleibt fraglich, ob diese im Hinblick auf den Nemo-Tenetur-Grundsatz nicht einen unzulässigen Zwang darstellt.

Bei einer rein formalen Betrachtung der sich aus § 162 Abs. 1 und 2 AO ergebenden Schätzungsmöglichkeit finden sich zunächst keine rechtlichen Bedenken im Hinblick auf den Nemo-Tenetur-Grundsatz, denn die Schätzung ist gerade nicht als Zwangsmittel zur Durchsetzung der steuerrechtlichen Mitwirkungspflichten konzipiert[140]. Funktionale Aufgabe der Schätzung ist die möglichst wirklichkeitsnahe Feststellung solcher Besteuerungsgrundlagen, welche sich nicht sicher ermitteln lassen[141]. Das Ziel der Schätzung besteht mithin nicht darin, den Steuerpflichtigen zu einer Informationspreisgabe, geschweige denn einem Geständnis zu "nötigen", sondern darin, gerade ohne seine Mitwirkung eine zutreffende Besteuerung zu erreichen[142]. Allerdings eröffnet der einer Schätzung naturgemäß innewohnende Unsicherheitsfaktor den Finanzbehörden einen breit gefächerten "Schätzungsrahmen", in dessen Grenzen sich die auf § 162 AO gestützte Festsetzung der Besteuerungsgrundlage als rechtmäßig erweist[143]. Zwar soll die Schätzung der Wirklichkeit und

---

[137] Zu den Möglichkeiten einer Schätzung im Strafverfahren vgl. Simon/Vogelberg S. 39 ff.; Mösbauer S. 273 ff.; Huchel S. 45 ff.

[138] Zur Vereinbarkeit der steuerlichen Schätzung mit dem Zwangsmittelverbot des § 393 Abs. 1 S. 2 AO: BFH BStBl III 1967, 349, 350 und 686, 687; BFH BStBl II 1979, 345, 347; BFH BStBl II 1982, 430, 433; BFH BStBl II 462 ff.; Kohlmann Steuerstrafrecht § 393 Rn. 36; Reiß S. 266; Seer in Tipke/Kruse § 162 Rn. 4; Joecks in F/G/J § 393 Rn. 30 m. w. N.

[139] Vgl. BFH BStBl II 2002, 4, 5; Seer in Tipke/Kruse § 162 Rn. 17; Besson S. 115 ff.; Rüster S. 49 ff.; Stürner NJW 1981, 1757, 1762; Hellmann in H/H/S § 393 Rn. 75; Joecks in F/G/J § 393 Rn. 30.

[140] Tipke/Kruse § 162 Rn. 13; Böse S. 484; Besson S. 112 m. w. N.

[141] Trzaskalik in H/H/S § 162 Rn. 38; Streck/Spatscheck wistra 1998 334, 338; Simon/Vogelberg S. 38; Besson S. 111 f.; Seer in Tipke/Kruse § 162 Rn. 13 jeweils m. w. N.

[142] Seer in Tipke/Kruse § 162 Rn. 13.

[143] Vgl. zu den unterschiedlichen Schätzungsarten bzw. Methoden: BFH BStBl II 1974, 591 f.; BFH/NV 1989, 746, 747 f.; Huchel S. 19 ff.

den tatsächlichen Verhältnissen so nahe wie möglich kommen[144], doch können zur Erreichung dieses Ziels Unsicherheitszuschläge mit verschiedenen Wertansätzen vorgenommen werden, die sich auch zu Lasten des Steuerpflichtigen auswirken können[145]. Nach gängiger Meinung soll es hierbei sogar möglich sein, Sicherheitszuschläge bis an den oberen vertretbaren Rand vorzunehmen, was insbesondere dann als tunlich angesehen wird, wenn der Steuerpflichtige durch die Mitwirkungsverweigerung die Veranlassung zur Schätzung gegeben hat[146]. Aufgrund dessen hat der schweigende Steuerpflichtige nicht selten mit nachteiligen, d. h. den tatsächlichen Steueranspruch weit übersteigenden Steuerfestsetzungen aufgrund einer vorgenommenen Schätzungen durch die Finanzbehörden nach § 162 AO zu rechnen[147].

aa) Die Schätzung als (potentieller) Selbstbelastungszwang

Wenngleich die Schätzung die Mitwirkungsverweigerung nicht unmittelbar und gewollt sanktioniert, kann in Abhängigkeit ihrer Festsetzungshöhe doch ein erheblicher Offenbarungsdruck auf den Steuerpflichtigen ausgeübt werden[148]. Zwar kann sich der Steuerpflichtige im Einspruchsverfahren gem. § 347 Abs. 1 Nr. 1 AO gegen die seiner Ansicht nach überhöhte Schätzung zur Wehr setzen. Allein die Behauptung, die Schätzung sei aufgrund ihrer Höhe rechtswidrig, vermag den Einspruch jedoch nicht zu begründen[149]. Vielmehr muss er die Fehlerhaftigkeit der Steuerfestsetzung durch einen entsprechenden Sachvortrag i. S. v. § 361 Abs. 2 S. 2 Alt. 1 AO dergestalt dartun, dass er detaillierte Angaben über die Höhe seiner tatsächlichen Einkünfte macht. Ge-

---

[144] BFH BStBl II 1979, 149; BFH BStBl II 1986, 226, 228 f.; Streck BB 1980, 1537, 1539; Trzaskalik in H/H/S § 393 Rn. 38; Hellmann S. 115 m. w. N.

[145] Trzaskalik in H/H/S § 162 Rn. 38 f; Tipke/Kruse § 162 Rn. 44 f.; Rolletschke in Dietz/Cratz/Rolletschke § 393 Rn. 21; Streck/Spatscheck wistra 1998, 334, 338 m. w. N.

[146] Vgl. Trzaskalik in H/H/S § 393 Rn. 39; Spriegel in Wannemacher S. 1013 Rn. 4520; Wenzel S. 75 f.; Rengier BB 1985, 720, 721; Simon/Vogelberg S. 38 jeweils m. w. N.

[147] BFH BStBl. III 1967, 349 f.; BStBl. 1993, 259, 260; Schuermann-Ketner in Koch/Scholz § 393 Rn. 4; Cratz in Dietz/Cratz/Rolletschke § 393 Rn. 9; Verfügung der OFD Nürnberg vom 1.8.1993 abgedr. in DStR 1994, 99 unter 3.

[148] Unabhängig von der Festsetzungshöhe kann von der steuerrechtlichen Schätzung ein Mitwirkungszwang auch dann ausgehen, soweit diese auch im Steuerstrafverfahren Verwendung findet Vgl. Streck/Spatscheck wistra 1998, 334, 339; Huchel S. 45 ff.; Röckl S. 309 ff.; Froscher in PK § 162 Rn. 1; Joecks in F/G/J Rn. 59 m. w. N. Wird die im Besteuerungsverfahren vorgenommene Schätzung nicht bestritten, soll hierin unter Umständen ein glaubhaftes Geständnis hinsichtlich der Höhe der Steuerverkürzung gesehen werden können. BGH ZfZ 1959, 301, 302.

[149] Spriegel in Wannemacher S. 1013 Rn. 4519; Seer in Tipke/Kruse § 162 Rn. 85 m. w. N.

nau diese Erklärung entspricht aber dem Inhalt der Pflicht zur Steuererklärung, deren Mitwirkung der Steuerpflichtige sich in Folge der Gefahr der Selbstbezichtigung zuvor verweigert hat. Die entsprechende Situation findet sich darüber hinaus auch im finanzgerichtlichen Verfahren. Hinzu kommt, dass die die Finanzbehörde dem Betroffenen nach § 364b AO eine Ausschlussfrist für die Einspruchsbegründung setzen kann[150]. Nach Ablauf dieser Frist sind jegliche dem Steuerpflichtigen bis dato bekannten Gründe gegen die Richtigkeit der Schätzung präkludiert, mit Wirkung sowohl im Einspruchsverfahren als auch dem gem. § 76 Abs. 3 AO nachfolgenden Klageverfahren[151]. Will der Steuerpflichtige daher seinem Einspruch zum Erfolg verhelfen, ist er entgegen seiner Absicht der Mitwirkungsverweigerung gezwungen, Angaben gegenüber den Finanzbehörden über seine Besteuerungsgrundlage zu machen[152].

Die im Rahmen des Einspruchs gegenüber den Finanzbehörden preisgegebenen Informationen sollen nach der ganz herrschenden Meinung gem. § 30 Abs. 4 Nr. 1 i. V. m. Abs. 2 Nr. 1 b) AO grundsätzlich im steuerstrafrechtlichen Verfahren gegen den Steuerpflichtigen offenbart und gem. § 393 Abs. 2 S. 1 a. E. AO verwertet werden dürfen[153]. Allein diejenigen Angaben, die der Steuerpflichtige im Rahmen eines Einspruchs gegen eine rechtswidrige sog. Strafschätzung[154] abgegeben hat, sollen einem strafrechtlichen Verwertungsverbot unterliegen[155]. Das Risiko, eine überhöhte Schätzung als Strafschätzung anzugreifen und als solche zu beweisen, liegt jedoch bei dem Steuerpflichtigen. Eine scharfe Grenzziehung zwischen noch rechtmäßiger und schon rechtswidriger Schätzung ist hierbei kaum möglich und bleibt einer Betrachtung des Ein-

---

[150] Röckl S. 125; Kohlmann Steuerstrafrecht § 393 Rn. 35; Streck/Spatscheck wistra 1998, 334, 339 qualifizieren demgegenüber die Setzung einer Ausschlussfrist als Ausübung unzulässigen Zwangs.

[151] Vgl. Spriegel in Wannemacher S. 1011 Rn. 4511; a. A. Joecks in F/G/J § 393 Rn. 30a, der die Präklusionswirkung der Ausschlussfrist zumindest im finanzgerichtlichen Verfahren für unbeachtlich hält.

[152] Spriegel in Wannemacher S. 1011 Rn. 4511; Kohlmann in FS Tipke 1995, 478, 504; Röckl S. 125.

[153] Rengier BB 1988, 720, 721; Besson S. 112 f.; Teske wistra 1988, 207, 208 f.; Hellmann in H/H/S § 393 Rn. 15; Ruegenberg S. 50 f.

[154] Als Strafschätzung werden im Allgemeinen solche Schätzungen bezeichnet, deren Ziel es ist, mit Hilfe einer überhöhten Besteuerungsgrundlage die Mitwirkungsverweigerung des Steuerpflichtigen zu sanktionieren.

[155] Hellmann in H/H/S § 393 Rn. 76; Streck in DStJG 1983, 217, 241 f.; Reiß S. 267; Dierlamm StraFo 1999, 289, 290; Kohlmann Steuerstrafrecht § 393 Rn. 59; Wisser in Klein § 393 Rn. 14; Seer in Tipke/Kruse § 162 Rn. 17 m. w. N.

zelfalles vorbehalten[156]. Infolge dessen erwachsen den Finanzbehörden aus der Festsetzung einer überhöhten Schätzung der Besteuerungsgrundlage grundsätzlich keine Nachteile. Da der Nachweis einer Strafschätzung nur schwer zu führen ist, haben diese im Falle eines erfolgreichen Einspruchs allenfalls mit einer Korrektur des Schätzungsbescheides bzw. der Besteuerungsgrundlage zu rechnen. Auf der anderen Seite sollen die aufgrund der Schätzung offenbarten Informationen im Strafverfahren verwertbar sein, so dass die Behörden i.d.R. keinen Nachteil durch eine überhöhte Schätzung zu fürchten haben.

Diese Situation führt zu einer Missbrauchsgefahr in der Anwendung der steuerlichen Schätzung durch die Finanzbehörden, denn es besteht eine nicht unerhebliche Versuchung, eine oftmals mühevolle Sachverhaltsermittlung innerhalb des Besteuerungs- und Steuerstrafverfahrens dadurch zu verkürzen, den bis dahin schweigenden Steuerpflichtigen mit Hilfe der drohenden Nachteile einer überhöhten Schätzung zur Mitwirkung und Preisgabe der begehrten Angaben zu bewegen. Ob ein solches Vorgehen gängiger Praxis entspricht, kann hier offen bleiben, wird aber zumindest nicht ausgeschlossen werden können[157].

bb) Meinungsstand

Im Einklang mit der Rechtspraxis wird teilweise generell in Abrede gestellt, dass von einer nachteiligen Schätzung überhaupt ein „verbotener Zwang zur Selbstbezichtigung" ausgehen kann[158]. Die mit einer Schätzung gegebenenfalls einhergehenden Mehrsteuern, so wird vorgetragen, können nämlich strukturell nicht mit einer strafrechtlichen Verurteilung verglichen werden. Wenngleich dieser Aussage prinzipiell beizupflichten ist, geht sie als inhaltliches Argument an der Sache vorbei. So verbietet § 393 Abs. 1 S. 2 AO die Zwangsmittel i. S. v. § 328 AO nicht deshalb, weil diese einen Ersatz für eine strafrechtliche Verurteilung darstellen würden. Sie werden vielmehr als unzulässig eingestuft, weil der Steuerpflichtige nicht gezwungen werden soll, sich selbst zu belasten[159]. Es gilt daher zu klären, ob die Schätzung in einem – ähnlich –

---

[156] Joecks in F/G/J § 393 Rn. 30a.

[157] Vgl. Hellmann S. 112; Gängiges Vorgehen der Finanzbehörden nach Rengier BB 1985, 720, 721; Grezesch DStR 1997, 1273, 1274; Hennenberg BB 1988, 2181, 2186; schwächer: Kohlmann Steuerstrafrecht § 393 Rn. 33 f.; Streck/Spatscheck wistra 1998 334, 339; Wenzel S. 76 f.; a. A. Rüster S. 49.; Hellmann in H/H/S § 393 Rn. 43 hält die Gefahr eines Missbrauch für gering, da die Voraussetzungen des § 162 AO regelmäßig nicht vorliegen.

[158] Rüster wistra 1988, 49, 50 f.

[159] Teske wistra 1988, 207, 213.

relevanten Maße geeignet ist, einen ebensolchen Druck wie die Zwangsmaßnahmen i.S.v. § 328 AO auf den Steuerpflichtigen auszuüben, dass sie als zwangsgleiches Mittel bewertet werden muss.

Von anderer Seite wird die Eignung der Schätzung zur Druckausübung auf den schweigenden Steuerpflichtigen bejaht. Zugleich wird aber einschränkend darauf hingewiesen, dass es überzogen sei, die Schätzung der Besteuerungsgrundlage wegen der Mitwirkungsverweigerung des Steuerpflichtigen generell als Ausübung von unzulässigem Zwang im Steuerstrafverfahren anzusehen[160]. Allein die bewusst überhöhte Schätzung zur Druckausübung auf die Mitwirkungsbereitschaft des Steuerpflichtigen soll hiernach als unzulässiger Zwang i. S. d. Nemo-Tenetur-Grundsatzes zu bewerten sein und als Konsequenz ein strafrechtliches Verwertungsverbot nach sich ziehen[161]. In Anlehnung hieran wird teilweise vorgeschlagen, vor allem um den angesprochenen Nachweisschwierigkeiten im Zusammenhang mit einer Strafschätzung zu begegnen, der schweigende Steuerpflichtige, der zugleich Beschuldigter einer Steuerstraftat ist, solle so behandelt werden wie derjenige, der unverschuldet seinen Mitwirkungspflichten nicht nachkommen kann[162]. Von daher sei die Schätzung daher auf den Mittelwert der in den jeweils einschlägigen Richtsammlungen vorgegebenen Werte zu begrenzen, wodurch zwar eine überhöhte Festsetzung der Besteuerungsgrundlage nicht ausgeschlossen werden könne, die potentielle Zwangswirkung aber in einem gewissen Grad relativiert werde[163].

Mit dem Verweis auf das unverfügbare „Urrecht" des Nemo-Tenetur-Grundsatzes wird von anderer Seite gefordert, das Zwangsmittelverbot des § 393 Abs. 1 S. 2 AO sei durch ein Aussageverweigerungsrecht zu ergänzen bzw. zu ersetzen, mit der Konsequenz, dass damit die Voraussetzungen für die Vornahme einer nachteiligen Schätzung wegen einer Mitwirkungsverwei-

---

[160] Hellmann S. 113.

[161] Besson S. 121; Reiß S. 267 f.; Teske wistra 1988, 207, 215; Wisser in Klein § 393 Rn. 14; Hellmann S. 112 ff.; Böse S. 484 m. w. N.

[162] Joecks in F/G/J § 393 Rn. 30; Teske wistra 1988, 207, 216; Streck/Spatscheck wistra 1998, 334, 339; Hellmann in H/H/S § 393 Rn. 42; Wenzel. S. 81.

[163] Vgl. Streck/Spatscheck wistra 1998, 334, 340, wonach nur "eine völlige Aufhebung der Mitwirkungspflichten" einer "eventuellen steuerlichen und somit auch strafrechtlich relevanten Strafschätzung des Finanzamts den Boden entziehen" würde.

gerung entfallen würden[164]. Dieser „Alles-oder-Nichts"-Lösung wird demgegenüber entgegengehalten, dass sie lediglich die Interessen des Beschuldigten im Auge habe und demgegenüber das Fiskalinteresse an einer gleichmäßigen und vollständigen Besteuerung völlig unberücksichtigt bliebe. Dies sei jedoch nicht gerechtfertigt[165].

Ob dem zugestimmt werden kann, bleibt abzuwarten und kann letztendlich erst nach einer vertieften Tatbestandsbestimmung des Nemo-Tenetur-Grundsatzes selbst beantwortet werden[166].

Um der Gefahr einer Kollision zwischen den steuerrechtlichen und strafprozessualen Verfahrensgrundsätzen vorzubeugen, wird schlussendlich vorgeschlagen, zwischen beiden Verfahren eine zeitliche Entzerrung dahingehend vorzunehmen, dass ein Schätzungsbescheid erst nach Abschluss des Steuerstrafverfahrens ergehen dürfe und das Besteuerungsverfahren solange nach § 363 AO auszusetzen sei[167]. Dem wird aber zu Recht entgegengehalten, dass eine solche Vorgehensweise der gesetzgeberischen Wertentscheidung widerspricht, denn § 393 Abs. 1 S. 1 AO geht gerade von der Gleichrangigkeit und Parallelität von Besteuerungsverfahren und Strafverfahren aus[168].

Abgesehen von diesem Kritikpunkt, bietet die zeitliche Entzerrung beider Verfahren aber auch aus einem anderen Grund keinen tauglichen Lösungsansatz. Soweit der Steuerpflichtige nämlich in Erfüllung der steuerrechtlichen Mitwirkungspflichten in einem, dem Strafverfahren nachfolgenden, Besteuerungsverfahren Angaben macht, die geeignet sind, die Schuld wegen der vormals zur Last gelegten Tat nachträglich zu beweisen, droht ihm gem. § 362 Nr. 4 StPO die Wideraufnahme des Strafverfahrens. Eine Wideraufnahme des Strafverfahrens kommt immer dann in Betracht, wenn dieses mit einem (Teil-) Freispruch beendet wurde und sich die Offenbarung des Steuerpflichtigen als ein glaubhaftes Geständnis erweist. Gleiches gilt dann, wenn das strafrechtliche Ermittlungsverfahren nach § 153 StPO oder § 170 Abs. 2 StPO eingestellt

[164] Streck BB 1980, 1537, 1539.

[165] Vgl. Teske wistra 1988, 207, 211; Rengier BB 1985, 720, 722; Seer StB 1987, 128, 130; Henneberg BB 1988, 2181, 2187 m. w. N.; a. A. Wenzel. S 80 f.

[166] Vgl. unten 3. Kapitel B. I. S. 226.

[167] Rengier BB 1985, 720, 722 f.; Seer StB 1987, 128, 132.

[168] Dierlamm StraFo 1999, 289, 290; Blumers/Göggerle Rn. 11; Besson S. 114; Kohlmann Steuerstrafrecht § 393 Rn. 16, 35; Teske wistra 1988, 207; Rüpping/Kopp NStZ 1997, 530, 532; Böse S. 534 m. w. N.

worden ist[169]. Eine Wideraufnahme wäre nur in den Fällen einer Einstellung nach § 153a StPO, nach der Erfüllung der Auflagen und Weisungen, im Falle einer Verurteilung oder eines Strafbefehls ausgeschlossen. In den übrigen Fällen aber kann es trotz der zeitlichen Entzerrung von Besteuerungs- und Steuerstrafverfahren zu einer Kollision der beiden Verfahrensprinzipien kommen[170].

Begreift man den Nemo-Tenetur-Grundsatz zunächst als das Verbot eines staatlichen Zwangs zur Selbstbelastung, ist es im Lichte der soeben beschriebenen Situationsanalyse gerechtfertigt, die Möglichkeit zur steuerlichen Schätzung als Zwangsmittel zu bezeichnen[171]. Denn ebenso wie die Zwangsmittel i. S. v. § 328 AO ist auch die steuerliche Schätzung in der Lage, einen erheblichen Offenbarungs- und Mitwirkungsdruck auf den Steuerpflichtigen auszuüben[172]. Ob sich allein aus der Zwangseignung aber auch ein rechtlich bedeutsamer Verstoß gegen den Nemo-Tenetur-Grundsatz ergibt, kann erst nach einer Darstellung und Analyse des Selbstbelastungsschutzes selbst beantwortet werden.

b) Die Sanktionsandrohung des § 370 Abs. 1 AO als potentieller Selbstbelastungszwang

Verweigert der Steuerpflichtige seine Mitwirkung wegen eines eingeleiteten Steuerstrafverfahrens, greift das Zwangsmittelverbot des § 393 Abs. 1 S. 2 AO. Zumindest dem Wortlaut nach ist das Verbot auf die Anwendung von Verwaltungszwang i. S. v. § 328 AO beschränkt und lässt insoweit die Sanktionsandrohung des § 370 Abs. 1 AO unberührt. Dies verwundert insofern, als die von § 370 Abs. 1 AO ausgehende Sanktionsandrohung zum Ziel hat, den Steuerpflichtigen zum Zwecke der rechtzeitigen und gleichmäßigen Festsetzung der Besteuerungsgrundlage zu einer ordnungsgemäßen Erfüllung seiner

---

[169] Kohlmann Steuerstrafrecht § 393 Rn. 35; Hellmann in H/H/S § 393 Rn. 93 f.

[170] Kohlmann Steuerstrafrecht § 393 Rn. 35; a. A. Rolletschke in Dietz/Cratz/Rolletschke § 393 Rn. 29 wonach im Falle einer Einstellung nach § 170 Abs. 2 AO oder eines (Teil-) Freispruchs die Möglichkeit zur Abgabe einer strafbefreienden Selbstanzeige gem. § 371 AO wieder auflebt, wodurch die Gefahr aus § 362 Nr. 4 StPO gebannt sein soll.

[171] Mössner StuW 1991, 224, 228; Teske wistra 1988, 207, 215.

[172] Vgl. Seer StB 1987, 128, 130: "Drastisch ausgedrückt, werden so die herkömmlichen Zwangsmittel der §§ 328 ff. AO nur durch ein anderes Zwangsmittel (die Schätzung) ersetzt". Teske wistra 1988, 207, 215; Spriegel in Wannemacher S. 1014 Rn. 4522; Kohlmann Steuerstrafrecht § 393 Rn. 34; Wenzel. S. 76 f.

steuerlichen Mitwirkungspflichten anzuhalten[173]. Soweit daher von § 370 Abs. 1 AO ein Mitwirkungszwang zur Informationspreisgabe auf den Steuerpflichtigen ausgeübt wird[174], ist klärungsbedürftig, ob die Norm auch dann Anwendung findet, wenn der Steuerpflichtige die Mitwirkungspflichten, z. B. in Folge eines erneuten oder ergänzenden Auskunftsverlangens der Finanzbehörde, hinsichtlich solcher Veranlagungszeiträume verweigert, für welche bereits ein Steuerstrafverfahren eingeleitet ist[175]. Zu fragen ist, ob die Mitwirkungsverweigerung bzw. die (erneute) Abgabe falscher Angaben im Falle der Selbstbelastungsgefahr den Tatbestand der Steuerhinterziehung gem. § 370 Abs. 1 AO erfüllt und auf den Steuerpflichtigen vor dem Hintergrund der damit verbundenen Sanktionierung ein unzulässiger Zwang i. S. d. Nemo-Tenetur-Grundsatzes ausgeübt wird.

aa) Tatbestandserfüllung des § 370 Abs. 1 AO bei Schadensidentität zwischen Vor- und Nachtat

Hat der Steuerpflichtige bereits eine Steuerstraftat begangen, scheidet eine neuerliche Tatbestandserfüllung des § 370 Abs. 1 Nr. 1 AO wegen nochmaliger falscher Angaben für denselben Besteuerungssachverhalt aus. Gleiches gilt im Falle des pflichtwidrigen Unterlassens der Mitwirkungspflichten gem. § 370 Abs. 1 Nr. 2 AO[176]. Zwar trifft den Steuerpflichtigen aus § 153 Abs. 1 AO das Gebot, unrichtige oder unvollständige Erklärungen, durch welche es zu einer Steuerverkürzung gekommen ist, nachträglich richtig zu stellen[177]. Allerdings greift § 153 Abs. 1 AO nach seinem Wortlaut bereits dann nicht ein, wenn der Steuerpflichtige seine Erklärung von vornherein bewusst unrichtig oder unvollständig abgegeben hat[178]. Insoweit fehlt es an dem Merkmal der nachträglichen Erkenntnis[179].

---

[173] Böse S. 485.

[174] Wulf wistra 2006, 89, 93 m. w. N.

[175] Vgl. Streck/Spatscheck wistra 1998, 334 f.

[176] A. A. OLG Koblenz wistra 1983, 270; Schuhmann wistra 1994, 45, 48.

[177] Hellmann in H/H/S § 370 Rn. 95, folgert aus der Pflicht des § 153 AO eine Garantenstellung und diskutiert eine Täuschung durch Unterlassen gem. § 370 Abs. 1 Nr. 1 AO i. V. m. § 13 StGB.

[178] Joecks in F/G/J § 370 Rn. 182; Rolletschke in Dietz/Cratz/Rolletschke § 370 Rn. 273; Schuhmann wistra 1994, 45, 48; Samson wistra 1990, 245, 246; Hardtke S. 35 m. w. N.; a. A. OLG Hamburg wistra 1993, 274; OLG Karlsruhe BB 1966, 1379. Den beiden Urteilen liegt ein dahingehender Sachverhalt zugrunde, wonach die Steuerpflichtigen für den VZ 01 den Vorsatz gefasst haben, keine Steuererklärung abzugeben. Die Veranlagung der Steuerpflichtigen erfolgte daraufhin gem. § 162 AO, wobei die Besteuerungsgrundlage

Doch auch im Fall einer unterstellten Berichtigungspflicht, z. B. im Fall der leichtfertige Steuerverkürzung gem. § 378 AO, kommt eine erneute Strafbarkeit weder nach § 370 Abs. 1 Nr. 1 noch Nr. 2 AO in Betracht. Nach heute wohl einhelliger Meinung handelt es sich bei § 370 Abs. 1 AO nicht um ein Tätigkeitsdelikt, sondern um ein Erfolgsdelikt. Demnach bedarf es neben der Tathandlung (Abgabe neuer falscher Angaben oder Unterlassen der unterstellten Berichtigungspflicht aus § 153 AO) eines kausal verursachten Taterfolges[180]. Wie im Folgenden aufgezeigt wird, fehlt es aber am Eintritt des Taterfolges, sowohl im Fall der neuerlichen Nichterklärung als auch im Fall der Abgabe einer neuerlichen Falscherklärung.

Als Taterfolg benennt § 370 Abs. 1 AO zum einen die Steuerverkürzung und zum anderen die Erlangung eines nicht gerechtfertigten Steuervorteils. Soweit sich die Folge der neuerlichen Falsch- oder Nichterklärung auf die Sicherung der durch die ursprüngliche Steuerverkürzung erlangten Vorteile beschränkt, fehlt es bereits an der Verwirklichung neuen Unrechts[181]. Zu einer Steuerverkürzung ist es nämlich bereits durch die vormalige, von den straf-

---

jeweils zu niedrig geschätzt wurde. Dies erkannten die Steuerpflichtigen, nahmen jedoch keine Berichtigung vor. Da die Steuerpflichtigen den Vorsatz gefasst hatten, keine Steuererklärung abzugeben, haben sie für den VZ 01 den Tatbestand des § 370 Abs. 1 AO erfüllt, so dass zumindest eine versuchte Steuerhinterziehung anzunehmen war. Entgegen dem dann aber zu beachtenden Zwangsmittelverbot gem. § 393 Abs. 1 S. 2 AO haben die Gerichte – nach vorliegender Ansicht rechtsfehlerhaft – jeweils eine Berichtigungspflicht aus § 153 AO angenommen und in dessen Folge eine (nochmalige) Steuerhinterziehung gem. § 370 Abs. 1 AO bejaht.

[179] Wollte man demgegenüber eine Berichtigungspflicht aus § 153 AO bejahen, würde das Delikt der Steuerhinterziehung zu einem Dauerdelikt umfunktioniert. Dies hätte zur Konsequenz, dass der Tatbestand der Steuerhinterziehung auch nach der Abgabe der vorsätzlichen falschen Steuererklärung, bzw. deren vorsätzliches Unterlassen, ununterbrochen weiterverwirklicht werden würde, wenn der Täter die Berichtigung unterlässt. Ein solches Ergebnis steht aber im Widerspruch zu dem Tatbestand des § 153 Abs. 1 S. 1 AO, wonach die Anzeigepflicht (spätestens) im Zeitpunkt der Festsetzungsverjährung gem. §§ 169 ff. AO erlischt. Die Festsetzungsverjährung endet jedoch gem. § 171 Abs. 6 AO solange nicht, als bis die Steuerhinterziehung verjährt ist. Diese kann aber gerade nicht verjähren, wenn man eine fortlaufende Berichtigungspflicht aus § 153 AO unterstellt, in deren Folge der Unterlassenstatbestand des § 370 Abs. 1 Nr. 2 AO anhaltend verwirklicht würde. Vgl. Hardtke S. 37.

[180] BGH wistra 1984, 142; Rolletschke in Dietz/Cratz/Rolletschke § 370 Rn. 74; Kohlmann Steuerstrafrecht § 370 Rn. 191 f.; Schmitz wistra 1993, 248, 249; Möller S. 168 f m. w. N.

[181] Eine Schadensvertiefung kommt durch das Unterlassen der Berichtigung ebenfalls nicht in Betracht. Der staatliche Steueranspruch besteht nur einmal in der gesetzlich bestimmten Höhe. Ein über den tatsächlichen Steueranspruch hinausgehender Schaden in Form einer neuerlichen Steuerverkürzung ist daher nicht möglich.

rechtlichen Ermittlungen umfassten, Falscherklärung gekommen[182]. Die neuerliche Falsch- oder Nichterklärung besitzt für den tatbestandlichen Erfolgseintritt in der Variante der Steuerverkürzung keine selbständige Bedeutung mehr und ist daher als straflose Nachtat zu qualifizieren[183]. Die Richtigkeit dieser Aussage lässt sich durch eine Kontrollüberlegung aufzeigen. Festzustellen ist nämlich, dass eine nachträgliche Berichtigung an dem Umstand einer vollendeten und beendeten Steuerverkürzung rechtlich nichts mehr zu ändern vermag[184]. Kann demnach die Berichtigung den einmal eingetretenen tatbestandlichen Erfolg nicht mehr beseitigen, kann umgekehrt das Ausbleiben der Berichtigung den tatbestandlichen Erfolg auch nicht selbständig herbeiführen[185].

Aber auch der tatbestandliche Erfolg der zweiten Alternative i. S. v. § 370 Abs. 1 AO in Form der Erlangung eines ungerechtfertigten Steuervorteils ist im Fall der neuerlichen Nicht- oder Falschangabe nicht verwirklicht. Der in Folge der zuvor verwirklichten Steuerverkürzung hinterzogene Betrag lässt sich nämlich nicht unter das Tatbestandsmerkmal des Steuervorteils subsumieren[186]. Der Begriff des Steuervorteils verlangt einen von der Steuerverkürzung abtrennbaren, selbständigen Vorteil. Eben hieran fehlt es aber, denn der durch den Steuerpflichtigen zu Unrecht erlangte Betrag ist mit der zuvor bereits eingetretenen Steuerverkürzung identisch und stellt somit keinen eigenständigen Vorteil dar.

---

[182] Vgl. Samson wistra 1990, 245, 247; Böse S. 486 m. w. N.

[183] Kohlmann Steuerstrafrecht § 393 Rn. 53 und § 376 Rn. 56; Joecks in F/G/J § 393 Rn. 36 und § 369 Rn. 118.

[184] Schmitz wistra 1993, 248, 249; Möller S. 176 m. w. N.

[185] Eben dies gilt auch dann, wenn ein Ermittlungsverfahren wegen einer Steuerordnungswidrigkeit nach § 378 Abs. 1 AO eingeleitet ist und der Steuerpflichtige nun vorsätzlich eine Berichtigung gem. § 153 AO unterlässt. Auch hier ist der tatbestandliche Erfolg, der mit dem aus § 370 Abs. 1 AO identisch ist, durch die leichtfertige Steuerverkürzung eingetreten. Der erst später eintretende Vorsatzwechsel ist unbeachtlich, denn nach allgemeiner Meinung muss der Vorsatz zur Zeit der Tat vorliegen. Hat der Täter hingegen erst nach der Tat einen entsprechenden Vorsatz (sog. dolus subsequenz) gefasst, ergeben sich hieraus keine strafrechtlichen Konsequenzen (Vgl. BGHSt 6, 329, 331; Möller S. 174 m. w. N.). A. A. Samson wistra 1990, 245, 247, der im Falle einer leichtfertigen Steuerverfehlung eine Berichtigungspflicht nach § 153 AO annimmt und darin eine Kollision mit dem Nemo-Tenetur-Grundsatz erkennt.

[186] Joecks in F/G/J § 370 Rn. 95 ff; Hellmann in H/H/S § 370 Rn. 168, 120; Zeller in Koch/Scholz § 370 Rn. 38; Kohlmann § 370 Rn. 170, 172; a. a. wohl Dumke in PK § 370 Rn. 103.

Nach den vorangestellten Ausführungen scheidet die Tatbestandserfüllung des § 370 Abs. 1 Nr. 1 und 2 AO durch eine neuerliche Nichterklärung oder neuerliche Abgabe falscher Angaben dann aus, wenn der hierdurch erlangte Vorteil mit dem Steueranspruch, der bereits von einer zuvor verwirklichten Steuerstraftat umfasst wird, identisch ist. Soweit eine Tatbestandserfüllung ausscheidet, geht von der Sanktionsandrohung des § 370 Abs. 1 AO im Falle der Mitwirkungsverweigerung keine Zwangswirkung aus, so dass ein Konflikt mit dem Nemo-Tenetur-Grundsatz nicht entsteht. Anders ist dies aber dann, wenn die neuerliche Tathandlung, zumindest teilweise, einen anderen Steueranspruch als die zuvor begangene Steuerhinterziehung umfasst. Deutlich lässt sich diese Sachverhaltsgestaltung am Beispiel der Umsatzsteuervoranmeldung gem. § 18 Abs. 1 UStG und der Umsatzsteuerjahreserklärung gem. § 18 Abs. 3 UStG aufzeigen[187].

bb) Tatbestandserfüllung des § 370 Abs. 1 AO bei Schadensdifferenz zwischen Vor- und Nachtat

Ein Zwang zur Selbstbezichtigung kann von § 370 Abs. 1 AO dann ausgehen, wenn ein Steuerstrafverfahren wegen der Abgabe unrichtiger Umsatzsteuervoranmeldungen i. S. v. § 18 Abs. 1 UStG anhängig ist und der Steuerpflichtige aufgrund von § 18 Abs. 3 UStG verpflichtet ist, eine vollständige und zutreffende Umsatzsteuerjahreserklärung abzugeben[188]. Bereits mit der Abgabe der unrichtigen Umsatzsteuervoranmeldungen hat der Steuerpflichtige den Tatbestand des § 370 Abs. 1 Nr. 1 AO erfüllt und eine Steuerstraftat begangen[189]. Verweigert der Steuerpflichtige wegen der Gefahr der Selbstbelastung in Bezug auf die unrichtige Umsatzsteuervoranmeldung die Abgabe der Umsatzsteuerjahreserklärung, begeht er dem Grunde nach erneut eine Steuerhinterziehung nach § 370 Abs. 1 Nr. 2 AO[190]. Anders als in der zuvor beschriebenen Fallvariante kann die Nichtabgabe einer Umsatzsteuervoranmeldung nicht als straflose Nachtat der Steuerhinterziehung wegen Abgabe

---

187 Vgl. BGHSt 47, 8 ff.; vgl. auch BGH JZ 2002, 616 f. zu dem ähnlich gelagerten Fall einer versuchten Einkommensteuerhinterziehung durch Unterlassen.

188 Vgl. zu dieser Sachverhaltskonstruktion BGHSt 47, 8 ff.

189 BGHSt 38, 165, 171; St 43, 270, 267; BGH wistra 1996, 105 f.; Böse S. 486; Hellmann JZ 2002, 617, 618 m. w. N.

190 Zu der Frage, ob der Steuerpflichtige im Falle der Selbstbelastungsgefahr möglicherweise wegen "Unzumutbarkeit normgemäßen Verhaltens" von der Pflicht zur Abgabe einer Umsatzsteuerjahreserklärung suspendiert ist, siehe sogleich.

einer unrichtigen Umsatzsteuervoranmeldung gewertet werden[191]. Denn während die Abgabe einer unrichtigen Umsatzsteuervoranmeldung lediglich zu einer Steuerverkürzung auf Zeit führt, bewirkt die falsche Umsatzsteuerjahreserklärung eine endgültige Steuerverkürzung und ist daher als neues, selbständiges Unrecht zu bewerten[192]. Obgleich sich Umsatzsteuervor- und Jahreserklärung auf dieselbe Steuerart und den gleichen VZ beziehen, kommt den jeweiligen Erklärungen eine eigenständige Bedeutung zu. Infolge dessen geht mit der Sanktionsandrohung des § 370 Abs. 1 AO ein erheblicher Mitwirkungszwang im laufenden Strafverfahren aus. Fügt sich der Steuerpflichtige dem Mitwirkungszwang und gibt er eine korrekte Umsatzsteuerjahreserklärung ab, liegt darin zugleich eine Selbstbelastung in Bezug auf die zuvor begangene Steuerstraftat wegen der Abgabe einer falschen Umsatzsteuervoranmeldung.

cc) Meinungsstand

Entgegen dem Wortlaut des § 393 Abs. 1 S. 2 AO ist allgemeinhin anerkannt, dass § 370 Abs. 1 AO insoweit einen Selbstbelastungszwang auf den Steuerpflichtigen ausgeübt, als dieser durch die Norm gezwungen wird, auch für diejenigen Veranlagungszeiträume eine Erklärung abzugeben, für welche bereits ein Steuerstrafverfahren eingeleitet wurde[193]. Der Steuerpflichtige wird nämlich gezwungen, entweder eine inhaltlich richtige und vollständige Umsatzsteuerjahreserklärung abzugeben, wobei es unweigerlich zu einer Selbstbelastung hinsichtlich der unrichtigen Umsatzsteuervoranmeldung kommt, oder aber aufgrund der Mitwirkungsverweigerung eine Sanktionierung gem. § 370 Abs. 1 AO in Kauf zu nehmen. Einhellig wird in dieser "unauflösbaren Konfliktlage" für den Steuerpflichtigen ein Verstoß gegen den Nemo-Tenetur-Grundsatz gesehen[194]. Da § 393 Abs. 1 S. 2 AO eben diese Konfliktlage vermeiden will und die Androhung von Kriminalstrafe nach § 370 Abs. 1 AO häufig die Auswirkungen der in § 328 AO bezeichneten Zwangsmittel übersteigen wird, soll es nach einer an Sinn und Zweck des Zwangsmittelverbotes

---

[191] BGH wistra 1982, 145; BGHSt 38, 165, 171; BGH wistra 1996, 105, 106; OLG Frankfurt/ Main wistra 2004, 78, 80; Kohlmann Steuerstrafrecht § 376 Rn. 56; a. A. Meine BB 1978, 1309.

[192] BGH wistra 2005, 66 f.; BGHSt 38, 165, 171; Hellmann in H/H/S § 370 Rn. 156 ff.; Rolletschke in Dietz/Cratz/Rolletschke § 370 Rn. 225, 227; Dumke in PK § 370 Rn. 225; derselbe in wistra 2004, 246, 247 m. w. N.

[193] Vgl. OLG Hamburg wistra 1996, 239, 240; Böse S. 486.

[194] BGHSt 47, 8, 14 f.; Kohlmann Steuerstrafrecht § 393 Rn. 53; Joecks in FS Kohlmann 2003, 451, 459; Wisser in Klein § 393 Rn. 15.

orientierten Auslegung geboten sein, den Steuerpflichtigen im Falle einer notwendigen Selbstbelastung von einer strafbewehrten Pflicht zur Selbstbezichtigung freizustellen[195]. Nach diesem Verständnis soll von dem Zwangsmittelverbot des § 393 Abs. 1 S. 2 AO auch die Sanktionsandrohung des § 370 Abs. 1 AO – als schärfstes in der AO vorzufindendes Zwangsmittel – umfasst, sein mit der Folge, dass im Falle der Selbstbelastungsgefahr eine Strafbarkeit gem. § 370 Abs. 1 AO aufgrund einer analogen Anwendung des Zwangsmittelverbotes gem. § 393 Abs. 1 S. 2 AO ausscheiden soll[196]. In der Konsequenz dieser Sichtweise ist der Steuerpflichtige faktisch von der Mitwirkungspflicht suspendiert, wenn sich diese sowohl auf denselben steuerlichen Sachverhalt als auch den gleichen VZ wie das steuerstrafrechtliche Ermittlungsverfahren bezieht. In Anlehnung hieran soll eine Sanktionierung nach § 370 Abs. 1 AO nicht nur im Falle der Mitwirkungsverweigerung, d. h. im Falle der Nichtabgabe einer Umsatzsteuerjahreserklärung, entfallen, sondern auch dann, wenn eine unrichtige Jahreserklärung im Umfang einer falschen Voranmeldung abgegeben wurde[197].

Im Ergebnis ähnlich, suchen andere eine Konfliktlösung über den entschuldigenden Notstand gem. § 35 StGB, wonach eine neuerliche Nicht- oder Falscherklärung zwar tatbestandsmäßig, aber entschuldigt sein soll[198]. Als argumentatives Fundament wird auf das Institut der Zumutbarkeit normgemäßen Verhaltens zurückgegriffen[199], welches andere wiederum unmittelbar für die Konfliktlösung heranziehen wollen[200]. Nach den Maßstäben der Zumutbarkeit normgemäßen Verhaltens soll eine geforderte Handlung insbesondere dann als unzumutbar bewertet werden, wenn sie geeignet ist, billigenswerte Interessen des Verpflichteten in erheblichen Umfang zu beeinträchtigen und der abzuwendende Erfolgseintritt hierzu nicht in einem angemessenen Ver-

---

[195] BGHSt 47, 8, 14 f.; BGH JZ 2002, 616, 617; OLG Hamburg wistra 1996, 239, 240; Aselmann NStZ 2003, 71, 74; Grezesch DStR 1997, 1273, 1275; Meyer DStR 2001, 461, 465.

[196] BGHSt 47, 8, 14 f.; OLG Hamburg wistra 1996, 239, 240; Samson wistra 1988, 130, 131, 136; Spriegel in Wannemacher S. 1015 Rn. 4524.

[197] OLG Frankfurt/Main wistra 2004, 78, 80; kritisch Rolletschke wistra 2004, 246, 247 ff.

[198] Joecks in F/G/J § 393 Rn. 39a.

[199] Die Figur der Zumutbarkeit normgemäßen Verhaltens ist in ihrer inhaltlichen Ausgestaltung zwar streitig, im Bereich der Unterlassungsdelikte aber allgemein anerkannt und findet eine gesetzliche Stütze in § 323c StGB. Vgl. BGH NStZ 1984, 164; Stree in Schönke/Schröder Vorbem. §§ 13 ff. Rn. 155 f. jeweils m. w. N.

[200] BGHSt 47, 8, 15; Böse S. 488; Aselmann NStZ 2003, 71, 74 m. w. N.

hältnis steht[201]. Unzumutbar sollen hiernach zumindest diejenigen Erklärungspflichten sein, deren Befolgung strafrechtliche Konsequenzen nach sich ziehen
würden[202]. Soweit es die Situation des Steuerpflichtigen betrifft[203], soll dem
Steuerpflichtigen die neuerliche Abgabe einer Steuererklärung dann nicht zuzumuten sein, wenn er sich sonst der Verfolgung wegen der vormaligen Verwirklichung einer Steuerstraftat aussetzen müsste. Abweichend von der zuvor
genannten Ansicht ist es dem Steuerpflichtigen aber nicht gestattet, eine neuerliche Falscherklärung in Form einer unwahren Umsatzsteuerjahreserklärung
abzugeben. Im Rahmen der Unzumutbarkeit normgemäßen Verhaltens, soll
lediglich das Unterlassen der Abgabe einer wahren Umsatzsteuerjahreserklärung entgegen der § 370 Abs. 1 AO straflos gestellt sein. Dies gilt ebenfalls für
diejenige Sichtweise, wonach die Mitwirkungsverweigerung im Fall der
Selbstbelastungsgefahr im Rahmen von § 35 StGB entschuldigt sein soll[204].

Von anderer Seite wird schließlich jedes Ergebnis, welches die Pflicht zur
steuerrechtlichen Mitwirkung suspendiert oder durch die Straflosstellung faktisch beseitigt, kritisiert und abgelehnt[205]. Zwar erkennt auch diese Ansicht in
der vorangestellten Sachverhaltskonstellation einen Selbstbelastungszwang
i. S. d. Nemo-Tenetur-Grundsatzes, allerdings soll in der Aufhebung der Mitwirkungspflicht keine taugliche Konfliktlösung liegen, da andernfalls dem
beschuldigten Steuerpflichtigen gegenüber dem Nichtbeschuldigten eine doppelte Vergünstigung zu Teil werde[206]. Zum einen käme es zu einer Besserstellung, denn in Folge der tolerierten Mitwirkungsverweigerung könne der beschuldigte Steuerpflichtige zumindest für eine gewisse Zeit die Realisierung
des staatlichen Steueranspruchs verhindern. Zum anderen hätte der beschuldigte Steuerpflichtige, anders als der Nichtbeschuldigte, keine Strafbarkeit
wegen einer neuerlichen Nicht- oder Falscherklärung zu befürchten. Eine
Konfliktlösung zwischen dem Selbstbelastungszwang und dem Nemo-Tenetur-Grundsatz sei daher nicht in der Suspendierung der Mitwirkungspflicht

---

[201] Vgl. BGH StV 1984, 164; Stree in Schönke/Schröder Vorbem §§ 13 ff. Rn. 156; von Briel
StraFo 1998, 336, 337.

[202] Joecks in F/G/J § 393 Rn. 39a; OLG Hamburg wistra 1996, 239, 241.

[203] Ein abweichendes Ergebnis zeigt sich aber in Bezug auf die Strafbarkeit des Mittäters und
Teilnehmers. Vgl. Berthold S. 97 ff.

[204] Kritisch in Bezug auf die dogmatische Begründung von § 35 StGB über die Zumutbarkeit
normgemäßen Verhaltens, Marx in FS Fachanwalt für Steuerrecht 2000, 673, 677 f.

[205] Hellmann JZ 2002, 617, 619; Rolletschke wistra 2004, 246, 248.

[206] Hellmann JZ 2002, 617, 619.

zu suchen, sondern ergebe sich aus dem Verbot einer steuerstrafrechtlichen Verwertung der im Besteuerungsverfahren durch den Steuerpflichtigen offenbarten Informationen[207].

Als Befund kann an dieser Stelle festgehalten werden, dass es in Folge der Strafandrohung des § 370 Abs. 1 AO nach unbestrittener Meinung zu einem Selbstbelastungszwang des beschuldigten Steuerpflichtigen kommen kann. Wie diesem vor dem Hintergrund des Nemo-Tenetur-Grundsatzes allerdings begegnet werden muss, ist streitig. Soweit der Steuerpflichtige in Folge der steuerrechtlichen Mitwirkungsgebote gehalten ist, hinsichtlich desselben Besteuerungssachverhaltes wie des Steuerstrafverfahrens Angaben zu machen, wird von der überwiegenden Meinung eine Suspendierung der Steuererklärungspflicht angenommen. Dies soll auch dann gelten, wenn im Verhältnis zwischen der ursprünglichen Steuerhinterziehung, die der Anlass für das eingeleitete Steuerstrafverfahren war, und der neuerlichen Falsch- oder Nichterklärung eine Schadensvertiefung, mithin die Begehung neuen Unrechts, festzustellen ist. Ob die faktische Suspendierung der steuerrechtlichen Mitwirkungspflichten, als Folge der ergänzenden Auslegung des § 393 Abs. 1 S. 2 AO auf die Sanktionsandrohung des § 370 Abs. 1 AO, auch in anderen Sachverhaltskonstellationen als Konfliktlösung mit dem Nemo-Tenetur-Grundsatz herangezogen wird, bleibt im Folgenden zu erörtern. Es fragt sich nämlich, was für die Erklärungspflichten solcher Besteuerungszeiträume gilt, die dem strafbefangenen VZ nachfolgen.

2. Das Besteuerungsverfahren erfasst dem Steuerstrafverfahren nachfolgende Besteuerungssachverhalte

Als anschauliches Beispiel für die soeben aufgestellte Fragestellung sollen hier über mehrere Jahre hinterzogene Steuern auf Kapitalerträge dienen[208]. Ist für einen vergangenen VZ ein Steuerstrafverfahren eingeleitet, sei es wegen eines konkreten Hinterziehungsverdachts oder wegen eines noch unsubstantiierten Anfangsverdachts auf Grund von vorgefundenen Unregelmäßigkeiten im Rahmen einer Betriebsprüfung, sieht sich der Steuerpflichtige in Bezug auf

---

[207] Hellmann JZ 2002, 617, 619; Kohlmann Steuerstrafrecht § 393 Rn. 36; Joecks in F/G/J § 393 Rn. 38 m. w. N.; a. A. OLG Hamburg wistra 1996, 239, 241; Aselmann NStZ 2003, 71, 73 f.

[208] Vgl. BGH JZ 2002, 615 f.; Samson wistra 1988, 130, 132; von Briel StraFo 1998, 336; Grezesch DStR 1997, 1273 f.; Meyer DStR 2001, 461, 465

seine Steuererklärung für den aktuellen VZ vor ein Problem gestellt. Entscheidet sich der Steuerpflichtige dafür, den steuerrechtlichen Mitwirkungspflichten für den aktuellen VZ im vollen Umfang nachzukommen und erklärt nunmehr seine Einkünfte aus Kapitalvermögen in voller Höhe, liefert er hierdurch den Ermittlungsbehörden Anhaltspunkte mit deren Hilfe Rückschlüsse auf die tatsächliche Höhe der erlangten Kapitaleinkünfte der steuerstrafrechtlich befangenen Altjahre möglich sind[209]. Die Erfüllung der steuerlichen Mitwirkungspflicht stünde insoweit einer Selbstbelastung gleich[210]. Macht der Steuerpflichtige hingegen auch für den aktuellen VZ unrichtige Angaben oder kommt er seiner Erklärungspflicht gar nicht nach, verwirklicht er, wie in der Fallvariante zuvor beschrieben[211], erneut den Tatbestand der Steuerhinterziehung gem. § 370 Abs. 1 AO. Wie auch immer sich der Steuerpflichtige verhält, beide Male droht ihm die Gefahr der strafrechtlichen Sanktionierung nach § 370 Abs. 1 AO[212].

a) Selbstbelastungszwang

Orientiert man sich an der zuvor beschriebene Fallvariante der Umsatzsteuervoranmeldung und der Jahreserklärung, liegt zunächst die Vermutung nahe, dass die dort vorgefundenen Strukturen unbesehen auf die vorliegende Sachverhaltsgestaltung übertragen werden können. Denn immerhin geht auch hier eine Zwangssituation von der Sanktionsandrohung des § 370 Abs. 1 AO in Bezug auf die Erklärungspflicht in der jeweils gleichen Steuerart aus. In Anlehnung an die obige, vornehmlich durch die Rechtsprechung propagierte Annahme der Suspendierung der steuerrechtlichen Mitwirkungspflicht wäre es nur konsequent, diese Betrachtungsweise auch auf Steuererklärungspflichten nachrangiger Veranlagungszeiträume zu übertragen[213]. Das ist aber nicht

---

[209] BGH NJW 2005, 763, 764 f.; Dörn DStZ 1999, 245, 247; Streck/Spatscheck wistra 1998, 334, 339, 342; Joecks in F/G/J § 393 Rn. 37a; Hellmann JZ 2002, 617, 619; Samson wistra 1988, 130, 132; Marx in FS Fachanwalt für Steuerrecht 2000, 673, 674; Böse wistra 2003, 47, 48; derselbe S. 477 f. m. w. N.

[210] Vgl. Samson wistra 1988, 130, 132; a. A. Rüster S. 61, die in den Mitwirkungspflichten keine Gefahr der Selbstbelastung erkennt, da nicht eine konkrete Tatdarlegung, als vielmehr nur die Offenbarung von neutralem Zahlenmaterial gefordert werde. Tatsächlich verlangt die Erklärungspflicht aber neben einer arithmetischen Aufstellung z. B. die Benennung der entsprechenden Einkunftsart und weitere, dem Lebenssachverhalt zugrunde liegende Vorgänge.

[211] Vgl. oben C. I. 1. b) bb) S. 42 ff.

[212] Hellmann JZ 2002, 61617, 619.

[213] Böse S. 489.

der Fall. Im Gegenteil, das Zwangsmittelverbot des § 393 Abs. 1 S. 2 AO soll dort seine Grenzen finden, wo es nicht mehr um ein bereits begangenes steuerliches Fehlverhalten geht, für das ein Steuerstrafverfahren bereits eingeleitet ist[214]. Mit anderen Worten soll sich das Zwangsmittelverbot des § 393 Abs. 1 S. 2 AO nur auf solche Mitwirkungspflichten beziehen, welche eben für den VZ bestehen, für den auch das Steuerstrafverfahren eingeleitet ist[215]. Dies bedeutet folgendes: Ist das Steuerstrafverfahren für den VZ 01 eingeleitet, sollen nur die Mitwirkungspflichten für den VZ 01 von dem Zwangsmittelverbot des § 393 Abs. 1 S. 2 AO erfasst sein. Die steuerlichen Mitwirkungs- und Erklärungspflichten für den nachfolgenden VZ 02 können demgegenüber mit den Zwangsmitteln des § 328 AO durchgesetzt werden.

Soweit hiernach die Erklärungspflichten für den VZ 02 nicht durch das Zwangsmittelverbot erfassen werden, soll die Falsch- oder Nichterklärung gem. § 370 Abs. 1 AO sanktionierbar sein. Eine faktische Suspendierung der steuerrechtlichen Mitwirkungspflicht durch eine ergänzende Auslegung des § 393 Abs. 1 S. 2 AO auf § 370 Abs. 1 AO soll insoweit nicht in Betracht kommen.

Berücksichtigt man die Aussagen der Rechtsprechung in der zuvor beschriebenen Fallvariante mit dem Beispiel der Umsatzsteuervor- und Jahreserklärung, irritiert die Ablehnung der Anerkennung der faktischen Suspendierung der steuerlichen Mitwirkungspflichten über die ergänzende Auslegung

---

[214] BGH NJW 2005, 763, 764; BGH JZ 2002, 615; BGHSt 47, 8, 15.

[215] Für die Anwendung des § 393 Abs. 1 S. 2 AO wird die Notwendigkeit eines sachlichen Zusammenhanges zwischen der Steuerverfehlung, mit der sich der Steuerpflichtige infolge seiner Erklärungspflicht belasten kann, und dem Besteuerungsverfahren, in welchem es zur Zwangsausübung kommt, verlangt (Vgl. Dumke in PK § 393 Rn. 23 m. w. N.). Die Reichweite dieses sachlichen Zusammenhanges soll sich an den Voraussetzungen des Tatbegriffes i. S. v. § 393 Abs. 1 S. 3 AO orientieren, denn dort heißt es, dass das Zwangsmittelverbot immer dann Anwendung findet, "soweit wegen (...) einer solchen Tat" bereits ein Steuerstrafverfahren eingeleitet ist (Vgl. Kohlmann Steuerstrafrecht § 393 Rn. 50; Hellmann in H/H/S § 393 Rn. 90). Zwar ist die inhaltliche Bestimmung des Tatbegriffes streitig, wobei eine Ansicht den engen Tatbegriff, der sich nach der konkreten Steuerart und dem jeweiligen VZ richtet, propagiert (Schurmann-Kettner in Koch/Scholz § 393 Rn. 8 m. w. N.), und andere den Tatbegriff des § 264 StPO für vorzugswürdig halten, wonach die gesamte Steuererklärung einen einheitlichen Lebensvorgang bildet (Vgl. Besson S. 126 ff.; Jocks in F/G/J § 393 Rn. 33 m. w. N). Nach beiden Ansichten muss sich die Verfolgungsgefahr auf den gleichen VZ auswirken, für welchen die Angaben erzwungen werden. Da in der hier zu diskutierenden Fallvariante aber die Mitwirkungspflichten für Veranlagungszeiträume gelten, die dem Steuerstrafverfahren nachfolgen, soll es an dem sachlichem Zusammenhang fehlen und das Zwangsmittelverbot des § 393 Abs. 1 S. 2 AO nicht eingreifen.

des Zwangsmittelverbotes des § 393 Abs. 1 S. 2 AO. Folgt man nämlich den gerichtlichen Ausführungen, erkennt auch die Rechtsprechung in der strafbewehrten Pflicht zur Abgabe von Steuererklärungen für den dem Steuerstrafverfahren nachfolgenden VZ einen Selbstbelastungszwang und bestätigt einen Konflikt mit dem Nemo-Tenetur-Grundsatz[216].

b) Meinungsstand

Nach einer Minderheitsmeinung soll die Pflicht zur Abgabe einer Steuererklärung auch für solche Veranlagungszeiträume faktisch suspendiert sein, die dem Steuerstrafverfahren nachgelagert sind[217]. Dieser Option widerspricht jedoch die Rechtsprechung unter Gefolgschaft vielfacher Vertreter aus der Literatur[218]. Als Begründung wird zunächst vorgetragen, dass das Unterlassen der Abgabe einer Steuererklärung für nachgelagerte Veranlagungszeiträume den Tatbestand des § 370 Abs. 1 AO erfülle und der Nemo-Tenetur-Grundsatz die Begehung neuen Unrechts in Form einer erneuten Steuerhinterziehung nicht zu rechtfertigen vermöge. Mit dieser Argumentation setzt sich die Rechtsprechung allerdings konträr zu ihren Rechtfertigungsbemühungen im Bereich der Suspendierung der steuerlichen Mitwirkungspflicht in den Fällen identischer Veranlagungszeiträume, so wie im oben zuvor beschriebenen Beispiel der Umsatzsteuervoranmeldung und Umsatzsteuerjahreserklärung[219]. Wie aufgezeigt, geht von dem Unterlassen der Abgabe der Umsatzsteuerjahreserklärung im Verhältnis zu der zuvor unrichtigen Umsatzsteuervoranmeldung ebenfalls ein neuer Unrechtsgehalt aus[220], wobei diese Bewertung von der Rechtsprechung geteilt wird[221]. Warum die Schaffung neuen Unrechts im Falle der Nichtabgabe einer Umsatzsteuerjahreserklärung durch den Nemo-Tenetur-Grundsatz gerechtfertigt sein soll, die Schaffung neuen Unrechts durch die Nichtabgabe der (Einkommen-)Steuererklärung für nachfolgende Besteuerungszeiträume demgegenüber aber eine rechtswidrige Steuerhinter-

---

[216] BGH NJW 2005, 763, 765; BGHSt 47, 8, 15; ebenso Kohlmann Steuerstrafrecht § 393 Rn. 53; Hellmann JZ 2002, 61617, 619; Samson wistra 1988, 130, 132; Aselmann NStZ 2003, 71, 74; Berthold S. 67

[217] Meyer DStR 2001, 461, 465.

[218] BGH NJW 2005, 763, 764; BGH JZ 2002, 615; BGHSt 47, 8, 15; ebenso Joecks in F/G/J § 393 Rn. 37; Hellmann in H/H/S § 393 Rn. 28;

[219] Vgl. Joecks in FS Kohlmann 2003, 451, 461 Fn. 40.

[220] Vgl. oben C. I. 1. b) bb) S. 42 f.

[221] BGH NJW 2005, 763, 764; JZ 2002, 615; BGHSt 47, 8, 15.

ziehung gem. § 370 Abs. 1 AO darstellen soll, leuchtet nicht. Eine systematisch nachvollziehbare Erklärung wird jedenfalls nicht gegeben.

Auch das zweite Argument für das Fortbestehen der Mitwirkungspflicht hinsichtlich nachfolgender Veranlagungszeiträume ist kaum tragbar. Insoweit wird vorgetragen, dass die Suspendierung der Mitwirkungspflicht dem beschuldigten Steuerpflichtigen eine Besserstellung gegenüber dem Nichtbeschuldigten einräumen würde. Dies sei darauf zurückzuführen, dass ohne die steuerrechtlichen Mitwirkungspflichten eine Ermittlung der Besteuerungsgrundlage kaum möglich sei und sich der beschuldigte Steuerpflichtige somit einer sachgerechten Ermittlung seiner Besteuerungsgrundlage entweder gänzlich oder zumindest zeitweilig entziehen könnte[222].

Ungeachtet jeglicher inhaltlich angebrachter Kritik, ist dem Argument der vermeintlichen Besserstellung des beschuldigten Steuerpflichtigen durch die Suspendierung der steuerrechtlichen Mitwirkungspflichten entgegenzuhalten, dass die gleiche Argumentation dann auch im Fall der Umsatzsteuerjahreserklärung gelten müsste. Denn soweit der beschuldigte Steuerpflichtige dort, zumindest faktisch durch die Straflosstellung der Nichterklärung, keine Umsatzsteuerjahreserklärung abzugeben braucht, erfährt dieser gegenüber dem Nichtbeschuldigten eben jene kritisierte Besserstellung, die nunmehr – im Fall der Einkommensteuererklärung – als nicht gerechtfertigt bewertet wird.

Soweit es für die unterschiedliche Behandlung der beiden Fallvarianten an einer nachvollziehbaren Begründung fehlt, erscheint die durch die Rechtsprechung vorgenommene Differenzierung als willkürliche Einzelfallentscheidungen, die eine systematisch ausgerichtete und konsequente Konfliktlösung zwischen den steuerrechtlichen Mitwirkungspflichten und dem Nemo-Tenetur-Grundsatz vermissen lässt. Dieser Eindruck verstärkt sich, wenn man bedenkt, dass die von der Sanktionsandrohung des § 370 Abs. 1 AO ausgehende Konfliktlage für den Steuerpflichtigen in beiden Fallvarianten identisch ist, gleichgültig ob sich seine Mitwirkungspflicht auf denselben steuerlichen Sachverhalt wie das eingeleitete Steuerstrafverfahren oder einen nachfolgenden Besteuerungszeitraum bezieht. In beiden Fällen erfolgt eine Beeinträchtigung der legitimen, durch den Nemo-Tenetur-Grundsatz umfassten, Individualinteressen auf dieselbe Art und Weise. Wenn die Rechtsprechung und

---

[222] BGH NJW 2005, 763, 764; BGHSt 47, 8, 15; Rüster wistra 1988, 49; Böse wistra 2003, 47, 48; Seer StB 1987, 128, 130; Teske wistra 1988, 207, 211; Hellmann in H/H/S § 393 Rn. 40 m. w. N.; demgegenüber Streck in DStJG 1983, 217, 242, der keine Besserstellung des beschuldigten Steuerpflichtigen erkennt.

Teile der Literatur dennoch einseitig die Abgabe der Steuererklärung für nachfolgende Veranlagungszeiträume als eine "zumutbare" Mitwirkungspflicht des Steuerpflichtigen propagieren, erklärt sich dies allein als das Ergebnis einer normativen Abwägungsentscheidung, in dessen Folge das legitime Individualinteresse vor Selbstbelastung in Relation zu dem drohenden Schaden durch die Mitwirkungsverweigerung gesetzt wird[223]. Es liegt nämlich auf der Hand, dass der fiskalisch zu erwartende Schaden durch einen Steuerausfall oder eine zeitlich stark verzögerte Steuererhebung im Falle der unterlassenen Umsatzsteuerjahreserklärung deutlich geringer ist, als derjenige, der zu erwarten ist, wenn der Steuerpflichtige während des laufenden Steuerstrafverfahrens für sämtliche nachfolgenden Veranlagungszeiträume von seiner Steuererklärungspflicht suspendiert wäre[224]. Ganz in diesem Sinne wird dann auch "die Notwendigkeit eines gesicherten Steueraufkommens für den Staat" als Abwägungsbelang genannt[225], wobei zu vermuten steht, dass der Schutz des Fiskalinteresses als der eigentliche Grund für die aufgezeigte Differenzierung angesehen wird und die übrigen Argumente als bloßes Beiwerk fungieren[226].

Folgt man dieser Betrachtungsweise, wonach sich die Zumutbarkeit der steuerlichen Erklärungspflichten im Falle der Selbstbelastung nach dem Grad des zu erwartenden fiskalischen Schadens richtet, bedeutet dies im Umkehrschluss aber zugleich auch, dass der Schutz des Nemo-Tenetur-Grundsatzes nur relativ, nämlich in Abhängigkeit des zu erwartenden (Steuer-)Schadens ist. Der Selbstbelastungsschutz richtet sich dann nach der Formel: Je geringer der zu erwartende Schaden desto stärker der Schutz durch den Nemo-Tenetur-Grundsatz und umgekehrt, je gravierender der zu erwartende Schaden, desto geringer der Schutz des Nemo-Tenetur-Grundsatzes. Damit stellt sich die Formel allerdings gegen das übliche Vorstellungsbild des Nemo-Tenetur-Grundsatzes, dessen Anwendungsreichweite nicht von dem konkret zu erwartenden Nachteil für das Allgemeininteresse abhängig ist, sondern allein danach fragt, ob ein Selbstbelastungszwang feststellbar ist.

Von dritter Seite, und jüngst auch von der Rechtsprechung, wird schließlich versucht, einen Konflikt mit dem Nemo-Tenetur-Grundsatz unter Beibehaltung der steuerrechtlichen Mitwirkungspflichten dadurch zu vermeiden, dass

---

[223] BGHSt 47, 8, 13; BGH JZ 2002, 615, 616.

[224] Vgl. Aselmann NStZ 2003, 71, 74; Böse S. 490.

[225] BGHSt 47, 8, 13; BGH JZ 2002, 615, 616.

[226] Vgl. Rolletschke StV 2005, 355, 356.

die von dem Steuerpflichtigen im Besteuerungsverfahren preisgegebenen Informationen einem steuerstrafrechtlichen Verwertungsverbot unterworfen werden[227]. Die Verwendung der im Besteuerungsverfahren gemachten Angaben bleibt hiernach auf ihren Erhebungszweck, nämlich die Ermittlung der Besteuerungsgrundlage im Steuerverfahren beschränkt und schließt eine insoweit zweckwidrige Nutzung für die Durchführung eines Steuerstrafverfahrens aus. Wenngleich dieser Weg der Konfliktlösung in der Lage ist, den divergierenden Interessen des Besteuerungs- und des Steuerstrafverfahrens gerecht zu werden, soll nach einer verbreiteten Gegenansicht ein solches Vorgehen de lege lata ausgeschlossen sein[228]. Begründet wird diese Einschätzung mit dem Hinweis auf die §§ 30 Abs. 4 Nr. 1 i. V. m. Abs. 2 Nr. 1 b) AO und § 393 Abs. 2 S. 1 a. E. AO, aus deren Wortlaut sich explizit die Befugnis ergeben soll, dass Angaben, die der Steuerpflichtige in Erfüllung steuerrechtlicher Pflichten im Besteuerungsverfahren gemacht hat, auch für die Zwecke eines Steuerstrafverfahrens offenbart und verwertet werden dürfen[229]. Der Konfliktlösung durch die Annahme eines steuerstrafrechtlichen Verwertungsverbotes stünde nach geltender Gesetzeslage daher der Wille des Gesetzgebers entgegen. Da es sich darüber hinaus bei der Abgabenordnung um nachkonstitutionelles Recht handelt, soll sich auch die Annahme eines unmittelbar aus der Verfassung abgeleiteten Verwertungsverbotes verbieten[230]. Eine Konfliktlösung durch ein steuerstrafrechtliches Offenbarungs- undoder Verwertungsverbot könne daher allein durch den Gesetzgeber geschaffen werden[231]. Bis zu einer Neuregelung des Gesetzgebers könne dem aufgezeigten Konflikt vor dem Hintergrund dessen, dass der Nemo-Tenetur-Grundsatz unmittelbar aus Art. 1 Abs. 1 und Art. 2 Abs. 1 GG abzuleiten sei, nur dadurch begegnet werden, dass die steuerrechtliche Mitwirkungsverweigerung im Falle der strafrechtlichen Selbstbelastung nach den Grundsätzen der Unzumutbarkeit

---

[227] BGH NJW 2005, 763, 765; Joecks in FS Kohlmann 2003, 451, 461 ff.; von Briel StraFo 1998, 336, 337; Kohlmann in FS Tipke 1995, 478, 506; derselbe Steuerstrafrecht § 393 Rn. 36; Streck in DStJG 1983, 217, 243; Rüpping/Kopp NStZ 1997, 530, 534; Schäfer in FS Dünnbier 1982, 11, 41 f.; Marx in FS Fachanwalt für Steuerrecht 2000, 673, 679 f.

[228] OLG Hamburg wistra 1996, 239, 241; Röckl S. 128 f.; Böse wistra 2003, 47, 48; Rengier BB 1985, 720, 722; Seer StB 1987, 128, 130

[229] OLG Hamburg wistra 1996, 239, 241; Samson wistra 1988, 130, 132; Aselmann NStZ 2003, 71, 75; Rengier BB 1985, 720, 722; Seer StB 1987, 128, 130; Kohlmann Steuerstrafrecht § 393 Rn. 79.

[230] Röckl S. 128 f.; Samson wistra 1988, 130, 132; Böse wistra 2003, 47, 48 f.

[231] Samson wistra 1988, 130, 132; Reiß S. 247; Aselmann NStZ 2003, 71, 75.

normgemäßen Verhaltens straflos gestellt würde[232]. Soweit dieser Vorschlag nach seinem Inhalt nicht darauf angelegt ist, eine dauerhafte Konfliktlösung anzubieten, sondern sich hierfür (zutreffend) an die Adresse des Gesetzgebers wendet, muss diesem der ernüchternde, aber der Realität entsprechende Einwand entgegengehalten werden, dass eine Klärung durch die Legislative zwar wünschenswert aber bisher nicht erfolgt und in Zukunft kaum zu erwarten ist. Die Prognose stützt sich darauf, dass dem Gesetzgeber die skizzierte Konfliktlage bekannt, eine Reaktion aber nicht erfolgt ist. Zudem muss deutlich hervorgehoben werden, dass in praxi die Rechtsprechung die Zumutbarkeit zur Abgabe steuerlicher Erklärungen trotz eines eingeleiteten Steuerstrafverfahrens für nachfolgende Besteuerungszeiträume gerade bejaht hat[233]. Vor dem Hintergrund des Nemo-Tenetur-Grundsatzes wird die Pflicht zur steuerrechtlichen Mitwirkung durch die Rechtsprechung deshalb für zumutbar eingestuft, weil zugleich ein strafrechtliches Verwertungsverbot für die im Besteuerungsverfahren preisgegebenen Informationen angenommen wird. Die soeben diesbezüglich angerissene und inhaltlich tragende Kritik, wonach dem Rechtsanwender in Folge der Regelungen der §§ 30 Abs. 4 Nr. 1 i. V. m. Abs. 2 Nr. 1 b) AO und § 393 Abs. 2 S. 1 a. E. AO eine Konfliktlösung über die Herleitung eines verfassungsrechtlichen Offenbarungs- und Verwertungsverbotes versperrt ist, wird durch die Rechtsprechung dabei ignoriert[234].

Nach den Vorgaben der Rechtsprechung soll das auf den Nemo-Tenetur-Grundsatz gestützte Verwertungsverbot allerdings dann nicht greifen, wenn der Steuerpflichtige die Möglichkeit zur strafbefreienden Selbstanzeige gem. § 371 AO hat[235]. Nach der gerichtlichen Argumentation könne der Steuerpflichtige mit Hilfe der Abgabe der strafbefreienden Selbstanzeige der strafrechtlichen Sanktionierung entgehen. Soweit diese Möglichkeit besteht, müsse ein Zwang zur Selbstbelastung i. S. d. Nemo-Tenetur-Grundsatzes in Folge der steuerrechtlichen Mitwirkungspflichten verneint und die Zumutbarkeit der Steuererklärung bejaht werden[236].

---

[232] Joecks in FS Kohlmann 2003, 451, 462 ff.; Aselmann NStZ 2003, 71, 75.

[233] BGH NJW 2005, 763, 764.

[234] Vgl. hierzu unten 3. Kapitel B. II. 1. S. 230 ff.

[235] BGH NJW 2005763, 765.

[236] Vgl. hierzu sogleich unter C. I. 3. S. 54 ff.

c) Zwischenergebnis

Als Resümee kann festgehalten werden, dass nach dem Verständnis der ganz überwiegenden Meinung der Steuerpflichtige in Folge der Sanktionsandrohung des § 370 Abs. 1 AO einem Zwang zur Selbstbelastung zumindest dann ausgesetzt ist, soweit er durch die gesetzlichen Gebote zur steuerrechtlichen Mitwirkung auch in solchen Veranlagungszeiträumen verpflichtet ist, die dem Strafverfahren zeitlich nachfolgen[237]. Wie der daraus resultierende Konflikt zwischen dem Verbot des Selbstbelastungszwangs und den steuerrechtlichen Mitwirkungspflichten zu lösen ist, lässt sich § 393 Abs. 1 AO allerdings nicht entnehmen[238]. Soweit daher eine sachgerechte Behandlung der aufgezeigten Problematik in Streit steht, hat sich zwar ein breites Meinungsspektrum gebildet, die insoweit vorgetragenen Ergebnisse bleiben zumeist jedoch auf einzelne Sachverhaltsgestaltungen beschränkt und lassen eine systematisch und dogmatisch konsequente, sowie eine über den Einzelfall hinausgehende Konfliktlösung zwischen den steuerrechtlichen Mitwirkungspflichten und dem Verbot des Selbstbelastungszwanges nicht erkennen.

3. Der Einfluss der strafbefreienden Selbstanzeige gem. § 371 AO auf die Zumutbarkeit steuerrechtlicher Mitwirkungspflichten

Das Zwangsmittelverbot des § 393 Abs. 1 S. 2 AO greift auch dann ein, wenn steuerstrafrechtliche Ermittlungen für den Veranlagungszeitraum, in welchem die Mitwirkungspflicht zwangsweise durchgesetzt werden soll, (noch) nicht eingeleitet sind, der Steuerpflichtige im Falle der Informationspreisgabe aber Indizien einer strafbaren Handlung offenbaren müsste und damit möglicherweise erst den Anlass für die strafrechtliche Ermittlungen

---

[237] BGHSt 47, 8, 15; OLG Hamburg wistra 1996, 239, 240; Reiß S. 242; Blumers/Göggerle Rn. 10; a. A. Rüster S. 61, die eine Zwangswirkung mit dem zweifelhaften Argument verneint, der Steuerpflichtige könne hoffen, dass seine Verfehlungen unentdeckt bleiben. Die Erklärungspflicht soll aber dann wegen Unzumutbarkeit entfallen, wenn "die Finanzbehörde ohne großen Aufwand die verschwiegene Besteuerungsgrundlage feststellt und kein nennenswerter (Vermögens-)Schaden eingetreten ist."

[238] Ähnlich der Konfliktlage im Falle von Erklärungspflichten für Folgejahre stellt sich die Situation dann dar, wenn der Steuerpflichtige aufgefordert wird, für Altjahre, d. h. Veranlagungszeiträume, die vor dem Besteuerungssachverhalt des Steuerstrafverfahrens liegen, neuerliche Angaben zu machen. Die Gefahr einer strafrechtlichen Selbstbelastung kann dann bestehen, wenn aus den Erklärungen für die dem Steuerstrafverfahren vorangehenden Veranlagungszeiträume konkrete Rückschlüsse, z. B. durch Hochrechnung, möglich sind. Vgl. Joecks 1998, 108; Streck/Spatscheck wistra 1998, 334, 340.

schaffen würde[239]. Vor dem Hintergrund des Nemo-Tenetur-Grundsatzes ist diese weit reichende Ausgestaltung des Zwangsmittelverbotes schon deshalb gerechtfertigt, weil die Begehung von Steuerstraftaten in aller Regel im Besteuerungsverfahren entdeckt wird[240].

Nach weit verbreiteter Meinung soll ein Zwang zur Selbstbelastung im Besteuerungsverfahren aber von vornherein nicht vorliegen, wo es der Steuerpflichtige selbst in der Hand hat, durch zumutbares Handeln einem Selbstbelastungszwang zu entgehen. So wird der Selbstbelastungszwang dann verneint, wenn die Steuerstraftat, deren sich der Steuerpflichtige möglicherweise selbst bezichtigen könnte, noch nicht entdeckt ist und die Möglichkeit zur Abgabe einer strafbefreienden Selbstanzeige gem. § 371 AO besteht[241]. Unklar bleibt hierbei allerdings, wie es sich auswirken soll, wenn der Steuerpflichtige nicht sämtliche Tatbestandsmerkmale der strafbefreienden Selbstanzeige erfüllen kann, z. B. so wie in § 371 Abs. 3 AO gefordert, den hinterzogenen Betrag zurückzuzahlen vermag[242]. So ist es z. B. fraglich, ob dem Steuerpflichtigen zuzumuten ist, ein Darlehen aufzunehmen, um auf diese Weise den durch die Steuerhinterziehung erlangten, zwischenzeitlich aber verbrauchten Betrag begleichen zu können. Zu beachten ist auch, dass die Selbstanzeige im Falle einer Steuerhinterziehung nach § 370a S. 3 AO "lediglich" zu einer Strafmilderung, nicht aber zu einer Strafbefreiung führt. Ferner muss bedacht werden, dass die strafbefreiende Selbstanzeige in ihrer Wirkung auf Tatbestände der Steuerhinterziehung beschränkt ist, mithin weitere Delikte, die im Zusammenhang der Steuerhinterziehung begangen wurden, nicht erfasst werden[243]. Darüber hinaus greift die Selbstanzeige in ihrer gewünschten Rechtsfolge der strafbefreienden Wirkung gem. § 371 Abs. 2 Nr. 1 a) AO bereits dann nicht mehr, wenn ein Außenprüfer zur steuerlichen Prüfung erschienen ist. Auch gegenüber dem Betriebsprüfer ist der Steuerpflichtige aber zur Mitwirkung verpflichtet, so dass sich gerade hier Konflikte mit dem Selbstbelastungszwang ergeben.

---

[239] Vgl. BVerfG NStZ 2003, 666; BVerfG NJW 2002, 1411, 1412; Böse S. 477; Dauster StraFo 2000, 154, 155; Scheurmann-Kettner in Koch/Scholz § 393 Rn. 7.

[240] Rüster wistra 1988, 54, 55.

[241] BVerfG wistra 1988, 302 f.; BGH NJW 2005, 763, 765; Hellmann in H/H/S § 393 Rn. 27; Joecks in F/G/J § 393 Rn. 39a; Berthold S. 67; Aselmann NStZ 2003, 71, 74 m. w. N.; a. A. Röckl S. 99 f.; Streck/Spatscheck wistra 1998, 334, 336; Rüping/Kopp NStZ 1997, 530, 533; Samson wistra 1988, 130, 136.

[242] Vgl. Berthold S. 57; Röckl S. 100.

[243] Streck/Spatscheck wistra 1998, 334, 336; Röckl S. 99 m. w. N.

Wie gesehen, lässt allein die Möglichkeit des Steuerpflichtigen zur Abgabe einer strafbefreienden Selbstanzeige gem. § 371 AO die Gefahr der steuerstrafrechtlichen Selbstbelastung nicht generell entfallen. Vielmehr ist in Abhängigkeit der individuellen Fallgestaltung und in Anlehnung an die bisherigen Erörterungen, häufig trotz der Möglichkeit zur Abgabe einer strafbefreienden Selbstanzeige ein Selbstbelastungszwang zu bejahen. Die Begrenzung des in § 393 Abs. 1 S. 2 AO normierten Zwangsmittelverbotes in Abhängigkeit der Möglichkeit zur Abgabe einer strafbefreienden Selbstanzeige wird daher von anderer Seite zu Recht kritisiert[244]. Nach diesem Vorbringen soll das Zwangsmittelverbot immer dann eingreifen, wenn eine Pflicht zur Selbstbelastung besteht, wobei ein Korrelat über die Zumutbarkeit normgemäßen Verhaltens abgelehnt wird[245].

II. Zwischenergebnis

Zwischen dem Steuerverfahren und dem Steuerstrafverfahren kann es zu erheblichen Überschneidungen und Prinzipienkollisionen kommen. Soweit das Gesetz über die Regelung des § 393 Abs. 1 AO eine Kollision zwischen den steuerrechtlichen Mitwirkungspflichten gem. § 90 ff. AO und dem Selbstbelastungsschutz zu vermeiden versucht, erweist sich die Vorschrift als lückenhaft[246]. Entgegen dem gesetzten Ziel des § 393 Abs. 1 AO konnte unter Berücksichtigung der verschiednen Meinungsstände in der Rechtsprechung und Literatur aufgezeigt werden, dass nach allgemeiner Meinung im Steuerverfahren zahlreiche Zwangssituationen bestehen, die geeignet sind einen Selbstbelastungszwang auf den Steuerpflichtigen auszuüben. Aus diesem Grund wird die Norm nach teilweise vertretener Ansicht wegen Verstoßes gegen den Nemo-Tenetur-Grundsatz für verfassungswidrig erklärt[247]. Von anderer Seite wird demgegenüber vorgetragen, dass die Rechtsordnung kein ausnahmsloses Gebot kenne, wonach niemand gezwungen werden darf, sich einer strafbaren Handlung selbst zu bezichtigen[248]. Dies gelte auch für die Erklärungs- und Mitwirkungspflichten im Steuerverfahren, deren Bestand im Hinblick auf die

---

[244] Samson wistra 1988, 132, 136.

[245] Samson wistra 1988, 132, 131, 136.

[246] Mössner StuW 1991, 224, 227; Kohlmann in FS Tipke 1995, 478, 504; Hellmann S. 119; Rogall ZRP 1975, 278, 281.

[247] Streck/Spatscheck wistra 1998, 334, 340; Henneberg BB 1988, 2181, 2187.

[248] BVerfGE 56, 37, 42; BGHSt 47, 8, 12 f.

Steuergerechtigkeit und die Notwendigkeit eines gesicherten Steueraufkommens für den Staat unablässig sei[249].

Ob und in welchem Umfang dem zugestimmt werden kann, bleibt abzuwarten. Um eine Aussage treffen zu können, muss zunächst geklärt werden, ob die aufgezeigten Konfliktfälle überhaupt einen Verstoß gegen den Nemo-Tenetur-Grundsatz aufweisen. Die Antwort hierauf kann aber erst dann gegeben werden, wenn der Gewährleistungsinhalt des Nemo-Tenetur-Grundsatzes genauer bestimmt ist. Im Folgenden bedarf es daher einer Betrachtung und Definition dessen, was unter dem Nemo-Tenetur-Grundsatz zu verstehen ist.

---

[249] BVerfG wistra 1988, 302; BGH NJW 2005, 763, 764; BGHSt 47, 8, 13.

2. Kapitel

Der Grundsatz "nemo tenetur se ipsum accusare" gehört zu den allgemein anerkannten Rechtsgrundsätzen im Strafverfahren[250]. Wenngleich die Existenz des Nemo-Tenetur-Grundsatzes unbestritten ist, so herrscht doch in Bezug auf seine tatbestandliche Ausgestaltung erhebliche Unsicherheit. Sowohl der inhaltliche Aussagegehalt als auch seine Regelungsreichweite sind weitestgehend unklar. Schon aus seiner lateinischen Umschreibung lässt sich, bezogen auf seinen Inhalt, keine eindeutige Bezeichnung ableiten[251]. Bisher ist es daher auch nicht gelungen, eine eindeutige und anerkannte Definition zu finden. Soweit es hieran fehlt, werden als nähere Konkretisierung des Nemo-Tenetur-Grundsatzes häufig diverse Metaphern[252], wie z. B. "Selbstbelastungsschutz"[253], "Aussagefreiheit"[254] oder "Schweigerecht"[255] verwendet. Wie alle Metaphern, betonen auch die soeben genannten lediglich einige Gesichtspunkte des Nemo-Tenetur-Grundsatzes durch Hervorhebung und Akzentuierung einiger Aspekte, wobei andere Elemente (bewusst) außer Betracht bleiben. Eine sehr weitgehende Umschreibung, die den Versuch unternimmt, den Nemo-Tenetur-Grundsatz möglichst vollständig zu erfassen, bezeichnet diesen als "Sicherung der Freiheit des Beschuldigten selbst zu entscheiden, ob er an der Aufklärung der gegen ihn erhobenen Vorwürfe mitwirken will oder nicht"[256]. Von anderer Seite wird der Nemo-Tenetur-Grundsatz gleichgesetzt mit dem Verbot, den Beschuldigten gegen seinen Willen zu instrumentalisieren[257]. Gemeinsam ist dabei allen Umschreibungsversuchen, dass auf den Beschuldigten von staatlicher Seite kein Zwang zur Informationspreisgabe im Strafverfahren ausgeübt werden darf. Wie wenig konkret diese Aussage in Bezug auf die geltende Rechtspraxis ist, soll an den zwei folgenden Beispielen

---

[250] BVerfGE 56, 37, 43; BGHSt 38, 215, 220; Böse GA 2002, 98; Weßlau ZStW 1998, 1, 36; Schneider Jura 1990, 572, 575; Wolff S. 28; Mäder S. 67 m. w. N.

[251] Wörtlich übersetzt: „Niemand ist gehalten, sich selbst anzuklagen".

[252] Vgl. Eschelbach StV 2000, 390, 396.

[253] Vgl. BGHSt 36, 328, 332; Lesch in KMR § 136 Rn. 14; Wolfslast NStZ 1987, 103; Peres S. 119; Geppert in FS Seebode 1992, 655, 659.

[254] Dencker StV 1994, 667, 674; Boujong in KK-StPO § 136 Rn. 10; Verrel S. 37; Kühl JuS 1986, 115, 116

[255] BVerfGE 56, 37, 43; BGHSt 38, 215, 220.

[256] Vgl. BGHSt 40, 66, 71; Deutsch S. 239; Roxin NStZ 1995, 465, 466; Dingeldey NStZ 1984, 529.

[257] Weßlau ZStW 1998, 1, 26 f.; Schneider S. 28 m. w. N.

veranschaulicht werden, auf die auch im Folgenden immer wieder Bezug zu nehmen sein wird.

Als erstes Beispiel ist der Umstand zu nennen, wonach die Abgabe eines Geständnisses in der Lage ist, eine bevorstehende Untersuchungshaft nach § 112 StPO zu vermeiden bzw. die Entlassung aus der Untersuchungshaft zu bewirken[258]. Wiewohl mit dem Geständnis eine mögliche Selbstbelastung hinsichtlich der vorgeworfenen oder einer anderen Straftat einhergeht, soll doch der faktisch drohende Nachteil der Vollstreckung bzw. Fortsetzung der Untersuchungshaft im Falle des Schweigens des Beschuldigten keinen Verstoß gegen den Nemo-Tenetur-Grundsatz bewirken[259]. Begründet wird dies mit der Legitimität des Instituts der Untersuchungshaft, deren Zweck ausschließlich auf die unverzichtbare Sicherungsfunktion für das Erkenntnis- und Vollstreckungsverfahren gerichtet sei[260]. Die Untersuchungshaft ist nicht darauf angelegt, die Aussagebereitschaft des Beschuldigten zu beeinflussen. Es liegt vielmehr in der Struktur der Untersuchungshaft, dass es im Falle eines Geständnisses zu dem Wegfall des Haftgrundes der Verdunkelungsgefahr und damit zugleich zu einem Aussagedruck für den Beschuldigten kommen kann[261].

Das zweite Beispiel betrifft die Möglichkeit einer Strafmilderung für kooperatives Nachtatverhalten des Beschuldigten. Zwar ist es allgemein anerkannt, dass das Schweigen des Beschuldigten im Urteil nicht strafschärfend bewertet werden darf. Dies schließt umgekehrt aber nicht aus, dass dem Beschuldigten im Falle kooperativen Nachtatverhaltens unter bestimmten Voraussetzungen ein Strafrabatt gewährt werden kann. Die Voraussetzungen hierfür finden sich in § 46 Abs. 2 und § 46a StGB und sind regelmäßig dann erfüllt, wenn sich der Täter nach der Tat darum bemüht hat, den Schaden wieder gutzumachen[262]. Das hiermit regelmäßig auch das Eingestehen der vorgeworfenen Straftat einhergeht, liegt auf der Hand[263]. Begründet wird die Möglichkeit der Strafmil-

---

[258] Verrel S. 69; Volk NJW 1996, 879 f.

[259] Anders ist dies nur dann, wenn mit dem Haftgrund der Vollstreckung der Untersuchungshaft zum Zweck der Aussageerlangung durch die Strafverfolgungsorgane gedroht wird. Vgl. OLG Frankfurt/Main StV 1992, 583 f.; Volk NJW 1996, 879, 883.

[260] Vgl. BVerfGE 19, 342, 349; Schlothauer/Wieder Rn. 268; Verrel S. 69 m. w. N.

[261] Vgl. Verrel. S. 68 f.

[262] Vgl. BGHSt 43, 195, 209 f.

[263] Als anschauliches Beispiel wird in diesem Zusammenhang der Fall vorgestellt, wonach der wegen Kindesmissbrauchs Angeklagte ein umfassendes Geständnis ablegt und hierdurch dem Kind die Hauptverhandlung und die Qual der eigenen Tatschilderung erspart bleibt. Vgl. Verrel S. 54 m. w. N.

derung durch kooperatives Naschtatverhalten mit der Berücksichtigung berechtigter Opferschutzinteressen. Einer dezidierten Darstellung, wann und unter welchen Voraussetzungen ein Strafrabatt gewährt werden kann, bedarf es hier nicht, genügt doch insoweit die Feststellung, dass sich in der Praxis ein Geständnis in aller Regel strafmildernd auswirkt[264]. Die Versagung dieses Strafrabatts als Folge des Schweigens bedeutet einen erheblichen Nachteil und ist daher in der Lage, einen erheblichen Selbstbelastungszwang auf den Beschuldigten auszuüben.

Soweit demnach auf die Mitwirkungsbereitschaft des Beschuldigten im Strafverfahren doch zumindest ein faktischer Druck ausgeübt werden kann, und nach h. M. auch ausgeübt werden darf, verlangt die Antwort auf die Frage darüber, welche Art von Zwang, wann und unter welchen Voraussetzungen als ein Verstoß gegen den Nemo-Tenetur-Grundsatz zu werten ist, einer näheren Betrachtung. Bereits die Bezeichnung als "Grundsatz" bringt hierbei zum Ausdruck, dass es sich bei dem Nemo-Tenetur-Grundsatz nicht um eine absolute Vorgabe, sondern vielmehr um eine solche mit dem Ziel der möglichst hohen rechtlichen und tatsächlichen Realisierung handelt[265]. Wenn in diesem Zusammenhang die an sich zutreffende Erkenntnis vorgetragen wird, es gehe bei der näheren Bestimmung des Nemo-Tenetur-Grundsatzes um ein normatives Problem, kann dies aber solange nicht weiter führen, als die normativen Maßstäbe, auf die zur Konkretisierung Bezug genommen wird, im Unklaren bleiben[266]. Da der Nemo-Tenetur-Grundsatz über seinen näheren Inhalt keine Auskunft gibt, bedarf es einer näheren, an der Verfassung ausgelegten Präzisierung[267]. Als absoluter Maßstab gebeb die Verfassung und insbe-

---

[264] Gribbohm in LK-StGB § 46 Rn. 207; Weigend JZ 1990, 774, 778 m. w. N.; a. A. Möller JR 2005, 314 ff., wonach in der generellen strafmildernden Berücksichtigung von Geständnissen eine Umgehung des Nemo-Tenetur-Grundsatzes gesehen wird.

[265] Vgl. Bosch S. 63 f.; Alexy S. 75 f., wonach es sich bei den Grundrechten um Prinzipien, d. h. Optimierungsgebote handelt. Grenzen ihrer rechtlichen Realisierung finden sich insbesondere in den entgegenstehenden Prinzipien. Solche Prinzipienkollisionen werden regelmäßig dadurch gelöst, dass im jeweiligen konkreten Konfliktfall das eine Prinzip dem anderen vorgeht, ohne das sich dadurch schlechthin eine Vorrangstellung des einen Prinzips zum anderen ableiten ließe (BVerfGE 51, 324, 345; Alexy S. 79 f.). Die individuelle Konfliktlösung ist durch Abwägung zu lösen. Innerhalb dieser ist zu entscheiden, welchem Prinzip in der betroffenen Konfliktsituation der Vorrang vor dem anderen einzuräumen ist. Das eine Prinzip überlagert dann das gegenläufige Prinzip, wenn hierfür hinreichende Gründe bestehen (Alexy S. 79 ff, 82 ff.).

[266] Ähnlich Möller JR 2005, 314.

[267] Neumann in FS Wolff 1998, 371, 382, bezweifelt demgegenüber einen verfassungsrechtlich vorgegebenen Gehalt des Nemo-Tenetur-Grundsatzes. Vielmehr sei der

sondere die Grundrechte die Auslegungsdirektiven vor, mit deren Hilfe sich der Regelungsgehalt des Nemo-Tenetur-Grundsatzes erschließen lässt[268]. Da die Grundrechte zwar einen Regelungsbereich abstecken, wodurch der staatlichen Eingriffsbefugnis Grenzen gesetzt werden, ihr Aussagegehalt zugleich aber eine normative Prägung besitzt, muss auch auf die in der Rechtsordnung enthaltenen Wertentscheidungen zurückgegriffen werden, um eine Beliebigkeit der Maßstäbe zu vermeiden[269]. Die Notwendigkeit, neben der verfassungsrechtlichen Herleitung, den Nemo-Tenetur-Grundsatz mit Hilfe einer induktiven Analyse zu konkretisieren[270], entspricht zudem dem hier gesteckten und bereits in der Einleitung hervorgehobenen Ziel, den Selbstbelastungsschutz unter Berücksichtigung der vorherrschenden Rechtspraxis bestimmen zu wollen. Wenn daher im Folgenden bei der Bestimmung grundgesetzlicher Normen einfachgesetzliche Vorschriften herangezogen werden, ist dies nicht als eine Auslegung entgegen der Normen-Hierarchie zu verstehen. Hierin liegt vielmehr das Bestreben, eine systematische Einheit aufzuzeigen, mit deren Hilfe sich weitere Rückschlüsse in Bezug auf eine praktisch verwertbare Umsetzung des Nemo-Tenetur-Grundsatzes finden lassen.

Der Nemo-Tenetur-Grundsatz ist ein Prinzip des Strafverfahrens. Wenn hiernach bestimmte Informationspreisgabepflichten des Beschuldigten im Strafprozess und anderen Verfahren mit Sanktionswirkung[271] für unzulässig erklärt werden, gilt diese Wertung nicht automatisch auch für andere, z. B. zivilrechtliche oder verwaltungsrechtliche, Verfahrensarten. Die in diesem Zusammenhang vorgebrachte Erklärung, wonach Selbstbezichtigungen gerade wegen ihrer strafrechtlichen Auswirkungen einen schwerwiegenden Eingriff darstellen[272], erscheint allein wenig plausibel, drohen doch dem Bürger im Falle gesetzeswidrigen Verhaltens auch in anderen Verfahrensarten teilweise erhebliche Nachteile, z. B. die Gewerbeuntersagung gem. § 35 GewO

Nemo-Tenetur-Grundsatz die Summe einzelner durch die Verfassung und einfachgesetzliche Vorschriften vorgesehener Gewährleistungen. Es sei daher nicht zu fragen, ob staatliche Maßnahmen gegen den Nemo-Tenetur-Grundsatz, sondern gegen einzelne Vorschriften des Grundgesetzes verstoßen. In der Konsequenz wird hierdurch dem Nemo-Tenetur-Grundsatz aber eine feste Struktur und handhabbare Schutzrichtung vorenthalten.

[268] Vgl. Schneider S. 43 ff.; Lagodny S. 1.

[269] Reiß S. 172.

[270] Einer induktiven Konkretisierung des Nemo-Tenetur-Grundsatzes bedienen sich auch Schneider S. 49, Nothhelfer S. 18, 21 f.; Verrel NStZ 1997, 361, 364; a. A. Torka S. 48.

[271] Paeffgen S. 73; Böse wistra 1999, 451, 452.

[272] Vgl. BVerfGE 56, 37, 43.

oder die Entziehung der Fahrerlaubnis gem. § 3 StVG. Warum gerade im Strafverfahren, grds. aber nicht auch in anderen Verfahrensarten, eine Beschränkung der Offenbarungspflicht für notwendig gehalten wird, ist eine Frage, deren Beantwortung im Rahmen dieser Arbeit den Blick von der hier interessierenden Fragestellung all zu weit ablenken würde. Da die vorliegende Arbeit den Nemo-Tenetur-Grundsatz nicht zum Gegenstand, sondern lediglich zur Grundlage hat, muss hier insoweit auf eine umfangreiche und ausführliche Darstellung verzichtet werden[273]. An dieser Stelle soll es daher bei der Aussage belassen bleiben, dass niemand den Beweis dafür erbringen kann, dass er eine bestimmte Tat nicht begangen hat[274]. Für die sich anschließenden Überlegungen ist der Nemo-Tenetur-Grundsatz mit der ganz herrschenden Meinung als fundamentale Wertentscheidung des Strafverfahrens vorauszusetzen[275].

[273] Vgl. hierzu Wolff S. 49 ff.

[274] Röckl S. 112 ff.; Bosch S. 93 ff.; Torka S. 134 ff.

[275] Vgl. Schneider S. 28 m. w. N.; Wolff S. 46 ff., kritisiert die herrschende Meinung, weil nicht deutlich werde, warum die aus dem Nemo-Tenetur-Grundsatz stammende Mitwirkungsverweigerung nur im Strafverfahren nicht aber auch im Steuerverfahren oder Verwaltungsverfahren gelten soll.

A. Die verfassungsrechtliche Verankerung des Nemo-Tenetur-Grundsatzes

In Deutschland entwickelte sich der Nemo-Tenetur-Grundsatz zunächst nur zögerlich und gewann erst im Zuge der französischen Revolution und dem Aufkommen liberaler Gedanken zu Beginn des 19. Jahrhunderts an Bedeutung[276]. Seit dem 16. Jhd. war der Strafprozess durch das Inquisitionsverfahren beherrscht. Oberstes Ziel des inquisitorischen Verfahrens war die Ermittlung der materiellen Wahrheit, in deren Dienst sich auch der Beschuldigte mit seiner Person zu stellen hatte. Der Beschuldigte fungierte allein als Objekt der Inquisition und war verpflichtet, an der Aufklärung der Wahrheit aktiv mitzuwirken. Da das Geständnis zumeist das einzige und daher auch wichtigste Beweismittel[277] darstellte, war es dem Richter gestattet, das Geständnis mit Hilfe der Folter und andere Methoden des Inquirierens zu erzwingen. In Abkehr zu dem seit dem Mittelalter vorherrschenden absolutistischen Staatsdenken verwirklichte sich langsam die Forderung nach einer Begrenzung und Mäßigung der Staatsgewalt und der Sicherung der freiheitlichen Rechtsstellung des Individuums[278]. Von den liberalen Einflüssen der bürgerlichen Revolution von 1848 geprägt, wurde im Gefolge der Paulskirchenverfassung vom 23.3.1849 der bis dato grundsätzlich geltende Inquisitionsprozess endgültig abgeschafft und durch den Anklageprozess ersetzt[279]. Die rechtlose Stellung des Beschuldigten sollte beseitigt werden, was man vornehmlich durch die Abschaffung der Mitwirkungspflicht und deren Erzwingbarkeit durch die Folter zu erreichen versuchte. Das inquisitorische Verlangen nach einer Ermittlung der Wahrheit "um jeden Preis" wurde abgelehnt, und das Recht des Beschuldigten, nicht Beweis gegen sich selbst sein zu müssen, als gewolltes Ergebnis des Anklageprozesses gesehen[280]. Nicht zuletzt hatte sich auch die Er-

---

[276] Zur historischen Entwicklung des Nemo-Tenetur-Grundsatzes vgl. Rogall S. 59 ff. und 67 ff.; Böse GA 2002, 98, 108 ff.; Dingeldey JA 1984, 407 ff.; Wolff S. 25 ff.; Lesch ZStW 1999, 625 ff.; Mäder S. 51 ff.; zu der Entwicklung und Rechtsprechung in den USA Salditt GA 1992, 51, 54 ff.

[277] Das Beweisrecht des Inquisitionsverfahrens kannte nur zwei Beweismittel, worauf der Richter eine Verurteilung des Angeklagten stützen konnte. Zum einen war dies das Geständnis des Angeklagten oder die Aussage von mindestens zwei *"glaubhafftigen guten"* Zeugen, die aber nur selten zu finden waren. Da der Indizienbeweis nicht statthaft war, konnte eine Verurteilung oftmals nur auf das Geständnis des Angeklagten gestützt werden. Vgl. Lesch ZStW 1999, 624, 627 m. w. N.

[278] Vgl. Schneider S. 40 f.; Roxin § 2 Rn. 1 ff.

[279] Reiß S. 146; Schneider S. 41, Mäder S. 57; Alvarez S. 47; Möller JR 2005, 314, 315.

[280] Bosch S. 99 f.; Wolff S. 26 f.; Rogall S. 95 m. w. N.

kenntnis durchgesetzt, dass den inquisitorischen Verhörmethoden[281] nur eine sehr mangelhafte Eignung zur Erforschung der Wahrheit zugekommen ist[282]. Als weitere Folge des Anklageverfahrens waren fortan Richter und Ankläger nicht mehr in einer Hand vereint, sondern auf zwei, durch ihre Funktionen und Aufgaben getrennte, Organe verteilt. Nach diesem Grundverständnis oblag es der Pflicht des Anklägers, die Behauptungen der Anklage zu beweisen, wobei der Angeklagte von jeder Verpflichtung zur Mitwirkung oder Unterstützung befreit war[283].

Als eigenständiges Rechtsinstitut findet sich der Gedanke des Nemo-Tenetur-Grundsatzes erstmals in der RStPO von 1877 wieder. Der Grundsatz wurde zunächst maßgeblich durch das angelsächsische Verständnis geprägt, unter dessen Einfluss sich die Rolle des Beschuldigten von der eines reinen Prozessobjekts zu der eines Prozessubjekts wandeln sollte[284]. Dieses gestand dem Beschuldigten neben dem Recht auf Verteidigung auch das Recht zum Schweigen zu, worüber der Angeklagte (durch den Friedensrichter) zu belehren war[285]. Entgegen dem englischen Vorbild folgte die RStPO nicht einem reinen Anklageprozess, sondern kombinierte diesen mit dem Untersuchungsprozess[286]. Der Beschuldigte fungierte hiernach also nicht mehr als bloßes Beweisobjekt, sondern zugleich als Prozessubjekt mit eigenen Mitwirkungs- und Gestaltungsrechten[287]. In Folge dieser Doppelstellung erfüllte die Vernehmung nunmehr zwei Funktionen. Zum einen sollte die Vernehmung der Erforschung des Sachverhaltes dienen und verfolgte insoweit inquisitorische Zwecke. Beschränkt wurde die Inquisition jedoch durch den zweiten mit der Vernehmung verbundenen Zweck. Dieser lag in der Funktion der Verteidigung und gab dem Beschuldigten die Möglichkeit, aktiv in das Verfahren einzugreifen. In Anerkennung der neuen Rechtsstellung des Beschuldigten auch als Prozessubjekt, gewährte die RStPO dem Beschuldigten die normierte Frei-

---

[281] Z. B. Ermahnung zur Wahrheit, Verwicklung in Widersprüche, Überrumpelungs- und Zermürbungstaktiken. Vgl. Bosch S. 101 Fn. 358 m. w. N.

[282] Kahlo KritV 1997, 183, 190; Lesch ZStW 1999, 624, 628, 630, 639 m. w. N.

[283] Mäder S. 57; Bosch S. 100; Alvarez S. 47; Reiß S. 148 ff; Besson S. 72; Böse GA 2002, 98, 113 ff.

[284] Reiß S. 150 ff.; Dingeldey JA 1984, 407, 408; Alvarez S. 53 ff.; Besson S. 72 m. w. N.

[285] Vgl. Böse GA 2002, 98, 103 m. w. N.

[286] Lesch ZStW 1999, 624, 632 f. m. w. N.

[287] Schneider S. 40 f.; Eser ZStW 1967, 565, 568; Lesch ZStW 1999, 624, 632 f. m. w. N.

heit, selbst darüber zu entscheiden, ob er an dem gegen ihn gerichteten Verfahren aktiv mitwirken wolle oder nicht[288].

Wenngleich sich in der Folgezeit das Verständnis des Nemo-Tenetur-Grundsatzes fortlaufend erweitert hat, hat er bis heute weder in der Verfassung noch in der StPO ausdrücklich Erwähnung gefunden[289]. Eine positive Normierung findet sich nur in Art. 14 Abs. 3 lit. g des Internationalen Paktes über bürgerliche und politische Rechte vom 16.12.1966, welcher als Völkerrechtlicher Vertrag gem. Art. 25 S. 1 GG Bestandteil des Bundesrechtes ist und durch die Bundesrepublik Deutschland ratifiziert wurde[290]. Durch seine Transformation in Bundesrecht nimmt er die Stellung eines einfachen Bundesgesetzes ein[291]. Auch in der Verfassung des Landes Brandenburg findet sich eine ausdrückliche Regelung. Dort heißt es in Art. 52 Abs. 5: "*Niemand darf gezwungen werden, gegen sich selbst oder durch Gesetz bestimmte nahe stehende Personen auszusagen*".

Soweit sich der Nemo-Tenetur-Grundsatz auf keine weiteren expliziten schriftlichen Fixierungen berufen kann, findet er sich jedoch mittelbar in einer Vielzahl von Vorschriften wieder und wird durch diese zumindest vorausgesetzt. So ist der Selbstbelastungsschutz in der StPO zwar nicht expressis verbis niedergeschrieben, wird aber durch diverse Regelungen (wie z. B. in den Belehrungspflichten nach § 136 Abs. 1 S. 2, § 243 Abs. 4 S. 1, § 55 Abs. 2 und Abs. 1 StPO) konkretisiert[292]. Darüber hinaus wird der Selbstbelastungsschutz mittelbar Art. 6 der EGMR und dem dort geregelten "fair trial Grundsatz" entnommen[293].

---

[288] Kahlo KritV 1997, 183, 192; Besson S. 72; Böse GA 2002, 98, 113 ff. m. w. N.

[289] Mäder S. 58, 59; Besson S. 73; Alvarez S. 48; Wolff S. 29 f.; Möller JR 2005, 314, 315.

[290] BGBl II 1973, 1533, 1541: Der Angeklagte "*darf nicht gezwungen werden, gegen sich selbst als Zeuge auszusagen oder sich schuldig zu bekennen*".

[291] Vgl. Rogall S. 116 ff.; Besson S 74 m. w. N.; Bosch S. 24 ff. der zutreffend ausführt, dass die Regelung misslungen und für eine weitergehende Analyse des Nemo-Tenetur-Grundsatzes überwiegend ungeeignet ist.

[292] Vgl. Rogall S. 104; Nothhelfer S. 9; Dingeldey NStZ 1984, 529; derselbe JA 1984, 407, 408; Mäder S. 59 f. m. w. N.

[293] Vgl. Lagodny S. 1 m. w. N.

I. Verfassungsrechtliche Grundlagen

Wenn im Allgemeinen der Nemo-Tenetur-Grundsatz als unverzichtbares Recht mit Verfassungsrang bezeichnet wird, ist für ein weitergehendes Verständnis des Selbstbelastungsschutzes sein verfassungsrechtliches Fundament von elementarer Bedeutung[294]. Vor diesem Hintergrund und in Ermangelung einer ausdrücklichen grundgesetzlichen Regelung, wird für die nähere Konkretisierung des Nemo-Tenetur-Grundsatzes auf die verschiedensten Verfassungsbestimmungen und Verfassungsprinzipien zurückgegriffen[295].

Unter Beachtung der bereits oben, in Bezug auf die inhaltliche Zielrichtung der vorliegenden Arbeit festgelegten Vorgaben, sollen hier insbesondere die von der Rechtsprechung und der herrschenden Literatur immer wieder angeführten verfassungsrechtlichen Ableitungen des Nemo-Tenetur-Grundsatzes herangezogen und auf ihre Tauglichkeit hin untersucht werden[296]. Ganz überwiegend wird dabei der Selbstbelastungsschutz mit den verfassungsrechtlichen Regelungen des durch Art. 2 Abs. 1 i. V. m. Art. 1 Abs. 1 GG verbürgten allgemeinen Persönlichkeitsrechts und der durch Art. 1 Abs. 1 GG umfassten Garantie der Achtung der Menschenwürde in Zusammenhang gebracht.

1. Verfassungsrechtliche Regelungen

Auf der Suche nach einer grundgesetzlichen Lokalisierung und Konkretisierung des Nemo-Tenetur-Grundsatzes stößt man unweigerlich auf Art. 1 Abs. 1 GG und das dort verankerte Verfassungsgebot der Achtung der Menschenwürde, aus dessen Gewährleistungsinhalt der Selbstbelastungsschutz nach teilweise vertretener Ansicht abgeleitet wird[297]. Beachtenswert ist dieser Konkretisierungsversuch insbesondere deshalb, da Art. 1 Abs. 1 GG bestimmt: *"Die Würde des Menschen ist unantastbar"*. Will man den Wortlaut der Vorschrift ernst nehmen, hat der Verfassungsgesetzgeber die Menschenwürdegarantie damit dem "üblichen" grundrechtlichen Abwägungsprozess entzogen und für unbeschränkbar erklärt. Der Schutz der Menschenwürde ist folglich – nach ganz herrschender Meinung – absolut und einer Güterabwägung nicht zu-

---

[294] Vgl. BVerfGE38, 105, 113; E 56, 37, 49; Lorenz JZ 1992, 1000, 1006; Peres S. 119; Blesinger wistra 1991, 239, 243; Besson S. 75; Nothhelfer S. 77 ff.; Reiß S. 140 ff.; Rogall S. 124 ff.; Hennenberg BB 1988, 2181, 2187 m. w. N.

[295] Vgl. zum Meinungsspektrum: Torka S. 43 ff.; Mäder S 75 f; Hahn S. 160 f.; Röckl S. 102 ff.; Besson S 75 ff.

[296] Entgegen Rüster S. 28 f. muss festgestellt werden, dass die Grundlagen des Nemo-Tenetur-Grundsatzes nicht als gesichert angesehen werden können.

[297] Vgl. Torka S. 300; Wieland S. 69; Wölfl S. 46; Lammer S. 156 m. w. N.

gänglich[298]. Überträgt man diese kompromisslose Grenzziehung auf den Nemo-Tenetur-Grundsatz und subsumiert unter diesen zugleich jedweden "Mitwirkungszwang" gegenüber den Beschuldigten eines Strafverfahrens, hätte dies unweigerlich zur Konsequenz, dass kollidierende Drittinteressen generell keinerlei Berücksichtigung finden könnten. Entgegen dieser absolutistischen Annahme ist aber festzustellen, dass der Beschuldigte für die strafrechtlichen Ermittlungen sehr wohl als Informationsquelle in Anspruch genommen wird und mithin nicht jeder irgendwie geartete Zwang zur Selbstbelastung unter den Nemo-Tenetur-Grundsatz subsumiert werden kann.

In Anbetracht der Abwägungsfestigkeit der Menschenwürdegarantie und der mit ihr verbundenen Unantastbarkeitsformel auf der einen Seite und der dazu scheinbar gegensätzlichen Feststellung, dass nicht jede zwangsweise Informationserhebung beim Beschuldigten verboten ist, bedarf es, sowohl für die verfassungsrechtliche Lokalisierung als auch für die inhaltliche Ausgestaltung des Nemo-Tenetur-Grundsatzes, zunächst einer genaueren Untersuchung in dem Verhältnis zu Art. 1 Abs. 1 GG.

Dieser näheren Analyse bedarf es im vorliegenden Kontext darüber hinaus auch deshalb, da von anderer Seite Art. 2 Abs. 1 GG als maßgebliche Verfassungsgrundlage vorgeschlagen wird. Da Art. 1 Abs. 1 GG erheblicher Einfluss bei der Auslegung von Art. 2 Abs. 2 GG zukommt, bedarf es auch insoweit einer thematischen Auseinandersetzung mit dem hier relevanten Gehalt der Menschenwürde[299].

a) Die Menschenwürde, Art. 1 Abs. 1 GG

Der Schutz der Menschenwürde ist die oberste Verfassungsgarantie und in seiner systematischen Stellung als Leitprinzip zur Begrenzung staatlicher Willkür zu Beginn der Verfassung gestellt. Trotz seiner überragenden Bedeutung ist der Verfassung ein eigenständiger Begriff der Menschenwürdegaran-

---

[298] BVerfGE 75, 369, 380; Herdegen in Maunz – Dürig Art. 1 Rn. 69; Podlech in AK Art. 1 Rn. 73; Ipsen Staatsrecht II Rn. 228; Pieroth/Schlink Rn. 365; Hüttinger S. 70; Sendler NJW 2001, 2148 ff.; Höfling JuS 1995, 857, 859 m. w. N.; differenzierend Antoni in Seifert/Hömig Art. 1 Rn. 6; Ernst S. 104; a. A. Kloepfer in FS BVerfG 2001, 77, 78 und 97 ff.; Diskutiert wird auch ein positivistischer Ansatz, um eine Einschränkung der Menschenwürde für bestimmte Bereiche – z. B. Präimplantationsdiagnostik, Genforschung, Sterbehilfe usw. – zu ermöglichen. Vgl. Sendler NJW 2001, 2148 ff.; Herzog ZRP 2001, 393 ff.; Fishan ZRP 2001, 49 ff.

[299] Vgl. BVerfGE 6, 32, 41; E 54, 143, 146; E 80, 367, 373 f.; Starck in Mangold/Klein/Stark Art. 1 Rn. 31; Jarass NJW 1989, 857 m. w. N.

tie nicht zu entnehmen[300]. In Ihrer Begrifflichkeit wird sie durch das ihr zugrunde liegende Menschenbild geprägt, dessen Inhalt wiederum von verschiedensten geistesgeschichtlichen, religiösen und philosophischen Wertvorstellungen und Einflüssen gekennzeichnet ist[301]. Als Ergebnis einer ständigen Werteentwicklung stellt das Grundgesetz den einzelnen Menschen in den Mittelpunkt der Verfassung und erkennt ihn als Synthese von Geist und Körper[302]. Als solches ist der Mensch ein sittlich-geistiges Wesen, das darauf angelegt ist, sich in Freiheit und Selbstbestimmung zu entfalten[303]. Der Mensch als solches wird als Person erkannt, dem Kraft seines Menschseins Würde zugesprochen wird[304]. Als Person kommt dem Mensch ein unantastbarer und unveräußerlicher Eigenwert zu, dessen Achtung ihm ohne Rücksicht auf seine

---

[300] Im Rahmen von Art. 1 Abs. 1 GG werden dem Würdebegriff mehrere "Würdekonstellationen" bzw. Ansatzpunkte zugesprochen. Hierbei haben sich insbesondere zwei Denkweisen herauskristallisiert. Zum einen das Würdeverständnis, welches die Würde als Wert im Sinne eines naturrechtlich-wertphilosophischen Ansatzes versteht, wonach dem Menschen kraft seines Menschseins Würde zuzusprechen ist. Demgegenüber steht das Verständnis der Menschenwürde als Leistung, wonach sich der einzelne Mensch seine Würde erst "verdienen" muss. Das Verständnis der Menschenwürde als Leistung wird oftmals im begrifflichen Kontext der Persönlichkeit benutzt, woraus sich zum Teil erhebliche Verständnisschwierigkeiten ergeben. Wie noch aufzuzeigen sein wird, zeugen diese von einer Überschneidung des "Persönlichkeitsbegriffes" i. S. v. Art. 2 Abs. 1 GG und dem der Menschenwürde i. S. v. Art. 1 Abs. 1 GG zugesprochenen Begriff der Person. Einer Klärung dieser Überschneidung soll der Darstellung des Verhältnisses zwischen Art. 2 Abs. 1 GG und Art. 1 Abs. 1 GG vorbehalten bleiben.

[301] Mössner StuW 1991, 224; Huber Jura 1998, 505; Salditt GA 1992, 51, 66; Starck in Mangold/Klein/Stark Art. 1 Rn. 3 ff.; Häberle in HdbStR § 20 Rn. 33 ff.; Herdegen in Maunz – Dürig Art. 1 Abs. 1 Rn. 7 ff. m. w. N.

[302] Vgl. BVerfGE 56,3 54, 74 f.; Duttge S. 180 m. w. N.

[303] BVerfGE 45, 187, 227; Antoni in Seifert/Hömig Art. 1 Rn. 4; Wolff S. 44; Herdegen in Maunz – Dürig Art. 1 Abs. 1 Rn. 25 m. w. N.

[304] Vgl. BVerfGE 96, 375, 399; E 45, 187, 228; E 30, 1, 26; BayVerfGH 8, 52, 57; Helle S. 72; Starck in Mangold/Klein/Stark Art. 1 Abs. 1 Rn. 10; Laber S. 52 f.; Dreier in Dreier Art. 1 I Rn. 34 m. w. N.

Dem entspricht auch die Begriffstradition in der Unterscheidung von "Mensch" und "Person". Nur die "Person" war in der Bezeichnung als Rechtssubjekt, als Träger von Rechten und Pflichten qualifiziert. Vgl. § 1 Abs. 1 Allgemeines Landrecht Preußischer Staaten von 1794: "Der Mensch wird, in sofern er gewisse Rechte in der bürgerlichen Gesellschaft genießt, eine Person genannt". Nicht jeder Mensch war aber zugleich auch als Person anerkannt. Erst in der weiteren Entwicklung wurden dem Menschen als solchem (Menschen-)Rechte zugesprochen. Vgl. Stern III/1 § 58 I 4 S. 13 ff.; ebenso Nass S. 84: "Der Ausdruck Person enthält also bereits Rechte, nämlich die Menschenrechte, welche die Gemeinschaft, in der der Mensch lebt, ihm ohne weiteres zubilligt, durch seine Existenz, durch sein bloßes Dasein".

Staatsangehörigkeit[305], seine persönlichen Eigenschaften, seinen Status[306] oder sein – sogar "unwürdiges" – Verhalten gebührt[307].

Die getroffene Identifikation des Menschen als Person lässt Schlüsse auf die Grundbedingungen menschlicher Würde zu. In Ableitung des Menschenbildes umfasst der Würdebegriff von Art. 1 Abs. 1 GG sowohl den Eigenwert sowie die Eigenständigkeit des Menschen als Grundlage für den Status als Person[308]. Art. 1 Abs. 1 GG zielt damit unmittelbar auf die Existenz des Menschen als Person und die Sicherung seiner Grundbedingungen an Körper und Geist. Mit der Würde des Menschen sind danach insbesondere solche Maßnahmen unvereinbar, die das Existenzrecht des einzelnen Individuums sowohl in Bezug auf seinen Körper[309] als auch seine geistig-sittliche Identität und Integrität[310] in Frage stellen oder sogar zur Gänze negieren[311].

Wenngleich das – hier nur skizzenhaft geschilderte – verfassungsrechtliche Menschenbild eine gewisse Annäherung an den Menschenwürdebegriff als solchem ermöglicht, ist es bisher jedoch nicht gelungen, den Schutzbereich von Art. 1 Abs. 1 GG mit Hilfe einer positiven Definition konkret zu bestimmen[312]. Soweit es an einer positiven Begriffsbestimmung fehlt, wird gemeinhin der Versuch unternommen, den Inhalt der Menschenwürde von der Struktur

---

[305] BVerfGE 50, 166, 175.

[306] BVerfGE 87, 209, 228.

[307] Vgl. BVerfGE 72, 105, 115 wonach auch dem Straftäter, *"der sich in noch so schwerer und unerträglicher Weise gegen alles vergangen haben mag, was die Werteordnung der Verfassung unter ihren Schutz stellt, das Recht auf Achtung seiner Würde nicht abgesprochen werden kann"*.; auch BVerfGE 64, 261, 284; Niebler BayVBl 1989, 737, 740; Höfling JuS 1995, 857; Kloepfer in 50 Jahre BVerfG 2001, 77, 83 m. w. N.

[308] BVerfGE 30, 173, 214; BVerfG NJW 1993, 3315, 3316; Podlech in AK zum GG Art. 1 Abs. 1 Rn. 35 ff.; Höfling in Sachs Art. 1 Rn. 20 ff., 28 ff.; Dreier in Dreier Art. 1 I Rn. 34; Antoni in Seifert/Hömig Art. 1 Rn. 4; Niebler BayVBl. 1989, 737, 741 m. w. N.

[309] Vgl. BVerfGE 18, 112, 117 (Todesstrafe); BVerfGE 82, 60, 85 (Existenzminimum); hierzu Pieroth/Schlink Rn. 362; dagegen greift die zwangsweise Veränderung der Haar- und Barttracht nicht in das körperliche Existenzrecht ein, BVerfGE 47, 239, 247.

[310] Z. B. hypnotische Einwirkungen, Anwendung eines Lügendetektors, Vgl. Duttge S. 181 m. w. N.

[311] Vgl. Dreier in Dreier Art. 1 I Rn. 44; Höfling JuS 1995, 857, 860 m. w. N.

[312] Für das "Konkretisierungsdilemma" des Menschenwürdebegriffs werden zum einen die generalklauselartige Funktion von Art. 1 Abs. 1 GG und zum anderen die absolute Wirkung der Unantastbarkeitsformel verantwortlich gemacht. Vgl. Höfling in Sachs Art. 1 Rn. 9.

des Verletzungsvorgangs her zu definieren[313]. Hierbei hat sich das Verfassungsgericht, unter Berücksichtigung geschichtlicher Entwicklungen und „völkerrechtlicher Standards", zunächst auf die beispielhafte Aufzählung einiger negativer Umschreibungen wie "Erniedrigung, Brandmarkung, Diskriminierung, Verfolgung, Ächtung und grausame Bestrafung" beschränkt[314]. Als gemeinsames Merkmal liegt diesen Maßnahmen stets eine menschenverachtende, unwürdige und erniedrigende Behandlung des einzelnen Individuums zugrunde.

In seiner späteren Judikatur hat sich das Gericht für die Verdeutlichung des Menschenwürdebegriffs ergänzend der sog. "Objektformel" bedient[315]: "*Es widerspricht der menschlichen Würde, den Menschen zum bloßen Objekt im Staat zu machen.*"[316] Dogmatisch fußt die Formel auf dem vorangestellten Menschenbild, entspricht zugleich dessen geistesgeschichtlichen und historischen Herleitungen und ist geprägt durch die entmenschlichende Verobjektivierung des nationalsozialistischen Terrors[317].

In Bezug auf eine nähere Konkretisierung des Menschenwürdebegriffs ist aber festzustellen, dass auch der Objektformel nur eine begrenzte Tauglichkeit zuzusprechen ist[318]. Die Interpretation der Menschenwürde allein über die Qualifikation des Verletzungsvorgangs greift zu kurz, um mit ihr im konkreten Fall eine Schutzbereichsverletzung von Art. 1 Abs. 1 GG generell bejahen zu können. Beispielhaft sei hierbei nur auf die mannigfachen Rechtsgrundlagen verwiesen, die der hoheitlichen Gewalt die Möglichkeit zur Ausübung von körperlichem Zwang gegenüber dem Individuum erlauben. Hoheitliche Einwirkungen auf die körperliche Integrität, sogar auf das Leben des einzel-

---

[313] Vgl. Herdegen in Maunz – Dürig Art. 1 Rn. 31; Dreier in Dreier Art. 1 Rn. 36 ff.; Höfling JuS 1995, 857, 859; Stern III/1 § 58 II 3 S. 25; Hofmann AöR 1993, 353, 359 f. jeweils m. w. N.

[314] Vgl. BVerfGE 1, 332, 348; E 6, 389, 439; E 45, 187, 228 und 253;ebenso BayVerfGH BayVBl. 1982, 47, 50 m. w. N.; Stern III/1 § 58 II 3 S. 25; Antoni in Seifert/Hömig Art. 1 Rn. 5; Pieroth/Schlink Rn. 361 mit einer Auflistung "typischer Eingriffe".

[315] Vgl. Dürig AöR 81 (1956), 117, 127; Herdegen in Maunz – Dürig Art 1 Abs. 1 Rn. 33; Höfling JuS 1995, 857, 859 jeweils m. w. N.

[316] BVerfGE 27, 1, 6; E 28, 386, 391; E 45, 187, 228; E 50, 125, 133; E 50, 166, 175; E 72, 105, 116.

[317] Vgl. Ipsen Rn. 210; Herdegen in Maunz – Dürig Art. 1 Rn. 15; Höfling JuS 1995, 857, 859 f. m. w. N.

[318] Pieroth/Schlink Rn. 360 f.; Herdegen in Maunz – Dürig Art. 1 Rn. 33; Dreier in Dreier Art. 1 Rn. 39; Bleckmann Staatsrecht II S. 554, Rn. 37 f.; Kloepfer in FS BVerfG 2001, 77, 94; Höfling JuS 1995, 857, 860 m. w. N.

nen Menschen[319], sind der Rechtsordnung nicht fremd, sondern, mit Blick auf das "staatliche Gewaltmonopol"[320], strukturelle Voraussetzung für den Bestand der Gemeinschaft.

Wenn demnach die Frage einer Menschenwürdeverletzung nicht per se über den Verletzungsvorgang her beantwortet werden kann, wird als weiterer Bestimmungsfaktor auf den Zweck der in Frage stehenden Maßnahme und die konkrete Handlungsintention des Hoheitsträgers zurückgegriffen. In diesem Sinne reduziert dann auch das Verfassungsgericht die Objektformel auf eine abstrakte Interpretationsrichtlinie, die lediglich geeignet sei, "die Richtung" anzudeuten[321]. Für die Annahme einer Schutzbereichsverletzung von Art. 1 Abs. 1 GG bedarf es neben der Objektstellung des Menschen zudem, *"dass er einer Behandlung ausgesetzt wird, die seine Subjektqualität prinzipiell in Frage stellt, oder dass in der Behandlung im konkreten Fall eine willkürliche Missachtung der Würde des Menschen liegt"*[322].

Wann der Mensch in seiner "Subjektsqualität prinzipiell in Frage gestellt wird", kann mit Hinweis auf die oben aufgezählten und ihnen vergleichbaren Behandlungsmethoden (Brandmarkung, Erniedrigung usw.) beantwortet werden. Jene Behandlungsmethoden verkennen nämlich prinzipiell, d. h. unabhängig von der konkreten Situation und dem jeweiligen Verfahren, die Subjektsstellung des Menschen als Person[323]. Sie berühren den Menschen als sol-

---

[319] Vgl. Pieroth/Schlink Rn. 401 ff., 404; Starck in Mangold/Klein/Stark Art. 1 Rn.71; Dreier in Dreier Art. 1 I Rn. 86 m. w. N.

[320] Bethge DVBl 1989, 541, 844 f.; Isensee in FS Sendler 1991, 39, 46 ff.

[321] BVerfGE 30, 1, 25; Stern III/1 § 58 II 3 S. 25 f.; Duttge S. 179 m. w. N.

[322] BVerfGE 30, 1, 25 f.; Auch dieser Präzisierungsversuch hat insofern Kritik erfahren, als dass eine Menschenwürdeverletzung nicht von der Absicht einer willkürlichen Behandlung des Handelnden abhängig gemacht werden könne. Der Relativierung der Objektformel über das Element der subjektiven Intention hat sich das Gericht später nicht mehr bedient und erkannt, dass auch im Falle einer subjektiv willkürfreien Behandlung, eine Menschenwürdeverletzung in Betracht kommen kann. Vgl. Sondervotum BVerfGE 30, 33, 39 f.; Pieroth/Schlink Rn. 360 f.; Höfling JuS 1995, 857, 860; Duttge S. 179; Kloepfer in FS BVerfG 2001, 77, 94 jeweils m. w. N.

[323] Wolter in SK-StPO Vor § 151 Rn. 52 spricht von der Schaffung "selbständiger Fallgruppen des Art. 1 Abs. 1 GG als alles durchwaltende Leitprinzipien". Bei Pieroth/Schlink Rn. 361 werden diese Behandlungsmethoden als "typische Eingriffe" bezeichnet; hierunter subsumierbare Maßnahmen sollen immer, gleichgültig ob im Zivil-, Straf- oder Verwaltungsverfahren, gegen den Schutz der Menschenwürde verstoßen. Auch wenn sich die Frage der Menschenwürdeverletzung zum Teil nach dem Zweck der Maßnahme beurteilt und damit einer normativen Wertung unterliegt, handelt es sich bei diesen Behandlungsmethoden um einzelfallunabhängige Auslegungsergebnisse. Wenn daher z. B. nicht jede körperliche Zwangseinwirkung eine Schutzbereichsverletzung von Art. 1 Abs. 1 GG

chen in seinem Eigenwert und in seiner Eigenständigkeit und degradieren ihn insoweit immer zum bloßen Objekt i. S. v. Art. 1 Abs. 1 GG.

Losgelöst von diesen generell unzulässigen Behandlungsmethoden soll sich eine, die Menschenwürde verletzende, Objektsstellung darüber hinaus auch unter Ansehung des konkreten Falles ergeben können[324]. Die Subsumtion staatlicher Rechtsakte unter Art. 1 Abs. 1 GG ist insoweit nicht auf abstrakt typisierte und einzelfallunabhängige Fallgruppen beschränkt. Vielmehr kann sich darüber hinaus die Annahme einer Menschenwürdeverletzung auch in Ansehung normativer, auf den konkreten Einzelfall beschränkter, Abwägungsindizien ergeben[325]. Allerdings bereitet die einzelfallbezogene Feststellung einer Menschenwürdeverletzung, stärker noch als die Qualifizierung mit Hilfe verobjektivierter fallübergreifender Behandlungsmethoden, erhebliche Schwierigkeiten, da sie aufgrund ihrer überwiegend normativen Betrachtung in großem Maße der Gefahr subjektiver Willkür ausgesetzt ist. Um dieser Gefahr zu begegnen, werden neben den im Rahmen der typisierten Fallgruppen bereits genannten Auslegungsindizien zudem die Grundrechte für eine verfassungsrechtliche Konkretisierung und Begrenzung der wertenden Interpretation einer auf den Einzelfall bezogenen Feststellung der Verletzung der Menschenwürde herangezogen[326]. Innerhalb der Grundrechte wird dabei vor allem der Grundrechtsgarantie der "freien Entfaltung der Persönlichkeit"

---

nach sich zieht, liegt eine Menschenwürdeverletzung aber dann vor, wenn sie zum Zwecke der Aussageerpressung erfolgt ist. Die Unzulässigkeit dieser gemeinhin als Folter bezeichneten Behandlungsmethode ist das Ergebnis einer normativen, auf systematische, geschichtliche und völkerrechtliche Überlegungen gestützten, Auslegung. Vgl. Salditt GA 1992, 51, 66 f.; Duttge S. 180 f. m. w. N. Als "typischer Eingriff", der die Subjektsqualität des Menschen prinzipiell in Frage stellt, verstößt die Folter in jedem staatlichen Verfahren gegen den Schutz der Menschenwürde. Vgl. LG Frankfurt/Main NJW 2005, 692, 694; Wolter in SK-StPO Vor § 151 Rn. 140a; Höfling in Sachs Art. 1 Rn. 20; Starck in Mangold/Klein/
Stark Art. 1 Rn. 46 m. w. N.; Wenn neuerdings beängstigende Strömungen zu erkennen sind, welche die Frage einer menschenunwürdigen Behandlung nach dem jeweiligen Zweck der Aussageerpressung bewerten wollen, wird die Folter der Gruppe der generell menschenunwürdigen Behandlungsmethoden entzogen und im Ergebnis nur noch, ebenso wie andere körperliche Eingriffe, im Rahmen eines Verbots mit "subjektiv-normativen" Erlaubnisvorbehalt gewährleistet. Eine wertende Betrachtung anlegend z. B. Starck in Mangold/Klein/Stark Art. 1 Rn. 71 m. w. N.

[324] BVerfGE 30, 1, 25 f.; BVerfG NJW 1993, 3315 f.

[325] Vgl. Alexy S. 94 ff.; Huber Jura 1998, 505, 506 m. w. N.

[326] Vgl. Huber Jura 1998, 505, 506; Wolff S. 43 m. w. N.

i. S. v. Art. 2 Abs. 1 GG nähere Bedeutung für die Auslegung der Menschenwürde zugesprochen[327].

Darüber hinaus hat sich kein anerkannter, über die Objektformel hinausgehender Interpretationsansatz für die Festlegung einer Menschenwürdeverletzung i. S. v. Art. 1 Abs. 1 GG durchsetzen können[328]. Wenngleich auch die Formel mit einigen Schwächen behaftet ist und aufgrund ihrer Unschärfe eine weitgehende Präzisierung der Menschenwürde nur bedingt möglich macht, hat sie sich doch, und das gilt neben der Rechtsprechung auch für die Literatur, als weitgehend richtungweisender Maßstab durchgesetzt[329]. Eine absolute Vorgabe für den Begriff der Menschenwürde ergibt sich insoweit aber nicht. Die Erkenntnis dessen, wann eine Verletzung von Art. 1 Abs. 1 GG angenommen werden kann, ist daher in Ansehung des konkreten Falles und mit Hilfe einer normativen Betrachtung vorzunehmen. Die der Wertung zugrunde gelegten Faktoren sind als solches wiederum nicht starr fixierte Maßstäbe, sondern selbst einer sich ständig fortschreitenden Wertentwicklung unterworfen[330].

b) Das Verhältnis zwischen dem Nemo-Tenetur-Grundsatz und der Menschenwürdegarantie

Trotz zahlreicher Konkretisierungsversuche lässt sich weder der Begriff der Menschenwürde noch die Bestimmung ihrer Verletzung auf eine allgemein anerkannte, eine schlichte Subsumtion ermöglichende, Definition zurückführen. Stattdessen stellt sie sich als ein Zusammenspiel bestimmter normativer Vorverständnisse dar, welche sowohl durch wissenschaftliche und ideologische Zusammenhänge als auch durch historische Rahmenbedingungen unter

---

[327] Di Fabio in Maunz – Dürig Art. 2 Abs. 1 Rn. 1, 2, wonach der Gehalt des allgemeinen Persönlichkeitsrechts eine wegweisende Auslegungshilfe der Menschenwürde liefert; ebenso Stern III/1 § 66 II 2 S. 641, wonach die Verhaltensfreiheit das "Herzstück" der Menschenwürde ausmacht; Starck in Mangold/Klein/Stark Art. 2 Abs. 1 Rn. 15; Stern § 58 I 4 S. 13 m. w. N.

[328] Vgl. Herdegen in Maunz – Dürig Art. 1 Rn. 33; Stern III/1 § 58 II 3 S. 25; Vitzthum ZRP 1987, 33, 34 m. w. N.

[329] Vgl. Stern III/1 § 58 II 3 S. 25.; Herdegen in Maunz – Dürig Art. 1 Rn. 34 ff.; Höfling JuS 1995, 857, 860; Kloepfer in FS BVerfG 2001, 77, 95; Goldmann S. 69 jeweils m. w. N.; a. A. wohl Pieroth/Schlink Rn. 360.

[330] Vgl. BVerfGE 96, 375, 399 f.; E 45, 187, 229; Lammer S. 64; Niebler BayVBl. 1989, 737, 740; Antoni in Seifert/Hömig Art. 1 Rn. 4; Goldmann S. 69 m. w. N.

Beachtung von Verhältnismäßigkeitsgesichtspunkten geprägt ist[331]. Allerdings legt der abwägungsfeste Charakter der Menschenwürde eine zurückhaltende Anwendung des Art. 1 Abs. 1 GG nahe. Dies gilt umso mehr, als eine all zu häufige Berufung auf den Fundamentalwert leicht zu einer Aushöhlung desselben führen könnte[332]. Für die Annahme einer Menschenwürdeverletzung in isolierter Ableitung aus Art. 1 Abs. 1 GG ist mithin ein strenger Maßstab anzulegen, der sich als Schutz vor "Tabuverletzungen"[333], vor schweren Beeinträchtigungen der körperlichen und geistig-seelischen Integrität und der Absprechung der menschlichen Existenz versteht[334]. Aus dieser Kontextabhängigkeit folgt, dass der Schutz des Art. 1 Abs. 1 GG einem Kernbereich menschlicher Existenz und dem Schutz von Mindestbedingungen menschlichen Daseins vorbehalten bleiben soll[335]. Entsprechend diesem Verständnis führt das Verfassungsgericht in ständiger Rechtsprechung auch ergänzend aus, das Grundgesetz habe die Spannung zwischen Individuum und Gemeinschaft im Sinne der Gemeinschaftsbezogenheit und Gemeinschaftsgebundenheit der Person entschieden, wobei lediglich deren Eigenwert und Eigenständigkeit gewahrt bleiben müssten[336].

Gleiches hat daher auch in Bezug auf die Inanspruchnahme des Bürgers als Informationsquelle und den damit thematisch zusammenhängenden Nemo-Tenetur-Grundsatz zu gelten. Eine allgemeine Zuordnung des Grundsatzes unter das Gebot der Achtung der Menschenwürde aufgrund einer isolierten Betrachtung von Art. 1 Abs. 1 GG ist – auch nach den Ausführungen des BVerfG – nicht zu erkennen[337]. Eine Ausnahme mag nur bei der Kombination

---

[331] Niebler BayVBl. 1989, 737, 741; Pieroth/Schlink Rn. 353 ff.; Salditt GA 1992, 51, 66; Vitzthum ZRP 1987, 33, 34; Herdegen in Maunz – Dürig Art. 1 Rn. 35 ff.; Höfling JuS 1995, 857, 860 f.; Bleckmann Staatsrecht II S. 555 Rn. 40 ff.; Antoni in Seifert/Hömig Art. 1 Rn. 3 m. w. N.

[332] Vgl. Vitzthum ZRP 1987, 33 f.; Renzikowski JZ 1997, 710, 714; Ernst S. 111 m. w. N.

[333] Z. B. Folter, Sklaverei, Brandmarkung, Ächtung oder Ausrottung von Menschengruppen; Vgl. Aufzählung bei Antoni in Seifert/Hömig Art. 1 Rn. 5 m. w. N.

[334] Vgl. BVerfGE 7, 198, 221; E 27, 1, 6; E 28, 386, 391; E 50, 166, 175; Wolter in SK-StPO Vor § 151 Rn. 26f; Antoni in Seifert/Hömig Art. 1 Rn. 5; Höfling in Sachs Art. 1 Rn. 20 ff.; Wolff S. 44; Duttge S. 179 m. w. N. Soweit sich Überschneidungen zum Persönlichkeitsschutz ergeben, vergleiche hierzu sogleich.

[335] Vgl. Ipsen Rn. 217; Vitzthum ZRP 1987, 33 f.; Höfling JuS 1995, 857, 860; Duttge S. 179; Starck in Mangold/Klein/Stark Art. 1 Rn. 14 jeweils m. w. N.

[336] BVerfG NJW 1993, 3315; BVerfGE 50, 166, 175 m. w. N.; Huber Jura 1998, 505, 506; Niebler BayVBl. 1989, 737 f.; Günther GA 1978, 193, 197; Lesch KMR-StPO § 136 RN. 17 m. w. N.

[337] Vgl. BVerfGE 56, 37, 43 ff.

von Informationspreisgabezwang[338] und "typischen Menschenwürdeverletzungen", wie z. B. von Folter oder der massiven Verletzung der seelischen und körperlichen Integrität, bestehen[339]. Nur in diesen Ausnahmefällen wird der Nemo-Tenetur-Grundsatz per se (im Lichte der typisierten Fallgruppen) Art. 1 Abs. 1 GG zugerechnet werden können.

Soweit hingegen im Rahmen der staatlichen Informationsgewinnung keine "typischen Menschenwürdeverletzungen" vorliegen – z. B. bei der staatlichen Informationsgewinnung im Rahmen der zwangsweise durchgeführte Blutentnahme zur Ermittlung des Blutalkoholwertes – ist für die Frage einer situationsbedingten Verletzung von Art. 1 Abs. 1 GG auf den jeweiligen Einzelfall abzustellen. Dieser ist zunächst anhand der Vorgaben durch die "Objektformel" danach zu untersuchen, ob der Beschuldigte durch die Erzwingung zur Informationspreisgabe zum reinen Objekt des Verfahrens, mithin zum bloßen Mittel staatlicher Wahrheitsfindung degradiert wird[340]. Im Umgang mit dieser nur unscharfen Formel ist aber Vorsicht geboten. Denn "der Mensch ist nicht selten bloßes Objekt" sowohl der "Verhältnisse und der gesellschaftlichen Entwicklung", als auch "des Rechts" selbst[341]. Schon an dieser Stelle ist darauf hinzuweisen, dass auch die StPO diverse körperliche Zwangsmaßnahmen – z. B. erkennungsdienstliche und Identifizierungsmaßnahmen, körperliche Untersuchungen und Blutentnahmen – kennt, mit deren Hilfe der Beschuldigte, insbesondere mit seinem Körper, zur beweisrechtlichen Informationsquelle gemacht werden kann[342]. Wenn bei realistischer Betrachtungsweise der Beschuldigte insoweit zwar seiner Subjektstellung beraubt und als bloßes (Beweis-)Objekt instrumentalisiert wird, wird die Zulässigkeit solcher Zwangsmaßnahmen dem Grunde nach nicht angezweifelt[343].

---

[338] Schon hier ist fraglich, ob hiervon nur verbales oder auch nonverbales Verhalten umfasst sein soll.

[339] Vgl. Ransiek S. 53; Peres S. 120.

[340] Kritisch in Bezug auf die Objektformel Bosch S. 41; Verrel NStZ 1997, 415, 417; "Objektformel" als Hilfsüberlegung, Torka S. 51.

[341] BVerfGE 30, 1, 25.

[342] Vgl. Neumann in FS Wolff 1998, 371, 384; Wolfslast NStZ 1987, 103, 104; Schramm S. 49; Günther GA 1978, 193, 195; Renzikowski JZ 1997, 710, 714; Verrel NStZ 1997, 361, 417 m. w. N.

[343] Eine Ausnahme gilt aber für § 81 a StPO, der in der Lit. teilweise für verfassungswidrig gehalten wird, vgl. Neumann in FS Wolff 1998, 371, 375 (Fn. 11), 384 m. w. N.; Das BVerfG folgt dem nicht, fordert aber die Beachtung des Verhältnismäßigkeitsgrundsatzes: BVerfGE 47, 239, 248; E 27, 211, 219 f.; E 17, 108, 117; E 16, 194, 202; ebenso Senge in KK-StPO § 81 a Rn. 1; Krause in LR-StPO § 81a Rn. 3.

Bei der Analyse, ob eine durch staatliche Maßnahmen verursachte zwangsweise Selbstbezichtigung im Einzelfall als Menschenwürdeverletzung gewertet werden kann, sind daher – will man nicht die Konsequenz in der Verfassungswidrigkeit solcher Maßnahmen sehen[344] – weitere Gesichtspunkte heranzuziehen. Diese erschöpfen sich nicht in abstrakt normativen Kriterien, sondern sind sowohl anhand historischer Indizien und völkerrechtlicher Entwicklungen, sowie anhand der Beachtung grundrechtlicher und anderer verfassungsrechtlicher Vorgaben zu ermitteln[345].

Entgegen der Annahme einer generellen Verankerung des Nemo-Tenetur-Grundsatzes in Art. 1 Abs. 1 GG spricht zudem, dass der Selbstbelastungsschutz auch dann zum Tragen kommen soll, wenn eine unmittelbare Verletzung der Menschenwürde i. S. e. "Tabuverletzung" nicht angenommen werden kann. So wird ein Verstoß gegen den Nemo-Tenetur-Grundsatz nach unbestrittener Meinung z. B. auch dann bejaht, wenn gegen den Beschuldigten im Strafverfahren lediglich ein Bußgeld wegen seiner Aussageverweigerung verhängt werden soll. Die verfassungsrechtliche Garantie des Nemo-Tenetur-Grundsatzes alleine in der Menschenwürde des Art. 1 Abs. 1 GG sehen zu wollen, greift somit zu kurz[346].

Eine Verbindung zwischen dem Nemo-Tenetur-Grundsatz und der Menschenwürdegarantie lässt sich nur insoweit erkennen, als dieser aus der Verfassung selbst herrührt – was freilich im Folgenden noch aufzuzeigen sein wird – und die ihn tragenden Regelungen wiederum Ausfluss von Art. 1 Abs. 1 GG sind[347]. Dies gilt insbesondere für das allgemeine Persönlichkeitsrecht i. S. v. Art. 2 Abs. 1 i. V. m. Art. 1 Abs. 1 GG, aber auch für alle sonstigen verfassungsrechtlichen Regelungen, wie z. B. das Rechtsstaatsgebot nach Art 20 Abs. 3 GG. Die in Art. 1 Abs. 1 GG verbürgte Menschenwürdegarantie lässt sich in ihrer isolierten Betrachtung deswegen allenfalls als "gedankliche

---

[344] Vgl. Verrel S. 283; Neumann in FS Wolff 1998, 371, 384 mit dem Hinweis auf den Verzicht solcher Maßnahmen in anderen Rechtsordnungen.

[345] Vgl. Wolff S. 44.

[346] Ransiek S. 53; Bosch S. 66, mit dem zutreffenden Hinweis auf die Fehlerhaftigkeit des teilweise gezogenen Umkehrschlusses, wonach bestimmte Ermittlungsmaßnahmen schon deshalb nicht den Nemo-Tenetur-Grundsatz berühren können, weil sie keine Menschenwürderelevanz besitzen.

[347] BVerfGE 96, 375, 399; E 93, 266, 273; E 45, 187, 227; E 35, 366, 367; E 32, 98, 106; Bleckmann Staatsrecht II S. 539 ff. Rn. 1 ff.; Dreier in Dreier Art. 1 Rn. 67; Pieroth/Schlink Rn. 349 ff.; Herdegen in Maunz – Dürig Art. 1 Rn. 5 und 18; Huber Jura 1998, 505, 507; Stürner NJW 1981, 1757; Ipsen Staatsrecht II Rn. 219; Höfling JuS 1995, 857; Rogall S. 144; Schramm S. 48 jeweils m. w. N.

Wurzel"[348] des Nemo-Tenetur-Grundsatzes, nicht aber als dessen generelle verfassungsrechtliche Ausprägung heranziehen[349].

c) Die freie Entfaltung der Persönlichkeit in ihrer Ausprägung durch das allgemeine Persönlichkeitsrecht

Art. 2 Abs. 1 GG schützt die freie Entfaltung der Persönlichkeit. Diese erfährt einen umfangreichen Schutz durch zwei eigenständige Grundrechtsgarantien[350]. Zum einen ist dies die allgemeine Handlungsfreiheit und zum anderen das allgemeine Persönlichkeitsrecht. Wenngleich beide Grundrechtsgarantien ihren Ursprung in Art. 2 Abs. 1 GG finden[351], stimmen die jeweiligen Schutzbereiche nur zum Teil miteinander überein. Abweichungen zwischen der allgemeinen Handlungsfreiheit und dem allgemeinen Persönlichkeitsrecht finden sich dabei nicht allein auf der Ebene des Schutzbereiches, sondern zugleich auch auf der Ebene des Grundrechtseingriffs und der Bildung möglicher Grundrechtsschranken.

aa) Das allgemeine Persönlichkeitsrecht gem. Art. 2 Abs. 1 i. V. m. Art. 1 Abs. 1 GG

Das allgemeine Persönlichkeitsrecht stellt ein eigenes Grundrecht dar und wurde vom BVerfG, in Fortführung der zivilrechtlichen Judikatur, aus Art. 2 Abs. 1 GG und Art. 1 Abs. 1 GG entwickelt[352]. Grundlage ist primär Art. 2 Abs. 1 GG, der allerdings durch die Regelung des Art. 1 Abs. 1 GG ergänzt und beeinflusst wird. In dieser Kombination fehlt dem allgemeinen Persönlichkeitsrecht als solches aber der Gegenstand einer ausdrücklichen grundrechtlichen Gewährleistung, weshalb es in seiner Auslegung von vielen Unsicherheiten gekennzeichnet ist.

---

[348] Vgl. Mäder S. 79.

[349] Im Ergebnis ebenso Schneider S. 45 ff.; Bosch S 37 ff., 60; Starck in Mangold/Klein/Stark Art. 1 Rn. 51; Peres S. 120; Ransiek S. 53; Verrel NStZ 1997, 361, 364 f., 417; Günther GA 1978, 193, 197; Schramm S. 49; Möller JR 2005, 314, 317; Lorenz JZ 1992, 1000, 1005 f.; Mäder S. 72, wonach eine grundsätzliche Ableitung aus Art. 1 Abs. 1 GG "weder dem historischen, noch dem verfassungsrechtlichen Verständnis des nemo-tenetur-Prinzips" entspricht.

[350] Dreier in Dreier Art. 2 I Rn. 8; Lücke DÖV 2002, 93, 94 m. w. N.

[351] Vgl. Dreier in Dreier Art. 2 I Rn. 16 m. w. N.

[352] Ständige Rspr.: vgl. nur BVerfGE 35, 202, 219; E 72, 155, 170; E 80, 236, 269; E 90, 263, 270. Vgl. zu der vorangegangenen Herleitung und Entwicklung des allgemeinen Persönlichkeitsrechts durch das RG und den BGH, Ehmann JuS 1997, 193 ff.; Degenhart JuS 1992, 361, 362; Stern III/1 § 66 II 3 c) S. 646 ff.

(1) Der Schutzzweck des allgemeinen Persönlichkeitsrechts

Um den Sinn und die Tragweite des allgemeinen Persönlichkeitsrechts richtig fassen zu können, bedarf es eines tieferen Verständnisses dessen, worin der eigentliche Schutzzweck des Grundrechts besteht. Ausgangspunkt der weiteren Betrachtung ist die Grundnorm des allgemeinen Persönlichkeitsrechts. Diese bildet Art. 2 Abs. 1 GG, der Schutz der freien Entfaltung der Persönlichkeit. Zu beachten ist dabei, dass der Persönlichkeitsschutz des Grundgesetzes nicht auf ein bestimmtes Persönlichkeitsbild ausgerichtet ist[353]. Ebenso verfehlt wäre es, das Grundrecht als eine Art "Bestandsschutz" einer einmal erlangten Persönlichkeit zu begreifen. Der Persönlichkeitsschutz von Art. 2 Abs. 1 GG besteht allein in der Gewährleistung einer freien Persönlichkeitsbildung[354]. Als nachgeordnetes Grundrecht unterliegt auch Art. 2 Abs. 1 GG dem Fundamentalwert des Art. 1 Abs. 1 GG und hat sich in seiner Funktion an der Vorstellung eines Menschen zu orientieren, der als geistig-sittliches Wesen darauf angelegt ist, in Freiheit sich selbst zu bestimmen und zu entfalten.

(1.1) Kommunikation

Grundlegendes Merkmal im Rahmen von Art. 2 Abs. 1 GG ist der Begriff der Persönlichkeit[355]. Ähnlich wie schon die Bezeichnung der Menschenwürde im Rahmen von Art. 1 Abs. 1 GG fehlt es auch hier an einer verfassungsrechtlichen Definition[356]. Dieser Mangel macht es nötig, auf den Begriff der Persönlichkeit näher einzugehen.

Wie oben erläutert, ist der Mensch kraft seines Menschseins Person. Als Person steht dieser in notwendiger Beziehung sowohl zu anderen Personen als auch zu Dingen[357]. Soweit hier der Personenbezug von Interesse ist, ist der Mensch zu erkennen – entsprechend der These Aristoteles – als "zoon polit-

---

[353] Vgl. Aulehner S. 367; Suhr S. 57; Murswiek in Sachs Art. 2 Rn. 49; Kube JuS 2003, 111; Erichsen Jura 1987, 367 f. m. w. N.; ähnlich Albers DVBl 1996, 233, 237.

[354] Vgl. Murswiek in Sachs Art. 2 Rn. 10.

[355] Wenn daher an dieser Stelle der Begriff der Persönlichkeit nur nach seinem Inhalt bestimmt wird, bleibt eine verdeutlichende Differenzierung der Bezeichnungen "Individuum", "Person" und "Persönlichkeit" einer nachfolgenden Darstellung zu dem Verhältnis zwischen Art. 1 Abs. 1 GG und Art. 2 Abs. 1 GG vorbehalten.

[356] Der Persönlichkeitsbegriff ist als Rechtsbegriff nur schwer zu fassen und bisher nicht im Einzelnen geklärt. Vgl. Hubmann S 59 ff.; Nass S. 9 ff., 85; Ehmann JuS 1997; 193 f.; Zu dem Versuch einer Annäherung siehe auch sogleich unter (2) S. 85 ff.

[357] Vgl. Hubmann S. 53.

ikon", als ein auf Gemeinschaft angelegtes Wesen[358]. Als gemeinschaftliches Wesen erfährt der Mensch seine personale Identität im Prozess sozialer Kontakte[359]. Das Element der Persönlichkeit begreift sich nach dieser Prämisse – sowohl aus der Perspektive des Individuums, als auch der Gesellschaft her betrachtet – als das Ergebnis aus dem Bezug des einzelnen mit seiner Außenwelt. Diese Betrachtungsweise wird durch die Erkenntnis getragen, dass die Darstellung der eigenen Person zu einer Reaktion der Umwelt führt, welche ihrerseits Einfluss auf das zukünftige Verhalten der Person hat[360].

Wenn danach das Individuum seine Persönlichkeit im Zuge sozialer Bezüge erfährt, kommt der Präsentation als Interaktionspartner, d. h. der Darstellung der Person in der Gemeinschaft, eine überragend wichtige Bedeutung zu. Interaktion[361] zum Zwecke der Selbstdarstellung ist nichts anderes als jener Vorgang, in dem der einzelne in Auseinandersetzung mit der Außenwelt tritt[362]. Gemeinhin erfolgt die wechselseitige Bezugnahme durch willentliche Verständigung, umschrieben durch den Begriff der Kommunikation[363]. Insofern beschreibt der Begriff der Interaktion den Vorgang der Selbstdarstellung

---

[358] Vgl. BVerfGE 80, 367, 374; E 65, 1, 44; Mössner S. 151; Helle S 76; Duttge S. 183; Hubmann S. 51 ff.

[359] Vgl. Suhr S. 80 ff., 88, 106 ff.; Schlink in der Staat 1986, 233, 242 f.; Müssig GA 1999, 119, 125; Kube JuS 2003, 111, 115; Duttge S. 183; Helle S. 76 f.; Stern III/1 § 58 I 2 S. 10 f., § 66 II 3 S. 644; Helle S. 4; Luhmann S. 60 ff.; Hoffmann AöR 1993, 354, 364 m. w. N.

[360] Diese aus der Sozialwissenschaft stammende Erkenntnis ist, soweit erkennbar, in der Rechtswissenschaft allgemein anerkannt. Vgl. Riepl S. 23 f.; Ehmann AcP 1988, 230, 329 f. mit Hinweis auf die Anerkennung durch das BVerfG. Fraglich und streitig ist aber, welche weitergehenden juristischen Konsequenzen sich, z. B. hinsichtlich der Regelungsreichweite des allgemeinen Persönlichkeitsrechts gem. Art. 2 Abs. 1 i. V. m. Art. 1 Abs. 1 GG, daraus ergeben. Wenn im Rahmen des allgemeinen Persönlichkeitsrechts die Privatsphäre absoluten Schutz genießt, ist eben fraglich wie diese zu verstehen ist. Bestimmt sich diese vom jeweiligen Individuum her, oder auch durch seinen Bezug zur Umwelt? Allein hier kann, mit Blick auf die in Frage stehende Beurteilung staatlicher Auskunftszwänge, auf eine weitere Auseinandersetzung verzichtet werden. Vgl. im Einzelnen Deutsch S. 130 ff.; Aulehner S. 266 ff., 393 ff. m. w. N.
Hinsichtlich der Notwendigkeit einer soziologischen Analyse als Funktion einer wesentlichen Entscheidungs- und Auslegungshilfe zur Bestimmung des tatbestandlichen Rechtsguts, Schall S. 68 ff., 87 f.

[361] Der Begriff der Interaktion beschreibt jede Form wechselseitiger Bezugnahme von zwei oder mehreren Personen. Der Vorgang der Interaktion beruht auf tatsächlichem Verhalten, gleichgültig ob gewollt oder ungewollt, bewusst oder unbewusst. Vgl. Brockhaus 10. Band S. 549.

[362] Suhr S. 85.

[363] Vgl. Aulehner S. 188 f., 400; Luhmann S. 67, 69; Müssig GA 1999, 119, 125; Suhr S. 80 f. m. w. N.

der Person und der Begriff der Kommunikation das vom Willen getragene Mittel[364]. Soweit die (gewollte) Interaktion, als Vorgang zur Selbstdarstellung, der Kommunikation bedarf, kann hierunter grundsätzlich jedes willentliche Tun und Unterlassen, sei es durch tatsächliches Verhalten, verbal oder non-verbal in Form von Aktivität oder auch Passivität, begriffen werden[365].

Dieses Verständnis rekrutiert sich nicht zuletzt auch aus der bestehenden Grundrechtsauslegung zu Art. 2 Abs. 1 GG. Denn hiernach ist jedes, nicht nur das "persönlichkeitsrelevante", menschliche Verhalten vom Schutzbereich des Grundrechts der allgemeinen Handlungsfreiheit umfasst[366].

Entsprechend diesen Vorgaben ist als Zwischenergebnis festzuhalten: Die Persönlichkeit ist das Produkt sozialer Bezüge. Ihre Entfaltung beruht auf dem Vorgang der Interaktion. Vom Willen der Person getragene Interaktion ist Kommunikation mit der Gemeinschaft. Die Persönlichkeit ist insoweit das Ergebnis der Kommunikation durch die Person und deren Reflexion durch die Gesellschaft.

(1.2) Kommunikationsautonomie

Die Kommunikation als Quelle der Persönlichkeit bliebe – unter Zugrundelegung eines liberalen Staatsverständnisses[367] – für den einzelnen aber substanzlos, würde ihm nicht zugleich die Freiheit über ihre Entfaltung zugesprochen[368]. Diese Annahme findet ihren Ursprung in den Gedanken der amerikanischen und französischen Revolution des 18. Jahrhunderts, von deren Einflüssen auch das deutsche Staatsverständnis geprägt ist[369]. Sie sind der Ausgangspunkt einer bis heute vorherrschenden Philosophie, wonach der Staat nicht ein sich selbst legitimierendes und von höchster Stelle vorgegebenes Institut darstellt, sondern als Konstrukt begriffen wird, dessen Fundament auf

---

[364] Vgl. zu einzelnen Kommunikationstheorien Aulehner S. 192 ff.

[365] Vgl. Suhr S. 85.

[366] Vgl. BVerfGE 6, 32, 36; E 54, 143, 146; E 80, 137, 152 f.; vgl. hierzu unten 2. Kapitel A. I. 1. 3) c) (3) S. 90 ff.

[367] Vgl. zu den Differenzen zwischen dem Staatsverständnis des Liberalismus und dem des Sozialismus als Grundlage für ein abweichendes Freiheitsverständnis, Karpen JA 1986, 299 ff. m. w. N.; ebenso und mit Ausführungen zur geschichtlichen Entwicklung Peifer S. 36 ff.

[368] Vgl. Luhmann S. 73 f.

[369] Vgl. Dreier in Dreier Art. 2 I Rn. 4; Di Fabio in Maunz – Dürig Art. 2 Abs. 1 Rn. 3 m. w. N.

dem Respekt vor dem einzelnen Menschen gebaut ist[370]. Der Mensch ist Individuum und in seiner Herkunft als ein "vorstaatliches Wesen" aufzufassen, dem kraft seiner Natur Freiheit und Würde innewohnen[371]. Nach ihrem Charakter ist die natürliche Freiheit des Menschen dem Staat vorgegeben, so dass er diese nicht gewähren, sondern nur garantieren kann[372]. Es ist die Aufgabe des Staates und zugleich Rechtfertigung für seinen Bestand, die Freiheit und Würde des Menschen zu sichern[373]. Aus diesem Grund ist der Schutz der Freiheit zugleich Staatsziel[374].

Nach diesem Staatsverständnis erweist sich die Freiheit des einzelnen als Grundbedingung der personalen Stellung des Menschen und ist damit zugleich elementarer Baustein für die Konstitution menschlicher Würde[375]. In ihrer inhaltlichen Ausprägung ist sie Folge und Ausdruck liberaler Gedanken, deren Kern auf die Selbstbestimmung des einzelnen Individuums im Sinne einer Willensautonomie gerichtet ist[376]. Der Mensch als Individuum soll sein Wesen in freier eigener Entscheidung über sein Verhalten bestimmen können[377]. Im Hinblick auf hoheitliche Strukturen begreift sich Freiheit als individuelle Selbstbestimmung anstelle von staatlicher Fremdbestimmung[378].

Da die Freiheit jedem Menschen aber im gleichen Maße anheim steht, verbietet sich bereits deshalb eine Verabsolutierung des Freiheitsbegriffs[379]. Es gilt

---

[370] Klein JZ 1990, 53, 58; Karpen JA 1986, 229, 303; Isensee JZ 1999, 265, 271; Kahlo KritV 1997, 183, 194 ff.

[371] Vgl. Di Fabio in Maunz – Dürig Art. 2 Abs. 1 Rn. 1, 4 m. w. N.; Luhmann S. 71 f. wonach der Staat durch die Grundrechte nicht autonome Lebensbereiche schaffe, in denen er Freiheit und Würde gewährleiste. Der Staat schafft nicht Freiheit und Würde, sondern hat diese als "vorstaatliche Rechtsgüter" zu schützen.

[372] Vgl. Aulehner S. 370 f.; Karpen JA 1986, 229, 303; Klein JZ 1990, 53, 58; Isensee JZ 1999, 265, 270; Albers DVBl 1996, 233, 236 f. m. w. N.

[373] Schlink Der Staat 1986, 233, 242 f.; Bethge DVBl 1989, 541, 843; Karpen JA 1986, 299, 305 m. w. N.

[374] Vgl. Häberle in HdbStR § 20 Rn. 60; Maihofer in Handbuch des Verfassungsrechts § 12 Rn. 122 ff.

[375] Vgl. Starck in Mangold/Klein/Stark Art. 1 Abs. 1 Rn. 10.

[376] Vgl. BVerfGE 45, 187, 227; Karpen JA 1986, 229; Suhr S. 86; Luhmann S. 73; Albers DVBl 1996, 233, 237 m. w. N.

[377] Vgl. BVerfGE 45, 118, 227; Nass S. 78; Murswiek in Sachs Art. 2 Rn. 45, 81; Lege Jura 2002, 753, 755; Schlink in der Staat 1986, 233, 242; Lammer S. 65; Stern III/1 § 66 II 2 S. 641 f. m. w. N.

[378] Vgl. zur "Fremdbestimmung" durch Private Stern III/1 § 66 II 2 S. 637 ff.

[379] Vgl. Isensee in FS Sendler 1991, 39, 51.

daher, dass die Freiheit um der Freiheit willen der Beschränkung bedarf[380]. Auf diese Kurzformel lässt sich zurückführen, dass im Spannungsfeld zwischen Individual- und Gemeinschaftsinteresse nicht per se das eine schwerer als das andere wiegt, sondern stets ein "gerechter" Ausgleich zwischen beiden erforderlich ist[381]. Schon früh hat hierbei das BVerfG die Gemeinschaftsbezogenheit und Gemeinschaftsgebundenheit des Individuums betont, "wobei allerdings die Eigenständigkeit der Person gewahrt bleiben muss"[382].

Ein Zweites trübt das Bild für die Annahme einer absoluten Freiheit. Da der Mensch seine Persönlichkeit im Wege sozialer Kontakte erfährt, unterliegt er permanent den äußeren Einflüssen und Verhaltensbewertungen durch die Gemeinschaft. Tatsächlich ist festzustellen, dass es eine natürliche, dem Gesellschaftsmodell immanente Gegebenheit zu sein scheint, dass der Staat und seine Organe in nahezu allen Lebensbereichen versuchen, lenkend auf das Individuum Einfluss zu nehmen[383]. Mit Einschränkung dieser "latenten Determination"[384] bedeutet individuelle Freiheit die Selbstbestimmung über den Darstellungsvorgang, grundsätzlich aber nicht über dessen Ergebnis[385]. Mit jeder Selbstdarstellung setzt sich das Individuum zugleich dem Risiko der negativen Kommunikationsbewertung durch die Gemeinschaft aus[386]. Nach diesem Freiheitsverständnis steht grundsätzlich allein das Ob und Wie der Präsentation seiner Person zur freien und selbstbestimmten Disposition des Individuums[387].

---

[380] Lammer S. 133 f.; Aulehner S. 396 f.; Isensee JZ 1999, 265, 270 jeweils m. w. N.

[381] Vgl. Aulehner S. 371; Isensee JZ 1999, 265, 270 ff.; Huber Jura 1998, 505, 508 m. w. N

[382] BVerfGE 4, 7, 15 f.; E, 33, 303, 334; E 50, 166, 175.

[383] Luhmann S. 66 f.; Ransiek S. 53; Kühne in AK-StPO § 136a Rn. 16; Dreier in Dreier Art. 1 I Rn. 39; ähnlich Niebler BayVBl 1989, 737, 739; Hubmann S. 60 f.; Jakobs S. 38 ff., 60 f.

[384] Luhmann S. 66; ähnlich Duttge S. 185; Wölfl S. 56 m. w. N.

[385] Luhmann S. 67; Schlink Der Staat 1986, 233, 243; BayVerfGH BayVBl. 1995, 143, 144; Duttge S. 76 ff.; derselbe JZ 1996, 556, 560; Deutsch S. 139 f.; Schickedanz BayVBl. 1984, 705, 708; Loschelder Der Staat 1981, 349, 360 f.; Krause JuS 1984, 268, 270; Wölfl S. 56; Ernst S. 54 f. m. w. N.

[386] Luhmann S. 67.

[387] Vgl. Luhmann S. 75; Helle S.75; Lege Jura 2002, 753, 755; Schlink Der Staat 1986, 233, 243 f.; Degenhart JuS 1990, 161, 163; Schmitt Glaeser in HdbStR § 129 Rn. 22.
Fraglich und streitig ist in diesem Zusammenhang aber, ob und inwieweit das Recht der freien Selbstdarstellung, mithin der Schutzbereich des allgemeinen Persönlichkeitsrechts begrenzt werden kann. Sowohl im abstrakten aber auch im konkreten ist klärungsbedürftig, welche Befugnisse dem einzelnen im gesellschaftlichen Informationsfluss über seine Daten zugesprochen werden sollen. In Bezug auf das freie Selbstdarstellungsrecht der Person treten dessen Freiheitsbelange mit jenen der Gesellschaft in Konkurrenz. Im Gro-

Per Saldo lässt sich zusammenfassen, dass die Freiheit der Gemeinschaft auf der Freiheit des einzelnen gebaut ist. In seiner Freiheit ist das Individuum allerdings einer latenten staatlichen Einflussnahme ausgesetzt und muss sich zudem auch staatlich veranlasste Zwänge gefallen lassen.

Wenn Art. 2 Abs. 1 GG als Freiheitsgarantie die Persönlichkeit und deren freie Entfaltung als Schutzgüter benennt, umschreibt dieser, entsprechend den vorangestellten Prämissen, die Gewähr individueller Selbstdarstellung unter Ausschluss von staatlichem[388] Zwang. Prinzipiell steht es danach dem Einzelnen frei, ob, wie und in welcher Weise er seine Persönlichkeit entfalten will[389]. In diesem Sinne soll in vorliegendem Zusammenhang der Begriff der Freiheit mit dem der Autonomie gleichgesetzt werden. Ergänzt man diese Gleichsetzung mit der Erkenntnis, dass die Selbstdarstellung stets im Wege der sozialen Interaktion in Form von Kommunikation erfolgt, ergibt sich hieraus die Art. 2 Abs. 1 GG zugrunde liegende Garantie der Kommunikationsautonomie[390]. Akzeptiert man diese Sicht, realisiert sich die freie Entfaltung der Persönlichkeit durch das dem einzelnen Menschen zuerkannte Maß an Kommunikationsautonomie.

(2) Das Verhältnis zu Art. 1 Abs. 1 GG

Wenn mit dem allgemeinen Persönlichkeitsrecht in einem Atemzug sowohl Art. 2 Abs. 1 GG als auch Art. 1 Abs. 1 GG genannt werden, besteht darin kein Widerspruch zu der oben zuvor restriktiv bestimmten Anwendungsreichweite der Menschenwürdegarantie. Seine verbürgte Garantie findet das allgemeine Persönlichkeitsrecht nämlich unmittelbar in Art. 2 Abs. 1 GG. Die Heranzie-

---

ben ist die Ausgangsfrage dabei die, ob die einzelne Person eine allumfassende Verfügungsbefugnis über ihre Daten besitzt und ihr auf Grund dessen z. B. ein generelles Recht, unbeobachtet zu bleiben, einzuräumen ist. Von dieser Grundaussage ausgehend ist im einzelnen streitig, welche Informationen und wann, vom Schutz der freien Selbstdarstellung umfasst sein sollen.

[388] Vgl. Murswiek in Sachs Art. 2 Rn. 40; zur Anwendung der Grundrechte im Privatrecht Rüfner in HdbStR § 117 Rn. 54 ff.; Speziell zum Allgemeinen Persönlichkeitsrecht: BVerfGE 65, 1, 41; als sonstiges Recht im Rahmen von § 823 Abs. 1 BGB, BGHZ 24, 72, 76 f; Zeuner in Soergel § 823 Rn. 70 ff.; Ehmann JuS 1997, 193 ff.

[389] Degenhart JuS 1990, 161, 163; Merten JuS 1976, 345, 346 m. w. N.

[390] Vg. Luhmann S. 25 m. w. N.: *"Eine solche Deutung der Grundrechte als Institution der Erhaltung einer differenzierten Kommunikationsordnung (...)"* und *„Kommunikation ist der elementare soziale Prozess der Konstitution von Sinn in zwischenmenschlichem Kontakt, ohne welchen weder Persönlichkeiten noch Sozialsysteme denkbar sind".* Ähnlich in Bezug auf das allgemeine Persönlichkeitsrecht, Duttge S. 184 m. w. N.

hung von Art. 1 Abs. 1 GG beschränkt sich dagegen auf die Funktion einer Leit- und Auslegungsrichtlinie[391]. Besser verständlich wird dieser Zusammenhang dann, wenn man sich die existenzsichernde Funktion der Menschenwürdegarantie verdeutlicht.

Als oberste Verfassungsmaxime zielt Art. 1 Abs. 1 GG tendenziell weniger auf die Entfaltung der Persönlichkeit, sondern, als alles entscheidende Grundlage, auf die Wahrung körperlicher und geistiger Existenz des einzelnen Menschen als Person[392]. Wenn nun aber gefragt wird, was denn den durch Art. 1 Abs. 1 GG geforderten Eigenwert der Person im Einzelnen ausmacht, kann auch hier eine positive Definition nicht befriedigend geliefert werden. Allerdings erlaubt die Identifikation des Menschen als Person und Rechtsträger gewisse Schlüsse auf das, was unter die Grundbedingungen menschlicher Würde zu fassen ist[393].

Bereits der Begriff der Person grenzt das Subjekt von einer Mehrheit oder Vielheit ab. Die hier angesprochene Abgrenzung zwischen der Person und der Gemeinschaft zielt dabei nicht auf eine numerische Differenzierung, als vielmehr auf eine Individualisierung des einzelnen Menschen. Denn auch wenn der Mensch als "*Lebewesen, das nur in und durch die Gemeinschaft lebensfähig ist*"[394], anzusehen ist, ist er nicht nur deren Glied, sondern in seiner Individualität zugleich deren Fundament[395]. Der Status der Person ist an das Merkmal der Individualität des einzelnen Menschen, als Ausdruck seiner Eigenständigkeit und Einzigartigkeit, auf das engste verbunden[396]. Nicht selten wird infolgedessen die Wahrung der personalen Individualität als die Grundlage menschlicher Würde bezeichnet[397].

---

[391] Dreier in Dreier Art. 2 I Rn. 50; Starck in Mangold/Klein/Stark Art. 2 Abs. 1 Rn. 15, 85; Murswiek in Sachs Art. 2 Rn. 63; Salditt GA 1992, 51, 66 jeweils m. w. N.

[392] Vgl. Mössner StuW 1991, 224, 225.

[393] Vgl. oben 2. Kapitel A. I. 1. 1) S. 68 ff.

[394] Mössner S. 151. Vgl. oben 2. Kapitel A. I. 1. 3) a) aa) (1) S. 79 ff.

[395] Vgl. Lammer S. 65 m. w. N.; Peifer S. 9, 25, 54 mit dem Hinweis, dass nach abendländischer Überzeugung jeder kulturelle Fortschritt letztlich auf die Vielfalt und die Verschiedenheit der Individuen zurückzuführen sei; Vgl. oben zum Begriff der Freiheit 2. Kapitel A. I. 1. c) aa) (1) (1.2) S. 86 ff.

[396] Vgl. BVerfGE 30, 1, 20; 45, 187, 228; Hubmann S. 51; Nass S. 54 f.; Peifer S. 54; Helle S. 4 f.

[397] Vgl. BVerfGE 45, 187, 228; Mössner StuW 1991, 224, 225; Podlech in AK zum GG Art. 1 Abs. 1 Rn. 34; Schmidt Glaeser in HdbStR § 129 Rn. 23; Höfling JuS 1995, 857, 860 f.; Hofmann AöR 1993, 354, 363; Niebler BayVBl 1989, 737, 738; Di Fabio in Maunz – Dürig Art. 1 Rn. 25; Stern III/1 § 58 I 4 S. 13 m. w. N.

Im Kontext der bisherigen Ausführungen ist festzustellen: Die Menschenwürde erhebt den Menschen zur Person. Notwendige Voraussetzung für den Status der Person ist die Achtung und Anerkennung des einzelnen Menschen als eigenständiges Individuum[398], welches sich über das Merkmal der Individualität bestimmt. Die Stellung als Person bedingt die Schaffung einer eigenen Individualität und Identität[399]. Dies bedeutet umgekehrt, dass erst die Individualität bzw. die Möglichkeit zur Individualisierung die Personenstellung überhaupt begründet. Die Individualität ist folglich konstitutives Element der Personenstellung und damit zugleich als Grundbedingung für die menschliche Würde zu veranschlagen[400]. Wenn hiernach die Individualität dem Kernbestand menschlicher Würde zugerechnet werden kann, stellt sich die Frage, wonach sich die Individualität im Einzelnen bestimmt. Die Antwort für die Präzisierung des Begriffs der Individualität liefert schließlich die Bezeichnung der Persönlichkeit i. S. v. Art. 2 Abs. 1 GG[401].

Der Begriff der Persönlichkeit umschreibt das Produkt der personalen Individualisierung. Die Persönlichkeit ist zu begreifen als Addition der einer Person zuzuschreibenden Attribute zu deren näheren Bestimmung und Identifizierung[402]. In ihrer Ausprägung verfügt die Persönlichkeit somit nicht über feststehende, dem Menschen als solchem zuzuschreibende Merkmale, sondern ist ein, erst durch Identitätsbildung und Selbstdarstellung in der Gemein-

---

[398] Nicht selten wird für die Bezeichnung des handelnden Individuums auch der Begriff des "Subjekts" gewählt.

[399] Vgl. Höfling in Sachs Art. 1 Rn. 28; Dreier in Dreier Art. 1 I Rn. 34; Di Fabio in Maunz – Dürig Art. 1 Rn. 80 f.

[400] Als weitere Grundbedingungen der Person, teilweise auch als Unterfall der Individualität, werden, hier aber ohne weitergehende Relevanz, noch benannt: Der Schutz der körperlichen Integrität, die Sicherung der menschengerechten Lebensgrundlagen und die Gewährung elementarer Rechtsgleichheit. Vgl. Hofmann AöR 1993, 354, 363; Di Fabio in Maunz – Dürig Art. 1 Abs. 1 Rn. 79 ff.; Dreier in Dreier Art. 1 Rn. 44; Pieroth/Schlink Rn. 361; Podlech in AK zum GG Art. 1 I Rn. 17 ff.; Höfling JuS 1995, 587, 861 m. w. N.

[401] Vgl. zu dem Begriff der Individualität Peifer S. 6 ff.

[402] Ähnlich Jakobs S. 29 ff.: Hiernach knüpft der Status der Person an deren Definition durch die gesellschaftliche Rolle des Individuums an. Die gesellschaftliche Rolle konkretisiert sich durch das Gruppeninteresse, dessen Wille in Regeln gekleidet ist und als Normen bezeichnet wird. Normen sind Regeln zum Vorteil der Gruppe und bündeln Rechte und Pflichten der Person. Als solches ist die Person als Rollenträger in der Gesellschaft durch Besitz einer durch normative Verständigung gewonnenen Gestalt zu begreifen.; Nass S. 86; Peifer S. 54; Luhmann S. 68 ff., 78; Hubmann S. 59 m. w. N.

schaft, gewonnenes Ergebnis[403]. Der individuellen Ausprägung der Persönlichkeit durch eine gelungene Identitätsbildung kommt ein Achtungsanspruch zu, der als Würde *der* Person, im Gegensatz zur Menschenwürde, zu bezeichnen ist[404]. Nach diesem Verständnis beschreibt die Persönlichkeit nicht den Status *als* Person, denn dieser kommt dem Menschen nach Art. 1 Abs. 1 GG als solchem zu, sondern den (sozialen) Status *der* Person[405]. In dieser Unterscheidung findet sich die gebräuchliche Differenzierung wieder, wonach zwischen der Umschreibung der "Würde des Menschen" und der "Würde der Person" zu trennen ist. Die Menschenwürde ist bezogen auf den Schutz des Menschen in seiner Existenz *als* Person, wohingegen die Würde *der* Person auf deren sozialen Status gerichtet ist[406].

Wenn Art. 1 Abs. 1 GG auf die Existenz als Person gerichtet ist, schützt die Menschenwürde die Persönlichkeit nicht selbst und unmittelbar, sondern setzt diese, für die Stellung des Menschen, als Grundbedingung der (individuellen) Person voraus. Nach dieser Betrachtung fungiert Art. 1 Abs. 1 GG als "Vorgabe" für die Werteordnungskonstruktion der Grundrechte[407]. Diese bestimmt, dass der Mensch in seiner Existenz als Person zu schützen ist. Demgegenüber bezieht sich Art. 2 Abs. 1 GG nicht auf die Existenz des Menschen als Person, sondern auf dessen Ausgestaltung in seiner sozialen Form. So verstanden ist Art. 2 Abs. 1 GG als Umsetzung der Vorgaben aus Art. 1 Abs. 1 GG – Wahrung der personalen Individualität – zu begreifen und regelt das "Wie" oder "Durch was" der Mensch als Person zum Individuum wird[408]. Nämlich: Der

---

[403] Vgl. Peifer S. 7.

[404] Vgl. BVerfGE 87, 209, 228: "*Verletzbar ist aber der Achtungsanspruch **der Persönlichkeit**, der sich aus ihr, **der Stellung der Person**,* ergibt". [Hervorhebungen vom Verfasser]. Di Fabio in Maunz – Dürig Art. 1 Abs. 1 Rn. 110; Hofmann AöR 1993, 354, 370 f. m. w. N.

[405] Vgl. Podlech in AK zum GG Art. 1 Abs. 1 Rn. 2; Nass S. 86.

[406] In dieser Unterscheidung liegt letztendlich auch ein Differenzierungsvorschlag für die unterschiedlichen Ansatzpunkt zwischen der "Wert- oder Mitgifttheorie" und der so genannten "Leistungstheorie" für die Bestimmung des Begriffs der Menschenwürde. Erstere begreift die Menschenwürde als einen Wert, welcher dem Menschen als solchem zukommt. Nach der Leistungstheorie hat der Mensch seine Würde erst zu erlangen. Nach vorliegendem Verständnis sind die Mitgifttheorie und die Leistungstheorie nicht zwei divergierende, sondern vielmehr sich ergänzende Erklärungsmodelle. Vgl. Pieroth/Schlink Rn. 354 ff.; Dreier in Dreier Art. 1 I Rn. 40 ff.

[407] Vgl. Di Fabio in Maunz – Dürig Art. 1 Abs. 1 Rn. 18 f.; Lammer S. 66 f.; Häberle in HdbStR § 20 Rn. 57 ff.; Suhr S. 74 f. m. w. N.

[408] Ähnlich Helle S. 72 wonach sich Art. 1 Abs. 1 GG und Art. 2 Abs. 2 GG darin unterscheiden, dass der Schutz der Würde mehr passive Wirkung hat, denn durch sie sei der ein-

Mensch wird zum Individuum durch die "freie Entfaltung der Persönlichkeit"[409].

Wenngleich die Persönlichkeit zur Grundbedingung der personalen Garantie der Menschenwürde zu zählen ist[410], kann Art. 1 Abs. 1 GG in isolierter Betrachtung regelmäßig nicht als Prüfungsmaßstab herangezogen werden[411]. Denn anders als Art. 2 Abs. 1 GG kann Art. 1 Abs. 1 GG selbst nicht bestimmen, was Persönlichkeit im Einzelfall bedingt, und was sie ausmacht. Wie schon ausgeführt, ist die Persönlichkeit bzw. deren Entfaltung durch selbstbestimmte Kommunikation in nahezu allen Lebensbereichen der staatlichen Einflussnahme und ihren hoheitlichen Zwängen ausgesetzt[412]. Schon aus diesem Grund ist die Reichweite des Persönlichkeitsschutzes grundsätzlich nur relativ und in Ansehung der Bedingungen und Voraussetzungen der unterschiedlichen Sachverhaltsgestaltungen zu bestimmen. Einer solch relativierenden Abwägung ist Art. 1 Abs. 1 GG, mit Blick auf die absolute Wirkung der Unantastbarkeitsformel, aber gerade nicht zugänglich[413].

Angesichts dieser Vorgaben wird zu Recht ganz überwiegend die Annahme vertreten, zwischen der Menschenwürdegarantie und der Gewährleistung aus Art. 2 Abs. 1 GG bestünde ein Konkurrenzverhältnis, das im Wege der Vorrangigkeit zu lösen sei[414]. In dessen Folge hat Art. 1 Abs. 1 GG hinter Art. 2 Abs. 1 GG zurückzutreten. Vorrangigkeit ist indessen nicht gleichzusetzen mit Subsidiarität im Sinne einer echten Grundrechtskonkurrenz[415]. Eine eigen-

---

zelne gegenüber übermäßige Einwirkungen der Gemeinschaft geschützt, wohingegen die Entfaltungsmöglichkeit überwiegend aktive Wirkung habe, da sie den einzelnen die Befugnis gebe, auf seine Umwelt einzuwirken.

[409] Vgl. Luhmann S. 58, der insoweit das durch Art. 2 Abs. 1 GG garantierte Recht der Selbstdarstellung benennt.

[410] Vgl. Antoni in Seifert/Hömig Art. 1 Rn. 5; Duttge S. 184.

[411] Eine Ausnahme ergibt sich z. B. hinsichtlich der oben genannten "Tabuverletzungen".

[412] Hiermit korrespondiert zugleich das Verlangen nach einer erheblichen Eingriffsschwere für die Annahme einer Menschenwürdeverletzung. Vgl. oben 2. Kapitel A. I. 1. b) S. 75 ff.

[413] Vgl. Höfling JuS 1995, 858, 859; Wölfl S. 87 f.; Starck in Mangold/Klein/Stark Art. 1 Rn. 85 m. w. N.

[414] Vgl. BVerfGE 28, 243, 263 f.; Vitzthum ZRP 1987, 33, 34; Herdegen in Maunz – Dürig Art. 1 Rn. 23 f.; Höfling JuS 1995, 857, 861; derselbe in Sachs Art. 1 Rn. 57 m. w. N.

[415] So kann auch neben einer Persönlichkeitsverletzung zugleich ein eigenständiger Eingriff in Art. 1 Abs. 1 GG, insbesondere im Falle einer Rechtlosstellung der Person, vorliegen; z. B. Befragung unter Folter. Hier liegt das Augenmerk aber nicht auf einer Persönlichkeitsverletzung, sondern auf der Absprechung des Existenzrechts der Person als Individuum.

ständige Verletzung von Art. 1 Abs. 1 GG wird immer dann in Betracht zu ziehen sein, wenn eine generelle, über den Einzelfall hinaus gehende Beeinträchtigung der Menschenwürde – z. B. im Fall einer "Tabuverletzung" – festzustellen ist[416]. Ist dies nicht der Fall, scheidet eine Menschenwürdeverletzung aufgrund einer isolierte Betrachtung von Art. 1 Abs. 1 GG aus. Zu diskutieren bleibt dann aber eine Grundrechtsverletzung von Art. 2 GG (i. V. m. Art. 1 Abs. 1 GG). Soweit durch die staatliche Maßnahme das allgemeine Persönlichkeitsrecht angesprochen wird, bleibt durch Auslegung zu ermitteln, ob der Eingriff im Kontext von Art. 2 Abs. 1 GG mit einer Menschenwürdeverletzung i. S. v. Art. 1 Abs. 1 GG gleichgesetzt werden kann[417].

(3) <u>Das allgemeine Persönlichkeitsrecht und sein Verhältnis zur allgemeinen Handlungsfreiheit</u>

In der Fortführung der soeben getroffenen Erkenntnisse, bedarf der einzelne Mensch zur freien Entfaltung seiner Persönlichkeit einer ihm "zurechenbaren Handelnssphäre", die es erlaubt, die Darstellung seiner Person nach eigener und selbstbestimmter Entscheidung vornehmen zu können. Unmittelbaren Niederschlag hat diese Bedingung im Rahmen von Art. 2 Abs. 1 GG in der Grundrechtsgarantie der allgemeinen Handlungsfreiheit gefunden, deren Schutzbereich in einem umfassenden und weiten Sinne verstanden wird[418]. In dieser Kurzformel spiegelt sich der Charakter der allgemeinen Handlungsfreiheit wider, womit zugleich deren Aufgabenstellung aufgezeigt wird. Die Freiheit zur aktiven Entfaltung der Persönlichkeit aufgrund jedweden menschlichen Handelns, also durch Tun oder Unterlassen nach dem eigenen Willen, soll durch die allgemeine Handlungsfreiheit umfasst werden[419]. Die allgemeine Handlungsfreiheit ist bezogen auf das Verhalten einer Person und

---

[416] Nach vorliegender Auffassung z. B. im Falle der Folter, da durch sie stets und unabhängig vom Einzelfall eine Negation des Eigenwerts und der Eigenständigkeit des Menschen als Person erfolgt. Für diese objektive Betrachtungsweise hinsichtlich der Feststellung einer Menschenwürdeverletzung ist es dann auch ohne Belang, ob der Eingriff "in guter Absicht" oder zur Sicherung wichtiger Güter erfolgt ist. Weitere Beispiele: BVerfGE 98, 169, 199 f.: Keine Perspektive auf Resozialisierung nach Verbüßen der Haft; Helle S. 74 ff., 80 f.: Verunglimpfungen und Absprechen der Stellung als Person; Di Fabio in Maunz – Dürig Art. 1 Abs. 1 Rn. 110 m. w. N.

[417] Starck in Mangold/Klein/Stark Art. 2 Abs. 1 Rn. 85; Jarass NJW 1989, 857; Dreier in Dreier Art. 2 I Rn. 50; Murswiek in Sachs Art. 2 Rn. 63.

[418] Ständige Rechtsprechung seit BVerfGE 6, 32, 36 f.; Vgl. bereits oben Fn. 364.

[419] Vgl. Dreier in Dreier Art 2 I Rn. 20; Lagodny S. 95; Starck in Mangold/Klein/Stark Art. 2 Abs. 1 Rn. 13 m. w. N.

schützt vor staatlichem Zwang "zum Tun" oder etwas "nicht tun" zu dürfen[420]. Unerheblich ist dabei, ob dem jeweiligen Verhalten aus objektiver Sicht tatsächlich eine nähere Relevanz für die Persönlichkeitsentfaltung zukommt oder nicht[421].

Demgegenüber zielt das Grundrecht in der Kombination von Art. 2 Abs. 1 i. V. m. Art. 1 Abs. 1 GG auf den Schutz der Integrität der Persönlichkeit[422] und fungiert als ein die Persönlichkeitssphäre abschirmendes Recht[423]. Aufgrund seiner Beschränkung auf die engere Persönlichkeit sind die tatbestandlichen Voraussetzungen des allgemeinen Persönlichkeitsrechts wesentlich enger geschnitten als diejenigen der allgemeinen Handlungsfreiheit[424]. Hieraus wird gefolgert, dass die beiden Grundrechte zueinander im Verhältnis der Spezialität stehen, wobei bei gleichzeitiger Schutzbereichseröffnung die allgemeine Handlungsfreiheit hinter das allgemeine Persönlichkeitsrecht zurücktreten soll[425]. Auswirkungen zeigen sich durch diese Einteilung vornehmlich in der Rechtsfolge, denn tendenziell bedarf es für die Eingriffe in das allge-

---

[420] Merten JuS 1976, 345, 346.

[421] Vgl. BVerfGE 6, 32, 36; E 54, 143, 146; E 80, 137, 152 f.; Aulehner S. 367; Kube JuS 2003, 111, 112; Lege Jura 2002, 753, 755; Schmitt Glaeser in HdbStR § 129 Rn. 22; Di Fabio in Maunz – Dürig Art. 2 Abs. 1 Rn. 16; Mertens JuS 1976, 345, 346; Dreier in Dreier Art. 2 I Rn. 20; Murswiek in Sachs Art. 2 Rn. 59; Mössner S. 189; Lagodny S. 90 ff.; Gallwas NJW 1992, 2785; Degenhart JuS 1990, 161, 162 ff.; 164 m. w. N.; a. A. Duttge JZ 1996, 556, 560; Sondervotum Grimm BVerfGE 80, 137, 164 f., sog. "Persönlichkeitskerntheorie", wonach nur solche Freiheitsbetätigungen von Art. 2 Abs. 1 GG umfasst sein sollen, denen für die Persönlichkeitsentfaltung eine "gesteigerte Relevanz" beizumessen ist. Unklar bleibt aber, durch wen und wo die Grenze für die Feststellung einer gesteigerten Relevanz für die Persönlichkeitsentfaltung festgelegt werden. Zur Vornahme dieser Wertung kann nur der Grundrechtsträger selbst berufen sein, so dass der weiten Schutzbereichsbestimmung im Rahmen der allgemeinen Handlungsfreiheit durch das BVerfG zuzustimmen ist.

[422] Vgl. BVerfGE 54, 148, 153; Alexy S. 333; Dreier in Dreier Art. 2 I Rn. 16; Pieroth/Schlink Rn. 373; Schmitt Glaeser in HdbStR § 129 Rn 18 f.; Alexy S. 333; Murswiek in Sachs Art. 2 Rn. 59; Degenhart JuS 1992, 361; Di Fabio in Maunz – Dürig Art. 2 Abs. 1 Rn. 128.

[423] Degenhart JuS 1990, 161, 165; Murswiek in Sachs Art. 2 Rn. 59; Schmitt Glaeser in HdbStR § 129 Rn. 23, 38; Dreier in Dreier Art. 2 I Rn. 50; Bethge VVDStRL 1997, 7, 21; Starck in Mangold/Klein/Stark Art. 2 Abs. 1 Rn. 15; Jarass NJW 1989, 857 m. w. N.

[424] BVerfGE 54, 148, 153; Starck in Mangold/Klein/Stark Art. 2 Abs. 1 Rn. 83; Dreier in Dreier Art. 2 Abs. 1 Rn. 50 m. w. N.

[425] Dreier in Dreier Art. 2 I Rn. 67; Lorenz GA 1992, 254, 259; Schmitt Glaeser in HdbStR § 129 Rn. 18; Nothhelfer S. 79 f.; Lücke DÖV 2002, 93,95; Goldmann S. 76; Murswiek in Sachs Art. 2 Rn. 64 m. w. N.

meine Persönlichkeitsrecht höherer Voraussetzungen als für solche in die allgemeine Handlungsfreiheit[426].

(4) Inhaltliche Ausprägung des allgemeinen Persönlichkeitsrechts

Wie soeben angeklungen, sollen im Anwendungsbereich des allgemeinen Persönlichkeitsrechts nur solche individuellen Verhaltensweisen unter den Schutzbereich subsumiert werden können, welche aus objektiver Sicht in der Lage sind, Einfluss auf die engere persönliche Lebenssphäre und die zu ihrer Erhaltung notwendigen Grundbedingungen zu nehmen[427]. Die Schutzbereichseröffnung des Grundrechts aus Art. 2 Abs. 1 i. V. m. Art. 1 Abs. 1 GG verlangt insoweit den Nachweis der Konnexität zwischen staatlicher Informationstätigkeit und deren Einfluss auf die Entfaltung der Persönlichkeit. Da der grundrechtliche Tatbestand aber weder fest umrissen noch abschließend umschrieben, sondern stattdessen von einer generalklauselartigen Interpretation beherrscht wird[428], ist seit jeher umstritten, von welcher Beschaffenheit und Qualität die in Frage stehenden Persönlichkeitsgefährdungen zeugen müssen, um unter den Schutzbereich subsumiert werden zu können. In einer Vielzahl von höchstrichterlichen Entscheidungen haben sich hierbei diverse Einzelverbürgungen entwickelt[429], die gemeinhin in einer Reihe fallgruppenbezogener Gewährleistungen zusammengefasst werden[430]. Ohne das es hier auf eine dezidierten Darstellung der aufgeführten Fallgruppen ankäme, geschweige denn in seiner Fülle möglich wäre, kann der Schutzbereich des allgemeinen Persönlichkeitsrechts zunächst auf zwei Fallgruppen, den "Schutz der Privatsphäre"

---

[426] Lücke DÖV 2002, 93, 95 m. w. N.

[427] BVerfGE 79, 256, 268; E 54, 148, 153; Degenhart JuS 1992, 361, 366; Di Fabio in Maunz – Dürig Art. 2 Abs. 1 Rn. 147; Vgl. Lege Jura 2002, 753, 757; Kube JuS 2003, 111, 113 Fn. 29, jeweils mit dem Hinweis darauf, dass sich die Schutzbereichsbegrenzung des allgemeinen Persönlichkeitsrechts dogmatisch als Rückgriff auf die zur Beschränkung der allgemeinen Handlungsfreiheit entwickelten "Persönlichkeitskerntheorie" darstellt.

[428] Zuletzt BVerfGE 95, 220, 241; Murswiek in Sachs Art. 2 Rn. 65; Starck in Mangold/Klein/ Stark Art. 2 Abs. 1 Rn. 14; Di Fabio in Maunz – Dürig Art. 2 Abs. 1 Rn. 128; Schmitt Glaeser in HdbStR § 129 Rn. 28.

[429] Stern III/1 § 66 II 3 S. 646 ff.; Lege Jura 2002, 753, 757; Geis JZ 1991, 112 mit Hinweis darauf, dass dieses "case law" in nur unzureichender Weise in der Lage ist, zu einer dogmatisch befriedigenden, gebietsübergreifenden Struktur des allgemeinen Persönlichkeitsrechts zu führen.

[430] Vgl. Schmitt Glaeser in HdbStR § 129 Rn. 31; Pieroth/Schlink Rn. 373 ff.; Stern III/1 § 66 II 3 c) S. 646 ff.; Di Fabio in Maunz – Dürig Art. 2 Abs. 1 Rn. 147 f. m. w. N.; kritisch Ehmann AcP 1988, 230, 235 f.

und "das Recht auf Selbstbestimmung", beschränkt werden, wobei beide auf die Kommunikationsautonomie im oben beschriebenen Sinne bezogen sind[431].

(4.1) Der Schutz der Privatsphäre und das Recht auf Selbstbestimmung

Der Schutz des allgemeinen Persönlichkeitsrechts stützt sich im Kern auf zwei Gewährleistungen, den Schutz der Privatsphäre und das Recht auf Selbstbestimmung. Während der Schutz der Privatsphäre auf die Abschirmung eines Rückzugsbereiches von der Öffentlichkeit gerichtet ist[432], will das Recht auf Selbstbestimmung, quasi als aktives Element, die Entfaltung der personalen Individualität unterstützen. Hiervon umfasst ist das Recht auf Selbstdarstellung in der Öffentlichkeit[433]. Im Gegensatz zum Selbstdarstellungsrecht im Rahmen der allgemeinen Handlungsfreiheit geht es hier nicht um den Schutz der "Verhaltensfreiheit" an sich, sondern um das Recht der Person, selbst darüber zu entscheiden, "welche" persönlichkeitsrelevanten Verhaltensweisen und deren Informationen "wie" der Kenntnisnahme durch die Öffentlichkeit ausgesetzt sein sollen[434]. Das Recht auf Selbstdarstellung bezieht sich mithin auf den Aspekt der Dispositionsbefugnis hinsichtlich persönlichkeitsrelevanter Informationen[435]. Hierauf bezogen stellt der Schutz der Privatsphäre lediglich eine Vorbedingung dar, der dann ebenso Gewähr für die autonome Befugnis des einzelnen bietet, selbst zu bestimmen, ob und in-

---

[431] Diese beiden Fallgruppen entspringen der vorgenannten Kommunikationsautonomie des Art. 2 Abs. 1 GG. Wenngleich es streitig ist, ob die Person insgesamt sozialbezogen oder hingegen in eine soziale und eine personale Identität aufzuspalten ist, ist die Persönlichkeit nach beiden Ansichten das Produkt aus der Kombination von sozialer Kommunikation, gesellschaftlicher Reaktion und hierauf gerichteter Selbstreflektion des einzelnen Individuums. Nach diesen Erkenntnissen gewährt Art. 2 Abs. 1 GG rechtswissenschaftlich die Möglichkeit zur freien Kommunikation in Form des "Rechts auf Selbstdarstellung" und die Möglichkeit der autonomen Selbstreflektion in Form "des Schutzes der Privatsphäre". Vgl. hierzu Aulehner S. 391 f. m. w. N.

[432] Vgl. BVerfGE 54, 148, 153; Degenhart JuS 1992, 361; Duttge JZ 1996, 556, 560; Hubmann S. 55.

[433] Vgl. Schmitt Glaeser in HdbStR § 129 Rn. 31; Di Fabio in Maunz – Dürig Art. 2 Abs. 1 Rn. 166 ff.; Dreier in Dreier Art 2 I Rn. 53; Ernst S. 63 ff.; Degenhart JuS 1992, 361, 365.

[434] Degenhardt JuS 1992, 361, 363; Hierzu zählen etwa das Recht am gesprochenen Wort: BVerfGE 54, 148, 155; E 34, 238, 246 (heimliche Tonbandaufnahmen); BVerfGE 54, 208, 217 f. (Unterschieben von nicht gemachten Äußerungen); das Recht am eigenen Bild: BVerfGE 35, 202, 220; das Recht auf Gegendarstellung: BVerfGE 27, 344, 350 f.; E 32, 373, 374 f.; der Schutz der Ehre: BVerfGE 54, 208, 217; das Führen eines Namens: BVerfG NJW 1988, 1577.

[435] Jarass NJW 1989, 857, 858 f.; Gusy VerwArch 1983, 91, 93 f.; Degenhardt JuS 1992, 361, 363 m. w. N.

wieweit Informationen aus diesem Bereich an die Öffentlichkeit gelangen sollen[436].

In Weiterentwicklung der beiden vorangestellten "Fallgruppen", als Teilaspekte der Kommunikationsautonomie, hat das BVerfG das "Recht auf informationelle Selbstbestimmung"[437] hergeleitet und dieses ausdrücklich als weitere Ausprägung des allgemeinen Persönlichkeitsrechts deklariert[438]. Als solches benannt und inhaltlich näher bestimmt, hat es das Verfassungsgericht erstmals im so genannten "Volkszählungsurteil"[439].

(4.2) Das Recht auf informationelle Selbstbestimmung

Bereits vor dem "Volkszählungsurteil" erkannte das Verfassungsgericht die aus dem Gedanken der Selbstbestimmung folgende Befugnis des Einzelnen an, grundsätzlich selbst über die Darstellung der eigenen Person zu befinden und zu entscheiden, wann und innerhalb welcher Grenzen persönliche Lebenssachverhalte offenbart werden[440]. In Fortentwicklung dieser Rechtsprechung führt das Verfassungsgericht aus, dass derjenige, der "nicht mit hinreichender Sicherheit überschauen kann, welche ihn betreffenden Informationen in bestimmten Bereichen seiner sozialen Umwelt bekannt sind, und wer das Wissen möglicher Kommunikationspartner nicht einigermaßen abzuschätzen vermag", in "seiner Freiheit (...) aus eigener Selbstbestimmung zu planen oder zu entscheiden", wesentlich gehemmt werden kann[441]. Dementsprechend sei dem Grundrecht des Art. 2 Abs. 1 i. V. m. Art. 1 Abs. 1 GG die Folge zu entnehmen, dass der einzelne Bürger erkennen können müsse, "wer was wann und bei welcher Gelegenheit über" ihn weiß[442]. Zur Sicherung dieser Bedingung bedarf es eines weitge-

---

[436] Vgl. Schmitt Glaeser in HdbStR § 129 Rn. 30; Ehmnann JuS 1997, 193, 196; Murswiek in Sachs Art. 2 Rn. 81; Lorenz GA 1992, 254, 260; Starck in Mangold/Klein/Stark Art. 2 Abs. 1 Rn. 86 m. w. N.

[437] Im Folgenden RIS.

[438] Vgl. Di Fabio in Maunz – Dürig Art. 2 Abs. 1 Rn. 173; Dreier in Dreier Art. 2 I Rn. 52; Murswiek in Sachs Art. 2 Rn. 73; Pieroth/Schlink Rn. 377; Schmitt Glaeser in HdbStR § 129 Rn. 44; Degenhardt JuS 1992, 361, 364.

[439] BVerfGE 65, 1 ff.

[440] Dieser rechtliche gewährte Schutz entspricht dem oben für die freie Entfaltung der Persönlichkeit vorausgesetzten Verlangen von kommunikativer Autonomie. Systematisch ist diese Befugnis, vor der expliziten Benennung des Rechts auf informationelle Selbstbestimmung, unter die Fallgruppe des "Rechts auf Selbstdarstellung" einzuordnen. BVerfGE 63, 131, 142 m. w. N.

[441] BVerfGE 65, 1, 43; Rosenbaum Jura 1988, 178, 180; Simitis NJW 1984, 398, 400 m. w. N.

[442] BVerfGE 65, 1, 43; Gallwas NJW 1992, 2785, 2789.

henden Schutzes vor einer "*unbegrenzten Erhebung, Speicherung, Verwendung und Weitergabe*" von Informationen aus dem privaten Bereich[443]. Auch das RIS ist in seinem Gewährleistungsinhalt sowohl auf die Informationserhebung als auch die Informationsverwertung gerichtet[444]. In Ergänzung zu dem "Schutz der Privatsphäre" und dem "Recht auf Selbstdarstellung"[445] soll es für einen Eingriff in den Schutzbereich des allgemeine Persönlichkeitsrecht aber nicht mehr darauf ankommen, ob die in Frage stehende Information einen näheren Persönlichkeitsbezug aufweist oder nicht[446]. Vielmehr sollen sämtliche personenbezogene Daten[447] vom Schutzbereich umfasst werden, wobei diese weitergehende Akzentuierung der Grundrechtsgarantie des allgemeinen Persönlichkeitsrechts seither unter dem Begriff des "Rechts auf informationelle Selbstbestimmung" firmiert[448]. Wenn das Verfassungsgericht in diesem Zusammenhang davon spricht, dass es "*kein belangloses Datum mehr gebe*"[449], liegt dem die Erkenntnis zugrunde, dass durch die Gesamtschau von einzelnen persönlichkeitsunrelevanten Daten und deren Kumulation eine die Persönlichkeitsentfaltung tangierende Information erwachsen kann[450]. In der Konsequenz dieser Aussage liegt es, dass die für das allgemeine Persönlichkeitsrecht geforderte Konnexität zwischen der erhobenen Information und der Persönlichkeitsentfaltung[451] bereits im Falle einer theoretischen Gefährdungssituation angenommen werden kann[452]. Obgleich dem "Volkszählungsurteil" die staatli-

---

[443] BVerfGE 65, 1, 43; Di Fabio in Maunz – Dürig Art. 2 Abs. 1 Rn. 176; Starck in Mangoldt/Klein/Starck Art. 2 Abs. 1 Rn. 86 m. w. N.

[444] BVerfGE 65, 1, 43; E 78, 77, 84; BVerfG NJW 2001, 879; BVerwG DVBl 1990, 707, 708; BVerwG JZ 1991, 471, 473; Schmidt Glaeser in HdbStR § 129 Rn. 43; Bosch S. 52 m. w. N.

[445] Vgl. BVerfGE 56, 148, 153; E 72, 155, 170.

[446] Vgl. BVerfGE 65, 1, 45; Pieroth/Schlink Rn. 377; Schmitt Glaeser in HdbStR § 129 Rn. 32; Di Fabio in Maunz – Dürig Art. 2 Abs. 1 Rn. 174; Dreier in Dreier Art. 2 I Rn. 52.

[447] Vgl. Vogelgesang S. 25: "*Das Recht auf informationelle Selbstbestimmung bezieht sich nur auf Individualinformationen. Er (der Begriff der Information) ist identisch mit dem Begriff des personenbezogenen Datums, (...).*"[Hervorhebungen vom Verfasser]; Deutsch S. 5 m. w. N.

[448] BVerfGE 65, 1, 43; E 78, 77, 84; E 84, 192, 194; E 92, 191, 197; E 96, 171, 181; E 101, 106, 121; BVerfG NJW 2001, 879; BVerfG NJW 2001, 503, 505; Schmidt Glaeser HdbStR § 129 Rn. 76 ff.; Goldmann S. 75; Dreier in Dreier Art. 2 I Rn. 52; Di Fabio in Maunz – Dürig Art. 2 Abs. 1 Rn. 173 m. w. N.

[449] BVerfGE 65, 1, 45.

[450] Schmitz S. 18; Weichert S. 16; Krause JuS 1984, 268, 272; Di Fabio in Maunz – Dürig Art. 2 Abs. 1 Rn. 173 ff.;

[451] Vgl. oben 2. Kapitel A. I. 1. c) aa) (4) S. 92 f.

[452] Rosenbaum Jura 1988, 178, 180; Kube JuS 1984, 268, 272; Weichert S. 16; Schmidt Glaeser in HdbStR § 129 Rn. 95 m. w. N.; a. A. Aulehner S. 454.

che Erhebung und Verarbeitung personenbezogener Informationen mit Hilfe elektronischer Datenverarbeitung zugrunde lag, soll das RIS nach ganz überwiegender Meinung darüber hinaus für sämtliche Sachverhalte, denen ein irgendwie gearteter hoheitlicher Informationseingriff zu Grunde liegt, Anwendung finden[453].

Aufgrund seiner Reichweite und hiervon ausgehenden Grundrechtsrelevanz, ist das RIS nicht nur als statische und eigenständige Fallgruppe des allgemeinen Persönlichkeitsrechts zu verstehen. Vielmehr tritt das RIS zu den bestehenden Fallgruppen des "Privatsphärenschutzes" sowie des "Rechts auf Selbstdarstellung" hinzu, wobei es diese zugleich überlagert und beeinflusst.

(4.2.1) Reichweite des Rechts auf informationelle Selbstbestimmung

Wenngleich das RIS ganz überwiegend in Rechtssprechung und Literatur als weitere Fallgruppe des allgemeinen Persönlichkeitsrechts Anerkennung findet[454], darf dies nicht darüber hinwegtäuschen, dass die durch das BVerfG im "Volkszählungsurteil" getroffenen Formulierungen von inhaltlichen Schwächen und systematischen Unklarheiten gezeichnet sind[455]. Beachtet man das durch das BVerfG aufgestellte und in ständiger Rechtsprechung bestätigte Postulat, dass es kein "belangloses Datum" mehr gebe[456], fallen unter den Schutzbereich des allgemeinen Persönlichkeitsrechts nicht mehr allein Informationen mit Persönlichkeitsbezug, sondern sämtliche personenbezogenen Informationen. Ohne jedwede weitere Begrenzung ergäbe sich hieraus aber die Konsequenz, dass letztendlich jede staatliche (aber auch private) Informationstätigkeit vom Tatbestand der Grundrechtsgarantie umfasst werden würde, gleichgültig ob hiervon tatsächlich eine Beeinträchtigung der freien Entfaltung der Persönlichkeit ausgeht oder nicht[457]. Einer solchen uferlosen Regelungs- und Anwendungsreichweite des RIS werden aber insbesondere sowohl systematische Bedenken[458], als auch Gründe für den Bestand einer auf Kom-

---

[453] BVerfGE 78, 77, 84; Dreier in Dreier Art. 2 I Rn. 52; Di Fabio in Maunz – Dürig Art. 2 Abs. 1 Rn. 176; Vogelgesang S. 25 f., 55f.; Schmitz S 26 f.; Duttge JZ 1996, 556, 560; Weichert S. 28; Deutsch S. 72 f.; Rosenbaum Jura 1988, 178, 179; Murswiek in Sachs Art. 2 Rn. 73; Dreier in Dreier Art. 2 I Rn. 52 m. w. N.; a. A. Ehmann AcP 1988, 230, 310.

[454] Ausführliche Nachweise bei Duttge S. 65 Fn. 272.

[455] Aulehner S. 391 ff.

[456] BVerfGE 65, 1, 45.

[457] Krause JuS 1984, 268, 217; Ehmann AcP 1988, 230, 298 f., 302; Riepl S. 24 ff.; Goldmann S. 83; Deutsch S. 71 m. w. N.

[458] Soweit das Recht auf informationelle Selbstbestimmung über den Schutz persönlichkeitsrelevanter Informationen hinausgeht, würde dieses als "Quellrecht" mehr Rechte gewäh-

munikation ausgerichteten freiheitlichen Gesellschaftsordnung entgegen-gehalten[459]. Zudem würde ein allumfassender Schutzbereich vor dem Hinter-grund des in Art. 2 Abs. 1 geregelten Gesetzesvorbehalts eine kaum über-schaubare "Normenflut" nach sich ziehen[460]. Mit dem Blick hierauf besteht in der Literatur und der Rechtsprechung ein abstraktes Bekenntnis dazu, einer Ausuferung des allgemeinen Persönlichkeitsrechts entgegenzutreten. Hierfür lassen sich prinzipiell zwei mögliche Vorgehensweisen ausmachen: Entweder man versucht eine Einschränkung über den grundrechtlichen "Eingriffsbeg-riff" oder über eine inhaltliche Restriktion des grundrechtlichen Schutzberei-ches zu erreichen[461].

(4.2.2) Eingriffsbegriff

Ganz im Sinne seiner extensiven Regelungsreichweite, liegt ein Eingriff in das RIS immer dann vor, wenn dessen Inhalt durch staatliches Verhalten tan-giert wird[462]. Insoweit greifen hier dieselben Regelungen wie bei den übrigen Ausprägungen des allgemeinen Persönlichkeitsrechts auch. Dort sind nicht nur rechtliche, sondern auch faktische und mittelbare Beeinträchtigungen, wie auch bloße Grundrechtsgefährdungen als Eingriffe in den Schutzbereich auf-zufassen[463]. Soweit demgegenüber für den übrigen Grundrechtskanon und insbesondere für die allgemeine Handlungsfreiheit eine Beschränkung auf den

---

ren als das allgemeine Persönlichkeitsrecht als "Mutterrecht" selbst. Vgl. Vogelgesang S. 256; Riepl S. 25 f.; Ernst S. 52; Duttge S. 190 m. w. N.

Aufgrund dieser Argumentation wird dem Recht auf informationelle Selbstbestimmung teilweise seine Existenzberechtigung zur Konkretisierung des allgemeinen Persönlich-keitsrechts abgesprochen. Vgl. Brossette S. 232 mit Qualifikation als "Schranken-Schranke"; Duttge S. 191 m. w. N.

[459] Wechselseitige Kommunikation ist für eine demokratische Gesellschaft unerlässlich. Wäre aber jedes noch so belanglose Datum vom Schutzbereich des Rechts auf informationelle Selbstbestimmung umfasst, würde die Meinungs- und Informationsfreiheit (Art. 5 Abs. 1 GG) und der gesellschaftliche Kommunikationsaustausch weitgehend ausgeschaltet. Simitis NJW 1984, 398, 399 f.; Krause JuS 1984, 268, 270; Brossette S. 215 f.; Ehmann AcP 1988, 230, 232 ff.; Vogelgesang S. 142 f.; Duttge S. 184 f. m. w. N.

[460] Vgl. Bethge VVDStRL 1997, 7, 37.

[461] Vgl. Duttge S. 103.

[462] Vgl. Schlink in der Staat 1986, 233, 246 f.; Vogelgesang S. 61; Kunig Jura 1993, 595, 600; Schmidt Glaeser HdbStR § 129 Rn 96; Pieroth/Schlink Rn. 81; Schmitz S. 32 ff.; Duttge JZ 1996, 556, 559; Goldmann S. 84 ff. m. w. N.

[463] Murswiek in Sachs Art. 2 Rn. 81 ff., 84; Jarass NJW 1989, 857, 860; Dreier in Dreier Art. 2 I Rn. 57.

"klassischen Eingriffsbegriff"[464], welcher im Wesentlichen auf finale Eingriffe beschränkt ist, diskutiert wird[465], sind diese Überlegungen weder auf das allgemeine Persönlichkeitsrecht noch seine Ausformung durch das RIS übertragbar[466]. Ein Eingriff in die Grundrechtsgarantie liegt entsprechend dem "modernen und erweitertem Eingriffsbegriff" bereits grundsätzlich in jedem staatlichen Handeln, das dem einzelnen ein vom Schutzbereich umfasstes Verhalten ganz oder teilweise unmöglich macht. Demnach ist gleichgültig, ob die Wirkung unbeabsichtigt oder zielgerichtet, rechtlich oder rein tatsächlich eintritt. Entscheidend ist nur, dass sie der öffentlichen Gewalt als deren Urheber[467] zugerechnet werden kann[468].

Ebenso groß wie die Einigkeit in Bezug auf diesen erweiterten Eingriffsbegriff in Rechtsprechung und Literatur ist, so kontrovers und streitig ist die Behandlung der sich hieraus ergebenden Folgeprobleme. Diese folgen aus der Notwendigkeit, dass trotz der erweiterten Eingriffsdefinition nicht jede den Grundrechtsträger irgendwie belastende Maßnahme – schon um den Gesetzgeber vor einer Gesetzesflut mit potentiellen Ermächtigungsgrundlagen zu bewahren[469] – als Grundrechtseingriff gewertet werden kann[470]. Um die zwingend gebotene Differenzierung zwischen Bejahung und Verneinung eines Grundrechtseingriffs vornehmen zu können, wird versucht, ein klares Ergebnis mit Hilfe der jeweils konkret feststellbaren Belastungsintensität vorzunehmen. Unterschieden wird zwischen einer bloßen, durch den Bürger hinzunehmenden, Belästigung (teilweise auch als Bagatelle oder alltägliche Lästigkeit umschrieben) und der demgegenüber rechtserheblichen Beeinträchtigung[471]. Die Antwort auf die Frage, wo aber im einzelnen die Unterschei-

---

[464] Vgl. Eckhoff S. 173 ff.; Bethge VVDStRL 1997, 7, 38 ff.; Weber-Dürler VVDStRL 1997, 57, 60 ff.

[465] Vgl. Murswiek in Sachs Art. 2 Rn. 81; Pieroth/Schlink Rn.80; Kube JuS 2003, 111, 114; Goldmann S. 84 ff. m. w. N.

[466] Goldmann S. 80 f.; Murswiek in Sachs Art. 2 Rn. 84; Weichert S. 14 f.; Pieroth/Schlink Rn. 240 ff.; Spaeth S. 131 ff.; Duttge JZ 1996, 556, 559 m. w. N.

[467] Bethge VVDStRL 1997, 7, 10.

[468] Vgl. BVerfGE 66, 39, 60; Eckhoff S. 208 ff., 211 ff., 270 ff.; Albers DVBl 1996, 233; Spaeth S. 158; Dreier in Dreier Vorb. Rn. 82; Kube JuS 2003, 111, 114; Pieroth/Schlink Rn. 240 f.; Isensee in HdbStR § 111 Rn. 38, 59, 63; Kirchhof in HdbStR § 59, Rn. 179; Duttge S. 104 m. w. N.

[469] Vgl. Schmitz S. 30; Duttge S. 147, 148 f. m. w. N.

[470] Spaeth S. 132; Weichert S. 27 f.; Dreier in Dreier Vorb. Rn. 82; Schmitz S. 34; Duttge JZ 1996, 556, 559 m. w. N.

[471] Vgl. BVerwGE 87, 37, 43 ff.; E 90, 112, 121 f.; Eckhoff S. 232 ff.; Pieroth/Schlink Rn. 242 ff.; Spaeth S. 132 ff.; Goldmann S. 86; Aulehner S. 454; Duttge JZ 1996, 556, 559; Kunig Jura

dungsgrenze zwischen bloßer Belästigung und rechtserheblicher Beeinträchtigung verläuft, enttäuscht, denn es lässt sich in Literatur und Rechtsprechung kein objektiver und rational nachprüfbarer Maßstab auffinden[472]. Soweit es an einer "Patentformel" fehlt[473], haben sich als maßgebendes Moment für die Qualifikation hoheitlichen Handelns als Grundrechtseingriff eine Reihe von normativen Kriterien – z. B. die Berücksichtigung des Schutzgegenstandes des Grundrechts, die Intensität der Beeinträchtigung, die Finalität des hoheitlichen Verhaltens als Indiz, Mitverschulden bzw. Berücksichtigung des Verhaltens von Dritten – herausgebildet, die aber allesamt nicht geeignet sind, eine generelle Eingriffsdefinition zu liefern[474].

Zusammenfassend kann festgestellt werden, dass sich unmittelbar aus dem Eingriffsbegriff keine objektive und willkürfreie Restriktion der Regelungs- und Anwendungsreichweite des RIS herbeiführen lässt. Umso mehr fokussiert sich das Interesse auf die spezifische Ausgestaltung des Grundrechtstatbestandes und die Frage, welche Qualität eine Information aufweisen muss, um unter den Schutzbereich des Rechts auf informationelle Selbstbestimmung subsumiert werden zu können[475].

1993, 595, 600 f.; Dreier in Dreier Vorb. Rn. 82 m. w. N.; ähnlich Schmidt Glaeser in HdbStR § 129 Rn. 97; a. A. Stern III/2 § 78 IV 1, S. 206 f.; Bethge VVDStRL 1997, 7, 45

[472] Vgl. Bethge VVDStRL 1997, 7, 37 ff.; Albers DVBl 1996, 233, 235 f.; Spaeth S. 166, 163, 168; Pieroth/Schlink Rn. 245; Aulehner S. 454; Goldmann S. 86 f.; Duttge S. 148 m. w. N.

[473] Kunig Jura 1993, 595, 600.

[474] Albers DVBl 1996, 233, 234 f.; Spaeth S. 133 ff.; Stern III/2, III S. 128 ff., der die Kriterien allerdings für die Frage berücksichtigt, ob eine Beeinträchtigung auf dem den Staat zurechenbaren Verhalten beruht.

[475] Wenngleich der Schutzbereich dabei aus unterschiedlichen Gründen in den Blick genommen wird, erfolgt dies doch immer in dem Bestreben, den Grundrechtsschutz (des Persönlichkeitsrechts) nicht "ausufern" zu lassen. Das BVerfG betont, dass die Schranken der Grundrechte im Hinblick auf den Schutzbereich interpretiert werden müssen: BVerfGE 32, 54, 72; Duttge JZ 1996, 556, 559 will anhand der näheren Schutzbereichsbestimmung klären, ob ein bestimmtes hoheitliches Verhalten vom Grundrechtstatbestand des allgemeinen Persönlichkeitsrechts umfasst wird und insoweit unter Gesetzesvorbehalt steht, d. h. ob die staatliche Maßnahme nach dem Grundsatz vom Vorbehalt des Gesetzes einer Ermächtigungsgrundlage bedarf oder nicht.; ähnlich Schmitz S. 41, die eine schutzbereichsabhängige Bagatellgrenze anerkennen will; Pieroth/Schlink Rn. 226 ff. verlangen eine Bestimmung des Grundrechtstatbestandes, da Eingriff und Schutzbereich "aufeinander bezogen" seien; Stern III/2, V 2 S. 218 nennt als (weiteres) Kriterium der Eingriffsbestimmung die "Eigenart des Schutzgegenstandes" des jeweils betroffenen Grundrechts.

(4.2.3.) Schutzbereich

Auch das BVerfG wendet sich gegen ein "allzu" extensives Verständnis des RIS und verneint eine generelle eigentümerähnliche Stellung des einzelnen über seine Daten[476]. Noch im Volkszählungsurteil führt es aus, dass "*die Information (...) als Abbild sozialer Realität*" nicht "*ausschließlich dem Betroffenen zugeordnet werden*" kann[477]. Soweit es aber die Judikatur des BVerfG betrifft, bleibt in der Formulierung unklar, auf welchem Wege im konkreten einer Ausuferung im Persönlichkeitsschutz zu begegnen ist und welchen Informationsgehalt ein Datum im konkreten aufweisen muss, um eine Schutzbereichseröffnung des Rechts auf informationelle Selbstbestimmung bejahen bzw. verneinen zu können. In der systematischen Umsetzung scheint das Gericht die Alternative einer immanenten Restriktion des Schutzbereiches zu Gunsten der Vornahme einer Beschränkung über die Schranken des Art. 2 Abs. 1 GG zu favorisieren[478]. Eine respektable Lösung ist dies gleichwohl nicht, bleibt doch durch den bloßen Verweis auf die Schranken von Art. 2 Abs. 1 GG weiterhin völlig offen, welche Individualposition, mithin welcher konkrete Informationsinhalt, nun tatsächlich und rechtlich vom Tatbestand des Schutzbereichs umfasst werden soll[479]. Mangels anderweitiger erkennbarer Kriterien impliziert das gerichtliche Vorgehen darüber hinaus zumindest faktisch den Eindruck, die extensive Umschreibung des Rechts auf informationelle Selbstbestimmung gewähre der einzelnen Person ein uneingeschränktes Informationsverfügungsrecht an ihren Daten[480].

In kategorischer Ablehnung dieser extensiven Interpretation des RIS wird die vorgestellte Judikatur des BVerfG von anderer Seite scharf kritisiert und versucht, eine Beschränkung des Persönlichkeitsschutzes durch eine tatbestandsmäßige Restriktion des Schutzbereiches selbst zu begründen[481]. Eine im

---

[476] BVerfGE 65, 1, 43 f.; ebenso BVerwG DVBl 1990, 707, 708; BVerwG NJW 1990, 2768, 2769; Ernst S. 55; Schmitz S. 30; Krause JuS 1984, 268, 270; Simitis NJW 1984, 398, 400; Goldmann S. 83.

[477] BVerfGE 65, 1, 44.

[478] Vgl. Dreier in Dreier Art. 2 I Rn. 60 ff.; Duttge S. 187.

[479] Dies ist insbesondere aus zweierlei Sicht problematisch. Zum einen bedarf es für die Wahrnehmung effektiven Rechtsschutzes gemeinhin der Verletzung anerkannter subjektiver Rechte. Zum anderen verlangt der Gesetzesvorbehalt nach Art. 2 Abs. 1 GG eine Festlegung der tatbestandsmäßigen Individualposition.

[480] Simitis NJW 1984, 398, 400; Duttge S. 189 m. w. N.

[481] Das Recht auf informationelle Selbstbestimmung sei Ausfluss einer zu weit getriebenen Autonomievorstellung des BVerfG und beruhe auf einer Fehlinterpretation sozialwissenschaftlicher Erkenntnisse. Tatsächlich gehöre es zur conditio humana, dass niemand mit

Allgemeinen gültige Formel ist jedoch auch hier nicht zu finden. Dieser Mangel in der Bestimmtheit von Inhalt und Reichweite des Rechts auf informationelle Selbstbestimmung führt damit, trotz einer von allen Seiten für notwendig erachteten Begrenzung, zu einer nahezu beliebigen Interpretation des grundrechtlichen Schutzbereichs.

Im Konkreten kann und muss an dieser Stelle von einer dezidierten Streitdarstellung aber abgesehen werden, denn soweit es vorliegend von Interesse ist, findet sich bezogen auf den tatbestandlichen Inhalt des RIS ein einstimmiges Ergebnis. Die Entscheidungsfreiheit über die Darstellung der eigenen Person unterfällt dem Schutzbereich von Art. 2 Abs. 1 i. V. m. Art. 1 Abs. 1 GG[482]. Demgemäß stellt zumindest die zwangsweise Informationserhebung beim Grundrechtsträger einen Eingriff in den grundrechtlichen Schutzbereich des RIS – sei es nun in seinem Verständnis als eigenständige Fallgruppe, als bloßer Unterfall des "Rechts auf Selbstdarstellung" oder als "Schranken-Schranke" des allgemeinen Persönlichkeitsrechts – dar[483]. Von dem Zwangsbegriff sollen hierbei zunächst alle hoheitlichen Informationstätigkeiten, die mit einem staatlichen Auskunftsverlangen gegenüber dem Informationsträger geltend gemacht werden, erfasst sein. Dies gilt gleichermaßen für das staatliche Heranziehen des Beschuldigten einer Straftat als Informationsquelle[484].

---

hinreichender Sicherheit abschätzen könne, wer was wann und bei welcher Gelegenheit über ihn weiß. Darüber hinaus gebe es keinen unbegrenzten Schutz vor staatlicher Informationstätigkeit oder ein Recht des Bürgers, sein Bild in der Öffentlichkeit selbst zu definieren und zu wählen und autonom zu steuern, welches Bild sich seine soziale Mitwelt von ihm macht. Erfasst ist nur die Entscheidungsfreiheit, ob und wie sich der einzelne gegenüber seiner sozialen Umwelt darstellt: Aulehner S. 397 f., 450; Deutsch S. 76 f.; Ernst S. 53 ff., 54 f.; Riepl S. 24 ff.; Schickedanz BayVBl. 1984, 705, 706 ff.; Loschelder Der Staat 1981, 349, 360 ff.; Krause JuS 1984, 268, 270; Duttge S. 185 ff.; Ehmann AcP 1988, 230, 329 f., 335 ff.; Brossette S. 221 ff. m. w. N.

[482] Vgl. BVerfGE 65, 1, 41 f.; E 80, 367, 373; E 85, 219, 224; E 96, 171, 181; zustimmend BGH NJW 1992, 737, 739; BVerwG NJW 1992, 451, 452; BFH 1994, 2246 ff.; Rosenbaum Jura 1988, 178, 180; Murswiek in Sachs Art. 2 Rn. 72; Degenhart JuS 1992, 361, 362 f.; Schmidt Glaeser in HdbStR § 129 Rn. 7 ff.; Goldmann S. 75 m. w. N.

[483] Vgl. BVerfGE 65, 1, 45; E 78, 77, 84; E 84, 192, 195; Schmidt Glaeser HdbStR § 129 Rn. 95; Kunig Jura 1993, 595, 600; Dreier in Dreier Art. 2 I Rn. 57; Weichert S. 109; Goldmann S. 80; Krause JuS 1984, 268, 269, 271; Ernst 68, 72; Aulehner S. 389; Duttge S. 223; Brossette S. 232; Ehmann AcP 1988, 230, 301 f.; Di Fabio in Maunz – Dürig Art. 2 Abs. 1 Rn. 176 m. w. N.

[484] Dies gilt auch für Identifizierungsmaßnahmen nach § 81 b StPO. Rogall in SK-StPO § 81b Rn. 6 m. w. N.; Ebenso für die DNA-Feststellung, BVerfG NJW 2001, 879, 880; Vgl.

Weniger deutlich ist die Festsetzung des Schutzbereiches jedoch bereits in Bezug auf hoheitliche Maßnahmen der verdeckten Informationserhebung im Strafverfahren. Im konsequenten Einklang mit den zuvor getroffenen liberalen Vorgaben[485], will die überwiegende Meinung auch die ohne Wissen des Betroffenen, und insoweit "geheime", staatliche Informationstätigkeit dem "offenen" Auskunftsverlangen gleichsetzen[486]. Die Gleichsetzung hat zur Konsequenz, dass auch verdeckte und insoweit „geheime" staatliche Informationserhebungen – z. B. im Rahmen der technischen Überwachung gem. §§ 100a ff. StPO – einen Eingriff in das RIS darstellen.

Der aufgezeigten Gleichsetzung ist im Ergebnis zuzustimmen, denn wenngleich das zum Einsatz kommende Mittel nicht Zwang, sondern "List" und Täuschung ist, um den Beschuldigten über seinen Kommunikationspartner im Unklaren zu lassen, liegt hierin gleichwohl eine hoheitlich veranlasste und dem Staat zurechenbare Manipulation der individuellen Entscheidungsfreiheit und damit der grundrechtlich geschützten Kommunikationsautonomie[487]. Denn wer wollte ernsthaft bestreiten, dass das Individuum sein kommunikatives Verhalten nicht auch in Abhängigkeit des jeweiligen Kommunikationspartners vornimmt. Es ist daher nur konsequent, wenn auch täuschende und heimliche Vorgehensweisen bei der staatlichen Informationserhebung von dem Schutzbereich des Rechts auf informationelle Selbstbestimmung umfasst werden[488]. Flankiert wird diese Annahme schließlich auch durch die verfassungsgerichtlichen Ausführungen im Volkszählungsurteil, wonach es mit dem Recht auf informationelle Selbstbestimmung nicht vereinbar sein soll, wenn der *"Bürger nicht mehr wissen könne, wer was wann und bei welcher Gelegenheit"* über ihn weiß[489].

Wölfl S. 80 f., wonach jede Beweiserhebung im Ermittlungsverfahren unter Gesetzesvorbehalt gestellt ist.

[485] Ein anderes Bild würde sich ergeben, wollte man (angelehnt an das Staatsverständnis nach Hegel) nicht die Freiheit des Individuums, sondern dessen staatsbürgerliche Pflichten in den Vordergrund rücken. Vgl. Pawlik GA 1998, 378, 382 ff.

[486] Vgl. Goldmann S. 81; Aulehner S. 450; Di Fabio in Maunz – Dürig Art. 2 Abs. 1 Rn. 176; Rosenbaum Jura 1988, 178, 180; Vogelgesang S. 60; Weichert S. 114; Böse GA 2002, 98, 102; Jarass NJW 1989, 857, 860; Pawlik GA 1998, 378, 384; Schlink in der Staat 1986, 233, 248 m. w. N.; a. A. Deutsch S. 71 f.

[487] Vgl. Schmitz S. 33.

[488] Achenbach in AK-StPO § 163 Rn. 8.

[489] BVerfGE 65, 1, 43.

Demgegenüber BVerfGE 57, 250, 284: *"Es liegt indessen auf der Hand, dass es verfassungsmäßig legitimierte staatliche Aufgaben gibt, die zu ihrer Erfüllung der Geheimhaltung bedürfen, oh-*

Wenngleich hiernach sowohl die offene als auch die verdeckte Informationserhebung und Verwertung unter den Schutzbereich des RIS subsumiert werden kann, soll es demgegenüber immer dann an einem Grundrechtseingriff fehlen, wenn die staatliche Informationstätigkeit mit einer darauf gerichteten, freiwillig erteilten Einwilligung des Grundrechtsträgers einhergeht[490]. Die Annahme einer freiwilligen Einwilligung steht unter hohen Voraussetzungen und soll grds. nur dann bejaht werden können, wenn diese speziell auf den Einzelfall bezogen ist und unter Kenntnis des konkreten Datenverwendungszwecks erteilt wurde[491]. Die Berücksichtigung der Freiwilligkeit ist Ausdruck der das allgemeine Persönlichkeitsrecht tragenden Konzeption per-

---

ne dass dagegen verfassungsrechtliche Bedenken zu erheben wären". Auch hier bleibt unklar, ob es sich um eine immanente Restriktion des Schutzbereiches handelt, oder dieser hingegen eröffnet ist und eine in Betracht kommende Legitimation auf der Ebene der "Schrankenprüfung" erfolgen soll.

Besondere Relevanz besitzt die Qualifikation im Bereich der verdeckten Datenerhebung durch die Strafverfolgungsbehörden: Der unter einer Legende verdeckt arbeitende Polizeibeamte (sog. Verdeckter Ermittler) stellt einen Eingriff in das Recht auf informationelle Selbstbestimmung dar und bedarf zu seiner Legitimation einer gesetzlichen Ermächtigungsgrundlage, so geschehen in § 110 a StPO. Vgl. Schmitz S. 42 ff.; Im Unterschied hierzu ist der gezielte Einsatz von Privaten, zur vertraulichen Unterstützung der Polizei bei der Strafverfolgung (sog. V-Leute) nicht gesetzlich legitimiert. Nach (noch) h. M. bedarf es auch keiner gesetzlichen Ermächtigung, da es bereits an einem Grundrechtseingriff fehlen soll. Vgl. BVerfGE 57, 250, 248; BVerfG NStZ 1991, 445; BGHSt 32, 115, 121 ff.; St 32, 345, 346; St 40, 211, 215 ff.; Meyer-Goßner StPO § 163 Rn. 34a m. w. N.; a. A. Achenbach in AK-StPO § 163 Rn. 8 c; Wolter in SK-StPO Vor § 151 Rn. 99; Roxin § 10 Rn. 29; Duttge JZ 1996, 556, 561 ff. m. w. N.; differenzierend Deutsch S. 141 ff.; zum Ganzen Eschelbach StV 2000, 390, 392 ff.

490 Vgl. Schlink in der Staat 1986, 233, 248; Aulehner S. 450 f.; Jarass NJW 1989, 857, 860; Schmidt Glaeser in HdbStR § 129 Rn. 98; Gallwas NJW 1992, 2785, 2787; Kunig Jura 1993, 595, 600 f.; Rosenbaum Jura 1988, 178, 181; Weichert S. 110; Di Fabio in Maunz – Dürig Art. 2 Abs. 1 Rn. 228.

491 Fraglich ist die Annahme der Freiwilligkeit der Einwilligung in Grenzbereichen. Vgl. Schlink Der Staat 25, 233, 239: "Wie aber steht es mit der Datenerhebung, bei denen der Bürger die Information um staatliche Leistung, Anerkennung und Genehmigung willen mehr oder weniger freiwillig gibt? Rechtlich erzwingt der Staat die Daten hier nicht." Zumindest für den Bereich der Angaben personenbezogener Daten durch den Betroffenen zur Erlangung einer Steuerbefreiung oder Steuervergünstigung hat das Verfassungsgericht in BVerfGE 67, 100, 144 festgestellt, dass "der Umstand (…) grundsätzlich nicht zu einer Abschwächung des grundrechtlich verbürgten Schutzes seiner Daten" führt; E 65, 1, 45 "…ist anerkannt, dass die zwangsweise Erhebung personenbezogener Daten nicht unbeschränkt statthaft ist, namentlich dann, wenn solche Daten für den Verwaltungsvollzug (etwa bei der Besteuerung oder der Gewährung von Sozialleistungen) verwendet werden sollen". Vgl. Laber S. 97 ff.; zur Unterscheidung zwischen Einwilligung und Grundrechtsverzicht, Wölfl S. 93 ff.

sonaler grundrechtlicher Autonomie[492]. In dessen Lichtkegel steht im Falle hoheitlicher Informationseingriffe das Recht auf informationelle Selbstbestimmung und will *"Garantie der Entscheidungsfreiheit des Menschen sein"*[493]. Gleichzeitig typisiert das Recht auf informationelle Selbstbestimmung dabei in besonderer Weise die regelmäßig durch das BVerfG hervorgehobene Entwicklungsoffenheit des allgemeinen Persönlichkeitsrechts[494].

bb) Folgerungen für die Interpretation des Nemo-Tenetur-Grundsatzes

Aus den vorangestellten Ausführungen ergeben sich für die Präzisierung des Nemo-Tenetur-Grundsatzes folgende Überlegungen. Wenn dem Schutzbereich der allgemeinen Handlungsfreiheit i. S. v. Art. 2 Abs. 1 GG jede Form von menschlichem Verhalten, mithin jedes Tun und Unterlassen, zugesprochen werden kann, schließt dies jedes Handeln und Nichthandeln mit ein[495]. In Folge dieser extensiven Interpretation sind von dem Schutzbereich der allgemeinen Handlungsfreiheit jeder hoheitliche Verhaltenszwang, mithin auch sämtliche strafprozessualen Mitwirkungspflichten und jedwede Inanspruchnahme des Beschuldigten als Informationsquelle, umfasst[496]. Selbstredend ist der Schutzbereich der allgemeinen Handlungsfreiheit auch dann eröffnet, wenn sich das hoheitliche Mitwirkungsverlangen als Zwang zur Preisgabe strafrechtlich relevanter Informationen darstellt[497]. Ein solches Informationsverlangen ist nämlich regelmäßig auf die Abgabe einer Erklärung durch Tun oder Unterlassen gerichtet, dem infolgedessen zwangsläufig ein Verhaltenszwang zugrunde liegt[498]. Vorbehaltlich einer möglichen Grundrechtseinschränkung gewährt daher bereits das Grundrecht der allgemeinen Handlungsfreiheit dem Beschuldigten einer Straftat die Freiheit selbst zu entscheiden, ob und in welcher Form dieser an dem gegen ihn gerichteten Strafverfahren mitwirken möchte oder nicht[499].

---

[492] Vgl. Degenhart JuS 1992, 361, 368; Rosenbaum Jura 1988, 178, 180 f.

[493] Di Fabio in Maunz – Dürig Art. 2 Abs. 1 Rn. 175; Vogelgesang S. 53 f.

[494] Vgl. nur BVerfGE 79, 256, 268; E 72, 155, 170; E 54, 148, 153 f.; Degenhart JuS 1992, 361, 363; Di Fabio in Maunz – Dürig Art. 2 Abs. 1 Rn. 147.

[495] Vgl. Mössner S. 189; Murswiek in Sachs Art. 2 Rn. 52 m. w. N.

[496] Aulehner S. 389 m. w. N.

[497] BVerfGE 56, 37, 41 f.; Kühl JuS 1986, 115, 117; Reiß S. 163.

[498] Vgl. Deutsch S. 129; Krause JuS 1984, 268, 269 und 271; Mäder S. 80; Podlech in AK-GG Art. 2 I Rn. 46; Bosch S. 46 f.; Tiedemann DÖV 2003, 74, 77; Ernst S. 72 m. w. N.

[499] Bosch S. 46 f.; Mäder S. 80; Kühl JuS 1986, 115, 117 m. w. N.

(1) Die Verankerung des Nemo-Tenetur-Grundsatzes in Art. 2 Abs. 1 i. V. m. Art. 1 Abs. 1 GG

Wenngleich die Inanspruchnahme des Beschuldigten als Informationsquelle den Schutzbereich der allgemeinen Handlungsfreiheit eröffnet, darf dieses Grundrecht zwar als Sockel, nicht aber als abschließend prüfungsrelevanter Maßstab dieser Sachverhaltsgestaltungen aufgefasst werden. Ein solches Vorgehen hieße nämlich, das zwischen der allgemeinen Handlungsfreiheit und dem allgemeinen Persönlichkeitsrecht bestehende Verhältnis der Spezialität völlig unberücksichtigt zu lassen[500]. Denn im Hinblick auf die benannte staatliche Informationstätigkeit gegenüber dem Beschuldigten einer Straftat findet gleichfalls das Grundrecht aus Art. 2 Abs. 1 i. V. m. Art. 1 Abs. 1 GG Anwendung[501]. Diese Sichtweise hat auch das BVerfG bestätigt und *"den Schutz vor einem Zwang zur Selbstbezichtigung als Teil des allgemeinen Persönlichkeitsrechts anerkannt."*[502] Dem folgt zu Recht die überwiegende Meinung in Rechtsprechung und Literatur[503].

Der Aussage steht keineswegs entgegen, dass das staatliche Informationsverlangen nicht per se die Offenbarung privater oder höchst persönlicher Daten des Befragten nach sich zieht[504]. Wie im Rahmen der Darstellungen des Rechts auf informationelle Selbstbestimmung aufgezeigt wurde, ist in Fällen staatlicher Informationserhebung bereits dann von einer Schutzbereicheröffnung des allgemeinen Persönlichkeitsrechts auszugehen, wenn sich der Informationsinhalt auf personenbezogene Daten des Befragten erstreckt[505]. Auskünften, deren informatorischer Inhalt auf die eigene Person gerichtet ist, liegt

---

[500] Vgl. oben 2. Kapitel A. I. 1. c) aa) (3) S. 90 f.

[501] Vgl. Deutsch S. 129 f.; Besson S 81.

[502] BVerfGE 95, 220, 241; BVerfGE 96, 171, 181; E 56, 37, 42 ff. m. w. N.

[503] Vgl. BGHSt 14, 358, 364; St 36, 328, 332; St 38, 214, 220; OVG Koblenz NJW 1982, 1414; OLG Celle wistra 1982, 120; Di Fabio in Maunz – Dürig Art. 2 Abs. 1 Rn. 187; Starck in Mangoldt/Klein/Starck Art. 2 Abs. 1 Rn. 99 f.; Duttge JZ 1996, 556, 560; Renzikowski JZ 1997, 710, 714; Berthold S. 12 f.; Hahn S. 155; Schramm S 49 f., 51; Ruegenberg S. 194; Dingeldey NStZ 1984, 529; Nothhelfer S. 77 ff., 83; Besson S. 80 f.; Günther GA 1978, 193, 198; Rogall S. 139 ff., 148; Peres S. 119; Pieroth/Schlink Rn. 377; Franke JR 2000, 468, 470; Stürner NJW 1981, 1757, 1758; Röckl S. 102 f., 131; Weichert S. 123; Rüster S. 30; Kahlo KritV 1997, 183, 205; Mäder S. 79 ff. und 84, 73, 140 m. w. N.; a. A. Böse GA 2002, 98, 99 ff.

[504] Vgl. Lorenz GA 1992, 254, 266; Bosch S. 53 f.

[505] Dies verkennt Mäder, wenn er ohne weitere Begründung das allgemeine Persönlichkeitsrecht nur dann für einschlägig halten will, soweit mit der Auskunftspflicht *"die Gefahr der strafrechtlichen Verfolgung droht"*. Hiernach soll gerade die Gefahr der strafrechtlichen Verfolgung den für die Annahme des allgemeinen Persönlichkeitsrechts notwendigen *"Aspekt der engeren persönlichen Lebenssphäre"* begründen. Vgl. Mäder S. 81 ff.

eine solche personelle Komponente aber immer zu Grunde. Erst recht trifft dies für die Preisgabe von Informationen über strafrechtlich relevante Sachverhalte und die damit verbundenen Angaben über belastende oder auch entlastende persönliche Umstände in Bezug auf die eigene Person zu[506]. Insoweit fällt jedes gegenüber dem Beschuldigten einer Straftat als Informationsquelle gerichtete staatliche Auskunftsverlangen, zumindest in der fallgruppenbezogenen Ausprägung des Rechts auf informationelle Selbstbestimmung, unter den Schutzbereich des allgemeinen Persönlichkeitsrechts.

Die staatliche Informationserhebung beim Beschuldigten stellt aber nicht nur einen Eingriff in das allgemeine Persönlichkeitsrecht i. S. v. Art. 2 Abs. 1 i. V. m. Art. 1 Abs. 1 GG dar, sondern thematisiert zugleich den begrifflichen Anwendungsbereich des Nemo-Tenetur-Grundsatzes[507]. Aufgrund dieser Themenidentität will die überwiegende Meinung den Nemo-Tenetur-Grundsatz durch das allgemeine Persönlichkeitsrecht in seiner Ausprägung durch das RIS verankert wissen[508]. Der Nemo-Tenetur-Grundsatz kann insoweit als Unterfall des RIS verstanden werden, ohne mit diesem aber identisch zu sein. Denn im Gegensatz zu dem RIS zielt der Nemo-Tenetur-Grundsatz schon nach seinem Wortlaut allein auf die Informationserhebung beim Beschuldigten[509], so dass z. B. hoheitliche Auskunftsverlangen gegenüber Dritten nicht von diesem erfasst sind[510]. Im Rahmen des Nemo-Tenetur-Grundsatzes ist daher vornehmlich die Art und Weise der Informationsgewinnung von Interesse, weniger hingegen der Inhalt der Information selbst[511]. So werden gemeinhin solche Sachverhaltsgestaltungen nicht unter den Nemo-Tenetur-Grundsatz gefasst, deren Gegenstand zwar die Erhebung besonders intimer Informationen

---

[506] Vgl. Nothhelfer S. 82; Mäder S. 78 f.; Duttge JZ 1996, 556, 560; Renzikowski JZ 1997, 710, 714; Besson S. 11; Bosch S. 50 m. w. N.

[507] Vgl. Keller S. 131.

[508] BVerfGE 65, 1, 46; E 96, 171, 181; Nothhelfer S. 82 ff.; Di Fabio in Maunz – Dürig Art. 2 Abs. 1 Rn. 187; Murswiek in Sachs Art. 2 Rn. 73; Jarass NJW 1989, 857, 858 f.; Besson S. 81; Renzikowski JZ 1997, 710, 714 m. w. N.; vgl. auch Ransiek S. 52; Mäder S. 77 Fn. 172 m. w. N.; a. A. Böse GA 2002, 98, 101 ff.; Rogall in SK-StPO Vor § 133 Rn. 138; Lorenz JZ 1992, 1000, 1006.

[509] Lorenz GA 1992, 254, 267; Keller S. 132.

[510] Beispielsweise führen die freiwilligen Angaben des als Berufsgeheimnisträgers qualifizierten Zeugen nach § 53 StPO, die gegen den Willen des Angeschuldigten gemacht werden, nicht zu einem Verwertungsverbot oder zu einer die Revision begründenden Beanstandung. Vgl. Meyer–Goßner § 53 Rn. 50 m. w. N.

[511] Vgl. Bosch S. 50 f. m. w. N.

betrifft, die sich aber ohne jegliche Veranlassung durch die Strafverfolgungsorgane bereits als Beweismittel verkörpert haben[512]. Eine weitere Unterscheidung findet sich auch darin, dass das RIS grundsätzlich dann keine Anwendung finden soll, wenn die fragliche Information aus offenen Quellen stammt
und somit weithin bekannt ist[513]. Demgegenüber soll der Nemo-Tenetur-
Grundsatz nach allgemeiner Meinung auch dann einen Aussagezwang verbieten, wenn die Strafverfolgungsbehörden, z. B. aufgrund einer erdrückenden
Beweislage oder glaubhafter Zeugenaussagen, volle Kenntnis von dessen Täterschaft besitzen[514].

(2) Systematische Widersprüche zwischen dem Nemo-Tenetur-Grundsatz und dem Recht auf informationelle Selbstbestimmung

Gegen eine Lozierung des Nemo-Tenetur-Grundsatzes unter das RIS werden demgegenüber teilweise systematische Bedenken vorgetragen. Ausgangspunkt der Kritik ist die auch hier getroffene Feststellung, dass das RIS
sowohl vor offenen Informationserhebungszwängen, z. B. in Form eines hoheitlichen Auskunftsverlangens, als auch vor heimlichen Informationseingriffen des Staates schützt. Vom Schutzbereich umfasst ist daher zum einen das
Bestimmen-Können des einzelnen über seine Daten und zum anderen auch
das Wissen um deren Erhebung und Verwendung[515]. Demgegenüber soll der
Nemo-Tenetur-Grundsatz nach weit verbreiteter Meinung ausschließlich auf
die Ausübung von Zwang begrenzt sein[516]. Der sich hieraus ergebende Widerspruch sei nur dann plausibel zu lösen, so wird vorgetragen, wenn man den
Nemo-Tenetur-Grundsatz nicht als Ableitung des RIS auffassen würde[517].

---

[512] Als Beispiel sei hier angeführt, dass die Frage der strafrechtlichen Verwertung von Tagebüchern grundsätzlich nicht unter dem Gesichtspunkt der Freiheit vom Selbstbezichti-
gungszwang, sondern allein hinsichtlich eines Eingriffs in das allgemeine Persönlichkeitsrecht selbst erörtert wird. Vgl. BVerfGE 80, 367, 373; BGHSt 19, 325 ff.; St 34, 397 ff.;
OLG Celle NJW 1965, 362 ff.; LG Stuttgart JZ 1965, 686 ff; hierzu Lorenz GA 1992, 245,
256 ff. m. w. N.; gleiches gilt im Grundsatz für die Verwertung heimlicher Ton- und Bildaufnahmen, wenngleich der BGH den Selbstbelastungsschutz als Vergleichsmaßstab hin-
zuzieht, BGHSt 14, 358, 364 f.

[513] Vgl. Schmitz S. 41; Di Fabio in Maunz – Dürig Art. 2 Abs. 1 Rn. 176 m. w. N.

[514] Kühl JuS 1986, 115, 117; Verrel S. 262 m. w. N.

[515] Vgl. Goldmann S. 81; Di Fabio in Maunz – Dürig Art. 2 Abs. 1 Rn. 176; Rosenbaum Jura
1988, 178, 182; Vogelgesang S. 60; Schlink in der Staat 1986, 233, 248 m. w. N.

[516] BGHSt 42, 139, 153; Böse GA 202, 98, 102; Bosch S. 51, 53; Renzikowski JZ 1997, 710, 714;
Verrel NStZ 1997, 415 f.; Müssig GA 1999, 119, 126 f.; Duttge JZ 1996, 556, 562; Lesch in
KMR-StPO § 136 Rn. 16 m. w. N.

[517] Bosch S. 52 ff.

Darüber hinaus wird die These aufgestellt, die heimliche Informationserhebung würde im Verhältnis zum offenen staatlichen Zwang die schwerere Eingriffsform darstellen[518]. Als Begründung wird angeführt, dass der Betroffene im Falle der heimlichen Informationserhebung sich des Eingriffs nicht gewahr sei. Dies hätte aber, im Gegensatz zur offenen Informationserhebung, für den Beschuldigten die nachteilige Konsequenz, dass er sich weder auf die Maßnahme einstellen, noch effektiv gegen sie zur Wehr setzen könne und seine Rechtsschutzmöglichkeiten auf eine bloß nachträgliche Feststellung beschränkt seien[519].

Obwohl hiernach die heimliche Informationserhebung gegenüber dem offenen Auskunftsverlangen die intensivere Eingriffsform in das RIS darstellen soll, sei erstere im Strafverfahren in gewissen Grenzen, z. B. in Form der geheimen Ermittlungsmethoden nach §§ 100a StPO, zulässig. Da demgegenüber die schwächere Eingriffsform des offenen Zwangs nach dem Nemo-Tenetur-Grundsatz im Strafverfahren immer unzulässig sei, könne dies nur damit erklärt werden, dass der Selbstbelastungsschutz nicht dem RIS zugeordnet werden könne und von diesem unabhängig sei[520].

Dem entgegen muss bereits bezweifelt werden, ob das Kriterium der Heimlichkeit oder die Unmöglichkeit des zeitgleichen Rechtsschutzes das ausschlaggebende Element für die Bemessung der Eingriffsintensität einer hoheitlichen Maßnahme sein kann. Denn, um es mit einfachen Worten zu sagen, würde man einen beliebigen Rechtsgenossen fragen, was er bevorzugen würde, heimliches Abhören oder eine (die rechtliche Zulässigkeit unterstellt) foltergleiche Behandlung in einer Vernehmung, dürfte die Wahl regelmäßig auf ersteres fallen. Schon von daher fehlt der Behauptung, die heimliche Informationserhebung habe eine stärkere Eingriffsintensität als die offene Vernehmung, eine tragfähige Begründung. Im Übrigen ist anzuführen, dass die Gewähr von nachträglichem Rechtsschutz kein Spezifikum der heimlichen Datenerhebung ist. Bei realistischer Betrachtungsweise ist effektiver Rechtsschutz, z. B. im Fall von verbotenen Vernehmungsmethoden i. S. v. § 136a StPO, erst nach Beendigung der hoheitlichen Maßnahme, nicht aber zeitgleich zu erlangen.

---

[518] Vgl. Böse GA 2002, 98, 102; Rosenbaum Jura 1988, 178, 180; Riepl S. 11 f.; Weichert S. 25; a. A. Franke JR 2000, 468, 470; Puppe GA 1978, 289, 300; Keller S. 132; Pawlik GA 1998, 378, 388 m. w. N.

[519] Schmitz S. 33; Bernsmann StV 1997, 116, 118

[520] Böse GA 2002, 98, 102, Bosch S. 54.

Letztendlich könnte dem Vorbringen, dass der Nemo-Tenetur-Grundsatz nicht auf das RIS zurückzuführen sei, nur dann gefolgt werden, wenn der Selbstbelastungsschutz tatsächlich bei jeder Art von offenem Zwang eine absolute Schutzwirkung entfalten würde[521]. Denn nur unter dieser Bedingung könnte der vorgebrachte Wertungswiderspruch, Zwang als schwächere Eingriffsform in das Recht auf informationelle Selbstbestimmung soll unzulässig, die im Vergleich hierzu stärkere Eingriffsform der heimlichen Datenerhebung aber zulässig sein, überhaupt zum Tragen kommen[522]. Indes ist dies, ohne den nachfolgenden Ausführungen vorgreifen zu wollen, nicht der Fall. Wie sich noch zeigen wird, ist der Schutz der Entscheidungsfreiheit zu weiten Teilen nur relativ, so dass eine Einflussnahme auf den Beschuldigten sowohl in Form von offenem Zwang durch drohende Nachteile, als auch durch heimliche Ermittlungsmethoden möglich ist. Soweit hierdurch zwar nicht der absolute Schutz des Nemo-Tenetur-Grundsatzes betroffen ist, sind solche Eingriffe doch zumindest als Grundrechtseingriff zu werten, die nur unter den "Schrankenvoraussetzungen" zulässig sind[523].

(3) Der Nemo-Tenetur-Grundsatz als naturrechtlicher Unzumutbarkeitsschutz

Entgegen der hier vorgenommenen Verankerung des Nemo-Tenetur-Grundsatzes in dem Grundrecht aus Art. 2 Abs. 1 i. V. m. Art. 1 Abs. 1 GG wird zum Teil versucht, das Prinzip mit Hilfe anthropologischer Gedanken und naturrechtlicher Thesen zu begründen[524]. Kernaussage dieser Überlegungen ist, dass der Staat den Selbsterhaltungstrieb des Menschen, als dessen natürlichen Wesenszug, in jeder Lage zu beachten und zu respektieren habe. Dies gelte auch für den Beschuldigten im Strafverfahren, der vor dem notstandsähnlichen Zwiespalt zu bewahren sei, seine durch die strafrechtliche Sanktion bedrohte Existenz dem staatlichen Wahrheits- und Offenbarungsverlangen unterordnen zu müssen[525]. Es sei für den Beschuldigten unzumutbar, ihm entgegen seines natürlichen Selbsterhaltungstriebes einen Zwang zur In-

---

[521] So offenbar Möller JR 2005, 314, 318.

[522] Zweifel sind bereits einer solchen Wertigkeit entgegenzubringen, vgl. Renzikowski JZ 1997, 710, 714.

[523] Vgl. Weichert S. 115; Riepl S. 196 ff.; zum Meinungsstand, wann und ob der absolut geschützte Kernbereich des allgemeinen Persönlichkeitsrechts durch heimliche Ermittlungsmaßnahmen betroffen ist, Rudolphi/Wolter in SK – StPO § 100 c Rn. 2.

[524] Vgl. RGSt 63, 233, 236; BGHSt 11, 353, 356; Wieland S 139 f.; Röckl S. 121; Schramm S. 46, 50; Rogall SK-StPO Vor. § 133 Rn. 132; Böse GA 2002, 98, 104 m. w. N.

[525] Vgl. Rogall S. 145 f.; Günther GA 1978, 193, 194; Wieland S 139 f.; Lammer S. 161; Torka S. 52 f.; Eser ZStW 1967, 565, 571 m. w. N.

formationspreisgabe aufzuerlegen, wenn mit deren Befolgung erhebliche Nachteile, wie strafrechtliche Sanktionen, für ihn verbunden sind[526]. Die so definierte Unzumutbarkeit[527] staatlichen Handelns wird dabei als der eigentliche Begründungspfeiler des Nemo-Tenetur-Grundsatzes genannt[528].

Dem naturrechtlichen Begründungsversuch ist entgegenzuhalten, dass er keine Antwort auf die Frage bietet, warum das staatliche Interesse an Strafverfolgung gerade hinter das Selbsterhaltungsinteresse des Beschuldigten zurückzutreten hat[529]. Die bloße Behauptung, es sei *"schlichtweg unmenschlich, einen Tatverdächtigen, der Sanktionen zu befürchten habe, auch noch zu zwingen, sich selbst zu überführen"*[530], reduziert sich jedenfalls auf einen Glaubenssatz, dem mit ebenso ideologischer Argumentation das Gegenteil vorgehalten werden kann[531].

Neben dem Fehlen einer plausiblen Begründung weist die naturrechtliche Thesenbildung zudem inhaltliche Mängel und Widersprüchlichkeiten auf. Kritik ist bereits insoweit angebracht, als dass durch das benannte Denkmodell der Anschein erweckt wird, auf den Nemo-Tenetur-Grundsatz könnte

---

[526] Vgl. Torka S. 52; Günther GA 1978, 193, 194; Lammer S. 161; Schramm S. 46 m. w. N.

[527] Der Gedanke der Unzumutbarkeit klingt ähnlich auch an anderer Stelle an: Puppe GA 1978, 289, 299; Grünwald JZ 1981, 423, 428, wonach dem Beschuldigten die Qual zwischen zwei Übeln, der Mitwirkung an der eigenen Überführung oder dem Inkaufnehmen von Nachteilen, entscheiden zu müssen, erspart bleiben soll.

[528] Vgl. Torka S. 52; Schramm S. 46, 50.

[529] Lesch ZStW 1999, 624, 637; Ransiek S. 50 f.

[530] Schramm S. 46 m. w. N.

[531] Von anderer Seite wird daher vorgetragen, das Rechtssubjekt habe als notwendige Kehrseite der ihm zugestandenen Verhaltensfreiheit zugleich auch die Folgen seines Fehlverhaltens zu verantworten. Vgl. Lesch ZStW 1999, 624, 637; Pawlik GA 1998, 378, 380 f.; Günther GA 1978, 193, 197; Schneider S. 48; Starck in Mangoldt/Klein/Starck Art. 1 Abs. 1 Rn. 51.
Soweit aus dem Kriterium der Verantwortlichkeit jedoch der Schluss gezogen wird, es bestünde für den Beschuldigten eine gesetzliche oder gar verfassungsrechtlich begründete Rechtspflicht, die eigene Schuld vor der staatlichen Obrigkeit eingestehen zu müssen, geht diese Herleitung fehl. Ein solches Verständnis entspricht weder dem liberalen Rechtsverständnis des reformierten Strafprozesses, noch lässt es sich der Verfassung entnehmen oder mit ihr begründen. Im Gegenteil, es entsteht ein Widerspruch zu der im Strafverfahren geltenden Unschuldsvermutung. Demjenigen, der für unschuldig zu gelten hat, können die Folgen seines Fehlverhaltens nämlich erst nach, nicht aber bereits vor dem zu erbringenden, in einem rechtskräftigen Urteil manifestierten Nachweis auferlegt werden. Vgl. Neumann in FS Wolff 1998, 371, 381 f.; Pawlik GA 1998, 378, 382; Alvarez S. 52.

sich nur der zu Recht Beschuldigte, d. h. der wahre Täter einer Straftat, berufen[532]. Eine Existenzgefährdung im oben genannten Sinne scheint nämlich zunächst nur für den Beschuldigten in Betracht zu kommen, der die ihm vorgeworfene Straftat tatsächlich auch begangen hat. Denn aus objektiver Sicht ist nur der wahre Täter in der Lage, sich selbst zu bezichtigen und hierdurch die Voraussetzungen für die seinem Selbsterhaltungstrieb zuwiderlaufende Bestrafung zu schaffen. Denklogisch ist nach dieser Betrachtung eine Selbstbezichtigung durch den zu unrecht Beschuldigten ausgeschlossen und eine Berufung auf den Nemo-Tenetur-Grundsatz durch diesen nicht möglich[533].

Es liegt aber umgekehrt, denn auch der zu unrecht Beschuldigte darf sich auf den Nemo-Tenetur-Grundsatz berufen[534]. Wollte man nur dem wahren Täter die Berufung auf den Nemo-Tenetur-Grundsatz erlauben, ergäbe sich bereits im Kontext mit der in Art. 6 Abs. 2 EMRK und Art. 20 Abs. 3 GG verankerten Unschuldsvermutung[535] die merkwürdige und nicht minder widersprüchliche Konsequenz, dass dieser von dem Selbstbelastungsschutz erst dann Gebrauch machen könnte, wenn seine Schuld bewiesen oder anderweitig festgestellt worden wäre. Denn vor dem Hintergrund der Unschuldsvermutung gilt auch der wahre Täter bis zum Beweis des Gegenteils als unschuldig und ihm wäre eine Berufung auf den Nemo-Tenetur-Grundsatz ebenso zu versagen, wie dem zu unrecht Beschuldigten. Darüber hinaus kann eine solche Differenzierung aber auch weder der – historisch gewachsenen – prozessrechtlichen Stellung des Beschuldigten noch der Grundrechtsgarantie aus Art. 2 Abs. 1 i. V. m. Art. 1 Abs. 1 GG entnommen werden. Auch der zu Unrecht Beschuldigte ist folglich von der Schutzwirkung des Nemo-Tenetur-Grundsatzes umfasst[536]. Von den Protagonisten des naturrechtlichen Begründungsversuchs wird diese Feststellung hingegen nicht als Gegenargument ihrer Position an-

---

[532] Röckl S. 121; Reiß S. 188; Samson wistra 1988, 130, 131; Puppe GA 1978, 289, 299.

[533] Vgl. Bosch S. 120.

[534] Lesch KMR-StPO § 136 Rn. 14.
Die für den Nemo-Tenetur-Grundsatz synonym verwandten Umschreibungen des "Selbstbelastungsschutzes" oder "Schutz vor Selbstbezichtigung" vermag die strafprozessuale Garantie daher nicht vollständig, sondern allenfalls ausschnittsweise zu beschreiben.

[535] Nach der Unschuldsvermutung hat derjenige, der einer Tat verdächtig ist, so lange als unschuldig zu gelten, bis seine Schuld in einem ordnungsgemäßen Verfahren rechtskräftig bewiesen worden ist. Vgl. Eser ZStW 1967, 565, 567; Meyer-Goßner Art. 6 MRK Rn. 12 m. w. N.

[536] Vgl. Ransiek S. 51; Bosch S. 119 f.; Lesch ZStW 1999, 624, 637.

erkannt, denn, so wird vorgetragen, auch der tatsächlich Unschuldige könne sich vor dem Hintergrund der Gefahr eines Fehlurteils selbst belasten[537].

Gegen den naturrechtlichen Begründungsversuch des Nemo-Tenetur-Grundsatzes spricht ein Zweites. Es ist völlig unklar, welche Information und welcher Dateninhalt unter den natürlichen Selbsterhaltungstrieb zu subsumieren sind und welche nicht. Die Frage stellt sich um so schärfer, wenn man bedenkt, dass der Beschuldigte im Strafverfahren de lege lata – z. B. durch den Wegfall des Haftgrundes der Verdunkelungsgefahr als Voraussetzung der Untersuchungshaft oder der Möglichkeit eines geringeren Strafmaßes bei der Abgabe eines Geständnisses[538] – erheblichen Zwängen zur Informationspreisgabe ausgesetzt ist. Eine objektive Definition dessen, was im Allgemeinen als unzumutbar anzusehen ist oder dem natürlichen Selbsterhaltungstrieb generell zuwider laufen soll, lässt sich nicht erkennen und ist de facto auch ausgeschlossen. Deutlich wird dies in den Fällen, in denen der Beschuldigte einem verobjektivierten natürlichen Selbsterhaltungstrieb entgegen handelt[539], z. B. dann, wenn dieser ein freiwilliges Geständnis ablegt oder umgekehrt, trotz einer objektiv erdrückenden Beweislage auf den Antritt eines Entlastungsbeweises verzichtet[540]. Da ein solches Verhalten nicht für unzulässig gehalten wird[541], kann dies nur bedeuten, dass die bloße Missachtung eines nach objektiven Kriterien bemessenen Selbsterhaltungstriebs die Feststellung der Unzumutbarkeit nicht widerspruchsfrei begründen kann. Eine die naturrechtliche These tragende Erklärung ist demnach nur dann möglich, wenn man die Unzumutbarkeit subjektiv, aus der jeweiligen Sicht des Grundrechtsträgers bemisst. Legt man einen solch subjektiven, an dem Willen des Beschuldigten ausgerichteten Maßstab an, wird aber zugleich auch sichtbar, dass weder der natürliche Selbsterhaltungstrieb noch dessen inhaltliche Deutung den tatsächlichen Bewertungsaspekt der Unzumutbarkeit darstellen, sondern den eigentlichen Ausschlag vielmehr die Tatsache liefert, dass der Grundrechtsträger gegen seinen Willen zu einem kommunikatorischen Verhalten, d. h. zur In-

---

[537] Torka S. 115.

[538] Vgl. oben 2. Kapitel S. 58 f.

[539] Zur grundsätzlichen "Zulässigkeit" von selbstgefährdenden Handlungen im Rahmen von Art. 2 Abs. 1 GG, vgl. Di Fabio in Maunz – Dürig Art. 2 Abs. 1 Rn. 50 ff. m. w. N.

[540] Vgl. Miebach NStZ 2000, 234, 236; Verrel S. 36 f. m. w. N.

[541] Sowohl die Nichtausübung als auch der Verzicht des Rechts auf rechtliches Gehör i. S. v. Art. 103 ist zulässig, BVerwG NVwZ 1983, 668 f.; Schmidt-Aßmann in Maunz – Dürig Art. 103 Abs. 1 Rn. 82.

formationspreisgabe, gezwungen wird. Gerade diese Sachverhaltsgestaltung wird aber durch den Schutzbereich des Grundrechts aus Art. 2 Abs. 1 i. V. m. Art. 1 Abs. 1 GG erfasst.

Es geht also nicht um die Frage, ob und inwieweit der Staat einen wie auch immer gearteten Selbsterhaltungstrieb zu respektieren hat, sondern einzig und allein darum, ob und in welchem graduellen Ausmaß die dem Individuum durch Art. 2 Abs. 1 i. V. m. Art. 1 Abs. 1 GG gewährleistete Kommunikationsautonomie eingeschränkt werden kann[542]. Im Rahmen seiner Kommunikationsautonomie steht es dem Individuum dann auch frei, ob es entsprechend oder entgegen seinem natürlichen Selbsterhaltungstrieb ein Geständnis ablegen oder schweigen möchte.

Die aufgezeigte naturrechtliche These mit der Berufung auf den natürlichen Selbsterhaltungstrieb ist somit für die Bestimmung des Nemo-Tenetur-Grundsatzes ohne eigentlichen Ertrag. Anzuerkennen ist allerdings, dass der natürliche Selbsterhaltungstrieb oftmals die Hauptintention und Motivation des Beschuldigten für sein Schweigen ist. Dies gilt auch für den zu Unrecht Beschuldigten, wenn dieser, aus welchen Gründen auch immer, die beste Verteidigung im Schweigen vermutet[543].

(4) Zwischenergebnis

Nach vorliegendem Verständnis leitet sich der Nemo-Tenetur-Grundsatz unmittelbar aus Art. 2 Abs. 1 i. V. m. Art. 1 Abs. 1 GG ab und wird ebenso wie die übrigen Fallgruppen des allgemeinen Persönlichkeitsrechts durch das RIS beeinflusst[544]. Aufgrund seiner Verortung im allgemeinen Persönlichkeitsrecht kann er als eine Art selbständiges Grundrecht angesehen werden, umschreibt mit seinem Gewährleistungsinhalt jedenfalls eine subjektiv öffentliche Rechtsposition[545]. Ebenso wie das Grundrecht selbst, zielt auch der Nemo-Tenetur-Grundsatz auf den Schutz der Kommunikationsautonomie. In seiner Funktion ist er darauf angelegt, der staatlichen Informationserhebung im Strafverfahren

---

[542] Vgl. Röckl S. 104; Ransiek S. 51.

[543] Z. B. weil zwingend mit dem Entlastungsvorbringen eine gleichzeitige Belastung hinsichtlich einer anderen Tatbegehung verbunden wäre. Vgl. sog. Messingbarrenfall BGH wistra 1982, 232 f.

[544] Ob der Nemo-Tenetur-Grundsatz hierbei als spezielle Ausprägung oder als Komplementärrecht (so Bosch S. 52 ff.) zu qualifizieren ist, mag hier dahingestellt bleiben, da sich nach vorliegender Betrachtungsweise hieraus keine weiteren Erkenntnisse für die inhaltliche Reichweite des Nemo-Tenetur-Grundsatzes ergeben.

[545] Rogall S. 149 ff.; Keller S. 134; Puppe GA 1978, 289, 303 m. w. N.

unmittelbar beim Beschuldigten Grenzen zu setzen. Der Selbstbelastungs-schutz erscheint insoweit als das Gegenstück zu der verfahrensrechtlichen Garantie auf rechtliches Gehör i. S. v. Art. 103 Abs. 1 GG. Während nämlich Art. 103 Abs. 1 GG dem Beschuldigten ein Recht auf Annhörung, d. h. die Möglichkeit, durch Informationspreisgabe auf das staatliche Verfahren Einfluss zu nehmen, verschafft, läuft der Nemo-Tenetur-Grundsatz entgegengesetzt und will Garantie dafür sein, dass der Beschuldigte nicht zur Informationsäußerung gezwungen werden darf[546]. Zwar begründet Art. 103 Abs. 1 GG ebenso keine Pflicht zu Aussage[547], steht der Einführung solcher Pflichttatbestände aber nicht entgegen[548]. Für die Ausgestaltung des Nemo-Tenetur-Grundsatzes ist Art. 103 Abs. 1 GG daher keine weitere Bedeutung beizumessen[549].

(5) Das Rechtsstaatsprinzip, Art. 20 Abs. 3 GG

Eine Ergänzung in der verfassungsrechtlichen Bestimmung des Nemo-Te-netur-Grundsatzes nimmt, neben anderen, auch das BVerfG durch einen Hinweis auf ein faires und rechtsstaatliches Verfahren vor[550]. Die Verbindung zwischen dem Selbstbelastungsschutz und dem aus Art. 20 Abs. 3 GG abgeleiteten Rechtsstaatsprinzip wird dabei in erster Linie durch die gemeinsame ge-

---

[546] Torka S. 45 m. w. N.

[547] Schulze-Fielitz in Dreier Art. 103 I Rn. 54 m. w. N.

[548] Schmidt-Aßmann in Maunz – Dürig Art. Art. 103 Abs. 1 Rn. 81.

[549] A. A. Böse GA 2002, 98, 118 ff., der den Nemo-Tenetur-Grundsatz als verfassungsrechtlichen Bestandteil des Anspruchs auf rechtliches Gehör gem. Art. 103 Abs. 1 GG gewährleistet sehen will. Hiernach sei Art. 103 Abs. 1 GG als Verfahrensgrundrecht zu verstehen, welches dem Angeklagten das Recht gewähren soll, selbst über die Art und Weise seiner Verteidigung zu bestimmen, wovon auch das Recht der Aussageverweigerung umfasst sei. Dem ist vorzuhalten, dass es jedem Recht charakteristisch ist, nicht in Anspruch genommen zu werden. Ebenso verhält es sich im Zuge von Art. 103 Abs. 1 GG, der ein Recht zur Stellungnahme gewährt, ohne aber eine solche Pflicht zu begründen. Das Recht auf Gehör ist ein Recht auf Entäußerung. Die Annahme, Art. 103 Abs. 1 GG garantiere auch ein Recht zum Schweigen, hieße daher, den Tatbestand in unzulässiger Weise zu überdehnen. Das Recht zum Schweigen ist ein, wenn auch eng verwandtes, Aliud gegenüber dem Recht auf Gehör i. S. v. Art. 103 Abs. 1 GG. Im Ergebnis ebenso Röckl S. 109; Rogall S. 124 f.; Hahn S. 154; Dingeldey JA 1984, 407, 409; Möller JR 2005, 314, 318; Nothhelfer S. 53; Bosch S. 75 f. m. w. N.

[550] BVerfGE 56, 37, 43; E 38, 105, 111 ff.; BGHSt 36, 44, 48; St 14, 358, 364 f.; ausführlich Bosch S. 69 ff.; Schneider S. 38 ff.; Ransiek S. 53; Reiß S. 157; Rüster S. 30 f.; Berthold S. 12 ff.; Hahn S 159; Ruegenberg S. 195; Schramm S. 51; Günther GA 1978, 193, 198 f.; Paeffgen S. 71; Torka S. 69 m. w. N.; a. A. Rogall S. 138; Nothhelfer S. 50 f.; Mäder S. 83 m. w. N.

schichtliche Entwicklung geprägt[551]. Dem trägt der Rechtsstaatsgedanke insoweit Rechnung, als dessen Fundament, der Begriff des Rechtsstaats, selbst erst im Zuge des liberalen Gedankens zu Beginn des 19. Jahrhunderts aufgekommen ist und in dem Verständnis seiner Ausprägung einer starken Fortbildung unterworfen war[552]. Im Zuge seiner geschichtlichen Entwicklung haben sich unter dem unbestimmten Begriff des Rechtsstaatsgebotes diverse Prinzipien versammelt[553]. Als solche sind hier nur die Unschuldsvermutung, der Verhältnismäßigkeitsgrundsatz und das Gebot der Verfahrensfairness zu benennen[554]. Auch sie wurzeln im liberalen Zeitgeist des 19. Jahrhunderts und dem Bestreben, die Machtbefugnisse der Obrigkeit zu Gunsten der Erweiterung der Rechtstellung des Individuums zu beschränken[555]. Da gerade auch der Selbstbelastungsschutz derselben Intention entsprungen ist, wird dieser mit den aufgezeigten Unterprinzipien des Rechtsstaatsgebots in Verbindung gebracht[556]. Insoweit entspricht der Selbstbelastungsschutz althergebrachter und bewährter Rechtstradition[557] und ist sowohl Ausdruck als auch Konsequenz eines, in Abkehr zur bisher geltenden Inquisition, "neuen" rechtsstaatlichen, dem Akkusationsprinzip unterworfenen Strafverfahrens[558].

Will man den Selbstbelastungsschutz auch in Art. 20 Abs. 3 GG lokalisiert wissen, bleibt aber zu beachten, dass das Rechtsstaatsprinzip selbst nicht unmittelbar Rechtsgrundsätze schafft, sondern sich selbst erst im Rahmen bereits geschaffener Strukturen und anerkannter prozessrechtlicher Gewährleistungen konkretisiert[559]. Aus dem Rechtsstaatsgebot lassen sich daher keine Rück-

---

[551] BVerfGE 56, 37, 40; Mössner S. 39 f.; Stürner NJW 1981, 1757, 1758; Berthold S. 13; Schneider S. 40 f. m. w. N.;

[552] Mössner Staatsrecht S. 39 f.; zur historischen Entwicklung des Rechtsstaatsprinzips: Katz § 10 I Rn. 159 ff.; Sommermann in Mangold/Klein/Stark Art. 20 Abs. 3 Rn. 222 ff.

[553] Vgl. Sommermann in Mangold/Klein/Stark Art. 20 Abs. 3 Rn. 228 ff.; Wolter in SK-StPO Vor § 151 Rn. 55; Bäumlin/Ridder in AK GG Art. 20 Abs. 1 – 3 III Rn. 35 f.; Katz § 10 II Rn. 162 ff.

[554] Ausführlich zu dem Gebot der Verfahrensfairness, der Waffengleichheit und der Unschuldsvermutung: Bosch S. 74 ff.

[555] Günther GA 1978, 193, 198 f.; Reiß S. 155 ff.; Schneider S. 41 m. w. N.

[556] Vgl. Torka S. 74 ff.

[557] BVerfGE 56, 37, 41.

[558] Der Anklagegrundsatz verlangt, dass Anklage und Urteilsfindung durch verschiedene Organe wahrgenommen werden müssen und bestimmt zugleich, dass es die Aufgabe des Staates ist, die nötigen Beweise zu liefern. Vgl. Bosch S. 96 ff.; Weigend ZStW 2001 271, 283; Böse GA 2002, 98, 103 ff.; Schneider S. 40 m. w. N.

[559] Vgl. Lagodny S. 10 ff.; Schneider Jura 1997, 131, 137; Schmidt-Jortzig in FS 50 Jahre BVerfG 2001, 505, 521.

schlüsse auf seine Unterprinzipien ziehen. Dies ist allenfalls in umgekehrter Richtung anzunehmen, so dass der Oberbegriff des Rechtsstaatsgebotes durch seine Unterprinzipien seine Ausprägung erfährt. Wenn insoweit geltend gemacht wird, dass es als selbstverständlich erscheint, dass der Selbstbelastungsschutz in einem rechtsstaatlichen Verfahren zur Anwendung kommt[560], vermag der Nemo-Tenetur-Grundsatz zwar das Rechtsstaatsgebot zu präzisieren, aber nicht umgekehrt[561]. Die relevante Frage, wann im Falle eines Eingriffs in Art. 20 Abs. 3 GG von einer Verletzung des Nemo-Tenetur-Grundsatzes ausgegangen werden kann, wird aber nicht beantwortet[562].

Davon unberührt, können die benannten Unterprinzipien des Rechtsstaatsprinzips allerdings als normative Leitlinien für eine Inhaltsbestimmung des Selbstbelastungsschutzes herangezogen werden[563]. Nur beispielhaft sei hier auf das Verhältnismäßigkeitsprinzip[564] verwiesen: Soweit durch den Nemo-Tenetur-Grundsatz nämlich die staatliche Informationserhebung beschränkt wird, findet hierdurch auch die Ermittlung der strafprozessualen Wahrheit, auf die das Strafverfahren ausgerichtet ist[565], ihre Grenzen[566]. Hinter der in diesem Zusammenhang stereotyp verwendeten Formulierung, *"das Strafverfahren kenne keine Wahrheitsermittlung um jeden Preis"*[567], steht letztendlich der Wille, die im Strafverfahren kollidierenden Interessen zwischen dem Staat und dem beschuldigten Individuum nach Verhältnismäßigkeitsgesichtspunkten in Ausgleich zu bringen. Der an rechtsstaatlichen Grundsätzen ausgerichtete Strafprozess fragt nicht allein nach dem Inhalt, sondern auch nach dem Zu-

---

[560] Vgl. BGHSt 14, 358, 364; St 25, 325, 330 f.; St 38 214, 220; St 38, 263, 266; St 38, 302, 305; Stürner NJW 1981, 1757 f.; Weßlau ZStW 1998, 1, 36 m. w. N.

[561] Vgl. Wolter in SK-StPO Vor § 151 Rn. 54.

[562] Röckl S. 109; Günther GA 1978, 193, 198 f.

[563] Vgl. Bosch S. 74 ff.; Torka S. 76, 80, 96.

[564] Vgl. Schmidt-Jortzig in FS 50 Jahre BVerfG 2001, 505, 523.

[565] BVerfGE 80, 367, 375; E 77, 65, 76; 57, 250, 275; Weigend ZStW 2001 271 ff.; Riepl S. 1; Meyer-Mews JuS 2004, 39; Wisser S. 224 m. w. N.

[566] Vgl. Günther GA 1978, 193, 199; Weigend ZStW 2001 271, 293; Die durch den Nemo-Tenetur-Grundsatz verursachte Begrenzung darf aber nicht allein als Beschränkung in der Wahrheitsermittlung gewertet werden. Umgekehrt vermag der Nemo-Tenetur-Grundsatz auch unzuverlässige Beweismittel von der Wahrheitsfindung auszuschließen. Dies gilt nicht zuletzt für inquisitorische Verhörmethoden, wie sie vor dem reformierten Strafprozess üblich waren, welche zu einer bizarren Verfälschung der Wahrheit über die tatsächlichen Geschehnisse führten.

[567] BGHSt 14, 385, 365; Weigend ZStW 2001 271, 293; Kühl JuS 1986, 115, 117; Wolter in SK-StPO Vor § 151 Rn. 30; Wisser S. 224 m. w. N.

standekommen eines Urteils. Allerdings betont das BVerfG in ständiger Rechtsprechung die Weite und Unbestimmtheit des Grundsatzes eines fairen, rechtsstaatlichen Verfahrens und hat diesen bisher nur in seltenen Ausnahmefällen bemüht[568].

Wenn unter diesen Gesichtspunkten das Rechtsstaatsprinzip neben dem allgemeinen Persönlichkeitsrecht als verfassungsrechtliche Verankerung des Nemo-Tenetur-Grundsatzes genannt wird, liegt hierin keine sich gegenseitig ausschließende Konkurrenz, als vielmehr eine, der normativen Ausprägung des Selbstbelastungsschutzes gerecht werdende, Ergänzung[569]. Einer näheren Abgrenzung zwischen Art. 2 Abs. 1 i. V. m. Art. 1 Abs. 1 GG und Art. 20 Abs. 3 GG bedarf es hier insoweit aber nicht[570].

2. Der Schutzbereich des Nemo-Tenetur-Grundsatzes

Nach vorliegender Betrachtungsweise erweist sich der Nemo-Tenetur-Grundsatz als ein subjektives Recht des Beschuldigten, das seinen rechtlichen Ursprung unmittelbar in dem Grundrecht des allgemeinen Persönlichkeitsrechts findet und auf den Schutz der Kommunikationsautonomie im Strafverfahren bezogen ist. Soweit im Folgenden der tatbestandliche Inhalt des Selbstbelastungsschutzes zur Entscheidung steht, ist an dieser Stelle in aller Kürze anzumerken, dass der Strafprozess, ebenso wie andere formalisierte Rechtswege des öffentlichen Rechts, das Ergebnis eines Datenverarbeitungsvorganges ist und infolgedessen für seine Durchführung der maßgeblichen Informationen bedarf[571]. Vor diesem Hintergrund ist das in ständiger Rechtsprechung durch das BVerfG verwendete Postulat einer effektiven und funktionstüchtigen Strafrechtspflege[572] zu beachten, deren Sicherstellung als wesentlicher Belang eines rechtsstaatlichen Gemeinwesens bezeichnet wird[573]. Als solches zieht das Verfassungsgericht, bei grundsätzlicher Tolerierung durch die Lite-

---

[568] Vgl. BVerfG 33 367, 383; E 34, 283, 248 f.; E 57, 250, 267; E 77,65, 75 f.; E 86, 288, 318; ebenso Schneider Jura 1997, 131, 138.

[569] Bosch S. 76 f.

[570] Vgl. Röckl S. 105; Berthold S. 13 m. w. N.

[571] Vgl. Riepl S. 1 f., 174; Lorenz JZ 1992, 1000, 1001; Duttge S. 205 m. w. N.

[572] Zum Teil spricht das BVerfG auch von dem "Erfordernis rechtsstaatlicher Gewährung der Strafrechtspflege" bzw. dem "Erfordernis einer wirksamen Rechtspflege". BVerfGE 77, 65, 82; BVerfG NJW 1996, 771, 772; BVerfGE 80, 367, 375.

[573] BVerfGE 80, 367, 375; E 77, 65, 76; E 53, 152, 160; E 51, 324, 343 f.; E 46, 214, 222 f.; E 44, 353, 374; E 41, 246, 250; E 38, 312, 321; E 33, 367, 383; Lorenz JZ 1992, 1000, 1002; Schmidt-Jortzig in FS BVerfGE 2001, 505 f.; Goldmann S. 91 ff. m. w. N.

ratur[574], das Gebot einer funktionstüchtigen Strafrechtspflege regelmäßig im Rahmen einer Verhältnismäßigkeitsprüfung als notwendigen Abwägungsbelang für die Ermittlung einer möglichen Beschränkung der Individualposition aus Art. 2 Abs. 1 i. V. m. Art. 1 Abs. 1 GG heran[575]. Die Annahme, das Strafverfolgungsinteresse hätte prinzipiell hinter das aus Art. 2 Abs. 1 i. V. m. Art. 1 Abs. 1 GG fließende Selbstbestimmungsrecht zurückzutreten, scheidet hiernach, auch im vorliegenden Kontext, aus.

Demgegenüber wird dem Nemo-Tenetur-Grundsatz von der ganz herrschenden Meinung im Strafprozess eine absolute Wirkung zugesprochen, was zur Folge haben soll, dass dieser gegenüber Einschränkungen seines Schutzbereiches immun sei[576]. Folgt man dieser Prämisse, muss dargelegt werden, wann und unter welchen Voraussetzungen das Strafverfolgungsinteresse hinter den Selbstbelastungsschutz generell zurückzutreten hat. Will man dem Nemo-Tenetur-Grundsatz eine absolute Wirkung im Strafverfahren zusprechen, ist es daher erforderlich, seinen unbeschränkbaren Schutzbereich aufzuzeigen. Soweit dies demgegenüber nicht geschieht, bedeutet die Verabsolutierung des Nemo-Tenetur-Grundsatzes nichts weiter als eine konturlose Behauptung, denn wie schon angeführt, werden auf den Beschuldigten im Strafverfahren diverse Zwänge zur Informationspreisgabe ausgeübt, ohne dass diese vor dem Hintergrund des Nemo-Tenetur-Grundsatzes für unzulässig erklärt würden.

Die nachfolgenden Untersuchungen haben nunmehr zweierlei zu klären: Zum einen ist der Frage nachzugehen, ob der Nemo-Tenetur-Grundsatz dem Grunde nach überhaupt über einen absoluten Schutzbereich verfügt. Soweit dies bejaht wird, ist zum Zweiten eben dieser absolute Schutzbereich in seinen Tatbestandsvoraussetzungen zu präzisieren. Auch hier soll die These einer

---

[574] Streitig ist jedoch die rechtsdogmatische Verankerung und die damit zum Ausdruck kommende Gewichtungsstärke. Überwiegend wird die Sicherung der Funktionstüchtigkeit der Strafrechtspflege aus dem Rechtsstaatsprinzip gem. Art. 20 Abs. 3 GG hergeleitet und mit dem Gewaltmonopol des Staates und einem "Grundrecht auf Sicherheit" begründet. Demgegenüber soll das Rechtsstaatsprinzip nach traditionellem Verständnis in seiner Bedeutung auf die "Respektierung und den Schutz der Sphäre des Bürgers durch Bindung und Begrenzung der Staatsgewalt" beschränkt sein. Grünwald JZ 1981, 423, 427; Schmidt-Jortzig in FS 50 Jahre BVerfG 2001, 505, 509 f.; Weichert S. 39 m. w. N.

[575] Vgl. BVerfGE 80, 367, 375; E 34, 238, 249; Ernst S. 94 ff.; Wolter in SK-StPO Vor § 151 Rn. 27 f.; Schneider S. 47; Riepl S. 32 f.; Wölfl S. 100 ff.; Lammer S. 46 f.; Lorenz GA 1992, 254, 266 f. m. w. N.

[576] Vgl. nur BVerfGE 65, 1, 46; Böse S. 532; Weichert S. 123; Lorenz JZ 1992, 1000, 1005; Nothhelfer S. 90; Mäder S. 93; Samson wistra 1988, 130, 131 f.; Lammer S. 156 f. m. w. N.

absoluten Schutzwirkung für die anstehende Diskussion zunächst zugrunde gelegt werden. Wollte man den Selbstbelastungsschutz stattdessen nämlich nur als relativ bezeichnen, hätte dies von vornherein die Beliebigkeit der Bestimmung seines Gewährleistungsinhaltes zur Konsequenz, denn jeder Eingriff ließe sich in Abhängigkeit der jeweils nur subjektiv geprägten Abwägungspräferenzen als rechtmäßig oder rechtswidrig deklarieren.

Nimmt man die – bisher nur unterstellte – absolute Wirkung des Nemo-Tenetur-Grundsatzes als Ausgangspunkt für die anstehende Schutzbereichsbestimmung, ergeben sich für die nachfolgenden Überlegungen zwei grundsätzliche Folgerungen. Zum Einen ist der Tatbestand des Selbstbelastungsschutzes ohne Schranken, d. h. ebenso wie im Fall von Art. 1 Abs. 1 GG stellt jeder Eingriff in den Schutzbereich eine nicht zu rechtfertigende Rechtsverletzung dar. Zum Zweiten gilt es zu beachten, dass der Nemo-Tenetur-Grundsatz, zumindest in seinem absoluten Schutzbereich, einer Einzelfallabwägung nicht zugänglich ist. Sämtliche Abwägungsentscheidungen, die sich aus der Kollision zwischen dem Individualschutz und hiermit möglicherweise kollidierenden Dritt- oder Strafverfolgungsinteressen ergeben können, sind grds. nicht im Rahmen einer Einzelfallentscheidung zu berücksichtigen, sondern müssen bei der vorgelagerten Diskussion um die Bestimmung des Schutzbereichs in die Überlegungen mit einbezogen werden. In Anlehnung an die dogmatische Konstruktion des Art. 1 Abs. 1 GG, verfügt auch der Nemo-Tenetur-Grundsatz, seine absolute Wirkung unterstellt, über einen verobjektivierten, von der Einzelfallbetrachtung unabhängigen Gewährleistungsinhalt. Ebenso wie der Begriff der Menschenwürde, muss auch der Nemo-Tenetur-Grundsatz durch die Konkretisierung seines Schutzbereiches definiert werden. Der zu ermittelnde Schutzbereich stellt insoweit eine abschließende Wertentscheidung dar, wobei gegenläufige Drittinteressen bereits zuvor normativ berücksichtigt wurden[577]. Ist der Schutzbereich ermittelt, ist dieser, wie im Fall eines Eingriffs in Art. 1 Abs. 1 GG, nicht relativierbar. Zur Verdeutlichung: Wenn der Nemo-Tenetur-Grundsatz die Zufügung körperlicher Schmerzen zum Zwecke der Aussageerpressung verbietet, ist diese Wertentscheidung nicht relativierbar und hat auch dann zu gelten, wenn hierdurch im Einzelfall geschützte Drittinteressen verkürzt werden. Eine Auslegung des Nemo-Tenetur-Grundsatzes dahingehend, dass beispielsweise körperliche Eingriffe zur Aussageerpressung im Fall A verboten, im Fall B aber erlaubt sein sollen, scheidet daher aus.

---

[577] LG Frankfurt/Main NJW 2005, 692, 694.

Eine normative Abwägung zwischen den Drittinteressen und dem Individual-interesse mit dem Ergebnis, dass letzteres hinter ersteres zurückzutreten hat, kann nur dort in Betracht kommen, wo nicht der absolute Schutzbereich des Nemo-Tenetur-Grundsatzes betroffen ist.

Nachdem der Nemo-Tenetur-Grundsatz in seinem absolut wirkenden Tat-bestand konkretisiert ist, lässt sich ggf. auch ein nur beschränkbarer Schutzbe-reich ermitteln. Soweit dies der Fall ist, können dann solche Sachverhaltsge-staltungen einer Einzelfallabwägung unterzogen werden, deren Gegenstand zwar nicht dem absoluten Schutzbereich angehören, diesem aber aufgrund normativer Bewertungen angeglichen sind. Wenn sich daher beispielsweise herausstellen sollte, dass die Zufügung von körperlichen Schmerzen zwar dem beschränkbaren, nicht aber auch dem absoluten Schutzbereich des Nemo-Tenetur-Grundsatzes zuzuordnen ist, kann sich die Zwangsmaßnahme als Ergebnis einer normativen Einzelfallabwägung als rechtmäßig erweisen. Als normatives Abwägungskriterium kann z. B. auch die Schwere des jeweiligen Delikts eine Rolle spielen[578]. Im Übrigen sind an die Eingriffsrechtfertigung dabei umso höhere Anforderungen zu stellen, je weiter sich der Eingriff dem absoluten Schutzbereich des Nemo-Tenetur-Grundsatzes annähert. Die nur normativ zu begründende Rechtsbewertung, inwieweit sich ein Eingriff in den relativen Schutzbereich dem absoluten Schutzbereich angenähert hat, ist über-haupt nur dann möglich, wenn der Vergleichswert für die graduelle Zuord-nung bekannt ist[579]. Dies bedeutet, dass erst dann, wenn der absolute Schutz-bereich des Nemo-Tenetur-Grundsatzes ermittelt worden ist, dieser um einen relativen Schutz, der zugleich einer normativen Einzelfallbetrachtung zugäng-lich ist, erweitert werden kann. Hinzuzufügen ist, dass der relative, mit Hilfe normativer Kriterien zu ermittelnde Schutzbereich letztendlich einer subjekti-ven Wertentscheidung zuzurechnen ist und dort getroffene Abwägungser-gebnisse daher keineswegs zwingend sind.

---

[578] Wenngleich das gewählte Beispiel "Zufügung von Schmerzen zur Aussagerzwingung" nur zur Veranschaulichung dient, kennt das Gesetz doch vielerlei Normen, wonach Ein-griffe in die grundrechtlich geschützte Individualsphäre nur in Abhängigkeit der Schwe-re der aufzudeckenden Straftat gerechtfertigt sind. Vgl. nur § 30 Abs. 4 Nr. 5 a) und b) AO; § 100 a StPO.

[579] Vgl. Wolter in SK-StPO Vor § 151 Rn. 52; Lorenz JZ 1992, 1000, 1003; Dencker StV 1994, 667, 680 Fn. 107.

Im Folgenden ist daher zunächst der absolute und im Anschluss ggf. der – soweit vorhanden – relative Schutzbereich des Nemo-Tenetur-Grundsatzes zu ermitteln. Aufgrund seiner verfassungsrechtlichen Verankerung in Art. 2 Abs. 1 i. V. m. Art. 1 Abs. 1 GG ist es nur konsequent, die Ermittlung seines Tatbestandes in Anlehnung an den Schutzumfang des allgemeinen Persönlichkeitsrechts zu ermitteln[580].

a) Schranken des allgemeinen Persönlichkeitsrechts

Ebenso wie die übrigen Freiheitsgrundrechte, wird auch das allgemeine Persönlichkeitsrecht und der dort verankerte Schutz der Kommunikationsautonomie nicht schrankenlos gewährleistet[581]. Einschränkungen können im überwiegenden Allgemeininteresse gerechtfertigt und geboten sein. Das Selbstbestimmungsrecht der einzelnen Person und das staatliche Informationsinteresse sind in wechselseitiger Abwägung in Ausgleich zu bringen. Nach ständiger Rechtsprechung ist eine Einzelfallabwägung aber dann ausgeschlossen, wenn durch die staatliche Maßnahme der *"unantastbare Bereich privater Lebensgestaltung"* betroffen ist[582]. Selbst schwerwiegende Allgemeininteressen können Eingriffe in diesen Bereich nicht rechtfertigen. In seiner dogmatischen Existenz wird das Konstrukt aus dem Bestand der Menschenwürde gem. Art. 1 Abs. 1 GG und der grundrechtlichen Wesensgehaltsgarantie i. S. v. Art. 19 Abs. 2 GG gefolgert[583]. Der unantastbare Bereich privater Lebensgestaltung i. S. v. Art. 2 Abs. 1 i. V. m. Art. 1 Abs. 1 GG ist im Ergebnis das grundrechtliche Pendant zu dem, im Rahmen der Menschenwürde bezeichneten, Schutz des "Eigenwerts und der Eigenständigkeit des Menschen"[584]. Ebenso wie im Rahmen des Art. 1 Abs. 1 GG für die Definition der Menschenwürde nach deren Grundbedingungen zu fragen war, ist auch im Rahmen des unantastbaren Bereichs privater Lebensgestaltung nach den Grundbedingungen für den Gewährleistungsinhalt des allgemeinen Persönlichkeitsrechts zu fragen.

---

[580] Vgl. Nothhelfer S. 85 ff.; Lammer S. 156; a. A. Ransiek S. 48, der von einem "inflationären Gebrauch" von Art. 2 Abs. 1 i. V. m. Art. 1 Abs. 1 GG spricht, so dass "weitergehende Folgerungen zweifelhaft erscheinen und nur die rechtspolitischen Vorstellungen des jeweiligen Verfassers widerspiegeln".

[581] Vgl. BVerfGE 65, 1, 43 f. m. w. N.; Tiedemann DÖV 2003, 74; Kunig Jura 1993, 595, 602; Hubmann S. 163; Degenhardt JuS 1992, 361, 363; Vogelgesang S. 56 f.; Helle S 80 ff.; Di Fabio in Maunz – Dürig Art. 2 Abs. 1 Rn. 179 m. w. N.

[582] BVerfGE 34, 238, 245; E 54, 143, 146; E 80, 367, 373; Degenhart JuS 1992, 361, 363; Dreier in Dreier Art. 2 I Rn. 60 m. w. N.

[583] BVerfGE 27, 344, 351; Dutte S. 177; Laber S. 51; Ernst S. 103 ff. m. w. N.

[584] Vgl. oben Fn. 336.

Soweit das Grundrecht demgegenüber nicht in seinem absolut geschützten Bereich betroffen ist, gewährt es nur einen relativen, an Verhältnismäßigkeitsgrundsätzen orientierten Schutz[585]. Wo aber die Grenze zwischen dem relativen Schutzbereich und dem unantastbaren Bereich privater Lebensgasthaltung zu ziehen ist, bleibt noch aufzuzeigen. Für die Beantwortung der Frage, welche Schutzintensität dem Grundrecht im konkreten Fall unter Beachtung des jeweiligen Lebenssachverhaltes zukommen soll, wird gemeinhin die sog. "Sphärentheorie" heran gezogen[586].

aa) Sphärentheorie

Die im Rahmen des allgemeinen Persönlichkeitsrechts zur Anwendung kommende Sphärentheorie entspringt der besonderen Verknüpfung von Art. 2 Abs. 1 und Art. 1 Abs. 1 GG[587]. Ihr liegt die Annahme zugrunde, dass sich mit steigender Eingriffsrelevanz für die engere Persönlichkeitssphäre auch in gleichem Maße der Einfluss von Art. 1 Abs. 1 GG verstärkt[588]. Dies bedeutet, dass der Schutz vor hoheitlichen Eingriffen in die Persönlichkeit umso intensiver ist, je stärker sich die staatliche Maßnahme dem unantastbaren Bereich menschlicher Lebensgestaltung annähert[589]. In gleichem Maße wie der Schutz vor hoheitlichen Eingriffen steigt, erhöhen sich auch die Anforderungen für eine mögliche Rechtfertigung. Ab einem gewissen Eingriffsgrad ist die "Entpersönlichung"[590] soweit fortgeschritten, dass sich die mit dem Persönlich-

---

[585] BVerfGE 27, 344, 350; E 34, 238, 245 f.; E 80, 367, 374; Starck in Mangoldt/Klein/Starck Art. 2 Abs. 1 Rn. 84; Geis JZ 1991, 112, 113.

[586] Vgl. BVerfGE 75, 369, 380; Geis JZ 1991, 112 ff.; Murswiek in Sachs Art. 2 Rn. 104; Dreier in Dreier Art. 2 I Rn. 61; Di Fabio in Maunz – Dürig Art. 2 Abs. 1 Rn. 158 m. w. N.

[587] Abhängig von den jeweiligen Eigenarten des zugrunde liegenden Sachverhaltes und seiner Fragestellung findet die Sphärentheorie innerhalb der Grundrechtsprüfung sowohl auf der Ebene der Bestimmung des Schutzbereichs wie auch der Prüfung der "Schranken-Schranken" Anwendung.

[588] Vgl. Starck in Mangoldt/Klein/Starck Art. 2 Abs. 1 Rn. 85; Di Fabio in Maunz – Dürig Art. 2 Abs. 1 Rn. 130; Geis JZ 1991, 112, 115.

[589] BVerfGE 89, 69, 82 f.; E 65, 1, 45 f.; E 32, 373, 378 f.; Di Fabio in Maunz – Dürig Art. 2 Abs. 1 Rn. 158; Dreier in Dreier Art. 2 I Rn. 61; Murswiek in Sachs Art. 2 Rn. 104.

Das BVerfG definiert den unantastbaren Bereich privater Lebensgestaltung als "Innenraum", in dem der Mensch "sich selbst besitzt" und "in dem er sich selbst zurückziehen kann und zu dem die Umwelt keinen Zutritt hat, in dem man in Ruhe gelassen wird und ein Recht auf Einsamkeit genießt". Vgl. BVerfGE 27, 1, 6; E 33, 367, 377; E 34, 269, 281; E 35, 202, 220.

[590] Schmitt Glaeser in HdbStR § 129 Rn. 33.

keitsrecht verbundene Subjektsstellung in die eines bloßen "Informationsobjektes" wandelt und in der Kontextabhängigkeit von Art. 2 Abs. 1 GG ein selbständiger Eingriff in Art. 1 Abs. 1 GG vorliegt[591]. Einschränkend ist jedoch zu ergänzen, dass auch in der Kontextabhängigkeit von Art. 2 Abs. 1 GG nur besonders schwerwiegende Persönlichkeitsverletzungen überhaupt zu einem Eingriff in den Schutzbereich von Art. 1 Abs. 1 GG führen können[592].

In Folge dieser Abstufungsidee[593] versucht die Sphärentheorie persönlichkeitsrelevante Lebenssachverhalte in verschiedene Sphären mit jeweils unterschiedlicher Schutzbedürftigkeit und Eingriffsresistenz zu unterscheiden[594]. Bildlich gesprochen, handelt es sich um drei konzentrische Kreise mit jeweils größerem Umfang, aufgeteilt in die Intimsphäre mit dem kleinsten Durchmesser, gefolgt von der Privatsphäre und schlussendlich der Sozialsphäre[595]. Die beiden zuletzt genannten Sphären beschreiben den grundsätzlich beschränkbaren Bereich des allgemeinen Persönlichkeitsrechts. Hierbei erfasst die Sozialsphäre all jene Vorgänge, die im Bereich der Öffentlichkeit vorgenommen werden und deren Informationsgehalt kein oder nur ein geringer privater Bezug beizumessen ist und die nicht einem speziellen Geheimhaltungswillen des Grundrechtsträgers unterliegen. Eingriffe in den Bereich der Sozialsphäre sollen grds. zulässig, und nur an den geringen Rechtfertigungsanforderungen der Schrankentrias i. S. v. Art. 2 Abs. 1 GG zu messen sein[596]. Die Privatsphäre ist hingegen auf all jene Handlungen und Informationen bezogen, denen zwar ein gewisser Öffentlichkeitsbezug zuzuschreiben ist, die nach dem Willen des Grundrechtsträgers aber nur einem begrenzten Teilnehmerkreis zu Kenntnis gebracht werden sollen. Wenngleich die Privatsphäre auch dem Öffentlich-

---

[591] BVerfGE 75, 369, 380; E 65, 1, 68 ff.; Di Fabio in Maunz – Dürig Art. 2 Abs. 1 Rn. 130.

[592] BVerfGE 9, 167, 171; Höfling JuS 1995, 875, 860.

[593] Nicht selten werden diese Grundsätze bereits auf der Ebene der Schutzbereichsbestimmung herangezogen.

[594] Wölfl S. 77 f.; Goldmann S. 88 f.; Degenhart JuS 1992, 361, 363; Lorenz GA 1992, 254, 261; Duttge S 67 f. m. w. N.

[595] Sowohl die Anzahl als auch die Terminologie variieren, was für die vorliegenden Erörterungen aber unschädlich ist. Vgl. Kunig Jura 1993, 595, 602; Degenhart JuS 1992, 361, 363 f.; Ehmann JuS 1997, 193, 196 f.; Schlink der Staat 1986, 233, 241.

[596] Vgl. BVerfGE 35, 35, 39; E 35, 202, 220; Degenhart JuS 1992, 361, 363 f.; Di Fabio in Maunz – Dürig Art. 2 Abs. 1 Rn. 160; Duttge S. 171; Murswiek in Sachs Art. 2 Rn. 104 m. w. N.

keitsbereich zuzuschreiben ist, sollen hier Eingriffe nur unter nachdrücklicher Wahrung des Verhältnismäßigkeitsprinzips zulässig sein[597].

Demgegenüber sollen Eingriffe in den nur eng gezogenen Bereich der Intimsphäre immer unzulässig sein. Systematisch kann die Intimsphäre demnach als Ausprägung des unantastbaren Bereichs privater Lebensgestaltung begriffen werden. In ihrer Funktion umschreibt die Intimsphäre jenen Bereich des allgemeinen Persönlichkeitsrechts, der einer Abwägung nicht zugänglich und schlechterdings entzogen ist, mithin also absolute Wirkung entfaltet[598].

Eine in Frage stehende Differenzierung zwischen den einzelnen Sphären versucht das Verfassungsgericht mit Hilfe des im Einzelfall zu ermittelnden "Sozialbezuges" vorzunehmen[599]. Das Merkmal des Sozialbezuges definiert das Gericht als den Kontakt des einzelnen zur Außenwelt, wobei mit steigendem Sozialbezug proportional der Bereich der Intimsphäre verlassen werde. Diesbezüglich ging das BVerfG zunächst davon aus, dass bereits jeder kommunikative Kontakt des Individuums mit seiner Außenwelt einen hinreichenden "Sozialbezug" aufweise, um einen mutmaßlichen Eingriff in den unantast-

---

[597] BVerfGE 27, 344, 350; E 34, 238, 245; Duttge S. 171; Di Fabio in Maunz – Dürig Art. 2 Abs. 1 Rn. 159; Murswiek in Sachs Art. 2 Rn. 104; Starck in Mangoldt/Klein/Starck Art. 2 Abs. 1 Rn. 86 m. w. N.

Nicht abschließend geklärt ist die Frage, welche Anforderungen an die Schranken des allgemeinen Persönlichkeitsrechts zu stellen sind. Vgl. Jarass NJW 1989, 857, 860 f.; Tiedemann DÖV 2003, 74 ff.; Lücke DÖV 2002, 93 ff. jeweils m. w. N.

Als solche greifen Rechtsprechung und der überwiegende Teil in der Literatur auf die Schrankenanforderung von Art. 2 Abs. 1 HS. 2 GG zurück. Vgl. BVerfGE 65, 1, 44; E 99, 185, 195; BVerfG NJW 2001, 594, 595; Murswiek in Sachs Art. 2 Rn. 103; Dreier in Dreier Art. 2 I Rn. 59; Di Fabio in Maunz – Dürig Art. 2 Abs. 1 Rn. 133; Schmitt Glaeser HdbStR § 129 Rn. 37, 103; Riepl S. 8 f.; Wölfl S. 80; Pieroth/Schlink Rn. 382 m. w. N.

Wenngleich das allgemeine Persönlichkeitsrecht hiernach unter einfachem Gesetzesvorbehalt steht (Schmitt Glaeser HdbStR § 129 Rn. 103; Murswiek in Sachs Art. 2 Rn. 90; Di Fabio in Maunz – Dürig Art. 2 Abs. 1 Rn. 133 m. w. N.), wird nicht selten auf die Grundsätze zurückgegriffen, welche für die Beschränkbarkeit der körperlichen Integrität i. S. v. Art. 2 Abs. 2 GG entwickelt wurden. Vgl. BVerfGE 32, 373, 379; E 33, 367, 377; E 27, 344, 351; Starck in Mangoldt/Klein/Starck Art. 2 Abs. 1 Rn. 16; Jarass NJW 1989, 857, 860 f.; Schmitt Glaeser in HdbStR § 129 Rn. 39 f.; Murswiek in Sachs Art. 2 Rn. 64, 100 ff.; 103; Di Fabio in Maunz – Dürig Art. 2 Abs. 1 Rn. 131; Dreier in Dreier Art. 2 I Rn. 59 m. w. N.; kritisch Lücke DÖV 2002, 91, 95 ff.

[598] BVerfGE 6, 32, 41; E 34, 238, 245; E 54, 143, 146; E 80, 367, 373; Degenhart JuS 1992, 361, 363 f.; Lorenz GA 1992, 254, 261; Di Fabio in Maunz – Dürig Art. 2 Abs. 1 Rn. 158; Murswiek in Sachs Art. 2 Rn. 104 m. w. N.

[599] BVerfGE 6, 389, 433; E 33, 367, 377; E 35, 202, 220; Lorenz GA 1992, 254, 263; Vogelgesang S. 43 m. w. N.

baren Bereich der Intimsphäre verneinen zu können[600]. In seinen späteren Entscheidungen hat das Gericht diese Auffassung dahingehend relativiert, dass nicht jedweder Sozialbezug automatisch das Verlassen der Intimsphäre zur Folge haben soll[601], sondern hierfür vielmehr die Art und Intensität an Kommunikation des einzelnen mit der Gemeinschaft maßgeblich sei[602]. Trotz dieser Relativierung ist das Verfassungsgericht eine weitergehende Konkretisierung der Sphärentheorie oder des Begriffs des Sozialbezuges aber schuldig geblieben[603]. Rechtfertigend stellt es lediglich fest, dass sich für den Sozialbezug abstrakt kein feststehender Wert benennen lasse, mit dessen Eintritt die Schwelle zur Intimsphäre überschritten sei[604]. Wenngleich das Gericht auch weiterhin von einem Intimbereich spricht, hat es dessen Existenz zwar theoretisch anerkannt, einen Eingriff in diesen bisher aber immer verneint[605].

---

[600] Vgl. Schlink der Staat 1986, 233, 241; Vogelgesang S. 43 m. w. N. Dem wurde die Kritik entgegengehalten, dass es aufgrund der kommunikativen Konstitution des Menschen keinen kommunikationsfreien Raum gebe. Auch ergebe sich die "*Ironie, dass intimste zwischenmenschliche Beziehungen (...) nicht an den intensiven Schutzwirkungen des Intimbereichs*" teilhaben. Lorenz GA 1992, 254, 263; Aulehner S. 387 f.; Lammer S. 76 f.; Geis JZ 1991, 112, 115 f.; Wolter in SK-StPO Vor § 151 Rn. 134 jeweils m. w. N.

[601] So deutlich BVerfGE, 80, 367, 374; E 33, 367, 377; E 35, 202, 220.

[602] Vgl. BVerfGE, 80, 367, 374; Lorenz GA 1992, 254, 264 ff.; Aulehner S 387 f.; Lammer S. 77; Dreier in Dreier Art. 2 I Rn. 60; Laber S. 62.; Schmitt Glaeser HdbStR § 129 Rn. 36 m. w. N.

[603] Nur ergänzend sei darauf hingewiesen, dass sich auch in der Literatur keine weitergehende Präzisierung findet. Zur Kritik der Sphärentheorie, insbesondere aufgrund der Unschärfe in der Abgrenzung zwischen den einzelnen Sphären, vgl. Starck in Mangoldt/Klein/Starck Art. 2 Abs. 1 Rn. 11, 16; Murswiek in Sachs Art. 2 Rn. 105; Di Fabio in Maunz – Dürig Art. 2 Abs. 1 Rn. 161 m. w. N.

[604] Vgl. BVerfGE 34, 238, 248; E 80, 367, 374; Laber S. 62 f.; Di Fabio in Maunz – Dürig Art. 2 Abs. 1 Rn. 161; Schmitt Glaeser in HdbStR § 129 Rn. 36 m. w. N.

[605] Weder der Gesundheitszustand nach BVerfGE 32, 373, 379, das Eheleben nach BVerfGE 27, 344, 351 und E 34, 205, 209, heimliche Tonbandaufnahmen über geschäftliche Unterredungen nach BVerfGE 34, 238, 248, molekulargenetische Untersuchungen zur Identitätsfeststellung nach BVerfG NJW 2001, 879, 880, persönliche Aufzeichnungen in Tagebüchern nach BVerfGE 80, 367, 375 ff. – mit Sondervotum S. 380 ff. -, noch Ergebnisse einer psychologischen Untersuchung nach BVerwGE 89, 69, 84; Lammer S. 72; Di Fabio in Maunz – Dürig Art. 2 Abs. 1 Rn. 158 m. w. N.; Bosch S. 61.

Es wird daher die Frage aufgeworfen, ob Art. 2 Abs. 1 i. V. m. Art. 1 Abs. 1 GG überhaupt über einen abwägungsfesten Kernbereich verfügt. Vgl. Sondervotum in BVerfGE 80, 367, 382; Geis JZ 1991, 112, 115 f.; Starck in Mangoldt/Klein/Starck Art. 2 Abs. 1 Rn. 90; bejahend Di Fabio in Maunz – Dürig Art. 2 Abs. 1 Rn. 162; Degenhart JuS 1992, 361, 364; Kunig Jura 1993, 595, 602 f. m. w. N.

bb) Modifikation der Sphärentheorie im Rahmen des Rechts auf informationelle Selbstbestimmung

Auch in seiner Ausprägung durch das RIS wird das allgemeine Persönlichkeitsrecht und die hiervon umfasste Kommunikationsautonomie nicht schrankenlos gewährleistet[606]. Soweit aber im Falle eines Grundrechtseingriffs in Art. 2 Abs. 1 i. V. m. Art. 1 Abs. 1 GG das RIS zur Anwendung kommt, ergeben sich in Bezug auf die Beschränkung des Grundrechts im Rahmen der Sphärentheorie einige Modifikationen[607]. Denn anders als die "klassische Sphärentheorie" ist hier die Anzahl der relevanten Sphären auf zwei Bereiche, einen beschränkbaren und einen unbeschränkbaren, verringert. Dies erklärt sich daraus, dass es nach den verfassungsgerichtlichen Vorgaben im Schutzbereich des RIS kein belangloses Datum mehr geben soll. Wenn hiernach jedem Datum ein grundrechtsrelevanter Stellenwert eingeräumt wird, entfallen damit zugleich die Voraussetzungen für die Anerkennung einer grundsätzlich ungeschützten Sozialsphäre. Ihr Anwendungsbereich geht verloren und verschmilzt mit dem Bereich der Privatsphäre zu einer generellen Abwägungssphäre[608]. Hiernach bestehen nur noch die Bereiche der (absolut geschützten) Intim- und der Abwägungssphäre.

Als weitere Modifikation im Bereich des RIS nennt das BVerfG als zu berücksichtigende Abwägungskomponenten, neben dem Grad des bestehenden Sozialbezuges, den Geheimhaltungswillen[609] des Grundrechtträgers, sowie den mit der staatlichen Informationserhebungsmaßnahme verbundenen Verwendungszweck[610]. Mit dem Erfordernis der Zweckbindung soll zum Ausdruck kommen, dass die den Eingriff in den Schutzbereich des RIS rechtfertigende

---

[606] BVerfGE 65, 1, 43 f.; Schmitt Glaeser HdbStR § 129 Rn. 100; Salditt GA 1992, 51, 67.

[607] Zum Teil wird daraus irrtümlich gefolgert, das BVerfG habe die Sphärentheorie aufgegeben: Schlink Der Staat 1986, 233, 241 f.; Geis JZ 1991, 112, 113 m. w. N.; demgegenüber findet die Sphärentheorie aber nach wie vor Anwendung, wenn es um den Schutz vor unzumutbaren, die Intimsphäre der Person tangierende Eingriffen geht. Dies gilt insbesondere im Anwendungsbereich der Fallgruppen "Schutz der Privatsphäre" und "Recht auf Selbstdarstellung". Das Recht auf informationelle Selbstbestimmung tritt insoweit nicht zu der Sphärentheorie (weder auf Schrankenebene noch im Bereich der Schutzbereichsbestimmung) in Konkurrenz, sondern als zusätzlicher Individualschutz als Ergänzung hinzu. Vgl. Vogelgesang S. 65 f.; Wolter in SK-StPO Vor § 151 Rn. 29, 135; Lammer S. 73 f.; Deutsch S. 73; Degenhart JuS 1992, 361, 364; Wölfl S. 77; Kunig Jura 1993, 595, 602 m. w. N.

[608] Wölfl S. 79 m. w. N.

[609] BVerfGE 80, 367, 374; Lorenz GA 1992, 254, 265; Lammer S. 80 f. m. w. N.

[610] BVerfGE 65, 1, 43; BVerfGE 80, 367, 374; Gusy VerwArch 1983, 91, 95.

Ermächtigungsgrundlage[611] die Voraussetzungen des Gebots der Normklarheit in besonderer Weise zu beachten habe[612]. Eine Beschränkung des Rechts auf informationelle Selbstbestimmung soll insoweit nur dann in Betracht kommen, wenn die jeweilige Ermächtigungsgrundlage den *"Verwendungszweck bereichsspezifisch und präzise bestimmt."*[613] Soweit die potentielle Ermächtigungsgrundlage das Erfordernis der Normenklarheit erfüllt, soll darüber hinaus eine Einschränkung des Rechts auf informationelle Selbstbestimmung überhaupt nur aufgrund überwiegender Interessen der Allgemeinheit und unter strikter Beachtung des Verhältnismäßigkeitsprinzips in Betracht kommen können[614]. Mit Blick hierauf sollen die Grundrechtseinschränkungen zudem nicht weitergehen, als zum Schutz der Allgemeininteressen unbedingt erforderlich sei[615].

Die Abwägungssphäre soll schließlich aber dort ihre Grenze finden, wo durch die staatliche Informationshandlung in den unantastbaren Bereich des RIS eingegriffen worden ist[616]. Dieser steht inhaltlich mit der vormaligen, im Rahmen des allgemeinen Persönlichkeitsrechts getroffenen, Bezeichnung des "unantastbaren Bereichs privater Lebensgestaltung" gleich[617]. Auch im Anwendungsrahmen des Rechts auf informationelle Selbstbestimmung soll hiernach eine generelle und vorbehaltlose Eingriffschranke geboten sein. Wie beim allgemeinen Persönlichkeitsrecht selbst, soll die Existenz einer bedingungslosen Eingriffschranke sowohl über den in Art. 2 Abs. 1 GG mittelbar verankerten Schutz der Menschenwürde i. S. v. Art. 1 Abs. 1 GG, als auch über den, einem jedem Grundrecht zukommenden Schutz seines Wesensgehaltes i. S. v.

---

[611] Zur Notwendigkeit einer entsprechenden Ermächtigungsgrundlage vgl. Di Fabio in Maunz – Dürig Art. 2 Abs. 1 Rn. 180 m. w. N.

[612] BVerfGE 65, 1, 44; Riepl S. 13 ff.; Dreier in Dreier Art. 2 I Rn. 59 m. w. N.

[613] BVerfGE 65, 1, 46; Di Fabio in Maunz – Dürig Art. 2 Abs. 1 Rn. 182; Murswiek in Sachs Art. 2 Rn. 146; Riepl S. 14 f.; Vogelgesang S. 69 ff. m. w. N.

[614] BVerfGE 85, 219, 224; E 84, 239, 279 f.; E 78, 77, 85; E 65, 1, 44; Di Fabio in Maunz – Dürig Art. 2 Abs. 1 Rn. 181.

[615] BVerfGE 65, 1, 46; Wolter in SK-StPO Vor § 151 Rn. 56c; Schmitt Glaeser in HdbStR § 129 Rn. 39; Di Fabio in Maunz – Dürig Art. 2 Abs. 1 Rn. 181 m. w. N.

[616] Vgl. zu dem Streitstand, ob sich der Kernbereich von dem Abwägungsbereich dogmatisch trennen lässt, Wolter in SK-StPO Vor § 151 Rn. 131 m. w. N.

[617] Vgl. oben Fn. 579.

Art. 19 Abs. 2 GG, gerechtfertigt sein[618]. Die absolute Eingriffschranke sei als solche kein auf die "Intimsphäre" beschränktes Konstrukt der Sphärentheorie, sondern vielmehr ein fallgruppenübergreifender Bestandteil der gesamten Grundrechtsgarantie aus Art. 2 Abs. 1 i. V. m. Art. 1 Abs. 1 GG. Diese Sicht bestätigt das Gericht wiederholend, indem es darauf hingewiesen hat, dass auch im Rahmen des RIS der Prüfungsmaßstab des allgemeinen Persönlichkeitsrechts anzulegen sei[619]. Ebenso wie das allgemeine Persönlichkeitsrecht soll hiernach auch das RIS über einen generell unbeschränkbaren, d. h. absolut geschützten Bereich verfügen[620]. Einschränkend muss allerdings auch hier festgestellt werden, dass eine klare Grenzziehung zwischen der beschränkbaren Abwägungssphäre und dem absolut geschützten unbeschränkbaren Bereich nicht klar zu erkennen ist. Vielmehr bleibt die konkrete Definition des absoluten Schutzbereiches auch im Rahmen des RIS ebenso interpretationsoffen wie bereits die oben aufgezeigten Umschreibungsversuche des "unantastbaren Bereichs der privaten Lebensgestaltung" oder der "Intimsphäre". Gerade die mit der Abwägungssphäre verbundene Möglichkeit der Berücksichtigung individueller Sachverhaltsgestaltungen scheint letzten Endes der Grund dafür zu sein, warum das BVerfG den generell unbeschränkbaren Bereich – zumindest in Bezug auf das Strafverfahren – nicht näher umschrieben, geschweige denn jemals als verletzt angesehen hat.

cc) Zwischenergebnis

Nach den getroffenen Ausführungen ist als Zwischenergebnis festzuhalten, dass der Einzelne als gemeinschaftsbezogenes und soziales Wesen Eingriffe in das RIS auf der Basis einer Abwägung nach Verhältnismäßigkeitsgrundsätzen[621] hinzunehmen hat[622]. Eine generelle Aussage, welche Gemeinwohlbelange wann von übergewichtigem Interesse sind, lässt sich insoweit nicht machen[623]. Wenn das Individuum hiernach einen Eingriff in das Grundrecht aus Art. 2 Abs. 1 i. V. m. Art. 1 Abs. 1 GG nur im Rahmen einer Abwägung zu er-

---

[618] Vgl. BVerfGE 80, 367, 380 f.; Wölfl. S. 86; Degenhardt JuS 1992, 361, 363; Schmitt Glaeser in HdbStR § 129 Rn. 101; Lammer S. 59 ff.; Ernst S. 103 ff.; Laber S. 51; Starck in Mangoldt/ Klein/Starck Art. 2 Abs. 1 Rn. 84 m. w. N.

[619] BVerfGE 65, 1, 43; E 78, 77, 84; E 84, 192, 194; Wolter in SK-StPO Vor § 151 Rn. 38 m. w. N.

[620] Ernst S. 72; Wölfl S. 79; Lammer S. 73 f. m. w. N.

[621] Grundlegend Stern III/2 § 84, S. 762 ff.; Lagodny S. 11; Sachs in Sachs Art. 20 Rn. 145 ff. m. w. N.

[622] BVerfGE , 27, 344, 351; E 32, 373, 379; E 33, 367, 376 f.; E 35, 35, 39; E 38, 312, 320 f.; Di 'Fabio in Maunz – Dürig Art. 2 Abs. 1 Rn. 179 m. w. N.

[623] Vgl. Krause JuS 1984, 268, 271; Geis JZ 1991, 112, 113; Salditt GA 1992, 51, 67.

dulden hat, bedeutet dies umgekehrt auch, dass der Grundrechtsschutz dort voll zum Tragen kommt, wo der hoheitliche Eingriff als "unverhältnismäßig" zu bewerten ist. Als unverhältnismäßig ist ein Eingriff zumindest dann zu bewerten, wenn er den absolut unantastbaren Bereich des allgemeinen Persönlichkeitsrechts tangiert. Der unantastbare Kernbereich beinhaltet solche Individualpositionen, deren rechtlicher Bestand für die Sicherung der grundrechtlich geschützten Kommunikationsautonomie generell für unabdingbar erklärt wird. Soweit auch generell unverfügbare Individualpositionen auf eine Verhältnismäßigkeitsprüfung zurückzuführen sind, ist diese jedoch nicht auf eine Abwägung des konkreten Einzelfalles bezogen, sondern entspringt einer abstrakt angelegten normativen Wertentscheidung, die über den Einzelfall hinaus Geltung beansprucht. Die Individualpositionen werden pauschal als so gewichtig eingestuft, dass sie generell einer Einzelfallabwägung entzogen sind, mögen potentiell widerstreitende Interessen von öffentlichem Belang auch noch so schwer wiegen. Sie markieren den eingriffsresistenten, unantastbaren Bereich des allgemeinen Persönlichkeitsrechts, der aus diesem Grunde auch als absolut geschützter Kerngehalt bezeichnet wird[624].

Für die Prüfung der Verhältnismäßigkeit, sowohl in Bezug auf die Abwägung im konkreten Einzelfall, als auch hinsichtlich der abstrakten Bestimmung des unantastbaren Kernbereichs, lassen sich die Aussagen der Sphärentheorie fruchtbar machen. Dabei spielt es vorliegend keine Rolle, ob man der Sphäreneinteilung des BVerfG im einzelnen folgen möchte oder nicht. Bedeutungsvoller ist hingegen die mit der Sphärentheorie zum Ausdruck gebrachte Erkenntnis, dass es im Bereich des allgemeinen Persönlichkeitsrechts zu unterschiedlich starken "Eingriffsgraden" kommen kann[625]. Das Abstufungsverhältnis ergänzt das BVerfG zudem mit der Aussage, dass die Frage, inwieweit Informationen sensibel sind, nicht allein davon abhängig gemacht werden kann, ob sie intime Vorgänge betreffen. "*Vielmehr bedarf es zur Feststellung der persönlichkeitsrechtlichen Bedeutung eines Datums der Kenntnis seines Verwendungszusammenhanges: Erst wenn Klarheit darüber besteht, zu welchem Zweck Angaben verlangt werden (...), lässt sich die Frage einer zulässigen Beschränkung des Rechts auf*

---

[624] Vgl. Wölfl S. 86.
Inwieweit der absolut geschützte Kernbereich mit dem Begriff der "Intimsphäre" identisch ist, soll hier nicht weiter von Interesse sein.

[625] Für die Berücksichtigung des Sphärengedankens z. B. Deganhart JuS 1992, 361, 364; Kunig Jura 1993, 595, 602; Di Fabio in Maunz – Dürig Art. 2 Abs. 1 Rn. 181; Ernst S. 72 m. w. N.

informationelle Selbstbestimmung beantworten"[626]. Das Gericht bringt hierdurch nichts anderes zum Ausdruck, als dass die Grenzen des Persönlichkeitsschutzes in Abhängigkeit der zugrunde liegenden Verfahrensart zu ermitteln sind[627]. Diesem theoretischen Verständnis folgt die Rechtspraxis, wobei sich wesentliche Bewertungsunterschiede nicht nur in der allgemeinen Trennung zwischen Privatrecht und öffentlichem Recht finden, sondern sich auch in dem Verhältnis zwischen Bürger und Staat und der dort getroffenen Differenzierung zwischen präventiven und repressiven Verfahrensarten zeigen[628]. In Abhängigkeit der zugrunde liegenden Verfahrensart, wird die grundrechtlich verbürgte Kommunikationsautonomie also in einem unterschiedlichen Ausmaß geschützt. Der Berücksichtigung der jeweiligen Verfahrensart kommt dabei sowohl für die inhaltliche Fixierung des absolut unantastbaren Kerngehalts, sowie der normativen Einzelfallabwägung wesentliche Bedeutung zu. In diesem Sinne bestätigt das BVerfG die für das Strafverfahren allgemeingültige Grundsatzentscheidung, indem es betont, dass ein "*den Schutzbereichseingriff rechtfertigendes Allgemeininteresse überhaupt nur an Daten mit Sozialbezug (...), unter Ausschluss unzumutbarer intimer Angaben und von Selbstbezichtigungen, bestehen könne*"[629].

Wenn hier aufgezeigt wurde, dass das allgemeine Persönlichkeitsrecht, ebenso wie auch in seiner Ausprägung durch das RIS, über einen unantastbaren Kernbereich verfügt, steht zu vermuten, dass eben dies auch für den Nemo-Tenetur-Grundsatz gilt. Gewissheit lässt sich nur dann erlangen, wenn sich auch für das Strafverfahren ein absoluter, einzelfallunabhängiger Schutz der Kommunikationsautonomie ermitteln lässt. Nur soweit ein solcher absoluter Schutz der Kommunikationsautonomie im Strafverfahren lokalisiert werden kann, lässt sich dieser als unantastbarer Kernbereich des Nemo-Tenetur-Grundsatzes bezeichnen.

Angelehnt an eine sphärentheoretische Betrachtung, ist zunächst danach zu fragen, ob sich der absolute Schutz der Kommunikationsautonomie im Straf-

---

[626] BVerfGE 65, 1, 43; E 80, 367, 374.

[627] Vgl. Krause JuS 1984, 268, 272; Vogelgesang S. 65; Deutsch S. 69; Geis JZ 1991, 112, 113 m. w. N.

[628] Vgl. BVerfGE 56, 37, 48 ff.; Schlink der Staat 1986, 233, 244; Lorenz GA 1992, 254, 267; Wolter in SK-StPO Vor § 151 Rn. 140; Schickedanz BayVBl. 1984, 705, 707 m. w. N.

[629] BVerfGE 65, 1, 46.

verfahren über den (intimen) Inhalt der strafprozessualen Information bestimmen lässt[630].

b) Der Nemo-Tenetur-Grundsatz als Informationsschutz im Strafverfahren

Die zutreffende Ermittlung der strafprozessualen Information ist Gegenstand eines jeden Strafverfahrens[631]. Es verwundert daher nicht, wenn die Strafverfolgungsbehörden auf den Beschuldigten als (vermeintlich) Tatnächsten und diesbezüglichen Informationsträger zurückgreifen wollen[632]. Im Strafverfahren steht aber gerade der Rückgriff auf den Beschuldigten als Informationsquelle im Verdacht, einen Eingriff in den absolut unantastbaren Bereich des allgemeinen Persönlichkeitsrechts darzustellen und zugleich den Anwendungsrahmen des Nemo-Tenetur-Grundsatzes zu eröffnen.

Eine solche Annahme könnte dann gerechtfertigt sein, ließe sich das Wissen um die strafprozessuale Information, insbesondere in Bezug auf die eigene (Nicht-)Täterschaft und (Un-)Schuld, als "höchstpersönliche Dinge" des Beschuldigten und zugleich als ein dem absolut unantastbaren Kerngehalt unterfallendes Element begreifen[633]. Courant scheint diese Interpretation um so mehr, als die strafrechtliche Information regelmäßig auch dem Geheimhaltungswillen des Beschuldigten unterfallen wird und dieser Geheimhaltungswille, nach den Vorgaben des BVerfG, als Abwägungskomponente zu berücksichtigen ist[634].

Mit Blick auf die Doktrin einer effektiven und funktionstüchtigen Strafrechtspflege verbietet sich demgegenüber eine, an ihrem Inhalt ausgerichtete, generelle Zuordnung der strafprozessualen Information unter den absolut geschützten Kernbereich. Die Erfüllung des "rechtsstaatlichen Auftrages" einer wirksamen Strafrechtspflege bedingt nämlich eine umfassende Sachver-

---

[630] Vgl. Besson S. 81.

[631] Kühl JuS 1986, 115, 116; Weigend ZStW 2001, 271 m. w. N.

[632] Vgl. Günther GA 1978, 193, 199.

[633] So Rogall S. 147, wonach es nicht zweifelhaft erscheint, dass jeder Versuch, den Beschuldigten zum Beweismittel gegen sich selbst zu machen, den unantastbaren Kernbereich des durch Art. 2 Abs. 1, Art. 1 Abs. 1 GG gewährleisteten Persönlichkeitsrechts betreffen würde; Vgl. Besson S. 81: *"Die zwangsweise Selbstbezichtigung betrifft die innerste Sphäre, den persönlichen Intimbereich"*. Ähnlich Paeffgen S. 68 f: Dem Nemo-Tenetur-Grundsatz *"wohnt der Gedanke inne, dass es eines jeden Menschen Recht ist, eigene Verfehlungen geheimzuhalten (…)"*. Dagegen zu Recht Reiß S. 164 ff.; Bosch S. 61 f.; Schneider S. 45 ff.

[634] Vgl. oben Fn. 609.

haltsaufklärung. Dies wiederum bedeutet aber nicht nur eine Ermittlung des äußeren Tatgeschehens, sondern verlangt zudem, dass die Strafverfolgungsorgane von der gesamten strafprozessualen Information in Kenntnis gesetzt werden[635]. Hiermit korrespondiert das im Strafverfahren geltende Schuldprinzip (§ 46 StGB), wonach ein entscheidendes Kriterium für die Schuldfeststellung in der Bewertung der Täterpersönlichkeit liegt. Eben dies begründet auch die Aufgabe der Strafverfolgungsorgane, alle Merkmale der Schuld oder Unschuld eines Beschuldigten zu ermitteln, was oftmals das Eindringen in zentrale und intime Bereiche des Grundrechtsträgers verlangt[636]. Wollte man also generell über den Grad des "intimen" Inhalts der strafprozessualen Information undoder das Geheimhaltungsinteresse des Beschuldigten den absolut geschützten Kernbereich des allgemeinen Persönlichkeitsrechts bestimmen, müsste konsequenterweise jeder Gegenstand mit strafrechtsrelevanten Inhalt, der die jeweilige Schuldfrage betrifft, der staatlichen Kenntnisnahme vorenthalten bleiben[637].

Dies ist aber nicht der Fall. Vielmehr ist im Allgemeinen festzustellen, dass die strafprozessuale Information an sich, auch unbesehen einer besonders intimen oder höchstpersönlichen Prägung, gerade nicht dem staatlichen Zugriff entzogen ist[638]. Der strafprozessualen Information kommt, um es in der Sprache der Sphärentheorie zu sagen, ein "hoher" Sozialbezug zu, da der mit ihr verbundene Sachverhalt regelmäßig zugleich schutzwürdige Belange der Allgemeinheit berührt[639]. Darüber hinaus verringert sich weder der benannte Sozialbezug, noch erhöht sich der Grad an Intimität allein dadurch, dass die strafprozessuale Information unmittelbar bei dem Beschuldigten als Informationsquelle und gegen seinen Willen erhoben wurde[640]. Die Intimität einer In-

---

[635] Vgl. Schickedanz BayVBl. 1984, 705, 707; Schmidt-Jortzig in FS 50 Jahre BVerfG 2001, 505, 514; Sondervotum in BVerfGE 80, 376, 378 m. w. N

[636] Bosch S. 63; Röckl S. 104; Ernst S. 112; Lorenz GA 1992, 245, 267; Niese ZStW 1951, 198, 219.

[637] Verrel S. 261; Reiß S. 166; Schneider S. 47; Bosch S. 62 f m. w. N.

[638] Vgl. Schlink Der Staat 1986, 233, 244; Lammer S. 78 f.; Lorenz GA 1992, 254, 267; Schickedanz BayVBl. 1984, 705, 70.

[639] Vgl. BVerfGE 80, 367, 376 ff.; E 34, 238, 248 f.; BGH NJW 1995, 269; BGHSt 34, 397, 401; Günther GA 1978, 193, 198; Reiß S. 166; Lorenz GA 1992, 254, 266 m. w. N.

[640] Lorenz JZ 1992, 1000, 1006; Bosch S. 62; a. A. ohne weitere Begründung Nothhelfer S. 75; vgl. auch BGH NJW 1983, 1569, 1570, wonach die Unterhaltung zwischen Eheleuten in der ehelichen Wohnung dem unantastbaren Kernbereich des allgemeinen Persönlichkeitsrechts unterfallen soll. Diese Ansicht hat sich jedoch mit der Erfassung des großen Lauschangriffs und der Novellierung in §§ 100 c Abs. 1 Nr. 3 und § 100d StPO überholt.

formation beurteilt sich insoweit allein nach der Qualität ihres Inhalts und richtet sich nicht nach der Quelle, aus der sie entstammt[641]. So wird eine höchstpersönliche Information nicht dadurch "intimer", weil sie statt durch einen Dritten von dem Betroffenen selbst offenbart wurde. Die Inanspruchnahme des Beschuldigten als Informationsquelle ohne dessen Willen mag sich zwar auf dessen Befinden auswirken und für diesen "unangenehm" oder "peinlich" sein, betrifft aber nicht die Qualifizierung des erhobenen Dateninhalts.

Wie gesehen, kann im Strafverfahren eine generelle Beschränkung der staatlichen Informationserhebung nicht über den Dateninhalt erfolgen. Berücksichtigung findet der Informationsinhalt, und sei er auch noch so "intim", allein im Rahmen einer auf den Einzelfall bezogenen Abwägung nach Verhältnismäßigkeitsgrundsätzen[642]. Wenn sich der absolut geschützte Kernbereich im Strafprozess nicht über den Dateninhalt definieren lässt, kann auch der Schutzbereich des Nemo-Tenetur-Grundsatzes nicht auf den möglichen Umstand der besonders intimen oder höchstpersönlichen Prägung der strafprozessualen Information gestützt werden[643]. Dies gilt zumindest dann, wenn man den Nemo-Tenetur-Grundsatz als absolute, nicht einschränkbare und über den Einzelfall hinausgehende Garantie begreifen will.

Als Quintessenz ist festzustellen, dass der von dem staatlichen Erhebungsverlangen betroffene Informationsinhalt keinerlei Einfluss auf die Bestimmung des Nemo-Tenetur-Grundsatzes ausübt. Dieser Befund kann im Grundsatz

---

[641] Da bereits die Einstufung einer Information als intim einer subjektiven Bewertung unterliegt, wird bezweifelt, ob das Merkmal der Intimität überhaupt geeignet sein kann, eine unantastbare Intimsphäre bzw. einen absolut geschützten Kerngehalt zu begründen. Vgl. Lammer S. 78 ff.

[642] Vgl. Wolter in SK-StPO Vor § 151 Rn. 135 m. w. N.
So sind beispielsweise die Informationserhebungsmaßnahmen nach den §§ 100 a ff. StPO von der Schwere der vorgeworfenen Straftat abhängig. Deutlich stellt § 100 d Abs. 3 S. 3 StPO auf eine Einzelfallabwägung ab. Lediglich die staatliche Informationserhebung bei den in § 53 Abs. 1 StPO genannten Berufs- und Personengruppen kann gem. § 100d Abs. 3 S. 2 StPO generell und einzelfallunabhängig der Intimsphäre als Teil des unbeschränkbaren Bereichs des allgemeinen Persönlichkeitsrechts zugesprochen werden. Vgl. Schäfer in LR-StPO § 100 c Rn. 41* ff. (vor Rn. 1) m. w. N. Jedoch lassen die dort geregelten Sachverhaltsgestaltungen weder thematisch noch begrifflich einen Bezug zu dem Nemo-Tenetur-Grundsatz erkennen.

[643] Vgl. Wolter in SK – StPO Vor § 151 Rn. 124.

auch der Aussage des BVerfG unterstellt werden, wenn dieses zwischen dem Schutz zur Preisgabe "unzumutbarer intimer Angaben" auf der einen Seite und dem Schutz vor "Selbstbezichtigung" auf der anderen Seite differenziert[644]. D. h., der Schutz zur Preisgabe von intimen Informationen ist ein anderer als der Schutz vor Selbstbezichtigung.

c) Der absolut geschützte Kerngehalt

Da sich der Nemo-Tenetur-Grundsatz nicht über einen generellen Informationsschutz bzw. Intimsphärenschutz definieren lässt, bleibt zu untersuchen, ob sich seine absolute Wirkung in Assoziation des unbeschränkbaren Kernbereichs des allgemeinen Persönlichkeitsrechts ermitteln lässt. Es konnte aufgezeigt werden, dass der unantastbare Kerngehalt den absoluten Schutzbereich des Grundrechts aus Art. 2 Abs. 1 i. V. m. Art. 1 Abs. 1 GG beschreibt, dessen Inhalt eben jene Wirkung entfaltet, die auch dem Nemo-Tenetur-Grundsatz zugesprochen wird. Insoweit der unantastbare Kerngehalt in seiner dogmatischen Konstruktion auf Art. 19 Abs. 2 GG[645] und Art. 1 Abs. 1 GG[646] zurückgeführt wird, muss der Frage nachgegangen werden, ob dementsprechend auch der absolute Schutz der Kommunikationsautonomie im Strafverfahren ermittelt werden kann. Bevor diese Frage beantwortet werden kann, ist zunächst deutlich zu machen, wonach sich die Bestimmung des unantastbaren Kerngehalts des allgemeinen Persönlichkeitsrechts inhaltlich bestimmt.

aa) Der Wesensgehalt gem. Art. 19 Abs. 2 GG

Art. 19 Abs. 2 GG umschreibt die sogenannte Wesensgarantie, wonach ein Grundrecht – auch zu Zwecken der Informationserhebung im Strafverfahren[647] – nicht in seinem Wesensgehalt angetastet werden darf[648]. Eine weiter-

---

[644] BVerfGE 65, 1, 46; auch bei anderer Gelegenheit verzichtet das BVerfG auf jegliche Gleichsetzung zwischen der "Selbstbezichtigung" und der Intimsphäre. Vgl. BVerfGE 95, 220, 241; BVerfGE 96, 171, 181; E 56, 37, 42 ff. m. w. N.

[645] Vgl. oben Fn. 580, 615; a. A. Schmitt Glaeser HdbStR § 129 Rn. 36, wonach sich der absolut geschützte Kernbereich allein in der Ableitung aus Art. 1 Abs. 1 GG ergeben soll.

[646] Vgl. oben Fn. 580, 615; a. A. Wölfl S. 87 f., der den Kernbereich als das Ergebnis eines Abwägungsvorganges definiert, diesen aber aufgrund der Eingriffsresistenz von Art. 1 Abs. 1 GG dem Menschenwürdeschutz entzieht. Wenngleich der absolute Schutz von Art. 1 Abs. 1 GG für den jeweiligen Einzelfall nicht zur Disposition stehen mag, übersieht Wölfl hierbei, dass doch die inhaltliche Präzisierung der Menschenwürde selbst das Ergebnis eines – einzelfallunabhängigen – Abwägungsergebnisses ist. Vgl. Lorenz JZ 1992, 1000, 1004 m. w. N.

[647] Schlüchter in SK-StPO § 261 Rn. 47b.

gehende Konkretisierung dessen, was unter dem Begriff des Wesensghaltes zu verstehen ist, enthält die Vorschrift aber nicht, weshalb sich ihre nähere inhaltliche Bestimmung seit jeher in der Diskussion befindet[649].

Wenngleich "das Wesen des Wesens" nicht näher bekannt ist[650], so ergibt sich die Anwendungsreichweite doch zumindest aus der Ratio von Art. 19 Abs. 2 GG. Die Vorschrift bezweckt die materielle Sicherung der Grundrechte und will diese in ihrer essentiellen Grundrechtssubstanz vor einem vollständigen Entzug ihrer Schutzgüter durch den Eingriff des Gesetzgebers bewahren[651]. Die insoweit als Garantienorm[652] zu verstehende Vorschrift des Art. 19 Abs. 2 GG will das jeweils betroffene Grundrecht vor einer Reduzierung zur reinen Fiktion und dem Verkommen zu einer entleerten Worthülse bewahren. Salopp gesagt, soll Art. 19 Abs. 2 GG dafür Sorge tragen, dass trotz der Möglichkeit einer Schutzbereichsbegrenzung von der einzelnen Grundrechtsgarantie noch etwas übrig bleibt. Welchen Gehalt dieses "Etwas" besitzen muss, kann aber nicht Art. 19 Abs. 2 GG entnommen werden. Hierfür bedarf es vielmehr einer Einzelfallbetrachtung und der Analyse des jeweils betroffenen Grundrechts selbst, wobei dessen rechtliche Eigenarten, insbesondere in Bezug auf seine Zweck- und Schutzfunktion, zu berücksichtigen sind[653]. Eben dies

---

[648] Vgl. Grundlegend Stern III/2 § 85, S. 838 ff.; Lerche in HdbStR § 122 Rn. 25.

[649] Vgl. Stern III/2 § 85 II, S. 847 ff.; Lerche HdbStR § 122 Rn. 27 ff.; Krüger/Sachs in Sachs Art. 19 Rn. 33 ff.; Dreier in Dreier Art. 19 II Rn. 11 ff.; Pieroth/Schlink Rn. 299 f.

[650] Lerche in HdbStR § 122 Rn. 29; Laber S. 54 f.

[651] So die ganz herrschende Meinung: Mössner S. 176; Huber in Mangoldt/Klein/Starck Art. 19 Abs. 2 Rn. 112; Stern III/2 § 85 III, S. 865 f., 875; Laber S. 56; Lerche in HdbStR § 122 Rn. 29; Pieroth/Schlink Rn. 301; Dreier in Dreier Art. 19 II Rn. 6; m. w. N.

[652] Stern III/2 § 85 II S. 848.

[653] Vgl. BVerfGE 22, 180, 219; Mössner S. 176; Lerche HdbStR § 122 Rn. 32; Huber in Mangoldt/Klein/Starck Art. 19 Abs. 2 Rn. 189 ff.; Pieroth/Schlink Rn. 298; Ipsen Staatsrecht II Rn. 204; Krüger/Sachs in Sachs Art. 19 Rn. 44 m. w. N.
Vgl. z. B. das Recht auf Leben nach Art. 2 Abs. 2 GG. Dessen Satz 3 sieht einen Eingriff in das Recht auf Leben vor, was aber stets den Entzug des Lebens selbst zur Folge hat. Dies hat zur Konsequenz, dass von dem Schutzgut "Leben" dieser Grundrechtsgarantie nichts mehr übrig bleibt. Der Wesensgehalt von Art. 2 Abs. 2 GG kann sich daher kaum als Recht des Einzelnen, als vielmehr als Gewährleistung der Allgemeinheit begreifen. Anders kann es aber bei Grundrechtsgarantien mit gestufter Eingriffmöglichkeit liegen, wie z. B. dem Recht auf körperliche Unversehrtheit. Es stellt sich daher die Frage, ob Art. 19 Abs. 2 GG auch die subjektive Rechtsposition des einzelnen Grundrechtsträgers mit umfasst. So zu Recht die wohl herrschende Meinung, vgl. Stern III/2 § 85 III 2. S. 870; Alexy S 268; Pieroth/Schlink Rn. 302 ff.; Ipsen Staatsrecht II Rn. 202 ff.; Dreier in Dreier Art. 19 II Rn. 9 m. w. N.

gilt auch für das allgemeine Persönlichkeitsrecht gem. Art. 2 Abs. 1 i. V. m. Art. 1 Abs. 1 GG.

Insgesamt ist festzustellen, dass der Schutz von Art. 19 Abs. 2 GG für jede grundrechtlich verbürgte Rechtsposition gilt. Was von dem Wesensgehalt erfasst ist, ergibt sich aus der jeweiligen Funktion der in Frage stehenden Rechtsposition. Soweit es das Grundrecht aus Art. 2 Abs. 1 i. V. m. Art. 1 Abs. 1 GG betrifft, umschreibt die Wesensgehaltsgarantie i. S. v. Art. 19 Abs. 2 GG den Schutz der Mindestbedingungen der Kommunikationsautonomie.

bb) Der Einfluss des Art. 1 Abs. 1 GG

Wenn von der herrschenden Meinung für die Bestimmung des absolut geschützten Kernbereichs eines Grundrechts neben Art. 19 Abs. 2 GG auch Art. 1 Abs. 1 GG herangezogen wird[654], ist zu fragen, wann in der Kontextabhängigkeit von Art. 2 Abs. 1 GG die Menschenwürdegarantie für die Schutzbereichsbestimmung Bedeutung erlangt.

In Assoziation zu dem soeben festgestellten Wesensgehalt ist dies dann der Fall, wenn die kommunikationstheoretische Kernfunktion des allgemeinen Persönlichkeitsrechts zur Disposition steht. Denn mit der Beseitigung der Mindestbedingungen autonomer Kommunikation ist der Mensch der freien Entfaltung seiner Persönlichkeit entäußert. Gerade diese konnte eingangs jedoch als Grundbedingung menschlicher Würde fixiert werden[655]. Es wurde festgestellt, dass der Mensch als Person der Individualität bedarf und er diese im Zuge der freien Entfaltung seiner Persönlichkeit erfährt. Jeder Eingriff in die Kommunikationsautonomie tangiert die freie Entfaltung der Persönlichkeit und beschränkt die Möglichkeit der Individualisierung. Folgt man dieser Sicht, bedeutet dies zugleich, dass mit der völligen Aufhebung der Kommunikationsautonomie die Möglichkeit der Individualisierung fehlt und dem Menschen diese Existenzgrundlage als Individuum entzogen ist. Ohne seine Individualität ist der Mensch als Person bedroht und damit zugleich in seiner Menschenwürde betroffen[656]. In der Konsequenz dieser Ableitung geht mit

---

[654] Vgl. BVerfGE 34, 238, 245; E 80, 367, 373 f.

[655] Vgl. oben 2. Kapitel A. I. 1. c) aa) (2) S. 85 ff.

[656] Nur der Vollständigkeit halber sei nochmals darauf hingewiesen, dass nicht jeder "Schwund" an Individualität in der Lage ist, die Menschenwürde zu tangieren, sondern im Gegenteil, nur schwerwiegende Eingriffe von einiger Evidenz zu einer unmittelbaren Verletzung von Art. 1 Abs. 1 GG führen können. Vgl. Helle S. 76; Vitzthum ZRP 1987, 33 f.; Höfling JuS 1995, 857, 860; Starck in Mangold/Klein/Stark Art. 1 Rn. 14 jeweils m. w. N.

der vollständigen Beseitigung der Kommunikationsautonomie zugleich ein Eingriff in den absoluten Schutz der Menschenwürde einher[657].

Keinesfalls soll vorliegend die Behauptung aufgestellt werden, der Menschenwürdegehalt und der Wesensgehalt eines Grundrechts wären generell identisch[658]. Soweit hier von Interesse muss jedoch festgestellt werden, dass Art. 1 Abs. 1 GG und Art. 19 Abs. 2 GG in ihren inhaltlichen Aussagen zumindest in Bezug auf den unantastbaren Kernbereich des allgemeinen Persönlichkeitsrechts übereinstimmen. Dies ist auch folgerichtig, wenn man bedenkt, dass unter dem Begriff des Wesensgehalts ein Grundrechtsminimum, d. h. der essentielle Kern der grundrechtlich verbürgten Garantie unter besonderer Beachtung der jeweiligen grundrechtsspezifischen Ausprägung verstanden wird. Die inhaltliche Aussage des allgemeinen Persönlichkeitsrechts wird hierbei durch Art. 1 Abs. 1 GG geprägt, der insoweit, wie oben ausgeführt, als Auslegungsrichtlinie fungiert. In Bezug auf den unantastbaren Kerngehalt des allgemeinen Persönlichkeitsrechts können der Menschenwürdegehalt und der Wesensgehalt somit gleichgesetzt werden[659].

cc) Zwischenergebnis

Zusammenfassend kann festgestellt werden, dass das Recht aus Art. 2 Abs. 1 i. V. m. Art. 1 Abs. 1 GG als Kommunikationsgrundrecht fungiert und daher die Kommunikationsautonomie im oben beschriebenen Sinne als Voraussetzung für die freie Entfaltung der Persönlichkeit zu benennen ist. In Folge dessen ist der absolut geschützte Kernbereich zumindest dann betroffen, wenn die Mindestbedingungen für den Bestand der Kommunikationsautonomie beseitigt sind[660]. Worin die Mindestbedingungen der Kommunikationsautonomie im Einzelnen liegen, ist nicht pauschal zu beantworten, sondern muss für jede Verfahrensart gesondert bestimmt werden, denn die Rechtsordnung kennt *"kein ausnahmsloses Gebot, dass niemand zu Auskünften oder zu sonstigen Handlungen gezwungen werden darf"*[661]. Für das Strafverfahren jedenfalls ist

---

[657] Vgl. Wolter in SK-StPO Vor § 151 Rn. 52.

[658] Vgl. zum Meinungsstreit: Huber in Mangoldt/Klein/Starck Art. 19 Abs. 2 Rn. 124 m. w. N.

[659] Lammer S. 69 f.; Huber in Mangoldt/Klein/Starck Art. 19 Abs. 2 Rn. 190; Niebler BayVBl 1989, 737, 739; Geis JZ 1991, 112, 115; Degenhart JuS 1992, 361, 363; Di Fabio in Maunz – Dürig Art. 2 Abs. 1 Rn. 130, 161 m. w. N.; a. A. Schmitt Glaeser HdbStR § 129 Rn. 36.

[660] Vgl. Duttge S. 184; Wolter in SK-StPO Vor § 151 Rn. 132 a.

[661] BVerfGE 56, 37, 42.

die Grundsatzentscheidung des Nemo-Tenetur-Grundsatzes zu beachten, wonach es dem Beschuldigten grundsätzlich freisteht selbst zu entscheiden, ob und wem er Informationen über die eigene Person preisgeben will oder nicht[662]. Soweit dem Nemo-Tenetur-Grundsatz, ähnlich wie dem absolut geschützten Kerngehalt, eine unbeschränkte Wirkung zugesprochen wird, ist bereits der Selbstbelastungsschutz als das Ergebnis einer Abwägung aller zu berücksichtigenden Interessen anzusehen. Allein Inhalt und Reichweite dieser absoluten Rechtsposition sind in ihrer Ausprägung ungewiss. Als Zwischenergebnis ist daher festzustellen, dass eine Verabsolutierung des Nemo-Tenetur-Grundsatzes nur in dem Maße in Betracht kommt, als sich in Anlehnung an die grundrechtliche Kernbereichsbestimmung die Mindestbedingungen der Kommunikationsautonomie im Strafverfahren ermitteln lassen. Diesbezüglich sei nochmals darauf hingewiesen, dass hier versucht wird, den Nemo-Tenetur-Grundsatz nicht allein aus seiner historischen und verfassungsrechtlichen Stellung heraus zu erklären, sondern seine Bestimmung unter Berücksichtigung einer induktiven Analyse erfolgen soll.

dd) Der absolute Schutz des Nemo-Tenetur-Grundsatzes

Wenn sich soeben, nach der Auslegung von Art. 19 Abs. 2 GG und Art. 1 Abs. 1 GG, die Mindestbedingungen der Kommunikationsautonomie als entscheidender Aspekt für die Qualifikation des absolut geschützten Kernbereichs des Art. 2 Abs. 1 i. V. m. Art. 1 Abs. 1 GG herauskristallisiert haben, müssen diese vor dem Hintergrund der hoheitlichen Inanspruchnahme des Beschuldigten als Informationsquelle im Strafverfahren genauer bestimmt werden[663]. Es ist im Folgenden also der Frage nachzugehen, was im Strafverfahren als die Mindestbedingungen der Kommunikationsautonomie bezeichnet werden muss. Bereits an dieser Stelle sei insoweit auf die drei unterschiedlichen Bezeichnungen der Entscheidungsfreiheit, der Entscheidungswahl und der Entscheidungsfindung hingewiesen, auf welche im Folgenden näher einzugehen sein wird.

---

[662] Vgl. Weigend ZStW 2001, 271, 293; Bosch S. 105; Wolfslast NStZ 1987, 103; Dingeldey JA 1984, 407; 409.

[663] Vgl. Müssig GA 1999, 118, 127, wonach es um die Lokalisierung personaler Mindeststandards in einem Verfahren geht, das letztendlich die Möglichkeit eröffnet, auf die gesamte Person des Beschuldigten Zugriff zu nehmen; ähnlich Pawlik GA 1998, 378, 383.

(1) Der Nemo-Tenetur-Grundsatz als Schutz der Kommunikationsautonomie im Strafverfahren

Auf der Suche nach der inhaltlichen Konkretisierung der Mindestbedingungen der Kommunikationsautonomie soll im Folgenden eine Annäherung über die Analyse der Bezeichnung selbst erfolgen. Isoliert man den Begriff der Kommunikationsautonomie, setzt sich dieser aus zwei Komponenten zusammen, nämlich zum einen aus der Kommunikation (-smöglichkeit) an sich und zum anderen aus deren Ausübungsfreiheit. Bezogen auf diese beiden Merkmale lässt sich eine Verletzung der Mindestbedingungen der Kommunikationsautonomie wie folgt fassen: Zum einen können die bezeichneten Mindestbedingungen dann als aufgehoben angesehen werden, wenn die Voraussetzungen der individuellen Kommunikation beseitigt sind[664].

Zum anderen können die Mindestbedingungen dann nicht mehr als gewahrt angesehen werden, wenn dem Grundrechtsträger die Kommunikationsvornahme zwar gewährt wird, diese in ihrer Ausübung aber nicht mehr autonom, d. h. frei und selbstbestimmt ist. Denn wie gesehen, zielt das allgemeine Persönlichkeitsrecht nicht allein auf die Gewähr der Persönlichkeitsbildung, sondern verbürgt sich für eine freie Entfaltung derselben. Mit dem gänzlichen Verlust der Kommunikationsautonomie mag zwar noch eine Persönlichkeitsentfaltung vorstellbar sein, doch ist diese dann, und das ist das Entscheidende, in ihrer Entfaltung nicht mehr frei und selbstbestimmt, sondern ein Diktat und fremdbestimmt. Als Freiheitsgrundrecht läuft Art. 2 Abs. 1 GG i. V. m. Art. 1 Abs. 1 GG dann aber ins Leere[665].

Gleiches gilt prinzipiell für den Nemo-Tenetur-Grundsatz. Denn soweit dieser seine Verankerung in dem Grundrecht aus Art. 2 Abs. 1 i. V. m. Art. 1 Abs. 1 GG findet, regelt er einen besonders sensiblen Bereich der Kommunikation zwischen Bürger und Staat. Ebenso wie das allgemeine Persönlichkeits-

---

[664] Als Beispiel mag die lebenslange Freiheitsstrafe ohne die Möglichkeit der Strafaussetzung zur Bewährung dienen. Wenngleich die Verfassungswidrigkeit einer solchen Praxis auf mehreren Erwägungen beruht, folgt dies doch auch aus dem Gedanken, dass die endgültige Abjudikation sozialer Interaktion dem Wesensgehalt des allgemeinen Persönlichkeitsrechts zuwiderläuft. Vgl. BVerfGE 64, 261, 271; Starck in Mangoldt/Klein/Starck Art. 2 Abs. 1 Rn. 119; Luhmann S. 79 Fn. 68. Der gleiche Gedanke lässt sich sowohl auf das Verbot der "Isolationshaft" als auch das allgemeine Haftziel der Resozialisierung, dem gerade das Prinzip der Umweltabgeschlossenheit des Vollzuges entgegenläuft, übertragen. Vgl. Calliess Strafvollzugsrecht S. 6 ff.

[665] Vgl. Stern § 58 I 3 S. 11: *"Die Unabdingbarkeit staatlicher Gemeinschaft mag Eingriffe in die aus der Würde des Menschen fließenden Freiheiten erfordern, beseitigen darf sie diese nicht"*. Mössner S. 151, *"keine Allmacht des Staates über den einzelnen"*.

recht zielt sein Schutzzweck auf die individuelle Entscheidungsfreiheit und bietet Gewähr für die Kommunikationsautonomie im Strafverfahren[666].

(2) Entscheidungsfreiheit im Sinne von Entscheidungsfindung

Allein die Bestimmung der Entscheidungsfreiheit als Schutzgut des Nemo-Tenetur-Grundsatzes ist freilich nicht in der Lage die "Mindestbedingungen der Kommunikationsautonomie" inhaltlich zu fixieren. Unklar ist nämlich, worauf der Begriff der Entscheidungsfreiheit im Konkreten bezogen ist. Auffällig ist hierbei, dass in der Auseinandersetzung mit dem Nemo-Tenetur-Grundsatz das Schutzgut der Entscheidungsfreiheit in seinem Verständnis oftmals mit der individuellen Freiheit in der Entscheidungsfindung gleichgesetzt wird[667]. Hiernach soll der Beschuldigte frei in der Willensbildung und unbeeinflusst von den Strafverfolgungsbehörden selbst entscheiden dürfen, ob er zur Sache aussagen möchte oder nicht[668]. Jeder Nachteil, der dem Beschudigten in Folge der Ausübung seines Schweigens droht, müsste dann als uzulässiger Zwang auf die Entscheidungsfindung qualifiziert werden. Für diese Annahme spricht indes auch die Bezeichnung des Nemo-Tenetur-Grundsatzes. Denn das "tenetur"-Element impliziert, dass der Beschuldigte frei von Zwang über sein Aussageverhalten entscheiden können soll.

Wer den Nemo-Tenetur-Grundsatz jedoch als globales Abwehrrecht gegen staatliche Zwangswirkungen auf den Prozess der Entscheidungsfindung begreift, befindet sich in einem kaum aufzulösenden Dilemma. Denn entgegen jeglicher Proklamation, dass die Entscheidungsfreiheit unter dem absoluten Schutz des Nemo-Tenetur-Grundsatzes stehen soll, zeigt sich bereits aufgrund der sozialen Wirklichkeit ein anderes Bild. Eine absolut autonome Entscheidungsfindung im Sinne einer von äußeren Einflüssen völlig unbeeinflussten

---

[666] Vgl. BVerfGE 56, 37, 42 f.; E 55, 144, 150; E 38, 105, 112 f.; BGHSt 40, 60, 71 f.; St 36, 328, 332; Ransiek S. 49 ff., 52; Hahn S. 159; Röckl S. 103; Roxin NStZ 1995, 465, 466; Wolfslast NStZ 1987, 103, 104; Kühl JuS 1986, 115, 117; Bosch S. 121 ff.; Kahlo KritV 1997, 183, 205; von Stetten JA 55, 59; Frister ZStW 1993, 317, 319; Peres S. 120; Eser ZStW 1967, 213, 219; Lesch ZStW 1999, 624, 636 f., 638; derselbe KMR-StPO § 136 Rn. 13 m. w. N.

[667] Vgl. mit jeweils anderer Begründung und Akzentuierung: BGHSt 40, 60, 71 f.: *"Freiheit des Beschuldigten, selbst darüber zu befinden, ob er an der Aufklärung des Sachverhalts aktiv mitwirken will oder nicht"*; Ransiek S. 54: *"Es geht (…) um die Zurechnung einer Entscheidung, die Selbstverantwortlichkeit für einen Entschluß und die Beeinflussung von Entscheidungen durch andere".*; Grünwald JZ 1981, 423, 428 (kein Zwang auf die Willensbildung); von Stetten JA 1996, 55, 59: *"Der Nemo-Tenetur-Grundsatz schützt die freie Willensbildung und –betätigung des Beschuldigten".*; Roxin NStZ 1995, 465, 466 (Beeinträchtigung der Entschließungsfreiheit).

[668] Vgl. Bosch S. 119; Schneider S. 29; Rieß JA 1980, 293, 294; Dencker StV 1994, 667, 675.

Willensbildung ist nicht vorstellbar[669], es sei denn, man wollte den Gedanken zur reinen Fiktion stilisieren[670]. Auch im Strafprozess herrscht eine andere Realität[671]. Bereits aufgrund der gesetzlichen Konstruktion der strafverfahrensrelevanten Vorschriften wird teilweise ein erheblicher Druck bzw. Einfluss auf die Entscheidungsfindung des Beschuldigten zur Informationspreisgabe ausgeübt. Wiederholend sei hier nur auf die Zwangswirkung hingewiesen, die entsteht, wenn der Beschuldigte der angedrohten Untersuchungshaft dadurch entgehen kann, dass er eine den Haftgrund der Verdunkelungsgefahr ausräumende Aussage macht. Gleiches gilt für den positiven Einfluss der Mitwirkungsbereitschaft durch den Angeklagten auf das im Falle der Hauptverhandlung zu erwartende Strafmaß (§§ 46 Abs. 2 S. 2, 46 a StGB). In all diesen Fällen ist der Beschuldigte dem faktischen Erklärungszwang ausgesetzt, die aufgrund des Schweigens zu erwartenden Nachteile durch die Abgabe eines Geständnisses zu vermeiden. Es zeigt sich mithin, dass die pauschale Behauptung, die Entscheidungsfreiheit im Sinne der selbstbestimmten und unbeeinflussten Entscheidungsfindung sei im Strafverfahren absolut geschützt, unzutreffend ist, denn die so verstandene Entscheidungsfreiheit ist de lege lata relativierbar[672].

Gegen die Annahme, dass der absolute Schutz des Nemo-Tenetur-Grundsatzes auf die Gewährleistung der Entscheidungsfindung gerichtet ist, spricht zudem ein weiteres. Das Merkmal der Entscheidungsfindung ist nämlich nicht in der Lage aufzuzeigen, wann von einem verbotenen Eingriff in den Nemo-Tenetur-Grundsatz auszugehen ist. Da wie soeben gesehen, nicht jeder irgendwie geartete Nachteil als verbotener Zwang auf die Entscheidungsfindung gewertet werde kann, muss ein verobjektivierter Bewertungsmaßstab herangezogen werden[673]. Aufgabe des Bewertungsmaßstabes ist es, generell verbindlich und unter graduellen Gesichtspunkten aufzuzeigen, wann von einem noch zulässigen und wann von einem schon unzulässigen Zwang auf die Entscheidungsfindung auszugehen ist. Angelehnt an eine so verobjekti-

---

[669] Vgl. Luhmann S. 66; Ransiek S. 53, 55; Dreier in Dreier Art. 1 I Rn. 39; vgl. auch oben 2. Kapitel A. I. 1. c) aa) (1) (1.2) S. 82 ff.

[670] So offenbar von Stetten JA 1996, 55, 57.

[671] Kühne in AK-StPO § 136a Rn. 16; Ransiek S. 55; Verrel S. 132; Lammer S. 158; Deutsch S. 240; Keller S. 136; Bosch S. 124 m. w. N.

[672] Bosch S. 125; Verrel S. 132; Ransiek S. 54; Sternberg-Lieben JZ 1995, 844, 848; Lammer S. 158.

[673] Ransiek S. 63; Bosch S. 124 f.

vierte Skala, wäre dann bei Überschreiten einer gewissen Schwere der festzustellenden Drucksituation – z. B. drohende Haft im Falle des Schweigens – von einer unzulässigen Einflussnahme auf die Entscheidungsfindung des Beschuldigten auszugehen.

Indes wird schon bei der Gegenüberstellung von Untersuchungshaft und Beugehaft deutlich, dass der durch das Schweigen des Beschuldigten drohende Nachteil in Gestalt der Haft jeweils identisch ist. Eine graduelle Differenz in der Drucksituation lässt sich objektiv – und wohl auch aus der subjektiven Sicht des Beschuldigten – nicht erkennen[674]. Gleichwohl soll die drohende Untersuchungshaft zulässig, die angedrohte Beugehaft aber unzulässig sein. Plausibel lässt sich diese Differenzierung nur dann erklären, wenn nicht allein das graduelle Ausmaß der Schwere der Drucksituation – im genannten Beispiel in Folge des drohenden Freiheitsentzuges durch die Untersuchungshaft – das einzige Bewertungskriterium ist, sondern noch weitere Bewertungsmaßstäbe, z. B. die normativ begründete unverzichtbare Sicherungsfunktion der Untersuchungshaft für das strafrechtliche Erkenntnis- und Vollstreckungsverfahren, hinzugezogen werden.

Soweit sich hiernach also der Eingriff in die Entscheidungsfindung nicht über das objektive Merkmal der Schwere der Druckausübung pauschal bestimmen lässt, müssen noch weitere Faktoren berücksichtigt werden. Bei diesen handelt es sich aber um normative Merkmale, so auch in dem soeben gewählten Beispiel. Neben der Stärke des Drucks durch den drohenden Freiheitsentzug wird als weiterer normativer Faktor für die Zulässigkeit bzw. Unzulässigkeit der damit einhergehenden Einflussnahme auf die Entscheidungsfindung des Beschuldigten die mit der angekündigten Haft verbundene Intention des jeweiligen Strafverfolgungsorgans herangezogen. Die mit der Untersuchungshaft verbundene Intention der Sicherung des Erkenntnis- und Vollstreckungsverfahrens soll, anders als die Intention zur bloßen Aussageerpressung, die Zulässigkeit der Druckausübung rechtfertigen.

Wollte man den Nemo-Tenetur-Grundsatz an dem Eingriff in die Entscheidungsfindung festmachen, würde dies nach alledem im Ergebnis bedeuten, dass der Selbstbelastungsschutz nicht mehr absolut, sondern nur noch relativ, in Abhängigkeit der subjektiven, an dem jeweiligen Einzelfall ausgerichteten Bewertung normativer Faktoren, wirken würde. Dies widerspricht aber gerade dem absoluten Schutzgedanken des Nemo-Tenetur-Grundsatzes im Strafverfahren.

---

[674] Fezer StV 1996, 77, 78; Seebode JR 1988, 427, 430.

(3) Entscheidungsfreiheit bezogen auf die Entscheidungswahl

Es stellt sich die Frage, ob das Kriterium der Entscheidungsfreiheit unter Zugrundelegung einer anderen Auslegung geeignet ist, den absolut geschützten Kernbereich im Strafverfahren bzw. den Nemo-Tenetur-Grundsatz durchgängig zu konturieren. Noch einmal sei hierbei an die Ausgangsfrage erinnert, nämlich wodurch die "Mindestbedingungen der Kommunikationsautonomie" im Strafverfahren zu bestimmen sind. Bezogen auf das vorgestellte Schutzgut der Entscheidungsfreiheit ist die Frage dahingehend zu konkretisieren, welcher Mindestbedingungen es für die Bejahung und den Schutz eben dieser Entscheidungsfreiheit zwingend bedarf.

Die zunächst nur theoretische Antwort lautet: Das Recht des Individuums, selbst entscheiden zu dürfen, ob es sich erklärt oder nicht. Dies bedeutet zunächst nichts anderes, als dass dem Grundrechtsträger für die Ausübung der Entscheidungsfreiheit mindestens eine Entscheidungsalternative einzuräumen ist. Denn wenn für den Vorgang der Entscheidungsfindung nicht mindestens zwei Varianten zur Verfügung stehen, scheidet bereits von vornherein die konkrete Möglichkeit zu einer Entscheidung aus[675]. Eine Entscheidung im herkömmlichen Sinne wäre ausgeschlossen, denn die Vorgabe nur einer (Handlungs-)Möglichkeit erweist sich als Diktat. Wenn das Kommunikationsverhalten aber auf nur eine Möglichkeit festgeschrieben ist, bedeutet dies nicht Freiheit, sondern Fremdherrschaft. Das Schutzgut der Entscheidungsfreiheit bedingt also mindestens eine Entscheidungsalternative[676].

Hieraus folgt, dass die Entscheidungsfreiheit in ihrer Semantik die Wahlmöglichkeit als notwendige Grundbedingung voraussetzt. Soweit auch der Nemo-Tenetur-Grundsatz auf die individuelle Entscheidungsfreiheit bezogen ist, bedeutet dies, dass dem Beschuldigten die Wahlmöglichkeit anheim fallen muss, zwischen Aussage und Aussageverweigerung entscheiden zu können[677].

Der Bestimmung des Nemo-Tenetur-Grundsatzes als Schutz der Möglichkeit, zwischen Reden und Schweigen wählen zu können, wird allerdings ent-

---

[675] Vgl. BGHSt 25, 325, 331; BGHSt 38, 214, 221.

[676] Gusy VerwArch 1983, 91, 92: *"Entscheidungsfreiheit setzt danach die Möglichkeit der Alternativenformulierung und –auswahl voraus (...)"*.

[677] Vgl. BGHSt 22, 171, 174; Kühne in AK-StPO § 136a Rn. 16; Dencker StV 1994, 667, 675; Schneider Jura 1990, 572, 575; Lesch ZStW 1999, 624, 638; Kohlmann in FS Tipke 1995, 487, 508.

gegengehalten, es sei kein Zwang zur Selbstbelastung denkbar, ohne dass dem Beschuldigten die Wahl zwischen zwei Varianten bliebe[678]. Dem kann allerdings nur insofern zugestimmt werden, als auf eine rein theoretische Möglichkeit zur Entscheidungswahl abgestellt wird. Anders liegt es jedoch dann, wenn man die benannte Wahlmöglichkeit als einen rechtlich verfassten, aus der Rechtsposition des Art. 2 Abs. 1 i. V. m. Art. 1 Abs. 1 GG abgeleiteten, subjektiven Wert begreift[679]. Zu berücksichtigen ist, dass im Rechtsstaat[680] das Recht der zentrale Bezugspunkt und das Gesetz die Äußerungsform der staatlichen Machtausübung ist. Verfügt der Staat eine Informationspreisgabepflicht, bleibt zwar die tatsächliche Möglichkeit bestehen, entgegen dem gesetzlichen Gebot zu schweigen, muss aber um den Preis des Normverstoßes durch das Individuum erkauft werden. Die faktisch immer bestehende Möglichkeit entgegen dem Normbefehl zu handeln, stellt aber keine rechtsstaatlich akzeptable Option zur Bejahung der dem Individuum zukommenden Entscheidungswahl im hier verstandenen Sinne dar. Der Rechtsstaat führt sich nämlich selber ad absurdum, wenn er dem Einzelnen ein Recht zugesteht, in dessen Ausübung die gesetzlich normierte Pflicht in das individuelle Belieben gestellt wird. Die Möglichkeit zum Rechtsbruch darf daher nicht als notwendige zweite Variante für die Annahme der rechtsstaatlich gewährten Entscheidungswahl mitgezählt werden.

Im Rechtsstaat, der seine inhaltliche Konkretisierung (auch) durch den Grundsatz vom Vorbehalt des Gesetzes erfährt[681], ist ein rechtlicher Zwang zur Aussage zudem nur durch ein die Rechtspflicht zur Aussage selbst normierendes Gesetz vorstellbar[682]. Mit der Schaffung der gesetzlichen Aussagepflicht des Beschuldigten im Strafverfahren negiert der Staat die benannte Rechtsposition der Entscheidungswahl als Grundbedingung der Entscheidungsfreiheit des Subjekts. Dem Subjekt wird das Recht zur Entscheidungswahl darüber, ob es sich redend oder schweigend verteidigen will, entzogen und durch den Staat rechtlich aufgezwungen. Bar seiner Rechtsposition zur Entscheidungswahl, als Grundbedingung der verfassungsrechtlich geschützten Entscheidungsfreiheit, wandelt sich die Position des Beschuldigten vom

---

[678] Ransiek S. 54 m. w. N.: *"Wollte man allein auf eine Wahlmöglichkeit abstellen, wäre auch der gefolterte Beschuldigte in diesem Sinne frei in der Entscheidung, ob er weiter die Tortur auf sich nehmen oder gestehen will, so makaber das klingt."*

[679] Vgl. Pawlik GA 1998, 378, 382.

[680] Vgl. hierzu Schmidt-Aßmann HdbStR § 24 Rn. 1 ff.; Klein JZ 1990, 53, 57 ff.

[681] Vgl. hierzu Ossenbühl HdbStR § 62 Rn. 7 ff.

[682] Vgl. Klein JZ 1990, 53, 57 ff.

Subjekt zum Objekt[683]. Im Lichte dieser Begründung erklärt sich dann auch, die als solche bezeichnete "Binsenweisheit"[684], dass im Strafverfahren das Bestehen einer (rechtlichen) Aussagepflicht gegen den Nemo-Tenetur-Grundsatz verstößt[685]. Dies bedeutet, dass bereits der Normbefehl zur Aussage, und nicht erst dessen Durchsetzung mit Hilfe von Zwangsmitteln, die individuelle Entscheidungsfreiheit beseitigt.

d) Zusammenfassung und Zwischenergebnis

Die Verfassung sichert durch Art. 2 Abs. 1 i. V. m. Art. 1 Abs. 1 GG die Rechtsposition der freien Selbstdarstellung der eigenen Person. Hiernach obliegt es grundsätzlich dem Individuum und seiner Entscheidungswahl, ob und wie es sich darstellt[686]. Dem Individuum ist ein kommunikatorischer Organisationskreis zugewiesen, dessen konkreter Gewährleistungsinhalt sich nach einer Abwägung mit den widerstreitenden Gemeinschaftsinteressen bemisst. In Abhängigkeit der jeweils zugrunde liegenden Verfahrensart kommt den in Frage stehenden Gemeinschaftsinteressen eine unterschiedliche Gewichtung zu. Der kommunikatorische Organisationskreis erscheint somit als eine Idee, deren tatsächliche Aussagenkraft sich nur in Abhängigkeit der jeweiligen Rechtsbeziehung aufzeigen lässt. So kommt es, dass sich der Grundrechtsträger in dem einen Verfahren Eingriffe gefallen lassen muss, deren Vornahme in einem anderen Verfahren als Grundrechtsverletzung bewertet werden. Diese Verfahrensabhängigkeit ist dabei keineswegs auf die grundrechtliche Schutzbereichs- und Schrankenbestimmung begrenzt, sondern setzt sich in der Definition des unantastbaren Kerngehaltes fort. Diesem kommt in Folge seiner Herleitung aus Art. 1 Abs. 1 GG und Art. 19 Abs. 2 GG eine verfahrensüber-

---

[683] Vgl. Müssig GA 1999, 118, 127.

[684] Hanack in LR-StPO § 136 Rn. 21

[685] Vgl. BVerfGE 56, 37, 49; Reiß S. 168; Wolff S. 96; Keiser StV 2000, 633, 634; Verrel S. 253.

[686] Bezüglich des "Ob" ist der Beschuldigte ohne Einschränkung frei. Wenn des weiteren behauptet wird, der Nemo-Tenetur-Grundsatz stelle dem Beschuldigten das Recht anheim, frei über "die Art und Weise der Verteidigung im Strafverfahren" zu bestimmen (statt vieler Lesch ZStW 1999, 624, 638), darf nicht übersehen werden, dass über § 136a Abs. 3 S. 1 StPO bestimmte Beweismittel bzw. deren Erhebungsmethoden auch mit Einwilligung oder auf Wunsch des Beschuldigten im Strafprozess nicht verwertbar sind. Namentlich gilt dies für die Anwendung eines Lügendetektors (Meyer-Goßner StPO § 136a Rn. 26; Frister ZStW 1994, 303,323 ff.; a. A. Laber S. 97). Insoweit muss festgestellt werden, dass der Beschuldigte hinsichtlich des "Wie" seiner Verteidigung auf die durch die StPO vorgesehenen "Beweismethoden" beschränkt ist.

greifende Existenz zu, muss jedoch hinsichtlich seiner konkreten Aussage jeweils für jedes Verfahren gesondert ermittelt werden.

Der absolut unantastbare Kernbereich des Grundrechts aus Art. 2 Abs. 1 i. V. m. Art. 1 Abs. 1 GG existiert auch im Strafverfahren. Das Strafverfahren kann folglich nicht den Verlust der freien Selbstdarstellung, sondern nur deren Beschränkung rechtfertigen[687]. Zwar ist festzustellen, dass dem Staat eine fast grenzenlose Ermittlungsbefugnis zur Seite steht und der Beschuldigte de facto mit seiner gesamten Person dem hoheitlichen (Informations-)Zugriff ausgesetzt ist[688], die Strafverfolgungsbehörden sind im Grundsatz nämlich befugt, sich über jede personenbezogene und auch höchstpersönliche Information in Kenntnis zu setzen, gleichgültig davon, ob dies mit, gegen oder ohne den Willen des Beschuldigten erfolgt. Gleichwohl ist dem Beschuldigten durch Art. 2 Abs. 1 i. V. m. Art. 1 Abs. 1 GG die Entscheidungskompetenz über sein eigenes kommunikatorisches Verhalten zugesprochen. In der Reichweite seines absolut geschützten Kernbestandes ist dieses Recht gegen eine staatliche Einschränkung immun, so dass der Beschuldigte bzgl. des "Ob" seiner Kommunikation unbeschränkt frei ist. Freiheit bedeutet hierbei grds. nicht, den Beschuldigten vor einem Übel oder dem möglichen Zwiespalt der Entscheidungswahl zu bewahren[689]. Im Gegenteil, es obliegt dem Beschuldigten die Entscheidung zu treffen, ob er sich der Kommunikation verweigert oder sie durch eigenes Verhalten fördert. Die mit der getroffenen Entscheidungswahl immer einhergehenden, möglicherweise auch nachteiligen Konsequenzen, hat das Individuum nicht nur in seiner Stellung als Beschuldigter, sondern immer, quasi als natürliche Kehrseite seiner ihm durch die Verfassung zugesprochenen Stellung als selbstbestimmtes und sich frei entfaltendes Wesen[690], zu tragen[691]. Weder der Staat selbst, noch ein an den Spannungen zwischen Gemeinschaft- und Individualinteressen ausgerichtetes Rechtssystem ist dabei in der Lage, jeglichen Druck oder Zwang durch drohende Beeinträchtigungen von dem Beschuldigten fernzuhalten[692]. In welchem Umfang der Staat hierbei mittelbar lenkend auf den Beschuldigten im Vorgang der Entscheidungsfindung

---

[687] Vgl. BVErfGE 77, 65, 76 m. w. N.

[688] Vgl. Ransiek S. 52; Schmidt-Jortzig in FS 50 Jahre BVerfGE 2001, 505, 512 f.; Müssig GA 1999, 119, 127; Wolff S. 56; Starck in Mangoldt/Klein/Starck Art. 2 Abs. 1 Rn. 87.

[689] Vgl. Keller S. 134, 135; Verrel S. 40, 266 m. w. N.

[690] Vgl. BVerfGE 50, 290, 353; E 49, 24, 56; E 45, 187, 227; E 32, 173, 180.

[691] Vgl. Lesch ZStW 1999, 624, 637; Verrel S. 64.

[692] Vgl. Kühne in AK-StPO § 136a Rn. 16; Verrel S. 101; Deutsch S. 139.

Einfluss nehmen darf, sei hier dahingestellt, muss jedenfalls als gelebte tägliche Realität registriert werden.

Allmächtig ist der hoheitliche Eingriff aber dort, wo der Staat in die individuelle Entscheidungsfreiheit einbricht, indem er die Entscheidung selber trifft. Denn dann ist das kommunikatorische Verhalten des Individuums nicht mehr selbstbestimmt, sondern nur noch fremdbestimmt. Die Kassation der dem Individuum zugesprochenen Wahlmöglichkeit ist dem Staat, der von ihm verursachte Schutzbereichseingriffe immer durch ein Gesetz zu legitimieren hat, nur durch die Schaffung einer formellen Rechtspflicht zur Aussage möglich. Nur aufgrund eines Normbefehls ist es dem Rechtsstaat dem Grunde nach erlaubt, belastend auf grundrechtlich verbürgte Rechtspositionen Zugriff zu nehmen und zur Durchsetzung seiner Gebote wenn nötig mit Hilfe von Zwang zu reagieren[693]. Gerade die Schaffung einer Rechtspflicht zur Informationspreisgabe des Beschuldigten – zumindest im Falle der Aussagepflicht – soll im Strafverfahren aber verboten sein[694]. Legt man diesen wohl unbestrittenen Maßstab an, bedeutet dies aber auch, dass der Vorgang der Entscheidungswahl rechtlich bei dem Grundrechtsträger zu verbleiben hat, da andernfalls die Grundbedingung der durch Art. 2 Abs. 1 GG i. V. m. Art. 1 Abs. 1 GG geschützten Entscheidungsfreiheit völlig beseitigt ist[695]. Der formell rechtliche Bestand der Entscheidungswahl markiert damit die universelle Grenze staatlicher Informationserhebung im Strafverfahren[696]. Die seinem Zugriff entzogene Entscheidungswahl muss der Staat als Achtung vor der individuellen Kommunikationsautonomie respektieren. Entscheidend ist, dass der Beschuldigte von seinem Recht der Entscheidungswahl über sein kommunikatorisches Verhalten effektiv Gebrauch machen kann[697].

Nach der hier vorliegenden Denkweise ist der Nemo-Tenetur-Grundsatz in seiner absoluten Geltung allein auf die rechtliche Freiheit in der Entscheidungswahl über das eigene kommunikative Verhalten bezogen[698]. Die Ent-

---

[693] Vgl. Erichsen/Rauschenberg Jura 1998, 31.

[694] Zu der Frage, welche Formen der Informationspreisgabe durch den Nemo-Tenetur-Grundsatz geschützt werden, vgl. 2. Kapitel A. II. 2. S. 175 ff.

[695] Vgl. Mössner S. 151.

[696] Kühne in AK-StPO § 136a Rn. 16.

[697] Vgl. Schneider Jura 1990, 572, 575.

[698] Ähnlich BGHSt 25, 325, 330: "*Die Anerkennung des Rechts des Angeklagten, sich auf Grund freier Entscheidung redend oder schweigend zu verteidigen (...).*"; Schumann JZ 1997, 66, 67:"*...dass der Täter eine im Rechtssinne freie Entscheidung trifft...*"; Sternberg-Lieben JZ 1995, 844, 848 Fn. 78: "*...entscheidend, ob jemand (...) im Rechtssinne frei oder nach objektiv rechtlichem Bewertungsmaßstab nicht mehr selbstbestimmt handelt*".; Schneider Jura 1990, 572, 575:

scheidungswahl steht für das Recht, selbst über das eigene kommunikative Verhalten entscheiden zu dürfen. Nur über den Bezugspunkt der Wahlfreiheit als Grundbedingung der Entscheidungsfreiheit i. S. v. Art. 2 Abs. 1 GG i. V. m. Art. 1 Abs. 1 GG ist dem Selbstbelastungsschutz ein genereller, von normativen Einzelfallabwägungen unabhängiger, Tatbestand zuzuordnen. D. h. in Bezug auf den Schutzzweck der Entscheidungsfreiheit umfasst der absolute Schutz des Nemo-Tenetur-Grundsatzes allein die Rechtsposition der Wahlfreiheit. Nach diesem Verständnis muss der Beschuldigte die Wahl über sein kommunikatorisches Verhalten treffen, darf aber eben auch selbständig zwischen den Vor- und Nachteilen einer Informationspreisgabe und Informationsverweigerung entscheiden[699]. Ausgehend hiervon ist im Weiteren darzustellen, wie die Tatbestandsmerkmale des Nemo-Tenetur-Grundsatzes im Einzelnen zu bestimmen sind.

II. Die Auslegung der einzelne Tatbestandsmerkmale des Nemo-Tenetur-Grundsatzes

Die nun angehende, an der Rechtsposition der Wahlfreiheit ausgerichtete Präzisierung des Nemo-Tenetur-Grundsatzes erstreckt sich im Wesentlichen auf zwei Fragestellungen. Zum einen ist es notwendig, den Zwangsbegriff näher zu erläutern. Zum anderen gilt es darzulegen, zu welcher Art von kommunikativen Verhalten der Beschuldigte im Strafverfahren nicht gezwungen werden darf. Wie sich zeigen wird, greifen diese beiden Fragestellungen thematisch so sehr ineinander ein, dass sie kaum getrennt voneinander beantwortet werden können.

1. Der Zwangsbegriff

Im Mittelpunkt der Diskussion um die inhaltliche Reichweite des Nemo-Tenetur-Grundsatzes steht die Bewertung des "tenetur"-Elements. Wenngleich der Zwangsbegriff in seinem Verständnis nur unklar und streitig ist, soll grundsätzlich jede unmittelbare und mittelbare Ausübung von Druck auf den Beschuldigten im Falle der Mitwirkungsverweigerung hierunter subsumierbar sein[700]. Oftmals wird in diesem Zusammenhang auch von unmittelbarem und

---

"Das Schweigerecht (…) beinhaltet demnach für den Beschuldigten ein Wahlrecht"; Müssig GA 1999, 119, 126; Lesch ZStW 1999, 624, 638; Schneider Jura 1997, 131, 133 m. w. N.

[699] Vgl. Günther JR 1978, 89, 92.

[700] Rogall in SK-StPO Vor § 133 Rn. 139; Gollwitzer in LR-MRK Art. 6 Rn. 253; Kühl JuS 1986, 115, 117; Schneider S. 29; Böse wistra 1999, 451, 452 m. w. N.

mittelbarem Zwang gesprochen. Allerdings wird diese Terminologie nicht mit dem aus dem Gefahrenabwehrrecht bekannten Begriffspaar gleichgesetzt[701]. Das maßgebende Differenzierungskriterium für die Unterscheidung zwischen unmittelbarem und mittelbarem Zwang im Sinne des Nemo-Tenetur-Grundsatzes wird hierbei vielmehr in der Direktheit der mit der Zwangsmaßnahme verbundenen Sanktionierung gegenüber einem nicht aussagebereitem Beschuldigten gesehen[702]. Unmittelbarer Zwang wäre hiernach jeder drohende oder sich realisierende Nachteil, der als direkte Folge der Mitwirkungsverweigerung anzusehen ist. Mittelbarer Zwang wären demgegenüber alle sonstigen, aus dem Schweigen bzw. der Mitwirkungsverweigerung erwachsenden nachteiligen Folgen.

Im Weiteren soll auch hier an der terminologischen Unterscheidung zwischen unmittelbarem und mittelbarem Zwang festgehalten werden. Allerdings wird die inhaltliche Aussage des Begriffspaares nicht unbesehen übernommen, sondern in Bezug auf den grundrechtlichen Eingriffsbegriff modifiziert[703].

a) Unmittelbarer Zwang

Der Nemo-Tenetur-Grundsatz beschreibt in seinem Schutzbereich die Rechtsposition der Entscheidungswahl über das eigene kommunikative Verhalten. In Folge seiner verfassungsrechtlichen Verankerung in Art. 2 Abs. 1 i. V. m. Art. 1 Abs. 1 GG ist der Nemo-Tenetur-Grundsatz dann verletzt, wenn ein Eingriff in diesen Schutzbereich festzustellen ist[704]. Hierfür bedarf es eines Eingriffs in den rechtlichen Bestand der individuellen Entscheidungswahl. Für das bessere Verständnis soll im Vorgriff auf die nachgestellten Ausführungen folgende Gleichung aufgestellt werden: Die Bezeichnung des unmittelbaren Zwangs beschreibt den direkten Eingriff in die Rechtsposition der Entscheidungswahl, gleichgültig ob dieser unbeabsichtigt oder final gewollt war. Die Bezeichnung des mittelbaren Zwangs bezeichnet den direkten Eingriff in die Entscheidungsfindung. Ob ein direkter Zwang in die Entscheidungsfindung

---

[701] Vgl. statt vieler nur Stürner NJW 1981, 1757, 1758, der entgegen der im verwaltungsrechtlichen Vollstreckungsrecht gebräuchlichen Terminologie auch das Zwangsgeld oder die Beugehaft als unmittelbaren Zwang bezeichnet.

[702] Verrel S. 15 f.

[703] Vgl. Albers DVBl 1996, 233, 242, wonach sich die grundrechtliche Eingriffsabwehr auf den Gewährleistungsinhalt konzentriert.

[704] Terminologisch beschreibt der Begriff der (Grundrechts-)Verletzung den nicht gerechtfertigten und somit unzulässigen Grundrechtseingriff. Vgl. Pieroth/Schlink Rn. 224.

auch geeignet ist, einen relevanten Zwang auf die Rechtsposition der Entscheidungswahl auszuüben, wird hierbei noch zu diskutieren sein.

aa) Rechtlicher Zwang im Sinne einer Rechtspflicht

Ausgangspunkt des Zwangsbegriffes ist zunächst der schon vorangestellte Aspekt der Entscheidungswahl, d. h. dass rechtliche Entscheidendürfen[705]. Diese muss dem Beschuldigten im Rechtssinne zukommen. Zwang bedeutet hiernach, keine rechtliche (Entscheidungs-)Wahl mangels einer rechtserheblichen Entscheidungsalternative zu haben. Ergo ist das "tenetur"-Element des Selbstbelastungsschutzes als Antonym von rechtlicher Freiheit zu begreifen. Demnach geht es hier nicht um eine hoheitlich verursachte Drucksituation oder eine an dem Grad des drohenden Nachteils zu bemessende Zwangsstärke[706]. Entscheidend ist zunächst allein, ob dem Beschuldigten rechtlich die Entscheidungswahl belassen bleibt oder diese durch die Schaffung einer Rechtspflicht zur Aussage[707] durch den Staat vorgenommen wird. Wenn letzteres der Fall ist, liegt ein Eingriff in die durch den Nemo-Tenetur-Grundsatz absolut geschützte Rechtsposition der Entscheidungswahl vor, denn ohne die Möglichkeit, zwischen zwei Varianten zu wählen, ist der dem Individuum nach Art. 2 Abs. 1 i. V. m. Art. 1 Abs. 1 GG zukommenden Entscheidungsfreiheit jede Grundlage entzogen[708]. Die Zwangsdefinition des Nemo-Tenetur-Grundsatzes lässt sich daher an dieser Stelle wie folgt umschreiben: Zwang ist jede gesetzliche Pflicht im Gegensatz zur bloßen Obliegenheit.

Unterstützt wird diese Sichtweise durch die in § 136 Abs. 1 S. 2 StPO festgesetzte Belehrungspflicht. Systematisch begründet § 136 Abs. 1 S. 2 StPO die Aussagefreiheit nicht, sondern setzt sie voraus[709] und wird gemeinhin als un-

---

[705] Ähnlich Lammer S. 159 ff., der den Zwangsbegriff aber offen lässt und im Ergebnis widersprüchlich wohl doch auf die Entscheidungsfindung abstellt: *"Selbstbelastungsfreiheit bedeutet damit das Verbot des Selbstbelastungszwanges; es geht darum, zu verhindern, dass der Erfolg der Selbstüberführung oder -belastung durch das besonders verwerfliche, menschenunwürdige, weil den Beschuldigten psychisch schwer belastende Mittel des Zwangs herbeigeführt wird"*.

[706] Vg. Bosch S. 125 f.

[707] Die Frage, welches Informationsverhalten von dem Nemo-Tenetur-Grundsatz umfasst ist, soll unten 2. Kapitel A. II. 2 auf S. 175 ff. beantwortet werden. Da nach einhelliger Meinung aber zumindest die verbale Kommunikation durch den Nemo-Tenetur-Grundsatz geschützt ist, soll zunächst von einem Verbot zur Aussagepflicht gesprochen werden.

[708] Vgl. oben 2. Kapitel A. I. 2. c) dd) (3) S. 143 ff.

[709] Meyer-Goßner StPO § 136 Rn. 7 m. w. N.

mittelbarer Ausfluss des Nemo-Tenetur-Grundsatzes bezeichnet[710]. Die vorgesehene "*Belehrung soll dem Beschuldigten klarmachen, dass es ihm nach dem Gesetz freisteht, sich zu der Beschuldigung zu äußern oder nicht zur Sache auszusagen*"[711]. Das Belehrungsgebot soll dem Beschuldigten seine "kommunikativen Kompetenzen"[712] vor Augen führen und sicherstellen, dass dieser aufgrund der Konfrontation mit dem amtlichen Auskunftsersuchen vor der irrtümlichen[713] Annahme einer Aussagepflicht bewahrt wird[714]. Explizit wird klargestellt, dass (gerade) im Strafverfahren rechtlich die Entscheidungswahl dem Beschuldigten überlassen bleibt, ob er dem amtlichen Auskunftsverlangen nachkommen will oder nicht[715].

Entsprechend dieser Ratio kann die Gefahr eines Informationspreisgabezwanges überhaupt nur dann bestehen, wenn der Beschuldigte sich in Konfrontation mit dem amtlichen Auskunftsverlangen sieht. An dieser Voraussetzung fehlt es jedoch in den Fällen der heimlichen Informationserhebung, denn der Kommunikationsadressat ist für den Beschuldigten gerade nicht als eine, die vermeintliche Rechtspflicht zur Aussage begründende, Amtsautorität erkennbar. Ein relevanter Informationspreisgabezwang liegt nicht vor, denn die Entscheidungswahl verbleibt sowohl rechtlich als auch tatsächlich in der Hand des Beschuldigten[716]. Die Täuschung bzw. der darauf beruhende Irrtum

---

[710] Schlüchter/Radbruch NStZ 1995, 354, 355; Rogall S. 187; Renzikowski JZ 1997, 710; Dingeldey JA 1984, 407, 408; Hüttinger S. 67, 71; Lesch in KMR-StPO § 136 Rn. 13 m. w. N.

[711] Amtliche Begründung zum Gesetzentwurf der Bundesregierung vom 7. Februar 1962, BTDrucks. IV/178 S. 32.

[712] Ransiek StV 1994, 343, 344.

[713] Rogall S. 186: "*Die irrtümliche Annahme einer aktiven Tätigkeitspflicht im Strafprozess ist nicht nur nahe liegend, sondern sogar ein alltägliches Phänomen.*"

[714] Vgl. BGHSt 42, 139, 147 f.; Schlüchter/Radbruch NStZ 1995, 354, 355; Boujong in KK-StPO § 136 Rn. 11; Kleinknecht/Meyer-Goßner StPO § 136 Rn. 7; Lesch KMR-StPO § 136 Rn. 19 m. w. N.; a. A. Roxin NStZ 1995, 465, 466, der davon ausgeht, § 136 Abs. 1 S. 2 StPO schütze den Beschuldigten (auch) vor einem Irrtum über die hoheitliche Stellung seines Kommunikationspartners; ähnlich Wolfslast NStZ 1987, 103, 104; Bernsmann StV 1997, 116, 117.

[715] BGHSt 22, 170, 174; Hanack in LR-StPO § 136 Rn. 21; Rieß JA 293, 300; Kühne in AK-StPO § 136 Rn. 16; Meyer-Goßner StPO § 136 Rn. 7.

[716] Vgl. BGHSt 42, 139, 147; Lammer S. 161; Schumann JT 1997, 66, 67; Sternberg-Lieben JZ 1995, 844, 848. Duttge JZ 1996, 556, 562; Wolff S. 97; Deutsch S. 240; Lesch in KMR-StPO § 136 Rn. 30 m. w. N.; a. A. Bosch S. 127; Bernsmann StV 1997, 116, 118.

über den Kommunikationsadressaten stellen keinen rechtlichen (oder faktischen) Zwang zur Aussage dar[717].

In Fällen heimlicher Informationserhebung geht der Beschuldigte über die Begleitumstände fehl und unterliegt in Bezug auf sein kommunikatorisches Verhalten einem Motivirrtum[718]. Das mit jedem kommunikatorischen Verhalten verbundene Risiko für den Selbstdarstellungsvorgang geht, wie sonst auch, zu seinen Lasten[719]. Die Täuschung über den Kommunikationsadressaten und der darauf beruhende Motivirrtum berühren den Beschuldigten von daher zwar nicht in seiner Rechtsposition zur Entscheidungswahl, jedoch in seinem Recht und dem Vorgang der Entscheidungsfindung[720]. Die hoheitlich veranlasste Täuschung über den Kommunikationsadressaten begründet einen Eingriff in die Freiheit der Entscheidungsfindung und berührt von daher nicht den unantastbaren Schutzbereich des Nemo-Tenetur-Grundsatzes[721].

Nach diesen Vorgaben ist es dann auch erklärbar, warum verdeckte Ermittlungen durch die Strafverfolgungsbehörden – zumindest nach h. M. – nicht per se einen Verstoß gegen die Belehrungsvorschrift des § 136 Abs. 1 S. 2 StPO zur Folge haben[722]. Wie aufgezeigt, dient die Belehrungsvorschrift in erster Linie der Rechtsposition der Entscheidungswahl und zielt primär auf den absoluten Schutz des Nemo-Tenetur-Grundsatzes[723]. Da verdeckte Ermittlungsmethoden demgegenüber „nur" einen Eingriff in die relativ geschützte Ent-

---

[717] Wenn man wie hier auf den rechtlichen Bestand der Entscheidungswahl abstellt, erübrigt sich die kontrovers geführte Diskussion darüber, ob die Täuschung als ein zwangsgleicher Nachteil zu bewerten ist oder nicht. Die Täuschung betrifft nämlich nicht die Entscheidungswahl, sondern allein den Vorgang der Entscheidungsfindung.

[718] Hüttinger S. 74 m. w. N.

[719] Deutsch S. 240; Vgl. oben 2. Kapitel A. I. 1. c) (1) (1.2) S. 82 f.

[720] Nur der Vollständigkeit halber sei nochmals betont, dass auch verdeckte und heimlich durchgeführte Ermittlungen zumindest einen Eingriff in das allgemeine Persönlichkeitsrecht darstellen (vgl. oben 2. Kapitel A. I. 1. 3) a) dd) (2) (1.3) S. 101) und folglich einer Legitimation bedürfen, die an den normativen Maßstäben der Abwägungssphäre auszurichten ist. Achenbach in AK-StPO § 163 Rn. 8e m. w. N.; ähnlich Renzikowski JZ 1997, 710, 714; Duttge JZ 1996, 556, 562 f. will die Sphärentheorie für eine Zulässigkeitsbewertung entsprechend heranziehen.

[721] Im Ergebnis ebenso BGHSt (GrS) 42, 139, 153; Verrel NStZ 1997, 415 f.; Wolter in SK-StPO Vor § 151 Rn. 124; Lammer S. 161; Franke JR 2000, 468, 470; Puppe GA 1978, 289, 299; Lesch in KMR-StPO § 136 Rn. 16 m. w. N.

[722] Vgl. BGHSt (GrS) 42, 139, 147; Franke JR 2000, 468, 470; Meyer-Goßner StPO § 136 Rn. 7 m. w. N.; a. A. Roxin NStZ 1995, 465, 466; ders. NStZ 1997, 18.; differenzierend Renzikowski JZ 1997, 710, 713 ff., 717.

[723] Vgl. soeben S. 151 f.

scheidungsfindung begründen, kann die Belehrungsvorschrift des § 136 Abs. 1 S. 2 StPO lediglich mittelbar, im Rahmen der Rechtmäßigkeitsprüfung, berücksichtigt werden. Eine unmittelbare und direkte Anwendung der Belehrungsvorschrift des § 136 Abs. 1 S. 2 StPO scheidet demgegenüber grds. aus.

bb) Vollstreckungszwang

Da der Staat, wie zuvor bereits ausgeführt, Verhaltensgebote grds. nur durch Gesetz begründen kann, ist das Zwangselement des Nemo-Tenetur-Grundsatzes primär auf das Verbot eines rechtlichen Zwangs, d. h. der Schaffung einer Rechtspflicht zur Aussage, gerichtet. Wenn es dem Staat aber verboten ist, eine Rechtspflicht zur Aussage zu statuieren, bedeutet dies unter Beachtung des Grundsatzes vom Vorbehalt des Gesetzes zugleich auch, dass jeder Druck und Zwangsmitteleinsatz zur Durchsetzung einer Aussage unzulässig ist. Denn ohne eine Rechtspflicht zur Aussage fehlt es an einer vollstreckungsfähigen Grundpflicht und damit an einem vollstreckungsfähigen Anspruch des Staates gegenüber dem Beschuldigten auf ein Geständnis. Ebenso wie die Rechtspflicht selbst ist auch jeder Vollstreckungs- oder vollstreckungsgleiche Zwang verboten. Ein Vollstreckungszwang liegt vor, wenn die Rechtsposition der Entscheidungswahl unmittelbar durch den Einsatz eines Rechtsaktes[724] verkürzt wird und sich aus objektiver Sicht als zwangsweise Durchsetzung einer vermeintlich bestehenden Informationspreisgabepflicht des Beschuldigten darstellt[725]. Zweck der Maßnahme muss es sein, die Rechtsposition des Beschuldigten gezielt und unmittelbar zu negieren und dessen Entscheidungswahl aufgrund einer behaupteten Informationspreisgabepflicht rechtlich auf eine Entscheidungsvariante zu fixieren. Gemeinhin werden solche Rechtsakte durch das Beiwort der Finalität beschrieben[726]. Jeder finale Zwang, der unmittelbar in die Rechtsposition der Entscheidungswahl eingreift, ist Vollstreckungszwang und als solcher Bestandteil des unmittelbaren Zwangsbegriffes des Nemo-Tenetur-Grundsatzes.

---

[724] Z. B. ein Gesetz, dass die Vollstreckung mit Hilfe von Zwangsmaßnahmen oder die "Vollzugsmaßnahme" eines Strafverfolgungsorgans "rechtfertigt".

[725] Der hier verwendete Begriff des Vollstreckungszwangs ist dem des Verwaltungsvollstreckungsrechts nachgebildet. Als Verwaltungsvollstreckung bezeichnet man ein staatliches Verfahren zur zwangsweisen Durchsetzung öffentlich-rechtlicher Verhaltenspflichten bzw. Ansprüche von Hoheitsträgern mit Hilfe normierter Zwangsmittel. Vgl. Erichsen/Rauschenberg Jura 1998, 31 m. w. N.

[726] Vgl. Weber-Dürler VVDStRL 1997, 57, 60f.; Eckhoff S. 186 ff.

Der Begriff des Vollstreckungszwangs umfasst sowohl die Maßnahmen der vis compulsiva, also Druckmittel durch die Einflussnahme auf die Willensbildun, z. B. durch Androhung und Verhängung von Zwangsgeld oder Beugehaft, als auch solche der vis absoluta, mithin willensbrechende Druckmittel durch unmittelbare körperliche Einwirkung[727] auf den Beschuldigten wie z. B. der Verabreichung einer Wahrheitsdroge[728] [729].

Bereits hier gilt es zu erwähnen, dass diese Aussage nur scheinbar im Widerspruch zu dem Umstand steht, dass die in § 81a StPO zugrunde gelegten Ermittlungsmaßnahmen zwangsweise, auch mit Hilfe von vis absoluta, durchgesetzt werden können, ohne dass hierbei ein Verstoß gegen den Nemo-Tenetur-Grundsatz anzunehmen ist[730]. Dies erklärt sich wie selbstverständlich dadurch, dass die nach der Strafprozessordnung zulässigerweise angeordneten Verhaltenspflichten im Falle ihrer Nichtbefolgung durch die Strafverfolgungsorgane zwangsweise durchgesetzt, d. h. vollstreckt werden dürfen. Die alles entscheidende Frage lautet daher, ob die in § 81a StPO (teilweise nicht explizit genannten, aber vorausgesetzten) bezeichneten "Grundpflichten" des Beschuldigten neben dem Nemo-Tenetur-Grundsatz Bestand haben oder nicht. Einer Beantwortung dieser Fragestellung soll an dieser Stelle indes nicht vorgegriffen werden, sondern den thematisch zugehörigen Erläuterungen, in Bezug auf das durch den Nemo-Tenetur-Grundsatz geschützte Informationsverhalten, vorbehalten bleiben[731].

Wiederholend ist als Zwischenergebnis festzustellen, dass der Nemo-Tenetur-Grundsatz jedes normierte Zwangsmittel und jeden behördlichen Zwang verbietet, soweit hierdurch unmittelbar und final, d. h. zweckgerichtet die Rechtsposition der Entscheidungswahl konterkariert wird, um eine Aussage durchzusetzen. Beschränkt auf den vollstreckungsgleichen Zwang in dem hier

---

[727] Dass die Folter und ihr ähnliche Behandlungsmethoden unzulässig sind, ergibt sich indes bereits aus Art. 1 Abs. 1 GG. Vgl. oben Fn. 319.

[728] Ausführlich hierzu, wenngleich zwischenzeitlich durch § 136 a StPO erfasst, Niese ZStW 1951, 212 ff.

[729] Vgl. Neumann in FS Wolff 1998, 371, 380 f.; Paeffgen S. 69 f.; Schneider S. 34 ff.; Rogall in SK-StPO Vor § 133 Rn. 139 m. w. N.; a. A. Grünwald JZ 1981, 423, 428, wonach der Nemo-Tenetur-Grundsatz lediglich durch die Zwangsform der vis compulsiva verletzbar sein soll.

[730] Ransiek S. 65; Verrel S. 14

[731] Vgl. unten 2. Kapitel A. II. 2. S. 175 ff.

skizzierten Sinne, kann der Auffassung zugestimmt werden, welche den Nemo-Tenetur-Grundsatz als Abwehr von finalem Zwang qualifiziert[732].

Nach den bisherigen Darstellungen umfasst der (Ober-)Begriff des unmittelbaren Zwangs i. S. d. Nemo-Tenetur-Grundsatzes somit sowohl den rechtlichen Zwang, durch die Statuierung einer Rechtspflicht, als auch den Vollstreckungs- oder vollstreckungsgleichen Zwang, der sich als hoheitliche Durchsetzung einer behaupteten Rechtspflicht charakterisiert. Indes kann es bei dieser Bestimmung des unmittelbaren Zwangsbegriffs als Umschreibung für einen Eingriff in den Schutzbereich des Nemo-Tenetur-Grundsatzes nicht belassen bleiben. Denn wollte man den Nemo-Tenetur-Grundsatz allein als den Schutz vor einem bestimmten gesetzlichen Zweck bzw. einer verwerflichen Handlungsintention des Strafverfolgungsorgans begreifen, bliebe doch die Frage offen, warum nur ein finaler Zwang die absolute Unzulässigkeit begründen soll[733]. Die Behauptung bleibt insbesondere dann eine Antwort schuldig, wenn man die Entscheidungsfreiheit als das Schutzgut und die Entscheidungswahl als absoluten Gewährleistungsinhalt des Nemo-Tenetur-Grundsatzes begreift. Freiheit bemisst sich aber nicht nach der Finalität oder Intention einer staatlichen Handlung, sondern ist ein tatsächlicher Zustand oder, wie hier als maßgeblich erachtet, Inhalt einer Rechtsposition, die auch faktisch beeinträchtigt werden kann[734].

Versucht man, den Begriff des verbotenen unmittelbaren Zwangs allein über das Kriterium der Finalität zu erklären, müsste der Nemo-Tenetur-Grundsatz folgerichtig durch alle unbewussten und irrtümlich veranlassten direkten Einwirkungen auf die Rechtsposition der Entscheidungswahl unberührt bleiben. Namentlich gälte dies dann sowohl für das Verbot der nachteiligen Verwertung vollständigen Schweigens, als auch für die Folgen der versehentlichen Nichtbelehrung[735]. Beiden Fallgestaltungen ist nämlich der Umstand gemein, dass ein zweckgerichteter, finaler Eingriff auf die Rechtsposi-

---

[732] Rogall in SK-StPO Vor § 133 Rn. 139; Gollwitzer in LR-MRK Art. 6 Rn. 720; Böse wistra 1999, 451, 455 m. w. N.

[733] Vgl. Ransiek S. 49.

[734] Diese Argumentation entspricht der Begründung des sog. "modernen Eingriffsbegrifs" in Abgrenzung zu dem "klassischen Eingriffsbegriff". Vgl. Albers DVBl 1996, 233, 234; Bethge VVDStRL 1997, 7, 39 m. w. N.

[735] Als Klarstellung sei darauf hingewiesen, dass prinzipiell nur zwei Arten der Nichtbelehrung vorstellbar sind. Dies sind zum einen das bewusste Unterlassen und zum anderen das unbewusste oder versehentliche Unterlassen der Belehrung. Eine dritte, quasi neutrale, Variante ist nicht vorstellbar.

tion zwar nicht gewollt ist, die Entscheidungswahl aber aus tatsächlichen Gründen unmittelbar beeinträchtigt ist[736].

(1) Schweigen als Schuldindiz

Nach unbestrittener Meinung darf das vollständige Schweigen des Beschuldigten nicht nachteilig für die Feststellung der Schuldfrage bewertet werden[737]. Dies bedeutet freilich nicht, dass ein vom Schweigen umfasster Sachverhalt nicht aufgrund anderer Beweismittel negativ bewertet werden dürfte. Ebenso wenig zwingt das Schweigen des Angeklagten das Gericht dazu, alle denkbaren entlastenden Umstände zu unterstellen[738]. Der Richter ist lediglich auf die Pflicht beschränkt, nur solchen möglichen Entlastungsmomenten nachzugehen, die sich in Folge der bisherigen Beweisergebnisse "aufdrängen" bzw. für deren Annahme "konkrete Anhaltspunkte" vorliegen[739]. Im Konkreten formuliert das Verbot der negativen Bewertung des Totalschweigens[740] daher nur, dass die Nichteinlassung zur Sache weder als Eingeständnis noch als Indiz der Schuld des Angeklagten gewertet werden darf[741]. Stützen lässt sich dieses Ergebnis auf spezifische Beweiswürdigungsüberlegungen und Beweisgrundsätze i. S. v. § 261 StPO. Denn aufgrund der Vielfalt denkbarer Motive für das Schweigen des Beschuldigten kann die Einlassungsverweigerung nicht als zuverlässiges, die Verurteilung stützendes, Schuldindiz heran-

---

[736] Verrel S. 131; ebenso in Bezug auf die Nicht-Belehrung Ransiek S. 57.

[737] BVerfG NStZ 1995, 555; BGHSt 20, 281, 282 f.; St 25, 365, 368; St 38, 302, 305; Schlüchter in SK-StPO § 261 Rn. 36; Meyer-Gossner StPO § 261 Rn. 16; Gollwitzer in LR-StPO § 261 Rn. 75; Hanack in LR-StPO § 136 Rn. 26; Rieß JA 293, 295; Dahs/Langkeit NStZ 1993, 213, 214; Miebach NStZ 2000, 234, 235; Boujong in KK-StPO § 136 Rn. 10; Kühl JuS 1986, 115, 118; Rogall in SK-StPO Vor § 133 Rn. 194 m. w. N.

[738] Kühl JuS 1986, 115, 118; Günther JR 1978, 89, 94; Verrel S. 37 m. w. N.

[739] BGHSt 10, 208, 211 ff.; St 16, 389, 391; Verrel S. 37; Meyer-Goßner StPO § 244 Rn. 12 m. w. N.

[740] Das hier als Schweigen bezeichnete Verhalten des Beschuldigten ist nicht nur als das Unterlassen jeglicher Erklärung zu begreifen, sondern liegt auch vor bzw. wird diesem zumindest gleichgesetzt, wenn der Beschuldigte sich auf pauschale Erklärungen beschränkt, indem er z. B. die Täterschaft allgemein bestreitet (BGHSt 25, 365, 368; St 34, 324, 326), oder bloße Rechtsausführungen vornimmt (BayOLG JZ 1988, 670). Vgl. im Ganzen Dahs/Langkeit NStZ 1993, 213, 214; Gollwitzer in LR-StPO § 261 Rn. 77 m. w. N.

[741] BGHSt 20, 281, 282 f.; Kühl JuS 1986, 115, 118; Gollwitzer in LR-StPO § 261 Rn. 76; Schneider Jura 1990, 572, 576 m. w. N.

gezogen werden[742]. Ein Erfahrungssatz solchen Inhalts, wonach der Unschuldige redet und nur der Schuldige schweigt, existiert nämlich nicht[743].

Hieraus auch den Umkehrschluss zu ziehen, dem Totalschweigen könne unter Berücksichtigung spezifischer Beweisüberlegungen niemals eine negative Indizwirkung zugesprochen werden, ist allerdings unzutreffend[744]. Denn in Abhängigkeit der jeweiligen Begleitumstände ergeben sich durchhaus Sachverhaltsgestaltungen, in denen zumindest die faktische Möglichkeit besteht, negative Schlüsse aus dem Schweigen des Beschuldigten zu ziehen, ohne dass ein solches Ergebnis mit den Denkgesetzen oder den allgemeingültigen Erfahrungsregeln im Sinne der Grundsätze der freien richterlichen Beweiswürdigung[745] im Widerspruch stünde[746]. Denn wenngleich es den Erfahrungssatz, dass der Unschuldige redet und der Schuldige schweigt, nicht gibt, widerspricht dies doch nicht der faktischen Beweisvermutung, dass der mit der erdrückenden Beweislage konfrontierte Beschuldigte im Falle des Schweigens etwas zu verbergen haben kann[747].

Schlüssig lässt sich das bestehende Verbot, die Nichteinlassung des Beschuldigten negativ zu bewerten, demnach nicht abschließend mit einer Berufung auf § 261 StPO erklären[748]. Wenn es entgegen der faktischen Möglichkeit rechtlich verboten ist, negative Schlüsse aus dem Schweigen des Angeklagten zu ziehen, bedarf es für dieses rechtliche Verbot einer weitergehenden Begründung. Als Begründung für das Verbot der negativen Würdigung des Schweigens im o.g. Sinne ziehen die Rechtsprechung und die Literatur den Nemo-Tenetur-Grundsatz heran. Aus diesem soll die zwingende Konsequenz folgen, dass aus dem Totalschweigen des Beschuldigten generell keine negati-

---

[742] Kühl JuS 1986, 115, 118; Stree JZ 1966, 593, 595.

[743] Hanack in LR-StPO § 136 Rn. 26; Kühl JuS 1986, 115, 118; Schneider Jura 1990, 572, 577 m. w. N.

[744] Rogall in SK-StPO Vor § 133 Rn. 193; Günther JR 1978, 89, 93; Dingeldey JA 1984, 407, 413; Verrel S. 18 f. m. w. N.; a. A. Böse wistra 1999, 451, 453.

[745] Hierzu Schneider Jura 1990, 572, 574 f.; Meyer-Goßner StPO § 261 Rn. 11 m. w. N.

[746] So z. B. dann, wenn die gegen den Angeklagten sprechenden Beweise zwar mit mehr oder weniger großer Wahrscheinlichkeit dessen Schuld nahe legen, jedoch für die notwendige Überzeugung des Richters nicht vollständig ausreichend sind. In solch einer Situation, das Schweigen des Beschuldigten als weiteres Indiz seiner Schuld zu würdigen, ist faktisch möglich, ohne dass hierdurch die nachvollziehbare Beweiswürdigung des Urteils in Frage zu stellen wäre. Vgl. Günther JR 1978, 89, 93; Rogall S. 248; weitere Beispiele bei Roxin § 15 Rn. 25; Verrel S. 18 f.

[747] Günther JR 1978, 89, 94; Roxin § 15 Rn. 25; Schneider Jura 1990, 572, 575.

[748] Stree JZ 1966, 593, 595; Günther JR 1978, 89, 92, 93; Verrel S. 19 m. w. N.

ven Rückschlüsse in Bezug auf die Täterschaft und Schuld des Angeklagten gezogen werden dürfen[749]. Wäre es rechtlich nämlich zulässig, die Nichteinlassung als Schuldindiz oder Eingeständnis der Täterschaft zu bewerten, käme dies de facto der Statuierung einer Aussagepflicht gleich, da sich der Beschuldigte effektiv dann nur redend verteidigen könnte[750].

Folgt man dieser durch den Selbstbelastungsschutz normativ angelegten Restriktion der Beweisbewertungsmöglichkeiten aus § 261 StPO, heißt dies zugleich aber auch, dass der Nemo-Tenetur-Grundsatz nicht auf finale, gezielt auf den Erhalt eines Geständnisses angelegte Drucksituationen beschränkt ist, sondern zugleich auch tatsächlich wirkende Zwänge ohne Intention zur "Aussageerpressung" umfasst[751]. Wenn versucht wird, dieser Schlussfolgerung das Verdikt gegenüberzustellen, dass das sogenannte Teilschweigen[752] – zumindest nach überwiegender Ansicht in Rechtsprechung und Literatur – negativ bewertet werden darf, stellt dies keinen Widerspruch zu den soeben vorgenommenen Überlegungen dar[753]. Zwar kann hier nicht ausführlich auf die mittlerweile stark verästelte Kasuistik bei der Unterscheidung zwischen gerichtlich verwertbarem Teilschweigen und unverwertbarem Vollschweigen eingegangen werden, gleichwohl ist dem vermittelten Eindruck entgegenzutreten, das Teilschweigen des Beschuldigten könne isoliert und unbesehen der Berücksichtigung weiterer Umstände negativ bewertet werden[754]. Auch im Falle des Teilschweigens darf die Nichteinlassung als solche weder unmittelbar noch mittelbar negativ gewertet oder gar als fiktives Schuldeingeständnis bewertet werden. Allerdings steht die Teileinlassung in vollem Umfang der

---

[749] BGHSt 20, 281, 282 f.; St 25, 365, 368; St 38, 302, 305; Rogall in SK-StPO Vor § 133 Rn. 193 f.; Dahs/Langkeit NStZ 1993, 213, 214; Stree JZ 1966, 593, 595; Kühl JuS 1986, 115, 118; Schneider Jura 1990, 572, 577; Miebach NStZ 2000, 234, 235; Gollwitzer in LR-StPO § 261 Rn. 75; Verrel S. 19 ff. m. w. N.; a. A. Günther JR 1978, 89, 91.

[750] Stree JZ 1966, 593, 596; Verrel S. 19; Kühl JuS 1986, 115, 118 m. w. N.

[751] Insoweit widersprüchlich Rogall in SK-StPO Rn. 139 und 193.

[752] Hierunter werden Fälle behandelt, in denen der Angeklagte sich zwar zu den gegen ihn erhobenen Tatvorwürfen äußert, zu einzelnen Punkten aber keine Ausführungen macht oder nur zu bestimmten Fragen keine Antwort gibt. Vgl. Miebach NStZ 2000, 234, 236 ff.

[753] So aber Böse wistra 1999, 451, 453.

[754] Böse wistra 1999, 451, 453 zitiert BGHSt 20, 298 ff., wo der Angeklagte einen zu seiner Entlastung dienenden Beweis vorgetragen, eine Verifizierung durch das Gericht aber, durch die Verweigerung der Befreiung des benannten Zeugen von seiner beruflich bedingten Schweigepflicht, verhindert hat. Weitere, ähnlich gelagerte, Beispiele aus der Rechtsprechung Verrel S. 28 Fn. 192; Miebach NStZ 2000, 234, 236.

richterlichen Beweiswürdigung zur Verfügung[755]. Soweit sich aus der Aussage des Beschuldigten negative Rückschlüsse oder Widersprüche ergeben, liegt es an dem Beschuldigten, ob er diese im Falle des Schweigens in Kauf nehmen oder durch seine weitergehende Aussage entkräften möchte. Diese Situation kann nach vorliegendem Dafürhalten nicht mit der verbotenen isolierten Bewertung des Vollschweigens verglichen werden. Denn während der Angeklagte im Fall des Vollschweigens mangels einer Erklärung[756] für die Beweiswürdigung quasi als "rechtliches Nullum"[757] anzusehen ist, will er sich im Falle der Teilaussage bewusst zum Beweismittel machen[758]. Auf die möglicherweise negative Beweiswürdigung seines kommunikativen Verhaltens durch das Gericht hat der Angeklagte keinen Einfluss[759]. Für die Frage der beweisrechtlichen Bewertung ist es daher gerechtfertigt, zwischen dem Vollschweigen und dem Teilschweigen des Beschuldigten bzw. Angeklagten zu differenzieren[760].

Wie man auch immer diesen Streit entscheiden mag, so sollte doch deutlich werden, dass nicht aus der Beweisbehandlung des Teilschweigens Rückschlüsse auf den Zwangsbegriff des Nemo-Tenetur-Grundsatz zu ziehen sind, sondern vielmehr umgekehrt. Der Inhalt des Nemo-Tenetur-Grundsatzes bestimmt die Frage, inwieweit das Teilschweigen des Beschuldigten zum Zwecke der Beweisbewertung zulässigerweise herangezogen werden darf.

<u>(2) Versehentliche Nichtbelehrung</u>

Nach allgemeiner Meinung zieht ein Verstoß gegen die in § 136 Abs. 1 S. 2 StPO normierte Belehrungspflicht des Beschuldigten grundsätzlich ein Beweisverwertungsverbot nach sich[761]. Dies wird damit begründet, dass ein Unterlassen der Belehrung den Zweck der Vorschrift vereiteln und die Rechtsausübung des Beschuldigten, zwischen Reden und Schweigen wählen

---

[755] BGHSt 38, 302, 307; Schlüchter in SK-StPO § 261 Rn. 39; Miebach NStZ 2000, 234, 236; Dahs/Langkeit NStZ 1993, 213, 214; Verrel S. 28; Hanack in LR-StPO § 136 Rn. 27; Gollwitzer in LR-StPO § 261 Rn. 78 m. w. N.

[756] Keiser StV 2000, 633, 635.

[757] Kühl JuS 1986, 115, 118.

[758] BGHSt 32, 140, 145; Gollwitzer in LR-StPO § 261 Rn. 78; Schlüchter in SK-StPO § 261 Rn. 39 m. w. N.

[759] Stree JZ 1966, 593, 599; Verrel S. 28.

[760] A. A. Schneider Jura 1990, 572, 580; Kühl JuS 1986, 115, 120 f.; Rogall in SK-StPO Vor § 133 Rn. 202.

[761] BGHSt 38, 214, 220; BGH StV 1995, 283; Rogall in SK-StPO Vor § 133 Rn. 183; Ransiek StV 1994, 343; Meyer-Goßner StPO § 136 Rn. 20 m. w. N.

zu können, auf eine Alternative beschränkt und hierdurch das Recht selbst verkürzt würde[762]. Vor dem Hintergrund, dass die Belehrungsvorschrift des § 136 Abs. 1 S. 2 StPO auf den Nemo-Tenetur-Grundsatz zurückzuführen ist[763], erscheint diese Feststellung nur konsequent, denn es macht wenig Sinn, dem Beschuldigten zwar das Recht zum Schweigen einzuräumen, es ihm faktisch aber vorzuenthalten[764]. Wenn man diese Aussage aber gelten lassen will, kann dies nur bedeuten, dass der Nemo-Tenetur-Grundsatz in seiner Anwendungsreichweite nicht auf die Ausübung von finalem Zwang beschränkt ist. Allein der Verstoß gegen die Belehrungspflicht begründet keinen final zurechenbaren Zwang[765]. Wollte man dies anders sehen, könnte man sich zwar im Falle einer bewussten Nichtbelehrung noch mit dem Aspekt des Handlungs- bzw. Unterlassungsunwerts wegen einer festzustellenden Intention des Vernehmungsbeamten zur "Aussageerpressung" oder wenigstens eines darauf gerichteten Ausnutzungswillens behelfen. Diese Behelfsstütze hält dann aber nicht stand, wenn die Belehrung des Beschuldigten nicht vorsätzlich, sondern versehentlich oder irrtümlich unterblieben ist[766]. Schon begrifflich scheidet dann die Annahme einer finalen, auf die unmittelbare Erlangung einer Aussage gerichteten, Handlungsintention des befragenden Vernehmungsorgans aus[767].

---

[762] BGHSt 25, 325, 330 f.; St 38, 214, 221; Lesch in KMR-StPO § 136 Rn. 22; Günther JR 1978, 89, 82.

[763] BGHSt 25, 325, 331; Vgl. auch oben Fn. 707.

[764] Vgl. Ransiek S. 56 f.; Bosch S. 141 f.; Verrel S. 122 m. w. N.

[765] Ransiek S. 57.

[766] Verrel S. 122.

[767] Von einer nicht unerheblichen Anzahl an Autoren wird bereits sowohl das bewusste Vorspielen einer Aussagepflicht als auch das bewusste Unterlassen der Belehrung i. S. v. § 136 Abs. 1 S. 2 StPO unter den Täuschungsbegriff der verbotenen Vernehmungsmethoden nach § 136a StPO subsumiert. (Achenbach StV 1989, 515, 516 f.; Verrel S. 107 f.; Kühne in AK-StPO § 136 Rn. 34; Rogall in SK-StPO Vor § 133 Rn. 169 jeweils m. w. N.). Wiederum nur nach einem Teil dieser Meinungsanhängerschaft soll der Täuschungsbegriff auch im Falle der versehentlichen Nichtbelehrung bejaht werden können (Achenbach StV 1989, 515, 516 f. m. w. N.). Demgegenüber wird dies von dem wohl überwiegenden Teil in Abrede gestellt und damit begründet, dass der Täuschungsbegriff eine bewusste Irreführung verlange (BGHSt 31, 395, 399 f.; St 35, 328, 329; Kühne in AK-StPO § 136 Rn. 34; Rogall in SK-StPO Vor § 133 Rn. 169 jeweils m. w. N.). Um gleichwohl auch im Falle der unbewussten Nichtbelehrung ein Verwertungsverbot annehmen zu können, wird zumeist versucht, dieses über das Recht der Aussageverweigerung zu begründen. Dies ist allerdings mit erheblichen Erklärungsschwierigkeiten verbunden, da der Nemo-Tenetur-Grundsatz nach herrschender Meinung auf die Freiheit von Zwang und nicht von Irrtum beschränkt sein soll (Vgl. Wolter in SK-StPO Vor § 151 Rn. 124; Verrel

Unterstellt man mit den hier getroffenen Feststellungen, dass die Belehrungsvorschrift des § 136 Abs. 1 S. 2 StPO auf den Nemo-Tenetur-Grundsatz zurückzuführen ist, muss daher diskutiert werden, inwieweit im Falle der Nichtbelehrung von einem Eingriff in die Rechtsposition der Wahlfreiheit ausgegangen werden kann.

cc) Unmittelbar faktischer Zwang

Will man mit der ganz überwiegenden Meinung sowohl das negative Bewertungsverbot des Totalschweigens, als auch die versehentliche und irrtümlich unterbliebene Nichtbelehrung der Rechtsfolge des Nemo-Tenetur-Grundsatzes unterwerfen, kann dies nur gelingen, wenn man den hier maßgebenden unmittelbaren Zwangsbegriff nicht aus sich heraus bestimmt, sondern über die Funktion und den Gewährleistungsinhalt des Selbstbelastungsschutzes zu erklären versucht[768]. Ein faktischer, gleichwohl aber unmittelbarer Zwang i. S. d. Nemo-Tenetur-Grundsatzes liegt auch dann vor, wenn das Recht in Folge mangelnder Kenntnis nicht ausgeübt werden kann, oder aber die Rechtsausübung zwar möglich ist, aber im Weiteren keine Rechtswirkung entfaltet.

Nach der vorliegenden Lesart verbietet sich die negative Bewertung des Totalschweigens daher nicht deshalb, weil der Angeklagte sich hierdurch zur Vornahme einer Aussage genötigt fühlen könnte und daher in seinem Entschluss, ob er sich redend oder schweigend verteidigen soll, möglicherweise nicht mehr als frei im Sinne von unbeeinflusst anzusehen ist[769]. Entscheidend ist alleine, dass andernfalls der Rechtsposition der Wahlfreiheit keine Rechts-

---

S. 108 f.; Müssig GA 1999, 119, 126; Duttge JZ 1996, 556, 562; Lammer S. 161; Lesch in KMR-StPO § 136 Rn. 16 m. w. N.; a. A. Ransiek S. 47 ff.; Bosch S. 121 ff.). Wer den Zwangsbegriff aber ausschließlich als Ausübung von Druck zur Aussage versteht, verstrikt sich in dem Bemühen, eine plausible Differenzierung zwischen zwangsgleicher Täuschung und unbeachtlicher Irrtumserregung klar zum Ausdruck zu bringen. Die in diesem Zusammenhang vorgenommene Gemengelage zwischen § 136a StPO und dem Nemo-Tenetur-Grundsatz trägt schließlich auch dafür Verantwortung, dass eine Trennung zwischen der unerlaubten erheblichen Beeinträchtigung auf der einen Seite und der für zulässig erachteten kriminalistischen List und dem erlaubten Unterhalten eines Irrtums des Beschuldigten auf der anderen Seite nicht widerspruchsfrei zu lösen ist. In diesem Sinne stellt Bosch S. 172 fest: Für die Frage, *"welche Täuschungen und Irrtümer im einzelnen unter dem Aspekt des nemo tenetur-Grundsatzes relevant sind (…), wird sich wohl kein alle möglichen Fehlvorstellungen umfassender Maßstab finden lassen."*

[768] Vgl. Weßlau ZStW 1998, 1, 13.

[769] So aber die gängige Argumentation, vgl. nur Kühl JuS 1986, 115, 118; Stree JZ 1966, 593, 596; Schneider Jura 1990, 572, 577 m. w. N.

wirkung zugesprochen werden könnte. Die theoretische Möglichkeit, zwischen Informationspreisgabe und Verweigerung wählen zu können, bleibt zwar auch dann bestehen, wenn das Gericht bei der späteren Beweiswürdigung zulässigerweise negative Schlüsse aus dem Schweigen ziehen dürfte[770]. Allerdings ist die Rechtsposition der Wahlfreiheit dann bedeutungslos, denn das Schweigen des Beschuldigten würde entgegen seiner Entscheidungswahl als kommunikative Einlassung gewertet. Das Schweigen stünde in seiner kommunikatorischen Wirkung (zumindest teilweise) einer Erklärung gleich. Die Entscheidungswahl bestünde zwar rechtlich, wäre tatsächlich aber reine Fiktion, da die zur Verfügung stehenden Alternativen, zu reden oder zu schweigen, denselben Kommunikationsinhalt besitzen würden[771]. Wenngleich das Leerlaufen der Wahlfreiheit nicht bezweckt und daher als normativ angelegte Nebenfolge der Beweiswürdigungsgrundsätze aus § 261 StPO bezeichnet werden kann, tritt die das Recht verkürzende Wirkung gleichwohl direkt und unmittelbar ein[772].

Aus den gleichen Überlegungen heraus ergibt sich, dass die Vernehmung des Beschuldigten dann als unmittelbarer Zwang i. S. d. Nemo-Tenetur-Grundsatzes zu bewerten ist, wenn sich in Folge der Nichtbelehrung eine Rechtsverkürzung realisiert hat[773]. Insoweit kann die Nichtbelehrung des Beschuldigten die tatsächliche Ausübung der Entscheidungswahl unmittelbar auf eine Alternative beschränken[774]. Die den unmittelbaren Zwang begründende Maßnahme ist hierbei allerdings nicht das Unterlassen der Belehrung,

---

[770] Weßlau ZStW 1998, 1, 26; ähnlich Ransiek S. 64

[771] Vgl. Stürner NJW 1981, 1757, 1758, der darauf hinweist, dass eine solche Fiktion im Übrigen auch mit der Unschuldsvermutung nicht zu vereinbaren ist.

[772] Insofern als mittelbarer Zwang bezeichnet, Schneider Jura 1990, 572, 577; Rogall in SK-StPO Vor § 133 Rn. 194 m. w. N.

[773] Eine kausale und tatsächliche Beeinträchtigung der Wahlfreiheit ist dann nicht gegeben, wenn der Beschuldigte zwar nicht belehrt wurde, aber sichere Kenntnis von seiner Rechtsposition hat (Vgl. Verrel S. 124; Rogall in SK-StPO Vor § 133 Rn. 175 m. w. N.). Ob es in diesem Fall bereits begrifflich an einem Eingriff fehlt oder dieser zwar vorliegt, in Anbetracht der Folgenlosigkeit für den Gewährleistungsinhalt aber als unerheblich oder aufgrund der theoretischen Gefährdung doch als erheblich einzustufen ist, mag hier dahingestellt bleiben. Vgl. BGHSt 25, 325, 331 f., wonach das Unterlassen der Belehrung *"nicht ohne weiteres zu einer Rechtsverletzung führt"*, sondern *"von Fall zu Fall zu prüfen"* sei, *"ob durch den Verfahrensverstoß der Zweck des Hinweisgebotes vereitelt worden ist."* Vgl. zum Ganzen Rogall in SK-StPO Vor § 133 Rn. 173 ff.; Verrel S. 123 ff.; Meyer-Goßner StPO § 136 Rn. 20 m.w. N.

[774] Vgl. BGHSt 25, 325, 331; Lesch in KMR-StPO § 136 Rn. 22.

sondern bereits die amtlich veranlasste Verhörssituation selbst[775]. Wie gesehen, dient die Belehrung nach § 136 Abs. 1 S. 2 StPO gerade dazu, der durch das Verhör verursachten Gefahr einer Determination der Kommunikationskompetenzen zwischen den Strafverfolgungsbehörden und dem Beschuldigten entgegenzuwirken[776]. Der mit der Vernehmung verbundene Zweck[777] besteht nun sicher nicht darin, final ein Leerlaufen der Rechtsposition der Wahlfreiheit des Beschuldigten zu bewirken. Die mögliche Beeinträchtigung der individuellen Wahlfreiheit ist zwar eine bloß unbeabsichtigte und normativ mittelbar angelegte Nebenfolge der Verhörssituation, greift aber direkt in die durch den Nemo-Tenetur-Grundsatz absolut geschützte Rechtsposition ein[778]. Will man das Institut der Vernehmung aus diesem Grunde nicht per se für rechtswidrig halten, muss der Staat dafür Sorge tragen, dass mit Hilfe der Belehrung nach § 136 Abs. 1 S. 2 StPO die faktische Zwangswirkung durch die Annahme des Beschuldigten, er sei zur Aussage verpflichtet, beseitigt wird[779]. Dies erreicht er durch die Belehrung, welche den Beschuldigten in die Lage versetzt, sein ihm zustehendes Wahlrecht, zu reden und zu schweigen, ausüben zu können[780]. Allerdings reicht hierfür der rein formale Vorgang der Belehrung alleine nicht aus, sondern der Beschuldigte muss deren Inhalt, unter Zugrundelegung der Vorschriften über die Verhandlungsfähigkeit, verstehen und begreifen können[781]. Ein Eingriff in den Nemo-Tenetur-Grundsatz liegt nach dieser Auslegung auch dann vor, wenn zwar eine Belehrung erfolgt ist, der Beschuldigte diese aber nicht richtig verstanden hat, etwa weil er nicht verhandlungsfähig oder geistig behindert war[782].

dd) Zwischenergebnis

Zwang i. S. d. Nemo-Tenetur-Grundsatzes ist hiernach jede Rechtspflicht zur Informationspreisgabe. Erfasst wird zudem jeder Rechtsakt, der final oder unfinal das Bestehen einer Rechtspflicht zur Informationspreisgabe vorgibt,

---

[775] Vgl. Verrel S. 120; Hüttinger S. 69 f.; wohl auch Salditt GA 1992, 51, 71.

[776] Vgl. oben 2. Kapitel A. II. 1. 1) a) S. 151 f.

[777] Vgl. Lesch ZStW 1999, 624, 635.

[778] Vgl. Salditt GA 1992, 51, 71, welcher die Vernehmung als Eingriff in das Recht auf informationelle Selbstbestimmung qualifiziert; Achenbach StV 1989, 515, 517 f. hält in dieser Situation § 136a StPO für einschlägig und will unter den Begriff der "Täuschung" auch Fälle der versehentlichen Nichtbelehrung subsumieren.

[779] Vgl. Salditt GA 1992, 51, 71.

[780] Vgl. Günther JR 1978, 89, 92.

[781] BGH NStZ 1993, 395; Dencker StV 1994, 667, 675; Bosch S. 125 m. w. N.

[782] Vgl. BGHSt 39, 349, 351; Lesch in KMR-StPO § 136 Rn. 22 m. w. N.

und hierdurch die Wahlfreiheit des Beschuldigten, zwischen Reden und Schweigen entscheiden zu dürfen, rechtlich oder tatsächlich beseitigt.

b) Mittelbarer Zwang

Der mittelbare Zwang definiert sich vorliegend als direkter Eingriff in die Entscheidungsfindung. Als mittelbarer Zwang wird er deshalb bezeichnet, weil durch die direkte Einflussnahme auf die Entscheidungsfindung auch eine mittelbare Beeinträchtigung der Rechtsposition der Entscheidungswahl in Betracht kommen kann.

aa) Differenzierung zwischen Entscheidungswahl und Entscheidungsfindung

Wenn an dieser Stelle von mittelbarem Zwang gesprochen wird, heißt dies nicht, dass die Rechtsposition der Entscheidungswahl rechtlich beseitigt oder faktisch leer laufen würde. Mittelbarer Zwang ist vielmehr in dem Sinne zu verstehen, dass der Grundrechtsträger einem physischen oder psychisch wirkenden Druck hinsichtlich seiner Entscheidungsfindung ausgesetzt ist, die Bewertung der Variante, zu reden oder zu schweigen, sowie die abschließende Entscheidungswahl gleichwohl aber durch das Individuum zu treffen ist. Anders als im Fall des unmittelbaren Zwangs setzen bloße Beeinträchtigungen der Entscheidungsfindung die Rechtsposition der Entscheidungswahl beim Grundrechtsträger gerade voraus. In den Vorgang der Entscheidungsfindung kann nämlich nur dann eingegriffen werden, wenn dem Individuum als notwendige Vorbedingung das Recht der Entscheidungswahl zugestanden wird. Wo hingegen der Staat die Entscheidungswahl bereits durch ein entsprechendes Verhaltensgebot getroffen hat, fehlt es auch an dem Recht zur Vornahme der Entscheidungsfindung. Dies bedeutet, dass die Rechtsposition der Entscheidungswahl notwendige Voraussetzung für die rechtlich relevante Vornahme der Entscheidungsfindung durch das Individuum ist. Nur derjenige, der die Entscheidung rechtlich und tatsächlich zu treffen hat, kann überhaupt in seiner Entscheidungsfindung beeinflusst werden. Wer die Entscheidungswahl hingegen nicht ausüben kann, oder beide Varianten, wie im Fall der negativen Beweiswürdigung des Totalschweigens, dieselbe Kommunikationswirkung entfalten, tritt in den Vorgang der Entscheidungsfindung (möglicherweise zwar tatsächlich, nicht aber rechtlich) nicht ein. Gleiches gilt selbstverständlich, wenn die Rechtsposition zwar besteht, aber unbekannt ist. Wer nicht wählen kann, macht sich um die Vor- und Nachteile einer Entscheidung für die eine oder andere Variante keine Gedanken.

bb) Eingriff in die Entscheidungsfindung durch Vergünstigungszwänge

Aufgrund der getroffenen Unterscheidung zwischen der Entscheidungs-wahl und der Entscheidungsfindung kommt eine zulässige staatlich veranlass-te Beeinflussung des Beschuldigten überhaupt nur dann in Betracht, als gerade die Entscheidungswahl als absolut geschützte Rechtsposition akzeptiert und dem Individuum zugestanden wird. Dies ist, wie oben bereits angesprochen, jedenfalls dann nicht mehr der Fall, wenn eine Rechtspflicht zur Aussage be-steht, denn sie versagt dem Beschuldigten sein Recht zur Entscheidungswahl. Wenn die Aussagepflicht gegen den Nemo-Tenetur-Grundsatz verstößt, dann auch jeder Rechtsakt, der darauf gerichtet ist, die verbotene Aussagepflicht zu vollstrecken. Dies gilt selbstverständlich auch dann, wenn zwar keine Grund-pflicht zur Aussage besteht, diese aber fälschlich angenommen wird, oder, z. B. zur Täuschung des Beschuldigten, durch den jeweiligen Hoheitsträger bewusst vorgespielt wird. Das heißt, jeder Rechtsakt, der aus objektiver Sicht auf die hoheitliche Durchsetzung einer bestehenden oder einer fiktiven Mit-wirkungs- bzw. Aussagepflicht des Beschuldigten gerichtet ist, stellt einen un-zulässigen Eingriff in den Nemo-Tenetur-Grundsatz dar. Der Vollstreckungs-zwang negiert als solcher gerade die Rechtsposition der Entscheidungswahl und wurde deshalb als Unterfall des unmittelbaren Zwangs qualifiziert.

Ein zulässiger Eingriff in die Entscheidungsfindung ist daher allenfalls dann möglich, wenn der Staat dem Beschuldigten für ein gewünschtes Verhal-ten eine Vergünstigung gewährt, dem Individuum aber die Bewertung zwi-schen angebotener Vergünstigung und drohendem Nachteil sowie die ab-schließende Entscheidungswahl hierüber überlässt. Nur in der hoheitlichen Einflussnahme auf den Beschuldigten durch die Gewährung eines Vorteils kann ein (isolierter) Eingriff in die Entscheidungsfindung bei gleichzeitiger Anerkennung der Rechtsposition der Entscheidungswahl gesehen werden. Gemeinsames Merkmal der Vergünstigungszwänge ist daher die Verhaltens-beeinflussung des Beschuldigten infolge der Motivation, durch vermeidbare ungünstige oder durch erreichbare vorteilhafte Rechtsfolgen, drohende Nachteile rechtlicher oder tatsächlicher Art vermeiden oder abmildern zu können[783]. Sie stellen insoweit eine Vergünstigung dar, als die drohenden Nachteile durch entsprechendes Beschuldigtenverhalten vermieden oder ab-

---

[783] Vgl. Weber-Dürler VVDStRL 1997, 57, 69 ff.; Stern III/2 § 78 S. 136 f. m. w. N.

gemildert werden können[784]. Es liegt in der Entscheidung des Beschuldigten, ob er die Vergünstigung annehmen oder stattdessen den drohenden Nachteil in Kauf nehmen möchte.

Die Gewährung solcher Vergünstigungen ist allerdings nicht, wie die Bezeichnung glauben lassen könnte, ein bloßes staatliches Entgegenkommen, sondern von dem Verhalten des Beschuldigten abhängig. In Folge dessen geht von den beschriebenen Vergünstigungen auch eine zwangsähnliche Einflussnahme auf die Entscheidungsfindung einher. Die Zwangswirkung liegt hierbei nicht in der Beeinflussung des Beschuldigten durch die Gewährung eines Vorteils, sondern vielmehr in der damit impliziten Drohung, die mögliche "Subvention" im Falle der Mitwirkungsverweigerung zu versagen[785].

(1) Zulässiger Vergünstigungszwang vs. verbotenem Vollstreckungszwang

Wenngleich die Vergünstigungszwänge nicht selten unmittelbaren Einfluss auf die Entscheidungsfindung nehmen, setzten sie konzeptionell aber auch die Entscheidungswahl durch den Beschuldigten voraus. So geht von dem Haftgrund der Verdunkelungsgefahr doch nur deshalb eine Zwangswirkung auf die Entscheidungsfindung aus, weil es eben keine Aussagepflicht gibt, mithin anerkannt ist, dass die Entscheidungswahl durch den Beschuldigten zu treffen ist. Nur weil die Entscheidungswahl als Rechtsposition des Beschuldigten vorausgesetzt und dem Grunde nach akzeptiert wird, ergibt sich überhaupt die Frage, ob die Gefahr der Untersuchungshaft die Entscheidungsfreiheit nicht unzulässig beschneidet[786]. Anders gesagt, bestünde eine Aussagepflicht, würde der von dem Haftgrund der Verdunkelungsgefahr ausgehenden Zwangswirkung bereits der Bezugspunkt fehlen, denn dem Beschuldigten stünde ein Recht zu entscheiden ohnehin nicht zu. Ebenso impliziert auch der Vergünstigungszwang durch die Gewährung von Strafnachlässen i. S. v. §§ 46

---

[784] Z. B. können die Voraussetzungen der Untersuchungshaft dann entfallen, wenn in Folge einer Aussage der Haftgrund der Verdunkelungsgefahr entfällt, oder die tat- und schuldangemessene Strafhöhe kann im Zuge eines Strafrabatts für kooperatives Nachtatverhalten (§§ 46 Abs. 2, 46a StGB) abgemildert werden.

[785] Vgl. Weigend JZ 1990, 774, 778; Verrel. S. 52; Ransiek S. 65; Möller JR 2005, 314, 319.

[786] Hierin liegt der Unterschied zum oben benannten vollstreckungsgleichen Zwang. Dieser negiert gerade die Rechtsposition des Beschuldigten und unterstellt eine Aussagepflicht, welche mit Hilfe von Zwang durchgesetzt werden soll. Allerdings lässt sich die theoretisch eindeutige Differenzierung am Maßstab der hoheitlichen Handlungsintention in der Praxis nicht mit mathematischer Genauigkeit feststellen, da der eigentliche mit einer Maßnahme verfolgte Zweck des Strafverfolgungsorgans regelmäßig nur anhand von Indizien vermutet werden kann.

Abs. 2, 46a StGB, dass der Beschuldigte die Entscheidungswahl rechtlich und tatsächlich zu treffen hat. Denn bestünde eine Aussagepflicht, würde es der Einflussnahme durch das "Angebot" vorteilhafter Rechtsfolgen gar nicht bedürfen. Bereits nach ihrer Struktur liegt den Vergünstigungszwängen somit der Respekt des Staates vor der Rechtsposition der individuellen Alternativenbewertung und abschließenden Entscheidungswahl immanent zugrunde.

Hierin zeigt sich dann auch der entscheidende Unterschied zum oben aufgezeigten Vollstreckungszwang i. S. d. unmittelbaren Zwangsbegriffs. Dieser negiert gerade die Rechtsposition der Entscheidungswahl und setzt eine (rechtliche oder fiktive) Informationspreisgabepflicht als vollstreckbare Grundverfügung voraus, die mit Hilfe von Zwang durchgesetzt werden soll. Der wesentliche Unterschied zwischen grundsätzlich zulässigem Vergünstigungszwang und absolut verbotenem Vollstreckungszwang liegt in der Zweckrichtung des fraglichen Rechtsaktes. Zielt dieser auf die Beeinträchtigung der Rechtsposition der Entscheidungswahl, wirkt er als verbotener unmittelbarer Zwang. Zielt er hingegen auf die Entscheidungsfindung, ist er grundsätzlich als zulässiger mittelbarer Zwang i. S. d. Nemo-Tenetur-Grundsatzes einzustufen.

(2) Differenzierung nach dem Handlungszweck

Die hier vorgenommene Differenzierung zwischen grundsätzlich erlaubtem mittelbaren Zwang und immer verbotenem unmittelbaren Zwang ist eine theoretische Konstruktion. Insoweit lässt sich die theoretisch mögliche Trennung nach dem Kriterium der Handlungsintention in praxi oftmals nicht mit mathematischer Genauigkeit umsetzen. Anzuerkennen ist nämlich, dass der mit einem Rechtsakt tatsächlich beabsichtigte Zweck – z. B. die "Zweckentfremdung" der Untersuchungshaft als Beugehaft zur Aussageerpressung[787] – allenfalls mit Hilfe von Indizien festgestellt werden kann und in Folge der Nachweisschwierigkeiten die Möglichkeit zum Missbrauch besteht[788]. Zudem werden sich für jede Zwangsmaßnahme tolerable Gründe finden lassen[789], um die möglicherweise eigentliche Intention der "Aussageerpressung" zu kaschieren[790]. Trotz dieser Feststellungsschwierigkeiten über die wahre Handlungsin-

---

[787] Vgl. LG Kreuznach StV 1993, 629; Seebode JR 1988, 427, 430.

[788] In Bezug auf die Untersuchungshaft Schlothauer/Wieder Rn. 268 ff.; im Allgemeinen Fezer StV 1996, 77; Verrel S. 71, 73 ff. m. w. N.

[789] Vgl. Schlothauer/Wieder Rn. 270.

[790] Beispielhaft sei auf die im Steuerstrafverfahren bekannte, wenngleich unzulässige "Strafschätzung" unter missbräuchlicher Berufung auf § 162 AO verwiesen. Vgl. oben Fn. 157.

tention, bietet die hier aufgezeigte Differenzierung zwischen zulässigem mittelbaren und verbotenem unmittelbaren Zwang eine plausible und systematisch durchgängige Erklärung[791]. Denn wie schon im Volkszählungsurteil durch das BVerfG hervorgehoben wurde, kommt gerade der mit einem Rechtsakt verbundenen Zweckbindung die maßgebliche Bedeutung für die Beurteilung der Rechtfertigung eines Grundrechtseingriffs zu[792]. Schlussendlich ist die Sondierung der jeweiligen Handlungsintention auch für die Qualifizierung einer hoheitlichen Maßnahme als Verstoß gegen die Menschenwürde von entscheidendem Belang. Denn wie eingangs aufgezeigt, stellt oftmals nicht der Rechtsakt als solcher, sondern der mit ihm verbundene hoheitliche Handlungszweck den eigentlichen Grund für die Annahme eines Eingriffs in Art. 1 Abs. 1 GG dar: Zum Beispiel stellt nicht die hoheitliche Einwirkung auf den menschlichen Körper per se eine Menschenwürdeverletzung dar, sondern nur wenn damit ein "verwerflicher" Zweck verfolgt wird[793].

c) Unzulässiger mittelbarer Zwang auf die Entscheidungswahl (durch unmittelbaren Eingriff in die Entscheidungsfindung)

Wenngleich im Fall der Vergünstigungszwänge die Rechtsposition der Entscheidungswahl strukturell gewahrt bleibt, darf nicht übersehen werden, dass der Grundrechtsträger in seiner Entscheidung insoweit nicht frei ist, als von staatlicher Seite Einfluss auf seine Entscheidungsfindung geübt wird[794]. Da in Abhängigkeit der Folgenschwere auch solche Vorteile in der Lage sein können die zugesprochene Rechtsposition normativ soweit einzuengen, dass die Entscheidungswahl ohne vernünftige Verhaltensalternative erscheint, ist zu diskutieren, inwieweit eine Subsumtion unter den Nemo-Tenetur-Grundsatz in Erwägung zu ziehen ist[795]. Die Frage lautet, wann ist ein Eingriff in die Entscheidungsfindung als so gravierend einzustufen, dass er normativ in einen Eingriff in die Rechtsposition der Entscheidungswahl umschlägt und von daher als absolut unzulässig zu bewerten ist.

Welche Gemeininteressen als Rechtfertigung für einen Eingriff in die Entscheidungsfindung in Betracht kommen, und wann von einer Vergünstigung

---

[791] Vgl. Seebode JR 1988, 426, 430.

[792] Vgl. oben 2. Kapitel A. I. 2. a) bb) S. 126 f.

[793] Vgl. oben S. 72 f.

[794] Vgl. Ransiek S. 64.

[795] Vgl. Hüttinger S. 72, der von einer Umgehung des Zwangsverbotes der Nötigung zu einem bestimmten Verhalten durch die hoheitliche Einflussnahme auf die Willensentschließung spricht.

eine so gewichtige Einflussnahme auf den Beschuldigten ausgeht, dass diese mit einem verbotenen Eingriff in den Nemo-Tenetur-Grundsatz gleichgesetzt werden kann, lässt sich nicht pauschal beantworten[796]. Schon weil es sich hierbei um normative Abwägungsentscheidungen handelt, lässt sich eine objektive Aussage nicht treffen. Für den konkreten Abwägungsvorgang kann aber auf die Schrankenbildung des allgemeinen Persönlichkeitsrechts zurückgegriffen werden[797]. Konnte dort das Verhältnismäßigkeitsprinzip als entscheidender Auslegungsfaktor dargestellt werden, muss dies in gleichem Maße für die vorliegende Abwägungsfrage angenommen werden[798]. Demnach ist die Entscheidungsfreiheit des Individuums mit den widerstreitenden Interessen der Allgemeinheit in einen Ausgleich unter strikter Beachtung der Verhältnismäßigkeitsgrundsätze zu bringen[799]. Für eine solch normative Bewertung ist unter anderem die Gewichtung des drohenden Nachteils durch die Versagung der Vergünstigung, die individuelle Belastbarkeit, aber auch die Schwere der

---

[796] Das Strafverfolgungsinteresse als solches wird wohl keinen zulässigen Rechtfertigungsgrund darstellen (Geppert in FS Spendel 1992, 655, 676; Weigend JZ 1990, 774, 778). Wenn gegenwärtig die Vergünstigung einer milderen Strafe im Gegenzug für ein Geständnis allein zum Zwecke der Verfahrensbeschleunigung und Ressourcenschonung zwar nicht expressis verbis zugelassen ist, zeichnet sich in praxi aber nicht selten ein anderes Bild ab, und es scheint angesichts des steigenden Kostendrucks der öffentlichen Hand eine Frage der Zeit zu sein, bis de lege ferenda eine entsprechende Erweiterung z. B. von § 46 Abs. 2 StGB erfolgt. Wer hierin – im Grundsatz völlig zu Recht – einen Verstoß gegen den Selbstbelastungsschutz erkennen will, muss aber vor dem Hintergrund von § 153a StPO und § 56 Abs. 2 OWiG, vor allem aber des Strafbefehlsverfahrens nach §§ 407 ff. StPO eine plausible Grenze ziehen können.

[797] Vgl. oben 2. Kapitel A. I. 2. S. 117 ff.

[798] Ergänzt wird die Abwägung durch die Grundsätze der "praktischen Konkordanz", wonach zwischen zwei kollidierenden Verfassungsgütern ein Ausgleich anzustreben ist, bei dem beide Positionen in größtmöglichem Ausmaß zur Geltung kommen sollen. Vgl. Hesse Rn. 72 m. w. N.

[799] Nach wohl unbestrittener Meinung verlangt der Grundsatz der Verhältnismäßigkeit, dass ein grundrechtseinschränkendes Gesetz geeignet und erforderlich sein muss, um den durch den Gesetzgeber legitimerweise verfolgten Zweck zu erreichen. Vgl. BVerfGE 89, 48, 61 f.; E 75, 108, 154 f.; 70, 1, 25 f. st. Rspr.; Dreier in Dreier Art. 2 I Rn. 46; Starck in Mangoldt/Klein/Starck Art. 2 Abs. 1 Rn. 28 f.; Ipsen Staatsrecht II Rn. 739 f.; Grundlegend Stern III/2 § 84, S. 762 ff.; Lagodny S. 11; Sachs in Sachs Art. 20 Rn. 145 ff. m. w. N. Ferner muss das Gesetz "verhältnismäßig im engeren Sinne" sein. Hierbei ist anhand einer Gesamtbetrachtung zwischen der Schwere des Eingriffs einerseits und dem Gewicht und der Dringlichkeit der ihn rechtfertigenden Gründe andererseits abzuwägen, wobei aber stets die Grenze der Zumutbarkeit für den Eingriffsadressaten noch gewahrt sein muss. Vgl. BVerfGE 90, 145, 172 f.; BVerfG NJW 1999, 3399, 3401; Stern III/2 § 84 II 4. S. 782 f.; Pieroth/Schlink Rn. 289; Lagodny S. 11, 217 ff.; Sachs in Sachs Art. 20 Rn. 154 f. m. w. N.

vorgeworfenen Tat zu berücksichtigen. Soweit Abwägungskriterien auf rein staatliche Belange gestützt werden, kann diesen allerdings nicht dieselbe Gewichtung wie jenen aus privaten Interessen zukommen. Die Abwehrfunktion der Grundrechte, der auch der Nemo-Tenetur-Grundsatz unterliegt, verlangt nach einer gewichtigen Begründung, wenn sich der Staat als Adressat hierüber hinwegsetzen will[800].

Zusammenfassend ist festzustellen, dass sich in Bezug auf die Zulässigkeit des mittelbaren Zwanges durch die Gewährung von Vergünstigungen weder ein feststehender Bewertungsmaßstab ermittelt, noch ein solcher, zumindest unter prinzipieller Beachtung der geltenden Rechtslage, benannt werden kann. Damit entspricht das Situationsergebnis bereits den beschriebenen Schwierigkeiten und Unsicherheiten im Bereich der Abwägungssphäre des allgemeinen Persönlichkeitsrechts.

Soweit im Zusammenhang der Entscheidungsfindung und des Nemo-Tenetur-Grundsatzes eine Reihe von Zweifelsfragen bestehen, sind diese jedenfalls nicht auf den absoluten Schutz der Rechtsposition der Wahlfreiheit bezogen, sondern beziehen sich auf den nur relativen Schutz vor Eingriffen in die Entscheidungsfindung[801]. Die Rechtsposition der Entscheidungswahl als solche wird durch die Einflussnahme auf die Entscheidungsfindung weder in ihrem rechtlichen noch tatsächlichen Bestand unmittelbar beeinträchtigt. So schwer der Druck durch drohende Nachteile auch wiegen mag, letztendlich muss der Beschuldigte nach eigener Bewertung die Wahl für die eine oder andere Variante treffen. Gerade hierin, in der individuellen Entscheidungsbewertung und Entscheidungswahl, liegt die autonome Entscheidungsbefugnis des Beschuldigten, die der Staat als absolute Eingriffsgrenze zu respektieren hat. In concreto bedeutet dies, dass die Entscheidungsfreiheit des Beschuldigten in ihrem absoluten Schutz lediglich auf die Abwägung zwischen den "existierenden Zwängen" und der abschließenden Entscheidungswahl beschränkt, im Übrigen aber relativierbar ist[802]. Hierdurch ist dann zugleich auch klargestellt, dass mittelbare Zwänge lediglich ausnahmsweise dem absoluten Schutz des Nemo-Tenetur-Grundsatzes zugeordnet werden können. Nämlich allenfalls als das Ergebnis eines Abwägungsvorganges unter Beachtung von Ver-

---

[800] Vgl. Marx in FS Fachanwalt für Steuerrecht 673, 676 f.

[801] Dies gilt insbesondere sowohl mit Blick auf die Vernehmungsmethodenverbote gem. § 136a StPO als auch die Heranziehung des Rechtsstaatsprinzips i. S. v. Art. 20 Abs. 3 GG als normative Auslegungshilfe. Vgl. Hüttinger S. 74 f.

[802] Kühne in AK-StPO § 136a Rn. 16.

hältnismäßigkeitsgrundsätzen. Hierbei ist der Eingriff in die Entscheidungs-findung mit der Rechtsposition der Entscheidungswahl als absoluter Bewer-tungsmaßstab in Relation zu bringen.

Es zeigt sich, dass die reflexartige Annahme, jeder drohende Nachteil und jeder Druck auf die Entscheidungsfindung sei auch als Verstoß gegen den Selbstbelastungsschutz zu werten, nicht überzeugen kann[803]. Im Gegenteil ha-ben die gemachten Aussagen zur Konsequenz, dass der Beschuldigte hoheit-lich zurechenbare Einflussnahmen auf seine Willensbildung in weitreichen-dem Umfang hinzunehmen hat[804].

Macht man sich einmal die hier vorgestellte Differenzierung zwischen dem absoluten Schutz der Rechtsposition der Entscheidungswahl und dem nur re-lativen Schutz der Entscheidungsfindung bewusst, so werden auch die auf den ersten Blick eher willkürlich erscheinenden Grenzziehungen zwischen verbotenem und erlaubtem Zwang i. S. d. Nemo-Tenetur-Grundsatzes einsich-tiger. Hiernach ist es auch plausibel, wenn trotz drohender Nachteile für den Beschuldigten die Interessen Dritter Berücksichtigung finden und insoweit staatlich zurechenbare Drucksituationen auf die Entscheidungsfreiheit de lege lata gerechtfertigt sein können[805].

d) Das Verhältnis zwischen dem Nemo-Tenetur-Grundsatz und § 136a StPO

Wenn im vorliegendem Sachzusammenhang eine widerspruchsfreie Ab-stimmung von § 136a StPO auf der einen Seite und § 136 StPO, sowie dem Nemo-Tenetur-Grundsatz auf der anderen Seite angemahnt wird[806], kann die-sem Verlangen mit Hilfe der getroffenen Unterteilung der Entscheidungsfrei-

---

[803] Dies gilt zumindest dann, wenn man dem Nemo-Tenetur-Grundsatz nur einen absolut geschützten Bereich zugesteht. Will man den Nemo-Tenetur-Grundsatz hingegen in ei-nen absolut geschützten Kernbereich und eine Abwägungssphäre unterteilen, muss zwi-schen diesen beiden Bereichen die Grenze, wiederum über den Gewährleistungsinhalt der Entscheidungswahl, gezogen werden. Entsprechend dem jeweils anzulegenden Ver-ständnis muss bei einer staatlich zurechenbaren Einflussnahme auf die Entscheidungs-findung terminologisch zwischen einem Eingriff in das allgemeine Persönlichkeitsrecht und einem Eingriff in den Nemo-Tenetur-Grundsatz unterschieden werden.

[804] Vgl. Keller S. 136, 140; Renzikowski JZ 1997, 710, 717.

[805] So wie z. B. im Falle von §§ 46 Abs. 2, 46a StGB das Opferschutzinteresse oder im Falle des Haftgrundes der Verdunkelungsgefahr die Sicherungsfunktion für das Erkenntnis- und Vollstreckungsverfahren.

[806] BGHSt 31, 395, 399 f.

heit in den Vorgang der Entscheidungsfindung und die Vornahme der Entscheidungswahl nachgekommen werden.

Nach seinem Zweck ist § 136a StPO darauf gerichtet, bestimmte Vernehmungsmittel aufgrund ihrer Art und Weise zu tabuisieren[807]. Die Norm beschreibt Vernehmungsmethodenverbote[808], deren Einsatz aus rechtsstaatlicher Sicht als verwerflich anzusehen und daher generell als unzulässig zu bewerten ist[809]. Das Verbot solcher Vernehmungsmethoden ist daher auch nicht auf das Verhör mit dem Beschuldigten beschränkt, sondern gilt über § 69 Abs. 3 StPO und § 72 StPO unmittelbar auch für die Vernehmung des Zeugen und Sachverständigen[810]. Die in § 136a StPO aufgezählten Vernehmungsmethoden sind deshalb verboten, weil es sich um besondere Druckmittel zur Manipulation und Beeinträchtigung der Willensentschließung und Willensbetätigung handelt[811]. Der Norminhalt des § 136 a StPO erklärt solche Vernehmungsmethoden für verboten, deren Einsatz aus rechtsstaatlicher Sicht eine unzulässige Zwangsausübung auf die Willensbildung, d. h. den Vorgang der Entscheidungsfindung, des Befragten bedeuten würde.

Demgegenüber ist § 136 StPO allein auf den Nemo-Tenetur-Grundsatz bezogen und dieser wiederum in seinem absoluten Schutz auf die Rechtsposition der individuellen Entscheidungswahl beschränkt. Wenn oftmals zwischen § 136a StPO und dem Nemo-Tenetur-Grundsatz eine Anwendungskonkurrenz angenommen wird, beruht dies vornehmlich auf dem Umstand, dass die in der Norm des § 136a StPO aufgezählten Vernehmungsmethoden auch als unmittelbarer Zwang auf die Rechtsposition der Entscheidungswahl bewertet werden können. So stellen z. B. Misshandlungen des Befragten oder die Androhung von Beugehaft (Drohung mit einer nach den Vorschriften der StPO unzulässigen Maßnahme gem. § 136a Abs. 1 S. 3 StPO) neben einer unzulässigen Druckausübung auf die Willensbildung des Beschuldigten auch einen Eingriff (in Gestalt des vollstreckungsgleiches Zwangs) in den Nemo-Tenetur-Grundsatz dar. Wenngleich die Vornahme solcher Rechtsakte sowohl durch § 136a StPO als auch im Lichte des Nemo-Tenetur-Grundsatzes verboten sind, erfolgt diese Rechtsfolge jeweils aber aus einem anderen Blickwinkel. Die insoweit festzustellende sachliche Anwendungskonkurrenz ist daher kein Au-

---

[807] Dencker StV 1994, 667, 676; Rogall S. 106; Stürner NJW 1981, 1757.

[808] Verrel S. 115; Dingeldey JA 1984, 407, 408.

[809] Seebode JR 1988, 427, 428; Deutsch S. 241 jeweils m. w. N.

[810] Dencker StV 1994, 667, 673 f.; Bosch S. 168; Verrel S. 114; Lesch ZStW 1999, 624, 640

[811] Rieß JA 1980, 293, 296; Seebode JR 1988, 427, 428; Meyer-Goßner § 136a Rn. 5 m. w. N.

tomatismus, sondern muss die inhaltlichen Differenzen zwischen § 136a StPO und dem Nemo-Tenetur-Grundsatz berücksichtigen.

Bereits die hier in der notwendigen Kürze dargestellte Unterscheidung in der jeweiligen Zweckrichtung macht deutlich, dass weder der Nemo-Tenetur-Grundsatz in § 136a StPO positiviert ist, noch umgekehrt Rückschlüsse von der Norm auf den Selbstbelastungsschutz statthaft sind[812].

Da in Bezug auf die Fähigkeit zur Rechtsausübung kein Unterschied zwischen einem Verständnis- und einem Wissensmangel des Beschuldigten besteht[813], stellt sowohl die aktive Täuschung über das Bestehen einer Aussagepflicht[814], als auch das Täuschen durch Unterlassen der Beschuldigtenbelehrung einen unzulässigen Eingriff in den Nemo-Tenetur-Grundsatz dar[815]. Einer Heranziehung des in § 136a StPO normierten "Täuschungsverbots"[816] bedarf es hierfür allerdings nicht[817]. Umgekehrt beeinflusst der Nemo-Tenetur-Grundsatz nicht die Auslegung der in § 136a StPO aufgezählten verbotenen Vernehmungsmethoden, zumindest insoweit nicht, als von diesen lediglich eine Zwangswirkung auf den Vorgang der Entscheidungsfindung festzustellen ist. Der Schutz dieser Entschließungsfreiheit liegt außerhalb des absoluten Schutzbereiches des Nemo-Tenetur-Grundsatzes und muss daher woanders gesucht werden.

e) Zwischenergebnis

Der Nemo-Tenetur-Grundsatz bietet einen umfassenden Schutz der Wahlfreiheit des Beschuldigten in ihrem rechtlichen und tatsächlichen Bestand. Dementsprechend erklärt sich der Zwangsbegriff des Selbstbelastungsschutzes nicht über die Intensität der jeweiligen Drucksituation oder das graduelle Ausmaß eines drohenden Nachteils für den Beschuldigten, sondern allein danach, ob in Folge einer hoheitlichen Veranlassung ein Eingriff auf die Rechts-

---

[812] Rogall S. 105 f., 209; Hüttinger S. 69 f., 72 ff.; Deutsch S. 240; Dingeldey JA 1984, 407, 408; Verrel S. 108 f., 118 m. w. N.; wohl auch Bosch S. 166 ff. (der dies allerdings an anderer Stelle wieder verneint S. 172); a. A. Wolff S. 69 f.; Ransiek S. 62 f.; Reiß S. 144 f.; Riepl S. 122 (in Bezug auf § 243 Abs. 4 S. 1 StPO); von Stetten JA 1996, 55, 57; Vgl. Lesch ZStW 1999, 624, 640 m. w. N.

[813] Verrel S. 123 m. w. N.

[814] Verrel S. 106.

[815] Vgl. Wolter in SK-StPO Vor § 151 Rn. 124; Rogall in SK-StPO Vor § 133 Rn. 169 m. w. N.

[816] Vgl. Kühne in AK-StPO § 136 Rn. 34 m. w. N.

[817] Dencker StV 1994, 667, 675.

position der Entscheidungswahl des Beschuldigten feststellbar ist oder nicht. Die Einwirkung muss rechtserheblich sein, wobei prinzipiell auf den grundrechtlichen Eingriffsbegriff zurückgegriffen werden kann. In Anlehnung hieran konnte aufgezeigt werden, dass sowohl rechtliche, vollstreckungsgleiche, als auch tatsächliche Einwirkungen auf die Rechtsposition der Entscheidungswahl als unmittelbarer Zwang im Sinne des Nemo-Tenetur-Grundsatzes zu begreifen sind. Wenn diese hier unter der Bezeichnung des unmittelbaren Zwangs zusammengefasst werden, erfolgt dies deshalb, weil sich die in Frage stehenden Hoheitsakte direkt und unausweichlich auf den absolut geschützten Gewährleistungsinhalt des Nemo-Tenetur-Grundsatzes auswirken, mithin den Erfolgsunwert unmittelbar begründen[818]. Eines Rückgriffs auf die Unschuldsvermutung oder das Rechtsstaatprinzip bedarf es insoweit nach vorliegender Denkweise nicht[819].

Zuzuerkennen ist allerdings, dass auch unter Zugrundelegung der vorliegenden Sichtweise Randbereiche entstehen bzw. bestehen bleiben, bei deren Vorliegen ein Verstoß gegen den Selbstbelastungsschutz nicht sicher beantwortet werden kann. So bleibt es im Ergebnis einer normativen Abwägung vorbehalten, festzustellen, wann ein mittelbarer Zwang durch die staatliche Einflussnahme auf den Vorgang der Entscheidungsfindung als Eingriff in den Nemo-Tenetur-Grundsatz gewertet werden kann. Darüber hinaus lassen sich zwar die kruden Formen der vis absoluta oder die Androhung und der Vollzug von Zwangsgeld oder Beugehaft unzweifelhaft als vollstreckungsgleicher Zwang und somit als Eingriff in die uneinschränkbare Rechtsposition der Entscheidungswahl klassifizieren. Anders liegt es aber in den subtiler wirkenden Fällen, in denen dem Beschuldigten beispielsweise eine "freundschaftliche Gesinnung" vorgespielt wird[820] oder umgekehrt der Vernehmungsbeamte den Befragten "anschreit"[821].

Ab wann ein solches Verhalten als Eingriff in die Rechtsposition der Entscheidungswahl angesehen werden kann, ist ungewiss[822]. Allerdings erweisen

---

[818] Zu der im Übrigen kaum zu erfassenden inhaltlichen Vielschichtigkeit des Begriffs der Unmittelbarkeit im Rahmen des "modernen Eingriffsbegriffes" vgl. Eckhoff S. 197 ff.; Weber-Dürler VVDStRL 1997, 57, 88 ff.; Albers DVBl 1996, 233.

[819] Vgl. Rogall in SK-StPO Vor § 133 Rn. 194 m. w. N.

[820] Vgl. Ransiek S. 67 f.

[821] Vgl. BGH NJW 1992, 2903; Ransiek StV 1994, 343, 347.

[822] Nach der Auffassung von Ransiek S. 54 ff. liegt in solch einem Verhalten des Vernehmungsbeamten eine dem Staat zurechenbare Einflussnahme auf die Entscheidungsfreiheit des Beschuldigten und muss als Verstoß gegen den Nemo-Tenetur-Grundsatz ge-

sich die Einordnungsschwierigkeiten solcher Maßnahmen nicht als ein spezifisches Problem des Nemo-Tenetur-Grundsatzes. 3swVielmehr setzen sich hier die bereits oben aufgezeigten und keineswegs gelösten Schwierigkeiten bei der Definition des grundrechtlichen Eingriffsbegriffs fort[823]. Da eine sichere "Schwarz-Weiß"-Unterscheidung bisher nicht ausgemacht werden kann, lässt sich eine sachgerechte Behandlung der angesprochenen Randbereiche wohl nur durch ein "Gefühl für Fairness im Strafverfahren" erreichen[824].

2. Das durch den Nemo-Tenetur-Grundsatz geschützte Informationsverhalten

Als Ergebnis der vorangestellten Ausführungen kann als Kernaussage festgehalten werden, dass das grundrechtlich verbürgte Schutzgut der Entscheidungsfreiheit nur in seiner Grundbedingung, der Rechtsposition der Entscheidungswahl, durch den absoluten Schutz des Nemo-Tenetur-Grundsatzes gewährleistet wird. Berücksichtigt man des Weiteren den weiten Informationsbegriff des RIS, werden hiervon auch personenbezogene körperliche Daten erfasst und daher geschützt[825]. Demgegenüber muss unter Berücksichtigung der geltenden Rechtslage aber festgestellt werden, dass der als entscheidungserheblich herausgearbeitete Aspekt der Wahlfreiheit offensichtlich dann keine Berücksichtigung findet, soweit es um die hoheitliche Erhebung von stofflich am oder im Körper des Beschuldigten fixierter Informationen geht[826]. Eine dahingehende Entscheidungswahl, ob der Beschuldigte die an oder in seinem Körper haftenden Informationen preisgeben möchte oder nicht, wird ihm nicht zugestanden, so dass er in Bezug auf körperliche Untersuchungen nach § 81a StPO, erkennungsdienstliche Identifizierungsmaßnahmen nach § 81b StPO und die zu Identifizierungszwecken durchgeführte Gegenüberstellung nach § 52 Abs. 2 StPO als bloßes Informationsobjekt erscheint[827]. Die durch den Nemo-Tenetur-Grundsatz absolut geschützte Wahlfreiheit mit einer allgemeinen Freiheit des Beschuldigten über das Wie und Wann seiner Mitwir-

---

wertet werden. A. A. Verrel S. 122; Schumann JZ 1986, 66, 67; in Bezug auf das Täuschungsverbot des § 136a StPO, Meyer-Goßner StPO § 136a Rn. 14 m. w. N.

[823] Vgl. Albers DVBl 1996, 233, 235 f.

[824] Vgl. Weigend ZStW 2001, 271, 289.

[825] Vgl. Verrel S. 262 m. w. N.

[826] Vgl. Wolfslast NStZ 1987, 103, 104; Deutsch S. 240; Weßlau ZStW 1998, 1, 27 f.

[827] Vgl. Keller S. 136 m. w. N.

kung an der eigenen Strafverfolgung gleichzusetzen, geht somit fehl[828]. Wenn daher nicht jede Mitwirkung zur Informationspreisgabe zur Disposition des Beschuldigten steht ist zu fragen, worauf sich das Recht zur Entscheidungs-wahl der Informationspreisgabe genau bezieht. Im Konkreten gilt es herauszu-finden, ob sich der Schutz des Nemo-Tenetur-Grundsatzes nur auf verbale Mitwirkungspflichten zur Informationspreisgabe beschränkt oder auch andere kommunikative Verhaltensformen, welche dann im Einzelnen darzustellen sind, erfasst werden.

a) Schutz vor Zwang zur aktiven Mitwirkung

Nach herkömmlicher Auffassung wird grds. nicht zwischen verbalen und nonverbalen Mitwirkungspflichten unterschieden, sondern die Trennlinie zwischen zulässigem und unzulässigem Informationspreisgabezwang verläuft zwischen dem Merkmal der Aktivität und dem der Passivität[829]. Hiernach soll der Beschuldigte nicht zur aktiven Informationspreisgabe gezwungen werden dürfen, soll aber die Informationserhebung, gleichfalls wie das gesamte Straf-verfahren[830], durch die Strafverfolgungsorgane passiv zu dulden haben. Der Begriff des Duldens umschreibt hierbei nichts anderes als einen Unterfall des Unterlassens, der darauf gerichtet ist, die Vornahme einer Handlung durch Dritte nicht zu behindern[831]. Legt man diesen Maßstab zugrunde, ist nach dem absoluten Schutz des Nemo-Tenetur-Grundsatzes nicht jede Datenerhebung beim Beschuldigten untersagt, sondern lediglich eine solche, die einen Zwang zur willensgesteuerten Informationspreisgabe ausübt[832].

---

[828] Vgl. Kühne in AK-StPO § 136 Rn. 17; Verrel NStZ 1997, 415, 416; Lammer S. 159 f.; Deutsch S. 240; Renzikowski JZ 1997, 710, 717.

[829] Vgl. BVerfGE 56, 37, 42 f; BGHSt 38, 214, 220 f.; St 40, 66, 71; Rogall in SK-StPO vor § 133 Rn. 66; Paeffgen S. 68 f.; Keller S. 133; Dingeldey JA 1984, 412; Geppert in FS Spendel 1992, 655, 668 Nothhelfer S. 91; Senge in KK-StPO § 81a Rn. 4; Boujong in KK-StPO § 136 Rn. 10; Müller EuGRZ 2002, 546, 555; Wassermann in AK-StPO § 81a Rn. 6; Rieß JA 1980, 293, 294; Schneider S. 29; Mäder S. 100 f.; Lesch in KMR-StPO § 136 Rn. 13 m. w. N.; diffe-renzierend Reiß S. 176; a. A. Torka 127 f.; Neumann in FS Wolff 1998, 373, 374.

[830] Niese ZStW 1951, 198, 219; Eser ZStW 1967, 565, 568; Wolfslast NStZ 1987, 103 m. w. N.

[831] Vgl. Träger/Altvater in LK-StGB § 241 Rn. 65; Engelhardt/App Kommentar zum VwVG Vorb. § 6 Rn. 2; Thomas/Putzo Kommentar zur ZPO § 890 Rn. 3; Schilken MüKo-ZPO § 890 Rn. 2.

[832] Keller S. 132; Müller EuGRZ 2002, 546, 555; Rogall NStZ 1998, 66, 68 "Inanspruchnahme der geistigen Willenssteuerung".

b) Der Schutz des menschlichen Wissens

Der Unterteilung in die Kategorien Aktivität und Passivität wird entgegengehalten, sie sei zu unpräzise, da die Grenzziehung zwischen aktivem Mitwirkungszwang und passivem Duldungszwang oftmals fließend sei, was eine Unterscheidung teilweise unmöglich machen würde[833]. Wenn von dem Tatverdächtigen im Rahmen der Blutentnahme verlangt wird, er solle den Ärmel seines Hemdes hochkrempeln und seinen Arm ausstrecken, sei dies ebenso als das Gebot zu einem aktiven Verhalten zu bewerten, als wenn der Beschuldigte im Rahmen einer Gegenüberstellung aufgefordert wird, er solle einen "normalen" Gesichtsausdruck einnehmen oder die Augen öffnen[834]. Wenngleich also in beiden Fällen ein aktives Verhalten von dem Beschuldigten zur hoheitlichen Informationsgewinnung eingefordert wird, müsste dies folgerichtig jeweils einen Verstoß gegen den Nemo-Tenetur-Grundsatz bedeuten.

Diese Konsequenz wird aber nicht gezogen. Die insoweit von der "herkömmlichen Meinung" vorgetragene Begründung, der Beschuldigte habe die Blutentnahme oder die Gegenüberstellung als Ermittlungsmaßnahmen lediglich passiv zu dulden, zeige nur, so die Kritiker, dass eine klare Trennung zwischen aktivem und passivem Verhalten nicht möglich sei. Infolge dessen soll sich dann auch eine Bestimmung des durch den Nemo-Tenetur-Grundsatz geschützten Verhaltens durch die Merkmale der Aktivität und Passivität verbieten. Andernfalls nämlich würde der aufgezeigte Mangel in der Unterscheidungsmöglichkeit den generellen Schutz des Nemo-Tenetur-Grundsatzes untergraben, denn die Annahme seiner Schutzbereichseröffnung sei von der subjektiven Bewertung eines hoheitlich vom Beschuldigten geforderten Verhaltens als unzulässiges Gebot zur Aktivität oder als zulässige Pflicht zur Passivität im Sinne einer bloßen Duldung der Ermittlungsmaßnahme abhängig.

Da zwischen dem bloßen Dulden der Ermittlungsmaßnahme und den Mitwirkungshandlungen des Beschuldigten keine durchgängig klare Trennung zwischen aktivem und passivem Verhalten möglich sei, wird vorgeschlagen, den Schutz des Nemo-Tenetur-Grundsatzes auf den Zwang zur Informationspreisgabe des gedanklich gespeicherten Wissens des Beschuldigten zu beschränken[835]. Nach dieser Idee ist der Nemo-Tenetur-Grundsatz systematisch auf die Verfügungsbefugnis des Beschuldigten über sein Wissen be-

---

[833] Bosch in KMR-StPO § 81b Rn. 12; Wolfslast NStZ 1987, 103, 104; Peres S. 119 f.; Verrel S. 253; Weßlau ZStW 1998, 1, 29 f.;

[834] Vgl. mit ähnlichen Beispielen: Bosch S. 287; Rogall S. 56.

[835] Verrel 246 ff., 261; Reiß S. 177 ff. Frister ZStW 1994, 303, 319; ähnlich Bosch S. 284.

zogen. Nicht der Zwang zu einer Mitwirkung, sondern nur der hoheitliche Zugriff auf das Wissen des Beschuldigten soll eine Verletzung des Selbstbelastungsschutzes nach sich ziehen[836]. Hiernach kann die Person des Beschuldigten, mit Ausnahme des gedanklich gespeicherten Wissens, vollumfänglich als Augenscheinsobjekt zur Informationsgewinnung herangezogen werden. In der Konsequenz stünde es hiernach mit dem Nemo-Tenetur-Grundsatz nicht im Widerspruch, den Beschuldigten zu der Abgabe einer Atemalkoholkontrolle durch das Blasen in ein entsprechendes Messgerät oder zur Vornahme einer sog. "Finger-Nasen-Probe" und ähnlichen aktiven Handlungen, die zwar eine Datenpreisgabe aber keine Wissenspreisgabe voraussetzen, zu verpflichten[837].

Trotz der systematischen Differenz der beiden aufgezeigten Meinungsgruppen, mithin denjenigen, welche zwischen aktivem und passivem Verhalten differenzieren, und zum anderen ihren Kritikern, welche auf den alleinigen Schutz des gedanklich gespeicherten Wissens abstellen, liegt ihnen eine Gemeinsamkeit zugrunde: Einwirkungen auf den menschlichen Körper zur Informationsgewinnung, z. B. in Form einer Blutentnahme, werden als grundsätzlich zulässig vorausgesetzt, wohingegen der Zugriff auf die menschliche Psyche, sei es in der Gestalt des geistig gespeicherten Wissens oder eben des willensgesteuerten Verhaltens zur Mitwirkung, vom absoluten Schutz des Nemo-Tenetur-Grundsatzes erfasst sein soll. Zu erklären ist die unterschiedliche Zugriffsmöglichkeit auf Körper und Geist nur dann, wenn man ein Denkmodell zugrunde legt, das zwischen geistiger Mitwirkung zur Informationsoffenbarung (z. B. durch eine Aussage) und Preisgabe sonstiger körperlich fixierter Informationen (z. B. den Blutalkoholwert) eine abstrakte Trennung vornimmt[838].

c) Trennung zwischen Körper und Geist

Praktisch wirkt sich diese theoretische Trennungsidee dahingehend aus, dass der Beschuldigte mit seinem Körper als Augenscheinsobjekt in Anspruch genommen werden darf[839]. Unzweifelhaft gilt dies für sämtliche Beobachtun-

---

[836] Vgl. Frister ZStW 1994, 303, 318 f.; Reiß S. 178, 180; Verrel S. 247; Weßlau ZStW 1998, 1, 32 f.

[837] Verrel S. 285; im Ergebnis ebenso Böse GA 2002, 98, 128.

[838] Vgl. Wolff S. 94 "geistiges Handlungszentrum"; Neumann in FS Wolff 1998, 373, 385 "Leib-Seele-Dualismus"; Nothhelfer S. 92: "Beweismittel, die sich real verkörpert haben", sind von der "geistig-seelischen Sphäre" zu trennen und können erhoben werden.

[839] Rieß JA 1980, 293, 294; Weichert S. 125; Reiß S. 175; Bosch S. 54 f.

gen des äußeren Erscheinungsbildes und der Wahrnehmung von körperlichen Reaktionen des Beschuldigten z. B. in der Situation der Gegenüberstellung mit einem Zeugen. Wenn also der Beschuldigte zur Informationserhebung herangezogen werden darf, wird es von der ganz herrschenden Meinung nicht für einsichtig gehalten, warum unter dem Gesichtspunkt des Nemo-Tenetur-Grundsatzes die Inanspruchnahme gerade dort enden sollte, wo die Daten mit Hilfe von körperlichen Untersuchungen erlangt werden können[840]. Demgegenüber sei die geistig gespeicherte Information der individuellen Gedankenwelt zuzuordnen und von der rein körperlichen Sphäre zu trennen. In Folge dieser Trennung zwischen Körper und Geist ist festzustellen, dass Eingriffe in den menschlichen Körper prinzipiell deutlich geringeren Schutz erfahren als solche in die geistige Freiheit[841]. Zwar lassen sich gegen diese Bewertung durchaus plausible Gegenargumente ins Feld führen[842], doch erweist sich die dargestellte Trennung zwischen Körper und Geist de lege lata als feststehendes Ergebnis[843]. Dieses beruht letztendlich auf der Qualifikation des Menschen als personales Subjekt und dem dort getroffenen Präzisierungsversuch einer normativen Unterscheidung zwischen einem körperlich-organischen und einem geistig-seelischen Bereich[844].

d) Der Schutz kommunikatorischen Verhaltens mit Erklärungswert

Konnte hiernach eine (bewusst nur) kurze Beschreibung für die allgemein vorgenommene Trennung zwischen Körper und Geist skizziert werden, ist im Folgenden auf die systematischen Eigenarten der zuvor beschriebenen Meinungsgruppen einzugehen. Wenn die Protagonisten des "Wissensschutzes" dem Beschuldigten ein Verfügungsrecht über das Wissen zusprechen wollen,

---

[840] Vgl. Wolff S. 75; Rogall S. 33 f.; Reiß S. 175 m. w. N.

[841] Neumann in FS Wolff 1998, 373, 385.; Vgl. Wolff S. 96: *"Das forum internum des Menschen ist seine Gedankenwelt."*

[842] Vgl. Neumann in FS Wolff 1998, 373, 385 f.

[843] Keller S. 136; Dencker StV 1994, 667, 674; Weichert S. 125; Verrel S. 256 f. m. w. N.

[844] Anschaulich wird diese Differenzierung bei dem Versuch, den menschlichen Todeszeitpunkt rechtlich zu definieren. Fasst man den Menschen überwiegend als körperliches Wesen oder Organismus auf, ist der Mensch mit der Einstellung seiner Herz-Kreislauf-Tätigkeit als "tot" im Rechtssinne zu definieren. Anders liegt es, wenn man den geistig-seelischen Bereich betont und für das Menschsein ein personales Bewusstsein dergestalt verlangt, dass mit Eintritt des Hirntodes das Leben des Menschen endet. Dass beide Bereiche normativ voneinander zu trennen sind, zeigt folgendes Gedankenspiel: Das Gehirn des A, dessen Organismus verstorben ist, wird in den Schädel des lebenden Organismus des B transplantiert. Lebt nun A in einem neuen Körper weiter, oder ist B mit einem neuen Gehirn ausgestattet? Vgl. Merkel Jura 1999, 113, 118.

bedeutet dies in der Konsequenz, dass der Nemo-Tenetur-Grundsatz auch im Falle von heimlichen Ermittlungsmaßnahmen Anwendung findet[845]. Dieser Annahme konnte jedoch schon oben entgegengetreten werden. Versucht man dennoch das Wissen des Beschuldigten für allein maßgeblich zu erachten, ergeben sich Diskrepanzen (auch) in Bezug auf solche Duldungszwänge, die nicht auf den Körper des Beschuldigten bezogen sind. Nur beispielhaft ist hier die Durchsuchung beim Verdächtigen nach § 102 StPO zu nennen. Regelmäßig ist dem Beschuldigten vor dem Vollzug der Durchsuchung die Möglichkeit zu eröffnen, "freiwillig" den gesuchten Gegenstand herauszugeben[846]. Wenngleich die Durchsuchungsandrohung insoweit einen finalen Druck zur aktiven Informationspreisgabe gerade des geistig gespeicherten Wissens auf den Beschuldigten ausübt, mithin seine Verfügungsbefugnis über das Wissen des gesuchten Gegenstandes beeinträchtigt wird, soll dies nach wohl einhelliger Meinung keinen Verstoß gegen den Nemo-Tenetur-Grundsatz darstellen[847].

Dies ist nur dann plausibel, soweit nicht auf die Verfügungsbefugnis des Beschuldigten als Wissensträger abgestellt wird, sondern demgegenüber erkannt wird, dass die mit der Durchsuchungsanordnung einhergehende Grundpflicht von dem Beschuldigten gerade kein informatorisches Verhalten mit Erklärungswert verlangt[848]. Der Beschuldigte hat die Durchsuchung nämlich lediglich hinzunehmen und die Informationserhebung zu dulden, verlangt von ihm aber keinen willentlichen Kommunikationsakt[849]. Dem bloßen Dulden einer Maßnahme kann als Verhaltensform, ebenso wie im Falle des Totalschweigens, kein Erklärungswert beigemessen werden[850].

Behindert oder widersetzt sich der Beschuldigte der strafprozessualen Maßnahme, kann die Störung nach § 164 StPO unterbunden werden. Soweit es hierbei auch möglich ist, den Beschuldigten zu einem aktiven Tun zu ver-

---

845 Vgl. Weßlau ZStW 1998, 1, 32 f.; Mäder S. 102 f.

846 Ob dies bereits als zwingende Konsequenz aus dem Verhältnismäßigkeitsprinzip oder aus einer verfassungskonformen Auslegung von § 106 Abs. 2 StPO zu folgern ist, sei hier dahingestellt. Im Ergebnis übereinstimmend Weßlau ZStW 1998, 1, 38; Neumann in FS Wolff 1998, 371, 380; Verrel. S. 77; Amelung in SK-StPO § 106 Rn. 10; Nack in KK-StPO § 106 Rn. 4; Rudolphi in SK-StPO § 106 Rn. 9 m. w. N.

847 Vgl. Weßlau ZStW 1998, 1, 31; Verrel S. 76 f. m. w. N.

848 Bosch S. 277 ff., 303; derselbe in KMR-StPO § 81b Rn. 12.

849 Ransiek S. 52 Fn. 17; Hefendehl wistra 2003, 1, 6 m. w. N.

850 Unter der aufgestellten Prämisse, dass die Auslese körperlich fixierter Informationen gerade von dem geschützten Kommunikationsverhalten umfasst sein soll.

pflichten, z. B. das Entfernen vom Durchsuchungsort, stellt dies solange keinen Konflikt mit dem Nemo-Tenetur-Grundsatz dar, als von dem Beschuldigten zwar ein Verhalten, aber keines mit kommunikatorischem Erklärungswert verlangt wird[851]. Dass der Nemo-Tenetur-Grundsatz nicht das Verhalten an sich schützt oder den Täter vor der Strafverfolgung bewahren will, ergibt sich schon im Umkehrschluss zu § 113 StGB[852]. Denn die dort zugrunde gelegte Vollstreckung eines Amtsträgers verlangt von dem Beschuldigten regelmäßig ein Tun, Dulden oder Unterlassen, gerade auch im Rahmen strafprozessualer Ermittlungsmaßnahmen[853]. Ist demnach nicht jeder Verhaltenszwang verboten, findet sich die entscheidende Trennlinie dort, wo dem Beschuldigten ein kommunikatives Verhalten mit Erklärungswert befohlen wird[854].

---

[851] Angelehnt ist diese Differenzierung an die Unterscheidung zwischen der allgemeinen Handlungsfreiheit i. S. v. Art. 2 Abs. 1 GG und dem allgemeinen Persönlichkeitsrecht i. S. v. Art. 2 Abs. 1 i. V. m. Art. 1 Abs. 1 GG.

[852] Dies gilt gleichermaßen für sämtliche Handlungs- bzw. Unterlassenspflichten des materiellen Strafrechts. Deutlich wird dies beispielsweise im Falle der bußgeldrechtlich bewehrten Anhaltepflicht gem. § 49 Abs. 3 Nr. 1 StVO, die auch durch den flüchtigen Täter zu beachten ist. Dieser kann sich nicht unter Berufung auf den Nemo-Tenetur-Grundsatz dem Haltegebot des Polizeibeamten widersetzen, denn es wird kein Kommunikationsakt von ihm verlangt (Vgl. Geppert in FS Seebode 1992, 655, 661 m. w. N.). Ebenso kann der Straftatbestand der unterlassenen Hilfeleistung i. S. v. § 323c StGB auch durch den auf der Flucht befindlichen Straftäter begangen werden. Das hierdurch abverlangte Verhalten ist nicht auf eine Informationspreisgabe gerichtet, sondern auf die Vornahme einer tatsächlichen Handlung ohne Erklärungswert in Bezug auf personenbezogene Daten beschränkt. Auch hierdurch ist der Nemo-Tenetur-Grundsatz nicht betroffen, sondern es liegt nur ein Eingriff in das Grundrecht der allgemeinen Handlungsfreiheit vor. In dessen Rahmen kann innerhalb der Schrankenabwägung der Unzumutbarkeitsgedanke herangezogen werden (Vgl. BGH NStZ 1994, 29; Tröndle/Fischer § 13 Rn. 15 m. w. N.). Gleiches gilt für die speziell straflos gestellten bzw. privilegierten Selbstbegünstigungshandlungen.

[853] Vgl. Tröndle/Fischer § 133 Rn. 13 f. m. w. N.

[854] Mit Blick auf die in § 111 OWiG genannten Angaben zur Person ist allerdings streitig, ob jede Erklärung vom absoluten Schutz umfasst sein soll, oder die Preisgabe von Personalien nicht erfasst ist. Ablehnend, Berthold S. 7; Wolff S. 75; Rieß JA 1980, 293, 294 m. w. N; differenzierend Mäder S. 105; Kühne in AK-StPO § 136 Rn. 13 m. w. N.

Mit der Beantwortung dieser Fragestellung korrespondiert schließlich auch die Verfassungsmäßigkeit der Unfallflucht i. S. v. § 142 StGB. Die Frage lautet, ob das Warten am Unfallort ein von dem Nemo-Tenetur-Grundsatz geschütztes Verhalten ist. Wenn dies von der wohl überwiegenden Meinung abgelehnt wird, fehlt es doch an einer plausiblen Begründung dafür, warum zwar der Unfallverursacher, nicht aber auch z. B. der Räuber am Tatort zu verbleiben und seine Personalien anzugeben hat. Die lapidare Behauptung, § 142 StGB sei durch die spezifisch verkehrsbedingten Selbsthilfedefizite des Unfallgeschädigten gerechtfertigt (Schneider S. 136 f.; Verrel S. 95), kann unbesehen auf die Situation jeder Gewalttat übernommen werden, ohne dass dort eine (nachträgliche) Identi-

Ebenso wie im Falle der Hausdurchsuchung stellt auch die Blutentnahme nach § 81a StPO einen Duldungszwang dar. Wenn der Tatverdächtige aufgefordert ist, den Arm zu strecken und dies im Falle der Verweigerung durch die Strafverfolgungsorgane unter Einsatz von Gewalt durchgesetzt wird, stellt dies möglicherweise einen Zwang zum Zwecke der Informationserhebung dar, verlangt von dem Beschuldigten aber keinen Kommunikationsakt mit Erklärungswert[855]. Die Erhebung der Information an sich – hier die Feststellung des Alkoholisierungsgrades – ist aber, wie oben schon ausgeführt wurde, nicht von dem absoluten Schutz des Nemo-Tenetur-Grundsatzes erfasst[856].

Als maßgebliches Kriterium zur Bestimmung des von dem Nemo-Tenetur-Grundsatz umfassten Verhaltens ist der kommunikative Erklärungswert zu bezeichnen. Soweit in aller Regel ein kommunikatives Verhalten mit Erklärungswert nur von einer aktiven Handlung ausgeht, finden sich hierin auch die von der herrschenden Meinung für die Schutzbereichsbestimmung des Nemo-Tenetur-Grundsatzes herangezogenen Differenzierungsmerkmale der Aktivität und Passivität wieder. Ein Eingriff in den Nemo-Tenetur-Grundsatz liegt dann vor, wenn der Beschuldigte im Strafverfahren zu einem Verhalten mit Erklärungswert gezwungen wird. Zu fragen ist daher, ob von dem hoheitlich abverlangten Verhalten des Beschuldigten ein Handeln mit informatorischem Erklärungswert ausgeht oder nicht. Dies ist sicher dann der Fall, wenn der Beschuldigte zu einer verbalen oder nonverbalen, kommunikativen Preisgabe seines Wissens gezwungen wird[857]. Ein Handeln mit informatorischem Erklärungswert kann aber auch dann angenommen werden, wenn der Beschuldigte am oder im Körper gespeicherte Daten, z. B. den Alkoholisierungsgrad, preisgeben soll. Hierauf bezogen kann zwar dem Ausstrecken des Armes zur Entnahme einer Blutprobe noch kein eigenständiger Erklärungswert entnommen werden, dem Blasen in ein Alkohol-Atem-Messgerät hingegen

tätspflicht statuiert wäre. Vgl. zum Ganzen: BVerfGE 16, 191 ff.; Schünemann DAR 1998, 424, 427 ff.; Günther GA 1978, 193, 205 f.; Rogall S. 163 f.; Verrel S. 93 ff.

[855] Vgl. Geppert in FS Seebode 1992, 655, 660 m. w. N.

[856] Vgl oben 2. Kapitel A. I. 2. b) S. 131 ff.

[857] Keiser StV 2000, 633, 635; Lesch in KMR-StPO § 136 Rn. 15; Dencker STV 1994, 667, 674; Mäder S. 105 ff. jeweils m. w. N.; a. A. Schäfer in FS Dünnbier 1982, 11, 47 f., wonach nur die verbale Selbstbezichtigung vom Nemo-Tenetur-Grundsatz umfasst sein soll.

schon[858]. Denn während ersteres nur ein Auslesen von Daten ermöglicht, ist zweites eine willensgesteuerte Preisgabe des Informationsträgers (Atemluft)[859].

3. Zwischenergebnis

Der Nemo-Tenetur-Grundsatz schützt die Kommunikationsautonomie des Beschuldigten im Strafverfahren. Er regelt die Frage, in welchem Umfang der Beschuldigte gegen oder ohne seinen Willen zur Informationspreisgabe herangezogen werden darf[860]. Als Ergebnis ist festzustellen, dass der absolute Schutz des Nemo-Tenetur-Grundsatzes auf die Rechtsposition der Entscheidungswahl zur Informationspreisgabe durch kommunikatorisches Verhalten mit Erklärungswert gerichtet ist. Jeder Eingriff in die Rechtsposition der Entscheidungswahl ist daher als Zwang i. S. d. Nemo-Tenetur-Grundsatzes zu qualifizieren. Auf die Vollstreckbarkeit oder Durchsetzung der gesetzlichen Pflicht zur Informationspreisgabe kommt es insoweit nicht an. Ob die Rechtspflicht mit Hilfe von Zwangsmitteln durchgesetzt werden kann, betrifft nämlich nur die faktische Möglichkeit zur Entscheidungswahl. Maßgeblich ist aber die subjektive Rechtsposition der Entscheidungswahl, in welche bereits durch die Statuierung einer gesetzlichen Pflicht zur Informationspreisgabe eingegriffen wird. Es wäre nicht plausibel, wenn man dem Bürger zwar eine gesetzliche Mitwirkungspflicht aufzwingt und von diesem verlangt, er solle sich an Recht und Gesetz halten, einen Zwang i. S. d. Nemo-Tenetur-Grundsatzes aber deshalb verneinen würde, weil er sich den gesetzlichen Vorgaben der Rechtsordnung durch die Missachtung der Gebote tatsächlich entziehen könne. Wer aber so argumentieren will und das Individuum auf den Rechtsbruch zur Wahrnehmung seiner subjektiven Rechte verweist, setzt damit zugleich die Legitimität der Rechtsordnung aufs Spiel.

---

[858] Vgl. Tröndle/Fischer § 113 Rn. 14; Geppert in FS Spendel 1992, 655, 676; Wassermann in AK-StPO § 81a Rn. 6; Bärlein/Pananis/Rehmsmeier NJW 2002, 1825, 1826; Senge in KK-StPO § 81a Rn. 4 m. w. N.; a. A. Böse GA 2002, 98, 128.

[859] Daher mag der Brechmitteleinsatz nach § 81a StPO zwar deshalb mit dem Nemo-Tenetur-Grundsatz vereinbar sein, weil das verabreichte Brechmittel im streng biologischen Sinne lediglich eine aktive unwillkürliche Körperreaktion, nicht aber ein willensgesteuertes Verhalten hervorruft, vgl. Weßlau StV 1997, 341, 343; Bosch S. 289. Innerhalb der Abwägungssphäre muss der Brechmitteleinsatz aber aus Verhältnismäßigkeitsgesichtspunkten als rechtsstaatlich unzulässige Ermittlungsmaßnahme eingestuft werden. Im Ergebnis ebenso OLG Frankfurt StV 1996, 651 ff.; Weßlau StV 1997, 341, 342 ff.; a. A. Rogall NStZ 1998, 66, 68.

[860] Verrel. S. 256; Wolff. S. 132 f.

Von dem absoluten Gewährleistungsinhalt des Nemo-Tenetur-Grundsatzes sind hoheitliche Eingriffe in die Entscheidungsfindung, im Gegensatz zu solchen in die Entscheidungswahl, ausgeschlossen. Die Willensbildung des Beschuldigten ist daher nur relativ, in Folge einer Interessenabwägung nach Verhältnismäßigkeitsgrundsätzen geschützt.

B. Der Nemo-Tenetur-Grundsatz außerhalb des Strafverfahrens

Mit Blick auf das Steuerstrafverfahren ist von entscheidender Bedeutung, ob und gegebenenfalls in welchem Umfang sich der Nemo-Tenetur-Grundsatz über das formelle Strafverfahren hinaus auch auf alle anderen Stadien hoheitlicher Ermittlungstätigkeit erstreckt. Zweifelhaft ist hierbei schon, ob dem Nemo-Tenetur-Grundsatz durch Rechtsakte außerhalb des formellen Strafverfahrens überhaupt eine Verletzung drohen kann. Denn nach seinem Gewährleistungsinhalt ist der Nemo-Tenetur-Grundsatz auf die Rechtsposition der Wahlfreiheit des Beschuldigten über sein kommunikatives Verhalten im Strafverfahren – und dem ihm gleichgestellte repressive Verfahrensarten[861] – bezogen. Fraglich ist daher, ob unter den unmittelbaren Zwangsbegriff i. S. d. Nemo-Tenetur-Grundsatzes auch Ermittlungsmaßnahmen in Nichtstrafverfahren[862] wie z. B. dem Verwaltungs- und Zivilverfahren subsumiert werden können. Dass dem Selbstbelastungsschutz über die Grenze des Strafverfahrens hinaus grundsätzlich Geltung zukommen muss, steht soweit erkennbar aber außer Frage[863]. Streitbar und zu diskutieren ist daher nicht die Frage, "ob" der Nemo-Tenetur-Grundsatz auch außerhalb des Strafverfahrens zu berücksichtigen ist[864], sondern vielmehr in welchem Umfang.

Nach den bisherigen Ausführungen greift der absolute Schutz des Nemo-Tenetur-Grundsatzes nur dann ein, wenn ein Eingriff in die Rechtsposition der Wahlfreiheit des Beschuldigten über sein kommunikatorisches Verhalten im Strafverfahren festgestellt werden kann. Für die Annahme einer Verletzung

---

[861] Nach herrschender Meinung soll der Nemo-Tenetur-Grundsatz auch im Ordnungswidrigkeitenverfahren unmittelbare Anwendung finden, was hier ohne weitere Prüfung unterstellt werden soll: BVerfGE 55, 144, 150; E 56, 37, 43; Reiß S. 222; Rogall 164 f.; derselbe in SK-StPO Vor § 133 Rn. 147 f.; Schäfer in FS Dünnbier 1982, 11, 48 f.; Nothhelfer S. 92, 102 f.; Schramm S. 53; Mäder S. 118 m. w. N.; a. A. Stürner NJW 1981, 1757, 1759; Günther GA 1978, 193, 205; differenzierend Bosch. S. 58 f., der für Fragen der Selbstbelastung innerhalb von nichtstrafrechtlichen Verfahrensarten das RIS als sachnäheres Recht heranziehen will.

[862] D. h. allen Verfahren ohne Ausspruch eines sozialethischen Unwerturteils, wie z. B. Kriminalstrafe, Ordnungswidrigkeit und disziplinar- oder ehrengerichtliche Sanktionen. Wolff. S. 98; Mäder S. 123.

[863] Vgl. BVerfGE 56, 37, 44; BVerwG DÖV 1984, 73, 74; Rüster S. 36 ff.; Keller S. 139; Schramm S. 56, 69; Keller S. 139; Hahn S. 162 f.; Lammer S. 156 f.; Dingeldey NStZ 1984, 529, 531; Michalke NJW 1990, 417, 418; Franzheim NJW 1990, 2049; NJW 1977, 1436, 1437; Wolff S. 103 f.; Schünemann DAR 1998, 424, 428; Besson S. 82 f.; Boujong in KK-StPO § 136 Rn. 10 m. w. N.

[864] Anders noch RGSt 60, 290, 291 ff.

stellen sich damit zwei Merkmale als entscheidungserheblich heraus. Zum einen bedarf es eines Eingriffs in die Rechtsposition der Entscheidungswahl und zum anderen muss sich die Rechtsverkürzung in einem gegen den Grundrechtsträger gerichteten Strafverfahren auswirken.

I. Eingriff in die Rechtsposition der Entscheidungswahl

Soweit auch hier vornehmlich die Frage interessiert, wann der Nemo-Tenetur-Grundsatz in seinem absoluten Schutz zum Tragen kommt, muss als erste Eingriffsvoraussetzung der Begriff des unmittelbaren Zwangs in Augenschein genommen werde. Da der unmittelbare Zwang i. S. d. Nemo-Tenetur-Grundsatzes an den grundrechtlichen Eingriffsbegriff gebunden ist, ist es zunächst unerheblich, in welchem Verfahren der die Rechtsverkürzung verursachende Rechtsakt vorgenommen wird. Der Eingriffsbegriff unterscheidet nicht zwischen den verschiedenen Verfahrensarten, sondern fragt alleine danach, ob die Rechtsposition der Entscheidungswahl verkürzt oder gewährleistet ist. In concreto bedeutet dies, dass ein Rechtsakt des unmittelbaren Zwangs i. S. d. Nemo-Tenetur-Grundsatzes sowohl im Strafverfahren als auch im Nichtstrafverfahren als solcher zu qualifizieren ist, wobei es noch zu klären sein wird, welche Rechtsfolgen sich jeweils hieraus ergeben.

Nach dem bisher dargelegten Verständnis ist unter dem Begriff des unmittelbaren Zwangs jeder Eingriff in die Rechtsposition der Entscheidungswahl zu verstehen, was insbesondere dann der Fall ist, wenn eine Rechtspflicht zur Aussage besteht. Demgegenüber ist aber festzustellen, dass nicht jede Mitwirkungspflicht in einem Nichtstrafverfahren zugleich als unmittelbarer Zwang und damit als Eingriff in die Rechtsposition der Entscheidungswahl verstanden wird. Es gilt daher zu klären, welche Arten von Mitwirkungspflichten unter den unmittelbaren Zwangsbegriff subsumiert werden können.

1. Unmittelbarer Zwang i. S. d. Nemo-Tenetur-Grundsatzes

Außerhalb des Strafprozesses lassen sich hoheitlich veranlasste Mitwirkungspflichten prinzipiell in zwei Sachverhaltsvarianten aufteilen und terminologisch in Fälle von "Leistungsverfahren" und "Eingriffsverfahren" trennen. Im Rahmen der vorzunehmenden abstrakten Darstellungen können die beiden Verfahrensarten nach einem groben Raster unterschieden werden[865]. Un-

---

[865] In der Unterscheidung spezieller Wolff S. 130 ff.; Wenngleich es schwierig sein kann, einen konkreten Sachverhalt einer bestimmten Verfahrensart zuzuordnen, ändert dies nichts an der systematischen Differenzierung. So ist es durchaus streitbar, ob z. B. das

ter dem Begriff des "Leistungsverfahrens" sind solche Sachverhaltskonstellationen zu verstehen, in denen der zur Mitwirkung Verpflichtete ein Verfahren anstrengt, um einen (vermeintlichen) Anspruch durchzusetzen. Das Leistungsbegehren kann sich dabei gegen den Staat – z. B. auf Erteilung einer Aufenthaltsgenehmigung – oder gegen private Dritte – z. B. in einem Zivilprozess – richten. Entgegengesetzt verhält es sich in den Fällen der "Eingriffsverfahren", welche hier mit Blick auf das Steuerverfahren von übergeordnetem Interesse sind. Innerhalb eines "Eingriffsverfahrens" sieht sich der zur Mitwirkung Verpflichtete einem Anspruch des Staates oder privater Dritter ausgesetzt, d. h. er begehrt keine Leistung, sondern er wird einem Verfahren unterworfen. Systematisch können die Bezeichnungen des "Leistungsverfahrens" und "Eingriffsverfahrens" mit der aus der Grundrechtslehre bekannten Semantik des "status positivus" und des "status negativus" gleichgesetzt werden[866].

2. Mitwirkungspflichten in Leistungsverfahren

Mitwirkungspflichten in Leistungsverfahren werden soweit erkennbar nicht als unmittelbarer Zwang i. S. d. Nemo-Tenetur-Grundsatzes gewertet. Dies gilt auch für solche Mitwirkungspflichten, die dem Anspruchsteller gesetzlich auferlegt sind und ohne deren Befolgung dieser entweder eine Erhöhung des Beweisrisikos zu tragen hat, oder sogar seines Anspruchs verlustig geht[867]. Die Vielfalt diesbezüglicher Fallkonstellationen ist kaum zu beschreiben. Will z. B. der Anspruchsteller den entstandenen Schaden aus einem Verkehrsunfall gegenüber seiner Haftpflichtversicherung geltend machen, ist er zur wahrheitsgemäßen Informationspreisgabe verpflichtet, gleichgültig ob seine Angaben in einem späteren Strafverfahren, z. B. wegen Verkehrsunfallflucht gem. § 142 StGB oder wegen Trunkenheit im Verkehr gem. § 316 StGB, gegen ihn vorgebracht werden können[868]. Ebenso liegt es in Bezug auf die notwendigen Angaben für die positive Bescheidung eines Asylantrages, auch

---

Asylverfahren dem "Leistungsverfahren" oder dem "Eingriffsverfahren" zuzurechnen ist. Vgl. Ventzke StV 1990, 279, 280; Wolff S. 212 f.

[866] Zu der inhaltlichen Bestimmung dieser Begriffspaare Alexy S. 229 ff.; Starck in Mangold/ Klein/Stark Art. 1 Abs. 1 Rn. 147 ff.

[867] BGHSt 36, 328, 334: *"Der beweisrisikobehaftete Betroffene, der, wenn er den von ihm geforderten Aufklärungsbeitrag nicht leistet, die Ablehnung seines Begehrens zu gegenwärtigen hat, muss entscheiden, was ihm wichtiger ist: Schutz vor Selbstbelastung oder Rechtsverwirklichung".* BVerfG NStZ 1995, 599, 600; Stürner NJW 1981, 1757, 1762; Böse wistra 1999, 451, 455; Verrel NStZ 1997, 361, 362 f.; Rogall in SK-StPO Vor § 133 Rn. 139 m. w. N.

[868] Vgl. BVerfG NStZ 1995, 599 f.; von Stetten JA 1996, 55 ff. m. w. N.

wenn der Asylbewerber hierdurch gezwungen ist, strafrechtsrelevante Angaben über die Modalitäten seiner Einreise zu machen[869].

Wenn solcherlei Mitwirkungspflichten nach der herrschenden Meinung nicht dem unmittelbaren Zwangsbegriff des Nemo-Tenetur-Grundsatzes zugesprochen werden sollen[870], erklärt sich dies wiederum vor der oben aufgezeigten Differenzierung zwischen dem rechtlichen Bestand der Entscheidungswahl und dem Vorgang der Entscheidungsfindung. Denn sicherlich ist der Unfallverursacher durch die Gefahr der Selbstbelastung wegen einer Trunkenheitsfahrt in seiner Entscheidung beeinflusst, den entstandenen Schaden gegenüber seiner Versicherung geltend zu machen oder selbst auszugleichen[871]. Auch der Asylbewerber ist durch den drohenden Nachteil der Ablehnung seines Asylantrages einem erheblichen Druck auf seine Entscheidungsfindung dahingehend ausgesetzt, ob er selbstbelastende Informationen im Asylverfahren preisgibt oder nicht[872]. Allerdings unterwirft sich der Anspruchsteller nach freier Entscheidung den soeben beschriebenen Mitwirkungszwängen, indem er selbst das Leistungsverfahren anstrengt. Soweit hiernach die Verfahrensdurchführung der Entscheidungswahl des Anspruchstellers überlassen bleibt, ist der durch den Anspruchsverlust ausgehende Mitwirkungsdruck nur als Eingriff in die Entscheidungsfindung zu werten, welche ihrerseits nicht vom absoluten Gewährleistungsinhalt des Selbstbelastungsschutzes erfasst wird. Dem Anspruchsteller bleibt es insoweit überlassen, ob er der Mitwirkungspflicht nachkommen möchte oder nicht. Aufgrund der rechtlich zugestandenen Wahlfreiheit handelt es sich bei dieser Art von Mitwirkungspflichten zur Anspruchsbegründung nicht um einen unmittelbaren Zwang, sondern um eine bloße Obliegenheit, denn die Erfüllung der Pflicht steht im Belieben des Anspruchstellers[873]. Dieser ist allein vor die Wahl gestellt, entweder seinem Anspruch durch Informationspreisgabe zum Erfolg zu verhelfen und damit Gefahr zu laufen, dass seine Erklärungen den Strafverfolgungsorganen bekannt werden, oder die Mitwirkung auf Kosten des Anspruchsverlustes zu verweigern[874]. Ein staatlicher Eingriff in die Rechtsposition der Entscheidungswahl ist hiernach nicht festzustellen, denn

---

[869] BGHSt 36, 328 ff.; Ventzke StV 1990, 279 ff. m. w. N.

[870] Störmer Jura 1994, 621, 622 m. w. N.

[871] Vgl. BGHSt 36, 328, 333; von Stetten JA 1996, 55, 57; Geppert DAR 1981, 301.

[872] Vgl. Ventzke StV 1990, 279, 280 f.

[873] Vgl. Verrel NStZ 1997, 361, 362; Besson S. 89; Stürner NJW 1981, 1757, 1762; Mäder S. 131; Störmer Jura 1994, 621, 622 m. w. N.; a. A. von Stetten JA 1996, 55, 56 ff.

[874] Vgl. Dauster StraFo 2000, 154, 155; Schramm S 74 f.

eine Rechtspflicht zur Schadensregulierung durch eine Versicherung oder gar die Stellung eines Asylantrages besteht nicht[875].

3. Mitwirkungspflichten in Eingriffsverfahren

Anders als im Fall der Leistungsverwaltung macht der Mitwirkungsverpflichtete in den Sachverhaltskonstellationen der Eingriffsverwaltung nicht einen Anspruch nach eigener Entscheidung geltend, sondern sieht sich von Dritter Seite einem (privatrechtlichen oder hoheitlichen) Anspruch gegen sich selbst ausgesetzt und ist durch Gesetz zur Informationspreisgabe verpflichtet. So verhält es sich beispielsweise im Bereich des Steuerrechts, wenn der Staat für die sachgerechte Ermittlung der Besteuerungsgrundlage auf die Angaben des Steuerpflichtigen angewiesen ist und diesen daher gem. §§ 90 ff. AO die gesetzliche Verpflichtung zur Mitwirkung in Form der Informationspreisgabe bzgl. steuerrechtsrelevanter Vorgänge trifft. Diverse Auskunfts- und Mitwirkungspflichten finden sich darüber hinaus im gesamten Bereich des Verwaltungsrechts[876]. Ähnlich ist die Situation im Zivilverfahren gelagert, wenn der Kläger seine Forderung ohne die Auskünfte des Beklagten nicht geltend machen kann. Als Folge solcher Sachverhaltskonstellationen kennt der Zivilprozess neben der allgemeinen Pflicht des § 138 Abs. 1 ZPO zur wahrheitsgemäßen und vollständigen Erklärung der Prozessparteien diverse spezielle Mitwirkungspflichten des Anspruchsgegners wie z. B. § 97 Abs. 1 InsO[877]. Im Gegensatz zu dem Bereich der Leistungsverfahren können vorliegende Mitwirkungspflichten grundsätzlich nicht als Obliegenheit bezeichnet werden. Dem Grundrechtsträger kommt weder die Entscheidung darüber zu, ob er an dem gegen ihn gerichteten Verfahren teilnehmen soll, noch ob er strafrechtsrelevante Informationen preisgeben will. Vielmehr ist er durch Gesetz zur Mitwirkung verpflichtet, deren Erfüllung er sich nicht, anders als im Fall des Leistungsverfahrens, entziehen darf. Weder das Verfahren noch die Erfüllung der gesetzlichen Mitwirkungspflicht stehen hier zu seiner Disposition. Soweit damit rechtlich die Entscheidungswahl über die Informationspreisgabe durch kommunikatorisches Verhalten gesetzlich festgeschrieben ist, erfüllt dieser

---

[875] Vgl. BVerfG NStZ 1995, 599, 600: *"Die Verfassung garantiert nicht, dass ein Tatverdächtiger sich einerseits der Gefahr der Bestrafung entziehen, andererseits aber auch zugleich private Rechte voll durchsetzen kann"*. BGHZ 41, 318, 323 ff.; Böse wistra 1999, 451, 455; Rüster S. 36 f.; Schramm S. 57; Dingeldey NStZ 1984, 529, 534; Hahn S 150 f.; Wolff S. 132 f.; Störmer Jura 1994, 621, 622 m. w. N.

[876] Schramm S. 62 ff.; Rüster S. 37 ff.; Berthold S. 34 ff.; Hahn S. 151 f. m. w. N.

[877] Vgl. BVerfGE 56, 37, 39 ff.; Schramm S. 58 f.; Dauster StraFo 2000, 145 f.

Umstand die oben getroffene Definition des unmittelbaren Zwangsbegriffs. Gesetzlich normierte Mitwirkungspflichten in Eingriffsverfahren sind daher immer als unmittelbarer Zwang i. S. d. Nemo-Tenetur-Grundsatzes zu qualifizieren.

4. Zwischenergebnis

Es kann festgestellt werden, dass Mitwirkungspflichten, die das Individuum im Rahmen der Anspruchsdurchsetzung treffen, grds. nicht unter den unmittelbaren Zwangsbegriff des Nemo-Tenetur-Grundsatzes subsumiert werden können. Die Erfüllung solcher Mitwirkungspflichten stehen nämlich zur Disposition des Pflichtigen und stellen daher nur eine Obliegenheit dar. Anders ist dies dann, wenn der zur Mitwirkung Verpflichtete von Dritter Seite in Anspruch genommen wird und hierbei zur Informationspreisgabe verpflichtet ist. Insoweit er sich den Mitwirkungspflichten rechtlich nicht entziehen darf, liegt ein Eingriff in die Rechtsposition der durch den Selbstbelastungsschutz absolut geschützten Rechtsposition der Entscheidungswahl vor. Mitwirkungspflichten stellen daher einen unmittelbaren Zwang i. S. d. Nemo-Tenetur-Grundsatzes dar. Dem entgegen üben Obliegenheiten lediglich einen Mitwirkungsdruck auf die Entscheidungsfindung aus, indem sie Einfluss auf die Willensbildung nehmen. Wenngleich die Entscheidungsfindung nur einen relativen Schutz genießt, ist es gleichwohl möglich, dass auch von Obliegenheiten ein solch schwergewichtiger Mitwirkungsdruck ausgehen kann, dass dieser unter Berücksichtigung von Verhältnismäßigkeitsgesichtspunkten als nicht gerechtfertigt anzusehen und damit als das Ergebnis eines Abwägungsvorganges ausnahmsweise als Verstoß gegen den Nemo-Tenetur-Grundsatz zu bewerten ist. Ein Bewertungsmaßstab für die Frage, wann auch im Fall bloßer Obliegenheiten ein nicht gerechtfertigter Eingriff in den Nemo-Tenetur-Grundsatz ausgeht, findet sich nicht[878].

Anders als im Bereich des Strafverfahrens soll die Ausübung von unmittelbarem Zwang i. S. d. Nemo-Tenetur-Grundsatzes in einem Nichtstrafverfah-

---

[878] Vgl. BGHSt 36, 328, 334; BVerfG NStZ 1995, 599, 600; Verrel NStZ 1997, 361, 362; Ventzke StV 1990, 279, 280 m. w. N.; z. B. regelt § 65 Abs. 3 SGB I, dass im Falle der Selbstbelastungsgefahr des Antragsstellers auf Sozialhilfe die Mitwirkungspflicht entfällt, der Sozialträger aber trotz Aussageverweigerung grundsätzlich die beantragte Leistung zu gewähren hat. Vgl. Stürner NJW 1981, 1757, 1762; Dingeldey NStZ 1984, 529, 534. Unter Berücksichtigung dieser Auslegung ist es dann aber kaum nachvollziehbar, warum diese Wertentscheidung nicht auch dem Antragsteller auf Asyl zuteil werden soll.

ren aber nicht per se das Verbot der Informationserhebung nach sich ziehen, sondern zunächst lediglich zu der Feststellung führen, dass eine bestehenden Konfliktlage zwischen der bestehenden Aussagepflicht und dem Nemo-Tenetur-Grundsatz festzustellen sei[879]. Ein verfassungswidriger Eingriff in den Nemo-Tenetur-Grundsatz soll erst dann bejaht werden können, wenn sich in Folge der von dem Pflichtigen erzwungenen Information für diesen negative Auswirkungen in einem gegen ihn gerichteten Strafverfahren ergeben.

II. Auswirkung auf das Strafverfahren

In einem Strafverfahren stellen sowohl die gesetzliche Pflicht zur Informationspreisgabe durch den Beschuldigten als auch die Verwendung der erzwungenen Information einen Eingriff in den absoluten Schutz des Nemo-Tenetur-Grundsatzes dar. Anders ist die Situation in einem Nichtstrafverfahren, wo allein die Statuierung einer Pflicht zur Informationspreisgabe (noch) nicht als Eingriff in den Nemo-Tenetur-Grundsatz zu bewerten ist[880]. Wiederholend ist auf die obigen Ausführungen zu verweisen, wonach der staatlichen Informationserhebung nur in Abhängigkeit des jeweiligen Verwendungszusammenhanges Grenzen gezogen sind[881]. Da nur die zwangsweise Informationserhebung für repressive Verwendungszwecke einen Eingriff in den Nemo-Tenetur-Grundsatz darstellt, bleibt eine Verwendung der Daten für präventive oder zivilrechtliche Verfahren hiervon unberührt.

Wenngleich Informationspreisgabepflichten in Nichtstrafverfahren hiernach zu präventiven Zwecken grundsätzlich als zulässige Erkenntnisquellen anzusehen sind, kann ein Eingriff in den Nemo-Tenetur-Grundsatz durch die zweckwidrige Verwendung der erlangten Informationen bewirkt werden. Ebenso wie nicht nur das staatliche Auskunftsverlangen, sondern auch die Datenverarbeitung und Datenübermittlung einen Eingriff in das RIS darstellt[882], ist auch die zweckwidrige Datenverwendung für repressive Verfahren

---

[879] Wolff S. 128 f.; Mäder S. 202 m. w. N.; Besson differenziert zwischen einem "absoluten strafrechtlichen Verbot des Selbstbelastungszwanges" und einem "relativen allgemeinen Verbot des Selbstbelastungszwanges"; a. A. Rogall S. 167, 150, der den Nemo-Tenetur-Grundsatz unmittelbar auf alle staatliche Verfahren anwenden will.

[880] Davon unberührt bleibt eine sonstige Grundrechtsverletzung von Art. 2 Abs. 1 i. V. m. Art. 1 Abs. 1 GG, z. B. wegen eines nicht gerechtfertigten Eingriffs in die Privatsphäre oder das RIS.

[881] BVerfGE 65, 1, 43; Vgl. oben 2. Kapitel A. I. 2. a) bb) S. 126 f. und cc) S. 128 ff.

[882] BVerfGE 65, 1, 43; Starck in Mangoldt/Klein/Starck Art. 2 Abs. 1 Rn. 86; Di Fabio in Maunz – Dürig Art. 2 Abs. 1 Rn. 176 m. w. N.

von zulässig erzwungenen Informationen in einem Nichtstrafverfahren als ein Eingriff in den Nemo-Tenetur-Grundsatz zu bewerten. Mit anderen Worten: Die Statuierung einer Pflicht zur Informationspreisgabe in einem Nichtstrafverfahren bewirkt grundsätzlich keine Verletzung des Nemo-Tenetur-Grundsatzes. Ein Eingriff in die Rechtsposition der Entscheidungswahl über das eigene kommunikatorische Verhalten findet sich aber in der Nutzung der preisgegebenen Informationen für repressive Verfahrenszwecke[883]. Der Nemo-Tenetur-Grundsatz wäre nämlich illusorisch, wenn dem Beschuldigten zwar im Strafverfahren die Entscheidungswahl über sein kommunikatorisches Verhalten zugesprochen wird, zugleich aber solche Informationen durch die Strafverfolgungsbehörden für ihre Ermittlungen verwendet werden dürften, zu deren Preisgabe er in einem Nichtstrafverfahren zulässigerweise gezwungen werden konnte[884]. Noch einmal sei aber betont, dass der Nemo-Tenetur-Grundsatz nicht die strafprozessuale Information an sich schützt oder generell vor dem Umstand bewahren will, dass es durch den Kontakt zwischen Bürger und Staat zu einer Aufdeckung von deliktischen Verhaltensweisen kommt[885]. Der Nemo-Tenetur-Grundsatz ist allein auf den Schutz des kommunikatorischen Verhaltens im Strafverfahren d. h. der Informationserhebung zu repressiven Verfahrenszwecken bezogen. Wo es an einem Eingriff durch die Informationsverwendung zu repressiven Verfahrenszwecken fehlt, scheidet eine Verletzung des Nemo-Tenetur-Grundsatzes aus.

Wenn dem Nemo-Tenetur-Grundsatz eine Ausstrahlungswirkung auf Nichtstrafverfahren zugesprochen wird, dann also nur insoweit, als durch eine dort zulässigerweise statuierte Aussage- und Mitwirkungspflicht eine Umgehung der im Strafverfahren absolut geschützten Rechtsposition der Entscheidungswahl zu befürchten ist[886]. Dies ist regelmäßig dann der Fall, wenn sich als Folge der Erfüllung gesetzlicher Mitwirkungspflichten das Merkmal der "Gefahr der Strafverfolgung" bejahen lässt.

---

[883] Vgl. BGHSt 38, 215, 221; Joecks in F/G/J § 393 Rn. 75; Wolff S. 101; Bärlein/Pananis/Rehmsmeier NJW 2002, 1825 m. w. N.

[884] BVerfGE 56, 37, 51; BGHSt 27, 374, 379; Reiß NJW 1977, 1436, 1437; Bärlein/Pananis/Rehmsmeier NJW 2002, 1825, 1827; Rogall S. 167; Ranft Rn. 986; Dingeldey NStZ 1984, 529, 531; Schramm S. 107; Wolff S. 101 ff. m. w. N.

[885] Vgl. Böse S. 198; Geppert in FS Seebode 1992, 655, 669, wonach der Nemo-Tenetur-Grundsatz nicht von der Realisierung des "allgemeinen Lebensrisikos" entbinden will.

[886] Die Gefahr wird durch § 161 Abs. 1 StPO insoweit verstärkt, als dass die Staatsanwaltschaft und das Gericht von den öffentlichen Behörden grundsätzlich Auskunft verlangen können, und diese dem Verlangen in umfassender Weise nachzukommen haben. Vgl. BGHSt 36, 328, 337; St 29, 109, 112; Schramm S. 71; Meyer-Goßner § 161 Rn. 1 ff. m. w. N.

1. Gefahr der Strafverfolgung

Die Ausübung von unmittelbarem Zwang in einem Nichtstrafverfahren soll erst dann zu einem Eingriff in den Nemo-Tenetur-Grundsatz führen, wenn sich neben der hoheitlichen Rechtsverletzung der Entscheidungswahl das Merkmal der Strafverfolgungsgefahr bejahen lässt. Erst das Merkmal der Strafverfolgungsgefahr soll insoweit den notwendigen Zusammenhang zwischen dem Eingriff in die Rechtsposition der Entscheidungswahl und dem absolut geschützten Gewährleistungsinhalt des Nemo-Tenetur-Grundsatzes im Strafverfahren darstellen. Inhaltlich wird die Gefahr der Strafverfolgung gemeinhin in Anlehnung an § 55 StPO bestimmt. Nach dieser Vorschrift kann der Zeuge Auskünfte auf solche Fragen verweigern, deren Beantwortung ihn der Gefahr aussetzen würde, wegen einer Straftat verfolgt zu werden[887]. Dies soll dann der Fall sein, wenn der Zeuge in Erfüllung seiner Auskunftspflicht strafrechtsrelevante Informationen preisgeben müsste, nach deren Inhalt er sich selbst als Tatverdächtiger einer Straftat bezichtigt. Die Gefahr der Strafverfolgung sei daher dann anzunehmen, wenn der Inhalt der Information einen Anfangsverdacht i. S. v. § 152 Abs. 2 StPO begründet[888]. Die Verdachtsschwelle des § 152 Abs. 2 StPO liegt hierbei sehr niedrig[889], so dass das Bestehen einer hierauf gerichteten Gefahr bereits früh, d. h. schon im Falle einer indirekten Belastungsgefahr durch die Offenbarung belastender Indizien, angenommen wird[890]. Gleiches wird dann angenommen, wenn sich ein bereits bestehender Anfangsverdacht durch eine Aussage weiter erhärten würde und

---

[887] Geerds in FS Stock 1966, 171 f.; Meyer-Goßner § 55 Rn. 5; Dahs in LR-StPO § 55 Rn. 8; Senge in KK-StPO § 55 Rn. 7; Böse S. 528; Neubeck in KMR-StPO § 55 Rn. 3 m. w. N.

[888] Kühne in AK-StPO § 55 Rn. 5; Dahs in LR-StPO § 55 Rn. 10; Meyer-Goßner § 55 Rn. 7 m. w. N.

[889] Der Anfangsverdacht definiert sich durch das Vorhandensein zureichender tatsächlicher Anhaltspunkte, die es nach den kriminalistischen Erfahrungen als möglich erscheinen lassen, dass eine verfolgbare Straftat vorliegt. Vgl. Meyer-Goßner StPO § 152 Rn. 4. Die Definition des Anfangsverdachts ist nicht nur konturlos, sondern erfährt insbesondere im Steuer- und Steuerstrafrecht weitere Aufweichungen, die eine Verdachtsschwelle nahezu auf Null absinken lassen. So besteht die Möglichkeit sog. Vorfeldermittlungen – auch gegen bekannte Steuerpflichtige – nach § 208 Abs. 1 Nr. 3 AO, wofür lediglich ein hinreichender Anlass erforderlich ist. Vgl. z. B. Joecks in F/G/J § 404 Rn. 28 ff. Weiterhin bedarf das Anhalten und Überprüfen von Personen bzw. ihrer mitgeführten Güter nach § 10 ZollVG lediglich zureichender Anhaltspunkte. Eine einheitliche „Verdachtsschwelle" für die Einleitung von strafrechtlichen Ermittlungen liegt nicht vor.

[890] BVerfG NJW 2002, 1411, 1412; BGH StV 1987, 328 f.; OLG Celle StV 1988, 99; Kehr NStZ 1997, 160, 161; Gast-de Haan in F/G/J § 397 Rn. 10; Geerds in FS Stock 1966, 171, 174 m. w. N.

sich in der Einleitung eines Ermittlungsverfahrens konkretisiert hat[891]. Generell wird die Gefahr der Strafverfolgung hiernach bereits im Vorfeld einer konkreten Belastungsgefahr angenommen, wenngleich allerdings die rein theoretische Möglichkeit nicht ausreichend sein soll[892].

Verweigert der Zeuge in einem Strafverfahren gegen den Angeklagten die Auskunft, sollen die Strafverfolgungsbehörden nicht daran gehindert werden, weitere Ermittlungen zur Sachverhaltsaufklärung anzustrengen. Zwar könne die Inanspruchnahme des Auskunftsverweigerungsrechts nicht einen Anfangsverdacht für die Einleitung eines Ermittlungsverfahrens gegen den Zeugen rechtfertigen[893]. Doch sei es den Strafverfolgungsbehörden unbenommen, als Folge der Notwendigkeit einer weiteren Sachverhaltsaufklärung wegen der verweigerten Zeugenaussage hinsichtlich der dem Angeklagten vorgeworfenen Tat weitere Ermittlungen anzustellen. Erkenntnisse und belastende Umstände, die sich hierbei auffinden und einen Stellungswechsel des Zeugen zum Beschuldigten rechtfertigen, sollen hierbei nicht unter die Selbstbelastungsgefahr des § 55 StPO subsumiert werden können, wenngleich auch erst das Schweigen Anlass für die weiteren Ermittlungen war.

Eine Verletzung der Rechtsposition der Entscheidungswahl im Strafverfahren soll demgegenüber dann anzunehmen sein, wenn aus der Ausübung des Auskunftsverweigerungsrechts gem. § 55 StPO dem Zeugen in einem späteren gegen ihn, nunmehr als Angeklagten, geführten Verfahren nachteilige Schlüsse gezogen werden[894]. Für diese Sachverhaltskonstellation sollen dieselben Grundsätze gelten, wie sie schon oben für die Bewertung des Vollschweigens skizziert wurden.

Aus dem Charakter des Nemo-Tenetur-Grundsatzes, der auf die Beschränkung staatlicher Informationserhebungen für repressive Verfahrenszwecke zielt, wird gemeinhin weiterhin das Prinzip der früheren Tat gefolgert[895]. Dies bedeutet, dass ein unzulässiger Eingriff in die Rechtsposition der Entscheidungswahl nur für die Informationspreisgabe in Bezug auf bereits begangene Straftaten angenommen werden kann. In Bezug auf mögliches zukünftiges

---

[891] Vgl. HansOLG Hamburg wistra 1996, 239, 240.
[892] Vgl. BGH MDR 1994, 929 f.; OLG Koblenz StV 1996, 474 f.; OLG Zweibrücken StV 2000, 606; Neubeck in KMR-StPO § 55 Rn. 5.
[893] Dahs in LR-StPO § 55 Rn. 21 m. w. N.
[894] BGHSt 38, 302, 306; Rogall in SK-StPO § 55 Rn. 70.
[895] Vgl. Neubeck in KMR-StPO § 55 Rn. 4.

deliktisches Verhalten soll es hiernach an der Gefahr der Strafverfolgung, die allenfalls theoretisch angenommen werden könne, fehlen. Daher soll sich der Zeuge gem. § 55 StPO auch nur dann auf ein Auskunftsverweigerungsrecht berufen dürfen, wenn sich die Verfolgungsgefahr auf eine vor der Vernehmung liegende Tat bezieht[896].

2. Selbstbelastungsschutz vs. Mitwirkungspflicht

Der hoheitliche Eingriff in die Rechtsposition der Entscheidungswahl durch die Auferlegung von Mitwirkungspflichten in einem Nichtstrafverfahren führt demnach dann zu einem Konflikt mit dem Nemo-Tenetur-Grundsatz, wenn eine Verwendung der zwangsweise erhobenen Information in einem Strafverfahren droht. Für die Auflösung einer solchen Konfliktssituation lassen sich grundsätzlich nur zwei Optionen erkennen: Entweder die Beseitigung der konfliktträchtigen Mitwirkungspflichten oder eine Kompensation der Informationspreisgabe in einem späteren Strafverfahren durch ein Verwertungsverbot[897]. Zumindest nach der geltenden Rechtslage lassen sich keine eindeutigen Präferenzen für die eine oder andere Variante erkennen. Soweit den Bürger in einem Nichtstrafverfahren eine Auskunftspflicht trifft, finden sich sowohl dem § 55 StPO nachempfundene[898] Auskunftsverweigerungsrechte[899] – z. B. § 52 Abs. 5 BImSchG; § 21 Abs. 2a WHG; § 46 Abs. 1 S. 2 WaffG; § 59 Abs. 5 GWB; § 4 Abs. 4 FPersG –, als auch strafrechtliche Verwertungsverbote[900] – z. B. § 97 Abs. 1 S. 3 InsO und § 393 Abs. 2 S. 1 AO.

---

[896] Meyer-Goßner § 55 Rn. 4; OLG Düsseldorf StV 1982, 344; Prittwitz StV 1982, 344 f.; Kehr NStZ 1997, 160, 161; Senge in KK-StPO § 55 Rn. 9; Rogall in SK-StPO § 55 Rn. 28; Geerds in FS Stock 1966, 171, 175 m. w. N.; differenzierend Dahs in LR-StPO § 55 Rn. 12 f.

[897] BGHSt 38, 215, 221 m. w. N.; Innerhalb dieser Prüfungsebene macht es keinen Unterschied, ob man eine Verletzung des Nemo-Tenetur-Grundsatzes wegen der Kompensation durch ein Auskunftsverweigerungsrecht bzw. Verwertungsverbot annehmen will, oder demgegenüber den Eintritt einer Verletzung bejaht, aber ex tunc als "geheilt" ansieht. Terminologisch soll hier der erste Weg beschritten werden, wonach eine Verletzung des Nemo-Tenetur-Grundsatzes erst angenommen werden soll, wenn ein Konflikt mit möglichen Mitwirkungspflichten nicht kompensiert wird.

[898] Vgl. Hartung NJW 1988, 1070, 1071; Mäder S. 157 f. m. w. N.

[899] Vgl. Hahn S. 152; Mäder S. 151 ff.; Dingeldey NStZ 1984, 529, 534; Schramm S. 80; Bärlein/Pananis/Rehmsmeier NJW 2002, 1825, 1827.

[900] BVerfGE 56, 37, 51 f.; Dauster StraFo 2000,, 145, 156 f.; Geppert in FS Spendel 1992, 655, 674; Hefendehl wistra 2003, 1, 3; Stürner NJW 1981, 1757, 1761; Bärlein/Pananis/Rehmsmeier NJW 2002, 1825, 1827.

Die Option der Konfliktlösung über die Statuierung eines strafrechtlichen Verwertungsverbots stellt sich hierbei als die notwendige Konsequenz aus dem im Volkszählungsurteil durch das BVerfG nochmals betonten Gebot der Zweckbindung für die Rechtfertigung hoheitlicher Eingriffe in das RIS dar[901]. Hiernach hat der Norminhalt der Ermächtigungsgrundlage den Eingriff "bereichsspezifisch und präzise" durch die Festlegung des jeweiligen Verwendungszwecks zu bestimmen[902]. Wenn sich aber die Zulässigkeit der einzelnen Informationserhebung nach ihrem Zweck bestimmen soll, ist jede zweckfremde Informationsverwertung nicht mehr durch die den Eingriff rechtfertigende Ermächtigungsgrundlage gedeckt[903]. Ohne an dieser Stelle auf die weiten Verästelungen im Regelungsbereich der Beweisverwertungsverbote eingehen zu können, folgt doch aus dem Umstand einer Grundrechtsverletzung von Art. 2 Abs. 1 i. V. m. Art. 1 Abs. 1 GG grundsätzlich ein Verwertungsverbot[904]. Wie im Falle der Grundrechtsverletzung von Art. 2 Abs. 1 i. V. m. Art. 1 Abs. 1 GG führt daher auch der Eingriff in den absoluten Schutzbereich des Nemo-Tenetur-Grundsatzes grundsätzlich[905] zu einem strafrechtlichem Verwertungsverbot[906].

Aus alledem ergibt sich für die Schutzwirkung des Nemo-Tenetur-Grundsatzes eine gestufte Prüfung[907]. Zunächst ist festzulegen, ob für die Rechtsgemeinschaft ein Belang von solchem Gewicht vorliegt, der eine Offenbarungspflicht trotz einer Ausstrahlungswirkung auf das Strafverfahren zu rechtfertigen vermag[908]. Diesbezüglich steht dem Gesetzgeber ein weites Abwägungsermessen zu[909]. Hat er sich im Gemeinschaftsinteresse für die Offenbarungspflicht entschieden, verlangt der Konflikt mit dem Selbstbelastungsschutz als

---

[901] Vgl. Ernst S. 73 ff.; Duttge S. 208 f., 226 m. w. N.

[902] BVerfGE 65, 1, 46.

[903] Vgl. Riepl S. 16 der die Übermittlung von Daten als die "klassische Form der Zweckentfremdung" bezeichnet.; Krause JuS 1984, 268, 237; Gusy VerwArch 1983, 91, 105 f.

[904] Riepl S. 273 ff.; Wolter in SK-StPO Vor § 151 Rn. 167.

[905] Zur Ausnahme im Fällen nachkonstitutioneller Gesetze wie z. B. der AO siehe oben 3. Kapitel B. II. 1. S. 226 ff.

[906] BVerfGE 56, 37, 51 f.; Meyer-Mews JuS 2004, 39; BGHSt 38, 215, 221 m. w. N.

[907] Wolff S. 135 ff.

[908] BVerfGE 56, 37, 49; Hahn S. 133; Besson S. 82 f.; Rüster S. 36 ff.; Lammer S. 157; Wolff S. 132 f.

[909] Vgl. BVerfGE 56, 37, 49; Wolff S. 137 ff.; Marx in FS Fachanwalt für Steuerrecht 2000, 673, 675; Mäder S. 140 f. m. w. N.

notwendiges Korrelat grundsätzlich ein strafrechtliches Verwertungsverbot[910]. Kurz gesprochen, verlangt der Nemo-Tenetur-Grundsatz, dass entweder eine Pflicht zur Informationspreisgabe dort nicht mehr besteht, wo strafrechtliche Konsequenzen drohen, oder aber die Beibehaltung der Informationspreisgabepflicht durch ein repressives Verwendungsverbot kompensiert wird[911].

a) Aussageverweigerungsrecht vs. Aufzeichnungs- und Urkundenherausgabepflicht

Eine Ausnahme von den soeben dargestellten Grundsätzen findet sich jedoch im Zusammenhang mit Aufzeichnungspflichten, deren Zweck auf die hoheitliche Kontrolle gesetzlicher Verhaltensvorgaben gegenüber dem Individuum gerichtet ist. Nicht selten treffen den Bürger im Rahmen seiner Arbeitstätigkeit oder Betriebsunterhaltung diverse Dokumentations- und Überwachungspflichten[912] (z. B. die Vornahme von Messungen und Kontrollerklärungen gem. §§ 26 ff. BImSchG), deren Nichtbeachtung den Tatbestand einer Ordnungswidrigkeit (z. B. nach § 62 Abs. 1 Nr. 5 und Abs. 2 Nr. 2 und 3 BImSchG) erfüllt[913]. Der in Bezug auf den Nemo-Tenetur-Grundsatz besondere Umstand liegt darin, dass das zu überwachende Verhalten selbst sanktionsbewehrt ist. Zweck der Sanktionsandrohung ist es hierbei, den Normadressaten zur Einhaltung spezieller rechtlicher Vorgaben anzuhalten und damit normgemäßes Verhalten sicherzustellen[914]. Die Aufzeichnungspflichten veranlassen das Individuum zur Dokumentation solcher sanktionsbewehrter Verhaltenspflichten, was eben auch dann gilt, wenn der Normadressat gegen die vorgegebene und zu dokumentierende Verhaltenspflicht verstoßen hat. In aller Regel sind zudem diese Dokumentationspflichten mit einer Auskunftspflicht des Bürgers gegenüber der zuständigen Behörde verbunden, deren Befolgung zum einen mit Hilfe von Verwaltungszwang durchgesetzt werden

---

[910] Ob im Anwendungsbereich des Nemo-Tenetur-Grundsatzes ein strafrechtliches Verwertungsverbot ausreichend ist, oder es vielmehr eines weitreichenden Verwendungsverbotes bedarf, soll hier dahingestellt bleiben. Vgl. Sondervotum Heußner in BVerfGE 56, 37, 52 ff.; Hahn S. 164 ff.; Wolff S. 215 ff.; Hefendehl wistra 2003, 1, 3 ff. m. w. N.

[911] Vgl. Joecks wistra 1998, 86, 90.

[912] Vgl. hierzu Michalke NJW 1990, 417 f.

[913] Vgl. Mäder S. 15 ff.; Schramm S. 78 ff.; Bärlein/Pananis/Rehmsmeier NJW 2002, 1825, 1826.

[914] Vgl. zum Strafzweck der General- und Spezialprävention, BVerfGE 22, 125, 132; E 45, 187, 253 ff.

kann und zum anderen, im Falle der Nichtbeachtung, zu einer bußgeldrechtlichen oder strafrechtlichen Sanktionierung führt[915].

Zu einem Konflikt mit dem Nemo-Tenetur-Grundsatz kann es dann kommen, wenn der Pflichtige in Erfüllung der gesetzlichen Dokumentations- und Auskunftspflichten Informationen gegenüber den Behörden preisgibt, mit deren Inhalt sich ein solcher Normverstoß gegen die gesetzlichen Verhaltenspflichten belegen lässt und in dessen Folge es zu der Einleitung eines bußgeldrechtlichen oder strafrechtlichen Ermittlungsverfahren kommt. Wenngleich streitbar ist, ob und wann Daten, die in Unterlagen dokumentiert sind, dem Nemo-Tenetur-Grundsatz zugesprochen werden können[916], stellt doch zumindest die mit dem Herausgabezwang verbundene Information, wo die behördlich gesuchten Beweismittel zu finden sind, ein kommunikatorisches Verhalten mit Erklärungswert dar[917]. Der Pflichtige wird hier also sowohl dazu gezwungen, sein Fehlverhalten zu dokumentieren als auch es gegenüber den Verwaltungsbehörden durch die Herausgabe der Aufzeichnungen mit der Konsequenz zu offenbaren, dass aufgrund dieser Informationspreisgabe eine repressiv veranlasste Sanktionierung droht. Deutlicher gesprochen: der Pflichtige wird zu einer, wenngleich nicht verbalen so doch nonverbalen Selbstbelastung gezwungen, indem er sein Fehlverhalten zu dokumentieren und im Anschluss hieran an die Behörden zu offenbaren hat[918]. Gleichwohl sollen nach der ganz herrschenden Meinung, sowohl in Bezug auf die gesetzlichen Aufzeichnungs- und Dokumentationspflichten als auch hinsichtlich der verwaltungsrechtlich begründeten Pflicht zur Herausgabe dieser Urkunden, keine rechtlichen Schranken unter dem Gesichtspunkt des Selbstbelastungsschutzes bestehen[919].

---

[915] Hahn S. 129; Schramm S. 78; Mäder S. 149; Michalke NJW 1990, 417, 418.

[916] Ablehnend Böse S. 542 f.

[917] Vgl. Richter wistra 2000, 1, 4.

[918] Böse S. 542 m. w. N.

[919] Bärlein/Pananis/Rehmsmeier NJW 2002, 1825, 1828, wonach der "aufgezeigte Befund" zwar "ein Unbehagen spürbar werden" lässt, gleichwohl "keine durchgreifenden rechtlichen Bedenken" zu erkennen sein sollen; Mäder S. 166 f., der real verkörperten Unterlageninhalten nicht denselben Schutz wie solchen "internen Aussagegedanken" zukommen lassen will, was im Ergebnis an die Grundsätze der Sphärentheorie und der Berücksichtigung des Sozialbezuges erinnert; Rogall in SK StPO Vor § 133 Rn. 146 m. w. N.; a. A. Schneider NStZ 1993, 16, 23.

Ein alltägliches und stellvertretendes Beispiel für den Konflikt zwischen verwaltungsrechtlichen Mitwirkungspflichten und der Gefahr der Selbstbelastung bildet der sog. Fahrtenschreiber[920]. Dieser ist mit einer Diagrammscheibe versehen, zu deren Vorlage[921] der Fahrzeugführer auf Verlangen der Behörden zur Überprüfung der Lenk- und Ruhezeiten, unter Androhung eines Bußgeldes im Falle der Mitwirkungsverweigerung, verpflichtet ist. Zwar besteht ein Auskunftsverweigerungsrecht (§ 4 Abs. 4 FPersG) für den Fall, dass sich der Verpflichtete im Falle der Mitwirkung einer Straftat oder Ordnungswidrigkeit (z. B. wegen der Überschreitung der Lenkzeiten gem. § 8 Nr. 1 FPersV i. V. m. § 8 Abs. 1 Nr. 2 FPersG) bezichtigen muss, unklar ist aber, ob hiervon auch die Pflicht zur Herausgabe der Diagrammscheibe gegenüber den kontrollierenden Beamten umfasst wird[922]. In Anlehnung an § 55 StPO ist in den verwaltungsrechtlichen Vorschriften nämlich ausdrücklich nur die (verbale) Auskunftsverweigerung normiert, nicht aber auch zugleich die Verweigerung der Informationspreisgabe in Folge der Pflicht zur Herausgabe von gesetzlich angeordneten Überwachungs- und Kontrollaufzeichnungen[923]. Dementsprechend wird nach überwiegende Ansicht zwischen der Pflicht zur Aussage und der Pflicht zur Herausgabe von Unterlagen differenziert, wobei letztere nicht von einem verwaltungsrechtlich vorhergesehenen Auskunftsverweigerungsrecht umfasst sein sollen[924]. Nach diesem Verständnis soll auch das gem. § 4 Abs. 4 FPersG gewährte Auskunftsverweigerungsrecht den Pflichtigen nur von einer Aussage gegenüber den Verwaltungsbehörden entbinden, nicht aber auch die Verweigerung der Herausgabe der Diagrammscheibe erlauben[925]. Verweigert

---

[920] Ein Kontrollgerät für LKW i. S. v. Art. 1 (EWG) Nr. 3820/85 des Rates vom 20.12.1985 zur Aufzeichnung der Lenk- und Ruhezeiten. Vgl. Langer DAR 2002, 97 ff.

[921] Die Bezeichnungen Herausgabe- und Vorlagepflicht werden im Folgenden als Synonym, ohne Rücksicht auf spezifische Vorlagepflichten z. B. nach § 44c Abs. 1 KWG, benutzt.

[922] Mäder S. 153 ff.; Schramm S. 80 ff.; Michalke NJW 1990, 417, 420 f.; Gallandi wistra 1987, 127.

[923] Entgegen den verwaltungsrechtlichen Vorschriften wird § 55 StPO im Strafprozess durch § 95 Abs. 2 S. 2 StPO ergänzt, wonach der verdächtige Zeuge zwar zur Herausgabe von Gegenständen verpflichtet ist, im Falle eines ihm zustehenden Auskunftsverweigerungsrechts hierzu allerdings nicht mit Zwangsmitteln bewegt werden darf. Vgl. Nack in KK-StPO § 95 Rn. 5; Meyer-Goßner § 96 Rn. 10.

[924] Vgl. BVerfGE 55, 144, 150 f.; ausführlich Mäder S. 149 ff.; Hahn S. 67 f., 128 f.; Nobbe/Vögele NuR 1988, 313, 315; Hartung NJW 1988, 1070, 1071; Richter wistra 2000, 1, 4; Zeising NZV 1994, 383, 385; Franzheim NJW 1990, 2049; Michalke NJW 1990, 417, 419 m. w. N.; a. A. Schramm S. 35, 88; kritisch, im Ergebnis der herrschenden Meinung aber zustimmend Bärlein/Pananis/Rehmsmeier NJW 2002, 1825, 1828.

[925] BVerwG DÖV 1984, 73, 74; BVerfG Verkehrsblatt 1985, 303; Zeising NZV 1994, 383, 385; a. A. OVG Koblenz NJW 1982, 1414 f.; Schneider NStZ 1993, 16, 23.

der Kraftfahrer die Herausgabe der Diagrammscheibe dennoch, z. B. weil sich aus dieser die verbotene Überschreitung der Lenkzeit ergibt, kann die Nichtherausgabe mit einem Bußgeld sanktioniert werden. Nach dem bisher Gesagten, bedeutet dies aber zugleich einen Verstoß gegen den absoluten Schutzbereich des Nemo-Tenetur-Grundsatzes, denn durch die bußgeldbewehrte Herausgabepflicht wird der Kraftfahrer zu einem kommunikatorischen Verhalten mit Erklärungswert gezwungen. Dieser Befund ist an dieser Stelle zunächst als Zwischenergebnis zur Kenntnis zu nehmen[926].

b) Kompensation durch Verwertungsverbot

Um den oben skizzierten Vorgaben des Nemo-Tenetur-Grundsatzes gerecht zu werden, soll die Pflicht zur Herausgabe von Unterlagen und Aufzeichnungen nach weit verbreiteter Meinung in der Literatur durch ein strafprozessuales Beweisverwertungsverbot – welches gegebenenfalls durch ein Offenbarungs- und Verwendungsverbot zu erweitern ist – kompensiert werden[927]. Die Ergänzung der gesetzlich veranlassten Mitwirkungspflichten um ein strafrechtliches Verwertungsverbot folgt aus dem Bestreben, die Kollision zwischen dem berechtigten Auskunftsinteresse der Gemeinschaft und dem verfassungsrechtlichen Informationsschutz des Individuums dort zu entschärfen, wo sie entsteht, nämlich bei der Übertragung der im Verwaltungsverfahren mit Hilfe von Zwang gewonnenen Information zur zweckwidrigen Verwendung im Strafverfahren[928]. In ihrer Begründung stützt sich die Ansicht auf das im Volkszählungsurteil durch das BVerfG nochmals betonten Gebot, wonach die Verwendung zwangsweise erhobener Daten auf den mit der Informationserhebung gesetzlich bestimmten Zweck begrenzt ist[929]. Dieses Zweckbindungsgebot soll zum Ausdruck bringen, dass in jeder zweckfremden Informationsverwendung eine Umgehung des für die Informationserhebung

---

[926] Zur Auflösung der Konfliktlage sogleich, insbesondere S. 208 f.

[927] Vgl. Rogall in SK-StPO Vor § 133 Rn. 146; Nobbe/Vögele NuR 1988, 313, 317; Michalke NJW 1990, 417, 419; Schramm S. 108 ff., 115 f.; Stürner NJW 1981, 1757, 1761; Hahn S. 163 f.; Mäder S. 202 ff., 207 m. w. N.; a. A. OLG Hamm NZV 1992, 159, 160; Pfohl wistra 1994, 6, 9; Franzheim NJW 1990, 2049; Zeising NZV 1994, 383, 385; differenzierend Hartung NJW 1988, 1070, 1072; Geppert in FS Spendel 1992, 655, 675 ff.

[928] BVerfGE 56, 37, 50; Hahn S 163 ff.; Dauster StraFo 2000, 154, 156; Schäfer in FS Dünnbier 1982, 11, 36, 42 f.; Marx in FS Fachanwalt für Steuerrecht 2000, 673, 678 ff.; Stürner NJW 1981, 1757, 1761; Dingeldey JA 1984, 407, 414; Michalke 1990, 417, 418 f.; Hefendehl wistra 2003, 1, 5, 6; Rogall S. 196 ff.; Mäder S. 108 f. m. w. N.

[929] Vogelgesang S. 75 ff.; Riepl S. 273 ff.; Wolff S. 152 f.; vgl. oben 2. Kapitel A. I. 2. a) bb) S. 126 f. und cc) S. 128 ff.

notwendigen Rechtfertigungsgrundes liege und ein Eingriff in das allgemeine Persönlichkeitsrecht insoweit ohne Rechtfertigungsgrund erfolgen würde. Auch im Strafprozess dürfe sich der an das Rechtsstaatsprinzip gebundene Staat nur solcher Informationen und Beweise bedienen, deren Gewinnung ihm durch die Vorgaben der Verfassung und des Gesetzes erlaubt sei[930]. Die im Verwaltungsinteresse auferlegten Informationspreisgabepflichten durch die Aufzeichnungs- und Urkundenherausgabegebote bestünden nur für die Zwecke eben des entsprechenden Verwaltungsverfahrens.

Wenngleich ein strafprozessuales Verwertungsverbot als Kompensation für die verwaltungsrechtliche Pflicht zur Informationspreisgabe im Zuge des Nemo-Tenetur-Grundsatzes als systematisch notwendige Konsequenz erscheint, müssen sich seine Protagonisten, zumindest im Lichte der gegenwärtigen Rechtspraxis, enttäuscht sehen. Vielfach erfolgt nämlich eine repressive Verwertung der im Verwaltungsverfahren mit Hilfe von Zwang erhobenen Informationen[931].

c) Das Kontroll- und Überwachungsinteresse gesetzlicher Ge- und Verbote vs. dem Nemo-Tenetur-Grundsatz

Gerechtfertigt wird die Anerkennung von gesetzlich auferlegten Aufzeichnungs- und Dokumentationspflichten im Allgemeinen mit legitimen Informations- und Überwachungsinteressen des Staates, insbesondere aus Gründen der präventiven Gefahrenabwehr[932]. Aufzeichnungs- und Dokumentationspflichten zu präventiven Zwecken sollen nach überwiegender Meinung dann mit dem Nemo-Tenetur-Grundsatz im Einklang stehen, soweit diese dem Pflichtigen vor der Begehung deliktischen Verhaltens auferlegt sind[933]. Von

---

[930] Vgl. BGHSt 14, 358, 365; Riepl S. 273; Wolter in SK-StPO Vor § 151 Rn. 13, Rn. 52; Dauster StraFo 2000, 154, 156 m. w. N.

[931] Franzheim NJW 1990, 2049.

[932] Vgl. Mäder S. 170 f. m. w. N.

[933] Vgl. BVerfG NStZ 1993, 482, wonach die im Rahmen einer Bewährung nach § 56c Abs. 1 StGB erteilten Weisungen an den verurteilten Täter, sich zukünftig des Umgangs mit illegalen Betäubungsmitteln zu enthalten und zum Nachweis der Drogenfreiheit für einen bestimmten Zeitraum einer regelmäßigen Urinkontrolle zu unterziehen, nicht gegen den Nemo-Tenetur-Grundsatz verstößt. Vgl. auch Verrel S. 59 ff. m. w. N.

dem Verpflichteten könne insoweit erwartet werden, dass er die Begehung von Straftaten unterlässt[934].

Folgt man dieser Sicht der Legitimation von Aufzeichnungspflichten aus präventiven Gründen, muss in einem zweiten Schritt auch zuerkannt werden, dass die bloße Auferlegung von Verhaltensregeln und deren Dokumentation durch den Pflichtigen weitestgehend wirkungslos wäre, wenn die Einhaltung der Gesetzesvorgaben nicht effektiv kontrolliert und überwacht werden könnte. Aus diesem Grund muss die Behörde, welche sowohl mit der Überwachung der Einhaltung der Verhaltenspflicht als auch mit der Kontrolle der entsprechenden Dokumentationspflicht betraut ist, auch in der Lage sein, Zugriff auf die entsprechenden Unterlagen und deren Informationsgehalt nehmen zu können[935]. Die Möglichkeit der staatlichen Überwachung wäre faktisch nämlich weitestgehend eingeschränkt, wenn der Adressat des Normbefehls zwar sein Verhalten entsprechend der gesetzlichen Vorgabe dokumentiert, er zugleich aber die Herausgabe der Aufzeichnungen an die überwachende Behörde unter Hinweis auf die Selbstbelastungsgefahr verweigern dürfte[936]. Will man die Effektivität verwaltungsrechtlich veranlasster und aus präventiven Gründen für notwendig erachteter staatlicher Überwachungen nicht aushöhlen, muss es daher dem Gesetzgeber gestattet sein, neben der Statuierung von Dokumentations- und Aufzeichnungspflichten auch entsprechende Herausgabepflichten zu normieren und für den Fall der Mitwirkungsverweigerung mit Sanktionen zu versehen[937].

Für das zuvor benannte Beispiel des Fahrtenschreibers ergibt sich folgende Bewertung. Wollte man als Konsequenz der Herausgabepflicht der Diagrammscheibe und der Einsichtnahme durch die überwachende Behörde ein Verwertungsverbot in Bezug auf die Ahndung einer Ordnungswidrigkeit wegen Überschreitung der Lenkzeiten annehmen, wäre eine Überwachung der

---

[934] Bärlein/Pananis/Rehmsmeier NJW 2002, 1825, 1828; Geppert in FS Spendel 1992, 655, 675; Rogall in SK-StPO Vor § 133 Rn. 146; VG Berlin NJW 1988, 1105, 1007.

[935] Vgl. BVerfGE 55, 144, 150 f.; BVerwG DÖV 1984, 73, 74; Nothhelfer S. 103, der in der Hinnahme der behördlichen Einsichtnahme in die Unterlagen nur eine passive, durch den Nemo-Tenetur-Grundsatz nicht erfasste, Duldung des Pflichtigen erkennt, ohne aber im Weiteren Stellung in Bezug auf die aktive Herausgabepflicht zu nehmen. Zeising NZV 1994, 383, 385; Mäder S. 170 ff. m. w. N.

[936] Vgl. Bärlein/Pananis/Rehmsmeier NJW 2002, 1825, 1828; Rogall in SK-StPO Vor § 133 Rn. 146.

[937] Vgl. Hahn S. 66.

entsprechenden Verhaltenspflichten in Form der Einhaltung der Lenk- und Ruhezeiten weitestgehend sinnlos. Die Überschreitung der Lenkzeiten könnte zwar im Zuge einer Kontrolle festgestellt werden, wäre unter der Annahme eines repressiven Verwertungsverbotes aber nicht mehr sanktionierbar. Der mit der Sanktionsandrohung verfolgte Rechtsgüterschutz würde seine Wirkung verfehlen, denn der Verpflichtete könnte sich, in Folge eines Verwertungsverbotes hinsichtlich der Diagrammscheibe, durch die bloße Befolgung der gesetzlichen Herausgabepflicht der repressiven Ahndung wegen eines Verstoßes gegen die Einhaltung der Lenk- und Ruhezeiten entziehen[938]. Wollte man es demgegenüber ohne die Normierung einer Herausgabepflicht in das Belieben des Normadressaten stellen, ob er die Diagrammscheiben zu Kontrollzwecken den Aufsichtsbehörden übergibt, ist die für notwendig erachtete Überwachung nicht, oder bestenfalls nur noch eingeschränkt möglich. Es ist nämlich anzunehmen, dass derjenige, der die Lenkzeiten überschritten hat und nicht zur Herausgabe der Diagrammscheibe verpflichtet ist, diese auch nicht vorzeigen wird. Der Verstoß gegen die Lenk- und Ruhezeiten ist dann aber nicht zu ermitteln, was wiederum bedeutet, dass der mit der Sanktionsandrohung und Überwachung der Lenk- und Ruhezeiten verfolgte präventive Zweck ins Leere läuft.

Hieraus wird deutlich, dass die generelle Einbeziehung des Herausgabezwangs von polizeirechtlich veranlassten Aufzeichnungs- und Dokumentationspflichten in den Schutzbereich des Nemo-Tenetur-Grundsatzes in der Lage ist, gerade den mit der präventiven Überwachung verfolgten Schutzzweck zu konterkarieren. Mit anderen Worten bedeutet dies, dass dort, wo der Gesetzgeber spezielle Rechtsgüter im Interesse einer effektiven Gefahrenabwehr besonders geschützt wissen will – z. B. die Verkehrssicherheit im Falle des Fahrtenschreibers[939] –, eine Vereitelung durch die eintretenden Rechtsfolgen des Nemo-Tenetur-Grundsatzes droht.

Zumindest die Rechtspraxis will dieses Ergebnis aber nicht hinnehmen. Zur Durchsetzung spezieller Verhaltenspflichten und im Zuge einer effektiven Gefahrenabwehr soll es daher zulässig sein, die von der Herausgabepflicht umfassten Diagrammscheiben zugleich auch als Beweismittel für die Einleitung eines Bußgeldverfahrens wegen des Verstoßes gegen die Lenk- und Ruhezei-

---

[938] Vgl. Richter wistra 2000, 1, 4.
[939] Vgl. Präambel der Verordnung (EWG) Nr. 3821/85; Zeising 1994, 383, 384.

ten zu verwerten[940]. Gleiches gilt für andere Bereiche, in denen den Bürger eine gesetzliche Aufzeichnungs- und Dokumentationspflicht aus präventiven Gründen, zur Überwachung eines ihm auferlegten Verhaltens, trifft[941]. Nach vorherrschender Rechtspraxis werden also Eingriffe in die Rechtsposition der Entscheidungswahl durch die Pflicht zur Herausgabe von präventiv anzufertigenden Unterlagen nicht von dem Nemo-Tenetur-Grundsatz erfasst, soweit es hierdurch zu einer Aufdeckung des von dem Kontrollzweck umfassten Fehlverhaltens kommt. Wenn hiernach die unter Zwang geschaffenen Aufzeichnungen neben präventiven Zwecken auch für die Zwecke der Strafverfolgung herangezogen werden können, bedarf es hierfür aber einer weitergehenden Erklärung.

d) Mitwirkungspflicht und repressive Informationsverwertung

Als Befund muss festgestellt werden, dass in Bezug auf Mitwirkungspflichten in Nichtstrafverfahren zwischen hoheitlichem Aussageverlangen und der Pflicht zur Herausgabe von Unterlagen und Aufzeichnungen unterschieden wird. Kommt es durch die Erfüllung der Mitwirkungspflicht zu der Gefahr der Selbstbelastung, ist der Pflichtige regelmäßig nur von der Informationspreisgabe durch eine Aussage befreit. Ein darüber hinaus gehendes Recht, das behördliche Herausgabeverlangen von Unterlagen zu verweigern, steht dem Pflichtigen, anders als unmittelbar im Strafverfahren[942], hingegen nicht zu.

Die in diesem Zusammenhang anzutreffende Behauptung, der Nemo-Tenetur-Grundsatz sei im Bereich nichtstrafrechtlich veranlasster Mitwirkungspflichten auf den Zwang zur Aussage beschränkt[943], stellt insoweit jedoch weder eine plausible, noch befriedigende Erklärung dar und entspricht zudem auch nicht den rechtlichen Gegebenheiten. Will man nämlich außerstrafrechtliche, nonverbale Mitwirkungspflichten pauschal dem Schutzbereich des Nemo-Tenetur-Grundsatzes entziehen, dürften auch solche Informationen im

---

[940] Vgl. OLG Düsseldorf NZV 1990, 360; OLG Hamm NZV 1992, 159, 160; Zeising NZV 1994, 383, 385; Franzheim NJW 1990, 2049; Meyer-Goßner § 86 Rn. 13 m. w. N.; ebenso Mäder S. 200 f., der automatisierte Messvorgänge nicht von dem Schutz des Nemo-Tenetur-Grundsatzes umfasst sehen will, dabei aber übersieht, dass die Pflicht zur Herausgabe von Beweisinformationen ebenfalls zu dem absolut geschützten kommunikatorischen Verhalten im Strafverfahren zählt.

[941] Vgl. BVerfGE 55, 145, 150 f.; Pfohl wistra 1994, 6, 9 f.; Franzheim NJW 1990, 2049; Geppert in FS Seebode 1992, 655, 675 m. w. N.

[942] Berthold S. 7; Rüster S. 28; Dingeldey NStZ 1984, 529, 530; Bärlein/Pananis/Rehmsmeier NJW 2002, 1825, 1826 m. w. N.

[943] Vgl. Verrel NStZ 1997, 361, 363, 417; Richter wistra 2000, 1, 4.

Strafverfahren verwertet werden, zu deren Preisgabe der Normadressat in Folge nachträglicher, d. h. nach der Deliktsbegehung auferlegter, Aufzeichnung- und Dokumentationspflichten aus präventiven Gründen gezwungen war[944]. Welchen Sinn dann aber der Nemo-Tenetur-Grundsatz und die Gewährung eines Rechts zur Auskunftsverweigerung haben sollen, ist nicht zu erkennen. Wenn es der Nemo-Tenetur-Grundsatz dem Staat nicht gestattet, den Beschuldigten zu Auskünften zu zwingen, soweit er hierdurch zu seiner eigenen Strafverfolgung beitragen müsste, so kann nichts anderes gelten, wenn ihm auferlegt wird, die Informationen und den entsprechenden Nachweis erst durch die Aufzeichnung zu schaffen. Eine Differenzierung zwischen verbaler und nonverbaler Mitwirkungspflichten ist daher nicht für die Bestimmung der Reichweite des Nemo-Tenetur-Grundsatzes geeignet.

Bei einer tiefergehenden Analyse der gegenwärtigen Rechtspraxis erweist sich vielmehr der mit einer Mitwirkungspflicht verbundene Zweck als maßgeblicher Aspekt einer Schutzbereichsbegrenzung des Nemo-Tenetur-Grundsatzes. Das Zweckbindungsgebot legt auch das BVerfG in seiner in diesem Zusammenhang viel zitierten Entscheidung des sog. Gemeinschuldnerbeschlusses zugrunde[945]. Dort hatte das Gericht die Frage zu klären, ob ein Konkursschuldner im Konkursverfahren zu selbstbelastenden Auskünften zum

---

[944] Von anderer Seite wird demgegenüber die Pflicht zur nachträglichen Dokumentation der Pflicht zur Aussage gleichgestellt. Vgl. Nobbe/Vögele NuR 1988, 313, 315 f.; Nothhelfer S. 92; Mäder S. 155, 169, 174 m. w. N. Ob dieser pauschalen Bewertung indes beigepflichtet werden kann, ist zweifelhaft. Zumindest de lege lata finden sich diverse Dokumentations- und Anzeigepflichten, die den Normadressaten typischerweise erst nach der Begehung einer Straftat oder Ordnungswidrigkeit treffen. Z. B. gilt dies für die Anzeigepflicht über das Abhandenkommen von explosionsgefährlichen Stoffen gem. § 26 Abs. 1 SprenG, in deren Folge es auch zur Aufdeckung pflichtwidrigen und sanktionsbewährten Vorverhaltens kommen kann. Vgl. Hahn S. 126 f.; Bedenken ergeben sich gegen die pauschale Gleichsetzung auch in Bezug auf die mit einer Fahrtenbuchauflage gem. § 31a StVZO verbundenen Pflicht zur nachträglichen, d. h. nach Fahrtende vorzunehmenden, Fahrtenbucheintragung nach § 31a S. 2 StVZO. Vgl. Geppert in FS Seebode 1992, 655, 676; Rogall in SK-StPO Vor § 133 Rn. 146. Bedenken in Bezug auf den Nemo-Tenetur-Grundsatz zeigen sich auch im Falle der Pflicht zur Insolvenzanzeige durch den Schuldner. Zwar dürfen belastende Aussagen des Insolvenzschuldners gem. § 97 Abs. 1 S. 3 InsO in einem repressiven Verfahren nur mit dessen Zustimmung verwendet werden. In praxi ist das Insolvenzgericht aber aufgrund der Mitteilungen in Zivilsachen (MiZi, Zweiter Teil, 3. Abschnitt XIIa. Nr. 2 – 4) dazu angehalten, die Ablehnung des Insolvenzverfahrens mangels Masse, die Eröffnung und weitere Entscheidungen in einem Insolvenzverfahren der Staatsanwaltschaft mitzuteilen. Vgl. Hefendehl wistra 2003, 1, 4.

[945] BVerfGE 56, 37 ff.

Zwecke der Anspruchsbegründung der Konkursgläubiger gezwungen werden darf. Das BVerfG hat eine Auskunftspflicht im Drittinteresse bejaht, zugleich aber ein strafrechtliches Verwertungsverbot für die zwangsweise vom Konkursschuldner erlangten Informationen angenommen. Hierzu führt das Gericht aus: "*Sie* (die Auskunftspflicht des Konkursschuldners im Konkursverfahren) *besteht aus den zuvor genannten Gründen uneingeschränkt nur für die Zwecke des Konkursverfahrens, da insoweit das Interesse des Gemeinschuldners hinter den Belangen der Gläubiger zurücktreten muss. Das Persönlichkeitsrecht des Gemeinschuldners würde aber unverhältnismäßig beeinträchtigt, wenn seine unter Zwang herbeigeführte Selbstbezichtigung gegen seinen Willen zweckentfremdet und der Verwertung für eine Strafverfolgung zugeführt würde*"[946]. Nach vorliegendem Verständnis liegt die in Bezug auf den Nemo-Tenetur-Grundsatz vorgenommene Betonung nicht auf der Umschreibung "Verwertung für eine Strafverfolgung", sondern auf der Wortfolge "Zweckentfremdung der Informationserhebung". So verstanden, spricht das Gericht nicht von einem generellen Verbot der repressiven Verwertung von Informationen, die im Zuge nichtstrafrechtlicher Mitwirkungspflichten erlangt wurden. Vielmehr besagt es nach vorliegender Lesart nur, dass Daten, die zum Schutz der Konkursgläubiger von dem Konkursschuldner erzwungen werden können, eben nur für diesen Zweck verwertet werden dürfen. Damit ist aber gerade nicht die generelle Regel aufgestellt, dass Informationen aus Mitwirkungspflichten auch dann nicht in einem repressiven Verfahren verwertet werden dürften, wenn dies von der jeweiligen Zwecksetzung gedeckt wird. Dies bedeutet mit anderen Worten: Ist der mit einer verwaltungsrechtlich veranlassten Mitwirkungspflicht verbundene präventive Zweck sowohl auf die Überwachung normgemäßen Verhaltens, als auch die mögliche Ahndung des normwidrigen Verhaltens gerichtet, darf die polizeirechtlich erzwungene Information gerade auch in einem repressiven Verfahren, das mit der Überwachungsfunktion im sachlichen Zusammenhang steht, verwertet werden[947]. Wenn der Betreiber einer Anlage aus präventiven Gründen zur Aufzeichnung und Dokumentation seiner Emissionen verpflichtet ist, können diese Informationen auch für ein etwaiges Bußgeldverfahren wegen (eben dieser) Überschreiten der gesetzlich vorgegebenen Grenzwerte verwertet werden[948]. Kommt es also durch die Befolgung der Unterlagenherausgabepflicht im Rahmen einer polizeilich veranlassten Überwa-

---

[946] BVerfGE 56, 37, 50.

[947] Vgl. Wolff S. 220 f.; Müller EuGRZ 2002, 546, 553.

[948] In Bezug auf das Beispiel der Diagrammscheibe des Fahrtenschreibers sogleich unten 2. Kapitel B. II. 2. f) S. 208 f.

chung zu der Aufdeckung der Nichtbeachtung der gesetzlich angeordneter Aufzeichnungspflichten oder kann mit Hilfe der herausgegebenen Unterlagen der Nachweis geführt werden, dass der Normadressat gegen den von der Aufzeichnungs- und Dokumentationspflicht umfassten Normbefehl (Einhaltung der Emissionsgrenzwerte) verstoßen hat, können diese Informationen entsprechend dem Zweckbindungsgebot (Sanktionsandrohung zur Einhaltung der Emissionsgrenzwerte) in einem repressiven Verfahren als Beweismittel herangezogen werden[949]. Eine Verwertung für andere Zwecke oder Nachweis sonstiger, vom Normbefehl nicht umfasster Schutzzwecke, ist demgegenüber nicht zulässig.

e) Gerechtfertigter Eingriff in den Nemo-Tenetur-Grundsatz

Nach dieser an der vorherrschenden Rechtspraxis ausgerichteten Betrachtung muss jedoch zugleich auch zugegeben werden, dass in den ehernen Grundsatz des Strafverfahrens, wonach niemand zu einer Selbstbelastung gezwungen werden darf, im Interesse präventiver, verwaltungsrechtlich veranlasster Kontrollzwecke eingebrochen wird[950]. Das Individuum wird nämlich durch die Pflicht zur Dokumentation eigenen Fehlverhaltens und durch die anschließende Offenbarung eben dieser Information gegenüber dem Staat insoweit zur strafrechtlichen Selbstbelastung gezwungen, als diese Angaben in einem repressiven Verfahren Verwendung finden dürfen. Wenn dieser Umstand nach der geltenden Rechtspraxis gleichwohl nicht als Eingriff in den Nemo-Tenetur-Grundsatz gewertet wird, kann dies nur mit dem Zitat erklärt werden, dass das Grundrecht aus Art. 2 Abs. 1 GG *„keinen lückenlosen Schutz gegen Selbstbezichtigungen ohne Rücksicht darauf"* gebiete, *„ob dadurch schutzwürdige Belange Dritter beeinträchtigt werden"*[951]. Offen bleibt hiernach aber, welche Belange im Einzelnen geeignet sein können, im Interesse einer effektiven Kontrolle eine Beschränkung des Nemo-Tenetur-Grundsatzes zu bewirken.

---

[949] Richter wistra 2000, 1, 4; a. A. Ranft Rn. 986, der für Schriftstücke und sonstige Gegenstände, die in Erfüllung gesetzlicher Auskunftspflichten angefertigt wurden, ein Beschlagnahmeverbot annimmt; Bittman/Rudolph wistra 2001, 81, 83 wonach das durch § 97 Abs. 1 S. 3 InsO normierte Auskunftsverweigerungsrecht zwar auf Aussagen beschränkt ist, aber durch ein verfassungsunmittelbares Verwertungsverbot – wohl als Folge des Nemo-Tenetur-Grundsatzes – für alle sonstigen Mitwirkungspflichten zu ergänzen ist. Einigermaßen überraschend soll ein Verwertungsverbot aber dann nicht gelten, wenn die Unterlagen, die in Erfüllung gesetzlicher Pflichten geführt wurden, bei dem Pflichtigen im Rahmen einer Durchsuchung beschlagnahmt werden.

[950] Vgl. Wulf wistra 2006, 89, 93.

[951] BVerfGE 56, 37, 49; BGHSt 37, 340, 342.

Ein einheitliches Bild, geschweige denn eine klare Struktur, zeigt sich insoweit nicht. Der Mangel an systematisch konsequenten und dogmatisch fundierten Vorgaben ist schließlich die Ursache dafür, weshalb weitere, oftmals nur rechtspolitisch motivierte oder mit Praktikabilitätserwägungen gerechtfertigte, Beschneidungen des Nemo-Tenetur-Grundsatzes gefordert werden[952]. Hierdurch verschwimmt aber zunehmend das Bild von dem, was den absoluten Schutz des Nemo-Tenetur-Grundsatzes ausmacht. Nämlich, das Verbot durch einen hoheitlichen Rechtsakt in die Rechtsposition der Entscheidungswahl zu eigenem kommunikatorischen Verhalten mit Erklärungswert zu Zwecken der Strafverfolgung einzugreifen.

f) Zwischenergebnis

Nach herrschender Rechtspraxis sind präventiv veranlasste Aufzeichnungs- und Dokumentationsgebote in Kombination mit einer Vorlagepflicht dieser Dokumente nicht von dem Schutzbereich des Nemo-Tenetur-Grundsatzes umfasst und können in einem repressiven Verfahren, welches mit dem Überwachungszweck in sachlichem Zusammenhang steht, verwendet werden. Begründet wird dies mit dem verwaltungsrechtlich motivierten Überwachungsinteresse aus präventiven Gründen. Die Effektivität der Überwachung besteht insoweit darin, dass einerseits der Inhalt aus den Aufzeichnungen und Dokumentationen einer strafrechtlichen Überprüfung unterzogen werden darf und zum anderen ein Verstoß gegen die Aufzeichnungs- und Dokumentationsgebote sowie der damit verbundenen Offenbarungspflicht einer repressiven Ahndung zugänglich ist. Dies gilt trotz des Umstandes, dass eben diese Pflichten zur Informationspreisgabe, würden sie dem Individuum in einem Strafverfahren auferlegt, dann einen verfassungswidrigen Eingriff in den Nemo-Tenetur-Grundsatz bedeuten würden, wenn es hierdurch zu einer Informationsverwendung im Strafverfahren kommt. Mit Nachdruck ist daher hervorzuheben, dass die Sicherstellung präventiver Überwachungsmaßnahmen zwar eine Rechtfertigung für die Ausklammerung solcher Selbstbelastungssituationen aus dem Schutzumfang des Nemo-Tenetur-Grundsatzes darstellt, eine dogmatische oder systematische nachvollziehbare Erklärung aber fehlt[953]. Dementsprechend ist die durch die Rechtspraxis vorgenommene Wertung

---

[952] Z. B. die Statuierung einer polizeilichen Mitwirkungspflicht an der Atemalkoholkontrolle, deren Ergebnisse auch in einem repressiven Verfahren verwertet werden dürfen. Vgl. Geppert in FS Spendel 1992, 655, 676 f.

[953] Vgl. Reiß NJW 1977, 1436, 1437; Michalke NJW 1990, 417, 420; Mäder S. 178 f.

keineswegs zwingend[954]. Soweit die vorliegenden Ausführungen hier aber lediglich das Ziel haben, die Anwendungsreichweite des Nemo-Tenetur-Grundsatzes gerade in der Rechtspraxis zu analysieren, um hiervon Schlüsse auf die Anwendung im Steuerstrafverfahren ziehen zu können, soll eben diese Rechtspraxis den weiteren Ausführungen zugrunde gelegt werden.

Unter Beachtung dieser Rechtspraxis dürfen im Interesse einer effektiven Kontrolle gesetzlich auferlegter Verhaltenspflichten auch solche Informationen einer repressiven Verwertung zugänglich gemacht werden, deren Dateninhalt in der Befolgung verwaltungsrechtlich veranlasster Aufzeichnungs- und Dokumentationspflichten erstellt wurde. Eine hiermit einhergehende Beschränkung des Nemo-Tenetur-Grundsatzes kann insoweit aber nur dann gerechtfertigt sein, wenn der in einem Nichtstrafverfahren erzwungene Informationsinhalt in seiner repressiven Verwertung strikt auf die Ahndung solcher Normverstöße beschränkt bleibt, zu deren präventivem Schutzzweck die gesetzlichen Aufzeichnungs- und Dokumentationspflichten, sowie die entsprechende hoheitliche Kontrollbefugnis, gerade geschaffen wurden. Mit anderen Worten ist der Nemo-Tenetur-Grundsatz in seiner Anwendung nur insoweit begrenzt, als es durch die Erfüllung gesetzlicher Pflichten zu einer Aufdeckung eben desjenigen, von dem Kontrollzweck umfassten Fehlverhaltens kommt[955].

Für die Pflicht zur Herausgabe der Diagrammscheibe bedeutet dies, dass ihr Dateninhalt zwar für die Ahndung der Überschreitung der Lenkzeiten, nicht aber auch als Beweis in einem anderen repressiven Verfahren, z. B. wegen Fahrens ohne Fahrerlaubnis, verwendet werden darf[956]. Ein strafrechtliches Verwertungsverbot gilt hiernach dann auch für sämtliche Schriftstücke und Unterlagen, die in Erfüllung gesetzlicher Aufzeichnungs- und Dokumentationspflichten angefertigt wurden, wenn diese bei dem Verpflichteten in Folge einer strafprozessualen Durchsuchungsmaßnahme wegen einer anderen Tat gefunden werden. Die benannten Diagrammscheiben können somit auch

---

[954] Vgl. Gallandi wistra 1987, 127, 128, der von einer "nicht näher begründbaren Wertentscheidung" spricht.

[955] Vgl. Hartung NJW 1988, 1070, 1072, der den Nemo-Tenetur-Grundsatz im Ergebnis schließlich aber verneint, da dieser generell nicht auf die Pflicht zur Vorlage von Unterlagen bezogen werden könne.

[956] Wenn nach gängiger Rechtspraxis mit Hilfe der Diagrammscheibe auch Geschwindigkeitsverstöße geahndet werden, ist dies nur deshalb möglich, weil auch die Aufzeichnung der Geschwindigkeit und die Überwachung ihrer Einhaltung von dem Zweck des Fahrtenschreibers umfasst sein sollen. Vgl. OLG Hamm NZV 1992, 159, 160; Zeising NZV 1994, 383, 384 f.; Langer DAR 2002, 97, 101 m. w. N.

dann nicht in einem Verfahren wegen Fahrens ohne Fahrerlaubnis als Beweismittel verwertet werden, wenn diese bei dem Aufzeichnungspflichtigen in Folge einer Durchsuchung gefunden und als sog. Zufallsfunde gem. § 108 StPO beschlagnahmt werden[957].

Welche Schutzinteressen den soeben beschriebenen Eingriff in den Nemo-Tenetur-Grundsatz rechtfertigen können, bleibt einer strengen Abwägung vorbehalten.

---

[957] Zu der Frage, inwieweit Dokumentationen in Erfüllung steuerrechtlicher Buchführungs- und Aufzeichnungspflichten als Beweismittel gem. §§ 94 ff. StPO oder als Zufallsfunde i. S. v. § 108 StPO beschlagnahmt und in einem Steuerstrafverfahren verwertet werden dürfen, vgl. unten 3. Kapitel B. II. 5. b) S. 248 f.

3. Kapitel

Im Folgenden gilt es, das soeben herausgearbeitete Ergebnis über die Regelungsreichweite des Nemo-Tenetur-Grundsatzes auf das Steuerstrafverfahren zu übertragen. Auch hier soll nochmals betont werden, dass allein die absolute Schutzgrenze, die der Nemo-Tenetur-Grundsatz im Steuerstrafverfahren zu ziehen im Stande ist, von Interesse sein soll. Dies hat für die nachstehenden Ausführungen zur Konsequenz, dass vornehmlich nur solche Überschneidungssachverhalte von Steuer- und Steuerstrafverfahren untersucht werden sollen, innerhalb derer ein unmittelbarer Zwang auf die Rechtsposition der Entscheidungswahl über das kommunikative Verhalten festzustellen ist. Soweit mögliche Zwangssituationen auf spezielle Rechtsakte des Besteuerungsverfahrens, d. h. mithin eines Nichtstrafverfahrens, zurückgeführt werden können, bedarf es zudem der Feststellung der Selbstbelastungsgefahr. Diese ist anzunehmen, wenn steuerrechtlich preisgegebene Informationen Eingang in das Strafverfahren finden können. Nur dann, wenn sowohl ein Zwang zur Informationspreisgabe im Besteuerungsverfahren als auch die Gefahr einer strafrechtlichen Selbstbelastung festgestellt werden können, liegt ein Eingriff in den Nemo-Tenetur-Grundsatz vor[958].

Das Ziel ist es im Folgenden aufzuzeigen, ob es im Bereich zwischen Steuer- und Steuerstrafverfahren dem Grunde nach zu einem Eingriff in den Nemo-Tenetur-Grundsatz kommt und wenn ja, welche systematischen Konsequenzen sich hieraus unter Berücksichtigung der zuvor aufgestellten Grundsätze ergeben.

---

[958] Seer StB 1987, 128, 131; Rogall in FS Kohlmann 2003, 465, 473 m. w. N.

A.Steuerrechtliche Mitwirkungspflichten

Das Grundgesetz fasst die Vorschriften über das staatliche "Finanzwesen" im zehnten Abschnitt zusammen. Wenngleich sich dort keine expliziten Regelungen hinsichtlich eines Abgabensystems finden lassen, wird ein solches doch als selbstverständlich vorausgesetzt[959]. Die Finanzausstattung des Staates ist notwendige Voraussetzung für die Erfüllung öffentlicher Aufgaben. Ohne sie wäre staatliches Handeln nicht möglich[960]. Die Erzielung von (steuerlichen) Einnahmen und die hierauf beruhende Handlungsfähigkeit des Staates stehen im überwiegenden Allgemeininteresse und sind zugleich die tragende Rechtfertigung für die mit der Abgabenerhebung einhergehenden Grundrechtseingriffe in die Handlungsfreiheit nach Art. 2 Abs. 1 GG und den Eigentumsschutz nach Art. 14 GG[961].

Die Erhebung von Steuern lässt sich im Rechtsstaat aber nur soweit rechtfertigen, als sie nach Maßgabe der verfassungsrechtlichen Werteordnung als gerecht anzusehen sind[962]. Hinsichtlich der notwendigen Rechtfertigung der staatlichen Steuererhebung gegenüber dem allgemeinen Gleichheitssatz besteht das Gebot der gleichmäßigen Besteuerung. Die sich aus Art. 3 Abs. 1 GG ableitenden Grundlagen dieses Gebots erlauben es, von einer spezifisch steuerrechtlichen Ausprägung des allgemeinen Gleichheitssatzes zu sprechen[963]. Die Gleichmäßigkeit der Besteuerung umschreibt das Verlangen nach einer, unter Beachtung der persönlichen Leistungsfähigkeit, rechtlich und tatsächlich möglichst gleichmäßigen Belastung aller Steuerpflichtigen[964]. Der Grundsatz der Gleichmäßigkeit der Besteuerung ist ein Postulat der Steuergerechtigkeit[965], woran sich die einzelnen Maßnahmen des Abgabensystems zu messen haben (Rechtsanwendungsgleichheit).

---

[959] Vgl. Birk StuW 1989, 212 ff.; Vogel in Der Staat 1986, 481 ff.

[960] Vgl. Vogel in HdbStR § 87 Rn. 1 ff.

[961] Vgl. Papier in Maunz – Dürig Art. 14 Rn. 165 ff.; Vogel in HdbStR § 87 Rn. 87 f. m. w. N.

[962] Vgl. Tipke/Lang § 4 Rn. 61 m. w. N.

[963] BVerfGE 55, 274, 302.

[964] Vgl. BVerfGE 93, 121, 134.

[965] Vgl. Tipke/Lang § 4 Rn. 63 ff; 70.

I. Bedeutung

Soweit sich der Grundsatz der gleichmäßigen Besteuerung an die Finanzbehörde richtet[966], ist er in § 85 AO konkretisiert[967]. Danach haben die Finanzbehörden die Steuer nach Maßgabe der Gesetze gleichmäßig festzusetzen und zu erheben. Eine Ermittlung der entsprechenden Sachverhalte erfolgt nach § 88 AO grundsätzlich von Amts wegen. Hinsichtlich der besteuerungsrelevanten Sachverhalte besteht zwischen Finanzbehörde und Steuerpflichtigem aber ein erhebliches Informationsgefälle[968]. Dieses erklärt sich mit einer naturgemäßen Kenntnis- und Beweisnähe des Steuerpflichtigen zu den besteuerungserheblichen Tatsachen. Im Zuge des Verfassungsgrundsatzes der Gleichmäßigkeit der Besteuerung werden dem Steuerpflichtigen daher nach der „Generalnorm"[969] des § 90 AO diverse Mitwirkungspflichten, wie z. B. auch die sich aus §§ 149 ff. AO ergebenden Steuererklärungspflichten, auferlegt[970]. Nach diesen ist der Steuerpflichtige gehalten, vollständige und wahrheitsgemäße Angaben über alle steuererheblichen Tatsachen zu machen. Auch wenn die Finanzbehörden nach dem Untersuchungsgrundsatz weiterhin zur Feststellung und Ermittlung der Besteuerungsgrundlagen verpflichtet sind, bleiben die Angaben des Steuerpflichtigen doch die wichtigste Erkenntnisquelle[971]. Ohne die Erklärungen des Steuerpflichtigen wäre die Finanzbehörde oftmals kaum in der Lage, die richtige Besteuerungsgrundlage zu ermitteln und damit dem Grundsatz der gleichmäßigen Besteuerung gerecht zu werden. Die Mitwirkungspflichten des Steuerpflichtigen sind daher sowohl für die Gewährleistung einer effektiven Besteuerung als auch für die Erfüllung der Steuergerechtigkeit unabdingbare Voraussetzung[972].

---

[966] An den Grundsatz ist ebenso der Gesetzgeber gebunden, sog. Rechtssetzungsgleichheit.

[967] Teske wistra 1988, 207, 211; Rogall in FS Riess 2002, 951, 654 f.

[968] Vgl. Tipke/Lang § 22 Rn. 1 ff.

[969] Vgl. Söhn in H/H/S § 90 Rn. 4.

[970] Zu dem Inhalt der Mitwirkungspflichten vgl. z. B. Tipke/Kruse § 90 Rn. 2; Reiß S. 34 ff.; Mösbauer DB 1985, 410 ff.

[971] Nach Rüster soll es sich dabei auch um das mildeste Mittel für den Steuerpflichtigen selbst handeln, da andernfalls die Ermittlungen durch staatliche Ermittlungs- und Eingriffstätigkeit erfolgen müssten. Rüster S. 7.

[972] Vg. Besson S. 3; Rüster S. 7 f.; Rüster wistra 1988, 49; Rogall in FS Riess 2002, 951, 955; Rüping/Kopp NStZ 1997, 530; Aselmann NStZ 2003, 71, 74.

II. Qualifizierung als unmittelbarer Zwang

Entsprechend der zuvor herausgearbeiteten Definition, ist Zwang i. S. d. Nemo-Tenetur-Grundsatzes jede gesetzliche Pflicht zur Informationspreisgabe durch kommunikatives Verhalten, im Gegensatz zur bloßen Obliegenheit. Umfasst werden sämtliche steuerlichen Pflichten zur Aussage, zur Abgabe einer Steuererklärung, zur Führung von Büchern und Dokumentation und Aufzeichnung steuerrechtlich relevanter Vorgänge[973]. Ob die Pflicht vollstreckbar oder im Einzelfall tatsächlich durchsetzbar ist, spielt hingegen keine Rolle[974]. Wie zuvor dargestellt wurde, ist nämlich die Rechtsposition der Entscheidungswahl als subjektive Rechtsposition das maßgebliche Kriterium für die Zwangsdefinition i. S. d. Nemo-Tenetur-Grundsatzes. In die Rechtsposition der Entscheidungswahl wird bereits dann eingegriffen, sobald eine entgegenstehende Rechtspflicht, mithin eine Beschränkung der Entscheidungsfreiheit auf nur eine Entscheidungsvariante, durch den Staat vorgegeben wird[975].

Wenn hiernach bereits die steuerrechtlichen Mitwirkungspflichten als Zwang i. S. d. Nemo-Tenetur-Grundsatzes qualifiziert werden müssen, vermag auch das Zwangsmittelverbot des § 393 Abs. 1 S. 2 AO nichts an diesem Befund zu ändern. Die Regelung verbietet nämlich nur den Einsatz von Zwangsmitteln i. S. v. § 328 AO. Wenngleich die insoweit mangelnde Durchsetzbarkeit oftmals als faktische Suspendierung der steuerrechtlichen Mitwirkungspflichten bezeichnet wird[976], bleibt der Steuerpflichtige doch sowohl rechtlich als auch tatsächlich zur Mitwirkung verpflichtet[977]. Der Konflikt des Nemo-Tenetur-Grundsatzes entzündet sich aber bereits an den gesetzlichen Mitwirkungspflichten und nicht erst an der Möglichkeit ihrer Durchsetzung mit Hilfe von Zwangsmitteln. Vor diesem Hintergrund wird § 393 Abs. 1 AO seinem gesetzgeberisch gewollten Zweck, der Kollisionsvermeidung der steuerrechtlichen Mitwirkungspflichten mit dem Nemo-Tenetur-Grundsatz[978], kaum gerecht[979].

---

[973] Rüping/Kopp NStZ 1997, 530, 531.

[974] Vgl. Schäfer in FS Dünnbier 1982, 11, 43.

[975] Vgl. oben 2. Kapitel, A. I. 2. 3) c) cc) S. 142 f.

[976] Rogall in FS Kohlmann 2003, 465, 472; Rüping/Kopp NStZ 1997, 530, 532 jeweils m. w. N.

[977] Vgl. Stellungnahme des Finanzausschusses zum Entwurf des § 393, BT-Drucks. VII/4292 S. 46; Seer StB 1987, 128, 130; Krieg S. 91; Rüster S. 53; Streck BB 1980, 1537, 1539; Hellmann in H/H/S § 393 Rn. 39 m. w. N.

[978] Vgl. BT-Drucks. VI/1982 S. 198; BT-Drucks. VII/4292 S. 46; Teske wistra 1988, 207, 212; Böse S. 476 m. w. N.

[979] Vgl. Mössner StuW 1991, 224, 227 m. w. N.

III. Gefahr der strafrechtlichen Selbstbelastung

Allein die Zuordnung der steuerrechtlichen Mitwirkungspflichten unter den Zwangsbegriff des Nemo-Tenetur-Grundsatzes löst aber noch keine irgendwie gearteten Rechtsfolgen aus. Wie bereits ausgeführt, bewirkt nämlich allein die Statuierung von Offenbarungs- und Mitwirkungspflichten in einem Nichtstrafverfahren, zu welchem auch das Besteuerungsverfahren zählt, keinen Eingriff in den Nemo-Tenetur-Grundsatz[980]. Neben der Informationserhebung in Folge einer Offenbarungs- und Mitwirkungspflicht bedarf es für die mögliche Annahme eines Eingriffs in den Selbstbelastungsschutz einer Verwendung der Information für repressive Verfahrenszwecke, wobei anzumerken ist, dass die Gefahr der strafrechtlichen Informationsverwertung ausreichend ist[981].

Nur der Vollständigkeit halber sei hier erwähnt, dass sich dem Besteuerungsverfahren repressive Verfahrenszwecke nicht entnehmen lassen[982]. Insbesondere geht auch von der im Besteuerungsverfahren bestehenden Möglichkeit der Erhebung von Hinterziehungszinsen nach § 235 AO keine sanktionsgleiche Wirkung aus. Die Erhebung von Hinterziehungszinsen ist keine Sanktionierung als vielmehr ein Ausgleich für dem Fiskus entstandene Zinsnachteile[983]. Dass es sich nicht um eine strafgleiche Maßnahme handelt, zeigt schließlich auch der Umstand, dass persönliche Strafausschließungs- und Strafaufhebungsgründe der Zinspflicht nicht entgegenstehen[984]. Auch lässt das Besteuerungsverfahren im Übrigen einen sanktionsgleichen Rechtsgüterverlust an Vermögen, Ehre oder Freiheit[985] des Steuerpflichtigen gerade nicht erkennen[986]. Das originäre Interesse der steuerrechtlichen Mitwirkungspflichten gilt durchweg den wirtschaftlichen Verhältnissen des Steuerpflichtigen für die Ermittlung der Besteuerungsgrundlage und ist damit einzig auf die Festsetzung des Steueranspruchs gerichtet[987]. Die Statuierung von Mitwirkungs-

---

[980] Vgl. Kapitel 2 B. II S. 193 f.

[981] Rogall in FS Kohlmann 2003, 465, 477; Böse S. 476, 528; Keller S. 132.

[982] Vgl. BVerfGE 67, 100, 143: "*Das gegenwärtige gesetzliche Abgabenrecht verpflichtet den Betroffenen, allein zum Zwecke der Besteuerung Angaben zu machen.*"

[983] Tipke/Kruse § 235 Rn. 1.

[984] Tipke/Kruse § 235 Rn. 5.

[985] Vgl. Böse GA 2002, 98, 107 m. w. N.; Der Ersatzzwangshaft gem. § 334 AO kommt im vorliegenden Zusammenhang keine Bedeutung zu.

[986] Vgl. Söhn in H/H/S § 90 Rn. 6.

[987] Vgl. Söhn in H/H/S § 90 Rn. 6; Schwarz in PK § 40 Rn. 1 m. w. N.

pflichten für die Zwecke der Informationserhebung in einem Besteuerungsverfahren ist verfassungsgemäß[988].

Die Zulässigkeit der Informationsverwendung ist auf den mit der Informationserhebung gesetzlich bestimmten Zweck begrenzt[989]. Jede Informationsverwendung der im Besteuerungsverfahren in Folge der Mitwirkungspflichten erlangten Informationen für die Durchführung eines Steuerstrafverfahrens ist daher grundsätzlich zweckwidrig. Einem zweckwidrigen Informationsaustausch der steuerrechtlichen Daten für die Zwecke eines Strafverfahrens versuchen grundsätzlich sowohl das Steuergeheimnis gem. § 30 Abs. 2 AO als auch das strafprozessuale Verwertungsverbot gem. § 393 Abs. 2 AO entgegenzuwirken[990].

1. Das Steuergeheimnis gem. § 30 Abs. 2 AO und das Verwertungsverbot gem. § 393 Abs. 2 S. 1 AO

Nach dem in § 30 Abs. 2 AO verbrieften Steuergeheimnis dürfen Amtsträger und gleichgestellte Personen i. S. d. Abs. 3 Verhältnisse eines anderen, die ihnen in einem Verwaltungsverfahren oder in einem gerichtlichen Verfahren in Steuersachen bekannt geworden sind, nicht offenbaren. Eine Offenbarung liegt in jedem Verhalten, das dazu führt, dass die Verhältnisse eines anderen einem Dritten bekannt werden oder doch zumindest bekannt werden können[991]. Jedwede Preisgabe steuerrechtlicher Informationen gegenüber einem Strafverfolgungsorgan ist hiernach von dem Tatbestandsmerkmal der Offenbarung erfasst. Verletzt ist das Steuergeheimnis allerdings nur, wenn die Offenbarung unbefugt, d. h. ohne Rechtfertigungsgrund erfolgt[992]. Die Rechtfertigungsgründe für eine Offenbarung werden in § 30 Abs. 4 und 5 AO aufgezählt.

Dem Steuergeheimnis kommt eine doppelte Funktion zu. Zum einen dient es dem Schutz des Steuerpflichtigen und zum anderen dem fiskalischen Interesse an einer effektiven und gleichmäßigen Besteuerung[993]. Das Steuergeheimnis ist das Gegenstück zu den umfangreichen Mitwirkungspflichten im

---

[988] Vgl. BVerfGE 67, 100, 143.

[989] BVerfGE 65, 1, 46; E 67, 100, 143.

[990] Marx DStR 2002, 1467, 1469 m. w. N.

[991] Drüen in Tipke/Kruse § 30 Rn. 51; Schwarz in PK § 30 Rn. 28; Alber in H/H/S § 30 Rn. 121; Ruegeneberg S. 45 m. w. N.

[992] Alber in H/H/S § 30 Rn. 126; Drüen in Tipke/Kruse § 30 Rn. 56 m. w. N.

[993] Marx DStR 2002, 1467, 1469.

Besteuerungsverfahren, in dessen Folge nach § 40 AO auch strafbare und sittenwidrige Handlungen durch den Steuerpflichtigen preisgegeben werden müssen[994]. Der Steuerpflichtige soll davor geschützt werden, dass seine personenbezogenen Daten und Informationen, die dieser in Erfüllung der steuerrechtlichen Auskunfts- und Offenbarungspflichten gegenüber der Finanzverwaltung für die Zwecke der Besteuerung preisgegeben hat, außerhalb des Besteuerungsverfahrens bekannt werden oder zu anderen, als zu steuerrechtlichen Zwecken ausgewertet werden[995]. Zugleich soll durch die Begrenzung der Informationsverwendung allein für steuerrechtliche Zwecke bei dem Steuerpflichtigen die Bereitschaft zur steuerrechtlichen Mitwirkung gefördert werden[996]. Der Steuerpflichtige soll darauf vertrauen dürfen, dass seine Angaben allein für die Zwecke der Besteuerung Verwendung finden und nachteilige Konsequenzen außerhalb des Besteuerungsverfahrens nicht zu fürchten sind. Da der Staat für die zutreffende Ermittlung der Besteuerungsgrundlage in erheblichem Maße auf die Mitwirkung des Steuerpflichtigen angewiesen ist, dient das Steuergeheimnis daher auch der Erleichterung und Vereinfachung des Besteuerungsverfahrens und gewährleistet somit das im öffentliche Interesse liegende Gebot an einer effektiven und gleichmäßigen Besteuerung[997].

Ein Verstoß gegen das Steuergeheimnis zieht ausweislich der Regelung des § 393 Abs. 2 AO ein strafrechtliches Verwertungsverbot nach sich. Nach dem Regelungsgehalt des § 393 Abs. 2 S. 1 AO ist es den Strafverfolgungsbehörden grds. untersagt, Informationen, die der Steuerpflichtige vor oder in Unkenntnis eines Steuerstrafverfahrens in Erfüllung steuerrechtlicher Pflichten preisgegeben hat, für die Zwecke der Strafverfolgung zu verwerten. Es ist nämlich nicht auszuschließen, dass Erkenntnisse der Finanzbehörden trotz des Offenbarungsverbotes des Steuergeheimnisses gem. § 30 Abs. 2 AO, z. B. durch versehentliche Weiterleitung der Besteuerungsakten zur Kenntnis der Strafverfolgungsbehörden gelangt[998]. Das Verwertungsverbot des § 393 Abs. 2 S. 1 AO

---

[994] BT-Drucks. VII/4292 S. 18; Drüen in Tipke/Kruse § 30 Rn. 8; Marx DStR 2002, 1467, 1468; Schwarz in PK § 30 Rn. 4; Alber in H/H/S § 30 Rn. 8; Rüsken in Klein § 30 Rn. 1; Schwarz in PK § 30 Rn. 4; Koch in Koch/Scholtz § 30 Rn. 2.

[995] Koch in Koch/Scholtz § 30 Rn. 2; Besson S. 3; Jarke wistra 1997, 325, 327; Intemann in Pahlke/Koenig § 30 Rn. 2; Drüen in Tipke/Kruse § 30 Rn. 4 ff. m. w. N.

[996] Koch in Koch/Scholz § 30 Rn. 2; Blesinger wistra 1991, 239, 240; Jarke wistra 1997, 325, 327 m. w. N.

[997] Alber in H/H/S § 30 Rn. 7; Drüen in Tipke/Kruse § 30 Rn. 10, Schwarz in PK § 30 Rn. 4; Rüster S. 66; Marx DStR 2002, 1467, 1469; Intemann in Pahlke/Koenig § 30 Rn. 2 m. w. N.

[998] Wisser in Klein § 393 Rn. 21.

stell quasi das Steuergeheimnis auf der "Empfängerseite" dar. Nach seiner Konzeption dient das Verwertungsverbot dem Schutz des Steuergeheimnisses und will mit seinem Regelungsgehalt dessen Ziele ergänzen und sicherstellen[999]. In Folge der Ergänzungsfunktion des § 30 Abs. 2 AO, lehnt sich das Verwertungsverbot gem. § 393 Abs. 2 AO in weiten Teilen an das Steuergeheimnis und dessen Durchbrechungstatbestände an. Soweit das Steuergeheimnis und das Verwertungsverbot in Abhängigkeit ihrer inhaltlichen Aussagen und Rechtsfolgen dieselben Voraussetzungen aufweisen, können im Folgenden beide Tatbestände gemeinsam besprochen werden[1000].

2. Der Durchbrechungstatbestand des § 30 Abs. 4 Nr. 1 i. V. m. Abs. 2 Nr. 1 b) AO und § 393 Abs. 2 S. 1 a. E. AO

Der Durchbrechungstatbestand des § 30 Abs. 4 Nr. 1 i. V. m. Abs. 2 Nr. 1 b) AO erlaubt dem einzelnen Finanzbeamten, die Informationen, welche diesem durch die Angaben des Steuerpflichtigen im Besteuerungsverfahren zur Kenntnis gelangt sind, für die Zwecke eines Steuerstrafverfahrens zu offenbaren[1001]. Aus dem Regelungsgehalt dieser Vorschrift wird im Allgemeinen gefolgert, dass sämtliche Informationen, die der Steuerpflichtige innerhalb des Besteuerungsverfahrens preisgegeben hat, zugleich auch den jeweiligen Ermittlungsorganen für die Zwecke der Durchführung eines Steuerstrafverfahrens offenbart werden dürfen[1002]. Konkret bedeutet dies, dass die Angaben, die der Steuerpflichtige in Erfüllung steuerrechtlicher Mitwirkungspflichten für den VZ 01 erklärt hat, nicht nur dem entsprechenden Besteuerungsverfahren, sondern zugleich auch für die Zwecke des Steuerstrafverfahrens desselben Veranlagungszeitraums offenbart werden dürfen[1003]. Gleiches soll aber auch dann gelten, wenn gegen den Steuerpflichtigen ein Steuerstrafverfahren eingeleitet ist und dieser erstmals, z. B. im Rahmen eines Einspruchs gegen einen zu hohen Schätzungsbescheid, wahrheitsgemäße und vollständige Angaben macht. Eine Offenbarung soll aber auch zwischen zwei verschiedenen

---

[999] BGH wistra 2003, 429, 430 bezeichnet das Verwertungsverbot des § 393 Abs. 2 AO als "prozessuale Ausgestaltung des Steuergeheimnisses nach § 30 AO". Kohlmann Steuerstrafrecht § 393 Rn. 1; Rogall in FS Kohlmann 2003, 465, 477; Hellmann in H/H/S § 393 Rn. 20; Spriegel wistra 1997, 321, 322.

[1000] Vgl. bzgl. der Differenzen Spriegel wistra 1997, 321, 322.

[1001] Vgl. Besson S. 27 f.; Rogall in FS Kohlmann 2003, 465, 474.

[1002] Besson S. 33 ff.; Ruegenberg S. 52 ff.; Intemann in Pahlke/Koenig § 30 Rn. 156; Drüen in Tipke/Kruse § 30 Rn. 70; Alber in H/H/S § 30 Rn. 156;

[1003] Vgl. zu den diversen Lösungsvorschlägen in Bezug auf einen Konflikt mit dem Nemo-Tenetur-Grundsatz oben 1. Kapitel, C. I 1. b) cc) S. 43 ff. und 2. b) S. 49 ff.

Veranlagungsräumen dergestalt möglich sein, als die steuerrechtlichen Erkenntnisse innerhalb des Besteuerungsverfahrens für den VZ 02 erlangt worden sind, aber für die Zwecke eines Steuerstrafverfahrens für den VZ 01 durch den Amtsträger offenbart werden dürfen.

In Anlehnung an den Durchbrechungstatbestand des § 30 Abs. 4 Nr. 1 i. V. m. Abs. 2 Nr. 1 b) AO erlaubt § 393 Abs. 2 S. 1 a. E. AO die Verwertung der in Erfüllung steuerlicher Mitwirkungspflichten preisgegebenen Informationen für die Durchführung eines Steuerstrafverfahrens. Als Konsequenz dieser beiden Durchbrechungstatbestände soll zwischen Besteuerungs- und Steuerstrafverfahren grds. ein ungehinderter Informationsaustausch möglich sein[1004].

3. Eingriff in den Nemo-Tenetur-Grundsatz

Als Befund ist festzustellen, dass der Steuerpflichtige in Folge der steuerrechtlichen Mitwirkungspflichten im Besteuerungsverfahren zur umfangreichen Informationspreisgabe und damit auch zu selbstbezichtigenden Angaben hinsichtlich steuerstrafrechtlich relevanter Handlungen gezwungen wird. Soweit die Selbstbezichtigung eine begangene Steuerstraftat betrifft, sollen die im Besteuerungsverfahren preisgegebenen Informationen gem. § 30 Abs. 4 Nr. 1 i. V. m. Abs. 2 Nr. 1 b) AO und § 393 Abs. 2 S. 1 a. E. AO für die Zwecke eines Steuerstrafverfahrens offenbart und verwertet werden dürfen. Dies bedeutet aber, dass sich der Steuerpflichtige in Erfüllung steuerrechtlicher Mitwirkungspflichten steuerstrafrechtlich selbst belastet[1005]. Sowohl die behördliche Offenbarungsbefugnis nach § 30 Abs. 4 Nr. 1 i. V. m. Abs. 2 Nr. 1 b) AO als auch die steuerstrafrechtliche Verwertungsbefugnis nach § 393 Abs. 2 S. 1 a. E. AO der im Besteuerungsverfahren erlangten Informationen für die Zwecke eines Steuerstrafverfahrens bewirken die Gefahr der Selbstbelastung. Die beiden Durchbrechungstatbestände ermöglichen insoweit eine Zweckentfremdung der für das Besteuerungsverfahren notwendigen steuerrechtlichen Mitwirkungspflichten für das Steuerstrafverfahren[1006]. Die Kombination von Zwang zur Informationspreisgabe in Folge der steuerrechtlichen Mitwirkungspflichten und der Gefahr der steuerstrafrechtlichen Selbstbelastung verursacht einen Eingriff in den absoluten Schutzbereich des Nemo-Tenetur-Grundsatzes[1007].

[1004] Ruegenberg S. 18; Teske wistra 1988, 207, 208.

[1005] Mössner StuW 1991, 224, 227.

[1006] Böse S. 291; Koch in Koch/Scholtz § 30 Rn. 17 m. w. N.

[1007] Vgl. BGH NJW 2005, 763, 765.

B. Konfliktlösung

Als Folge der steuerrechtlichen Regelungen und der Gemengelage zwischen gesetzlicher Informationspreisgabepflicht im Besteuerungsverfahren und anschließender Informationsoffenbarung und Informationsverwertung für die Durchführung eines Steuerstrafverfahrens kommt es zu einem Eingriff in den Nemo-Tenetur-Grundsatz. In Fortsetzung der bisher getroffenen Aussagen ist dieser Eingriff in den absoluten Schutzbereich des Nemo-Tenetur-Grundsatzes als Verfassungsverstoß zu qualifizieren. Es stellt sich daher die Frage, wie der festgestellte Eingriff in den Nemo-Tenetur-Grundsatz vermieden und dem Eintritt eines verfassungswidrigen Zustandes vorgebeugt werden kann. Da sowohl die steuerrechtlichen Mitwirkungspflichten als auch der zuvor beschriebene ungehinderte Informationsfluss zwischen Besteuerungs- und Steuerstrafverfahren nur in Kombination den Eingriff in den Nemo-Tenetur-Grundsatz begründen, stehen für die Herbeiführung eines verfassungsgemäßen Zustandes grds. zwei Möglichkeiten zur Verfügung[1008]. Entweder wird der im Besteuerungsverfahren in Folge der gesetzliche Mitwirkungspflichten bestehende Zwang zur Informationspreisgabe im Falle der strafrechtlichen Selbstbelastung suspendiert. Oder der Zwang zur Informationspreisgabe bleibt bestehen, es wird aber der ungehinderte Informationsfluss zwischen Besteuerungs- und Steuerstrafverfahren unterbrochen, d. h. die Gefahr der strafrechtlichen Selbstbelastung als Folge der Erfüllung der steuerrechtlichen Mitwirkungspflichten wird ausgeschlossen.

Um einen Eingriff in den Nemo-Tenetur-Grundsatz zu vermeiden findet sich neben diesen beiden Lösungsansätzen in der Literatur noch ein dritter Vorschlag, der nach vorliegendem Verständnis allerdings nicht in der Lage ist, den beschriebenen Konflikt zwischen Besteuerungs- und Steuerstrafverfahren zu entschärfen und hier daher nur kurz erwähnt sein soll. Nach diesem Vorschlag soll ein möglicher verfassungswidriger Zustand dadurch vermieden werden, dass das Besteuerungsverfahren bis zum Abschluss des Strafverfahrens ausgesetzt wird[1009]. Da diesem Ansinnen, wie zuvor beschrieben, durchschlagende rechtliche Bedenken entgegenstehen[1010], soll es hier mit dem bloßen Hinweis auf § 393 Abs. 1 S. 1 AO belassen bleiben, wonach das Besteu-

---

[1008] Vgl. 2. Kapitel B. II. 2. S. 197 f.
[1009] Rengier BB 1985, 720, 723.
[1010] Vgl. Kapitel 1 C. I. 1. a) bb) S. 35 ff.

erungsverfahren und das Steuerstrafverfahren unabhängig voneinander zeitgleich durchzuführen sind[1011].

Für das Steuerstrafverfahren bleiben die beiden anderen Lösungsvorschläge zu diskutieren. Insoweit beide Varianten die Eignung besitzen, einen Eingriff in den Nemo-Tenetur-Grundsatz zu vermeiden, ist darauf hinzuweisen, dass der Gesetzgeber in seiner Entscheidung, welchen Weg er zur Vermeidung eines verfassungswidrigen Zustandes beschreiten will, frei ist und einen Gestaltungsspielraum besitzt[1012]. Zu berücksichtigen sind daher zunächst die gesetzgeberischen Wertentscheidungen des positiv normierten Rechts, welche gegebenenfalls durch eine verfassungskonforme Auslegung nach den Grundsätzen der juristischen Hermeneutik[1013] zu ermitteln sind[1014]. Nur wenn sich hieraus keine Lösung für die geschilderten Konfliktsituation ableiten lässt und es insoweit bei dem festgestellten Eingriff in den Nemo-Tenetur-Grundsatz bleibt, ist in einem zweiten Schritt nach der Verfassungswidrigkeit der gesetzlichen Regelungen zu fragen[1015]. Da einem Eingriff in den Nemo-Tenetur-Grundsatz aber auf zwei Arten, nämlich durch die Beseitigung der Mitwirkungspflicht oder durch die Kompensation der Pflicht zur Informationspreisgabe in Form eines steuerstrafrechtlichen Offenbarungs- und Verwertungsverbots, abgeholfen werden kann, ist es nicht möglich nur eine einzelne Vorschrift für verfassungswidrig zu erklären. Andernfalls würde man nämlich den gesetzgeberischen Gestaltungsspielraum unterlaufen und durch eine subjektive Wertenscheidung ersetzen. Um der gesetzgeberischen Wertentscheidung nicht vorzugreifen, sind daher, soweit ein Eingriff in den Nemo-Tenetur-Grundsatz vorliegt, nicht einzelne Normen für verfassungswidrig, sondern die gesetzlichen Regelungen als Ganzes mit der Verfassung für unvereinbar zu erklären (§ 31 Abs. 2 S. 2 Alt. 2 BVerfGG)[1016].

[1011] Dierlamm StraFo 1999, 289, 290; Streck in DStJG 1983, 217, 241; Blumers/Göggerle Rn. 11; Besson S. 114; Kohlmann Steuerstrafrecht § 393 Rn. 16, 35; Teske wistra 1988, 207; Rüpping/Kopp NStZ 1997, 530, 532; Böse S. 534 m. w. N.

[1012] Teske wistra 1988, 207, 212; Wenzel S. 39; Böse S. 456; Aselmann NStZ 2003 71, 75; Mäder S. 140; Joecks in F/G/J § 393 Rn. 9; Röckl S. 119.

[1013] Grundlegend Stern I § 4 III, S. 123 ff.

[1014] Böse S. 456 f.; Samson wistra 1988, 130,132.

[1015] Larenz/Canaris S. 159 f.; Seer StB 1987, 128, 130; Wenzel S. 38 f. m. w. N.

[1016] Vgl. Böse S. 460 m. w. N.

I. Aussetzung der steuerrechtlichen Mitwirkungspflichten

Dem Nemo-Tenetur-Grundsatz kann dadurch Rechnung getragen werden, dass dem Steuerpflichtigen im Besteuerungsverfahren das Recht eingeräumt wird, im Falle der Gefahr einer strafrechtlichen Selbstbelastung die Mitwirkung zu verweigern. Rechtlich lässt sich dieses Ziel entweder durch die gesetzliche Freistellung von der Pflicht zur Informationspreisgabe in Form eines steuerrechtlichen Aussageverweigerungsrechts[1017] oder durch die faktische Suspendierung in Folge einer erweiternden Auslegung des Zwangsmittelverbotes des § 393 Abs. 1 S. 2 AO auf sämtliche steuerrechtliche Mitwirkungspflichten erreichen[1018].

Einer Konfliktlösung durch die Aussetzung oder Suspendierung der steuerrechtlichen Mitwirkungspflichten steht de lege lata jedoch der Wille des Gesetzgebers entgegen[1019]. Dieser hat mit der Regelung des § 393 Abs. 1 S. 1 AO zum Ausdruck gebracht, dass dem Steuerpflichtigen trotz der Einleitung eines Steuerstrafverfahrens gerade kein Aussageverweigerungsrecht zuzusprechen ist[1020]. Vielmehr hebt der Gesetzgeber in der amtlichen Gesetzesbegründung zu § 393 Abs. 1 AO hervor, dass sich die verfahrensmäßige Stellung des Steuerpflichtigen im Besteuerungsverfahren durch die Einleitung eines Steuerstrafverfahrens nicht ändern soll[1021]. Gerechtfertigt wird die Beibehaltung der Mitwirkungsverpflichtung des beschuldigten Steuerpflichtigen im Besteuerungsverfahren mit dem fiskalischen Interesse an einer effektiven und gleichmäßigen Besteuerung[1022]. Würde dem beschuldigten Steuerpflichten im Besteuerungsverfahren ein Auskunftsverweigerungsrecht zugestanden, wäre dieser nach der Ansicht des Gesetzgebers insoweit besser gestellt als der nichtbeschuldigte Steuerpflichtige[1023]. Begründet wird diese Annahme damit,

---

[1017] Vgl. Streck BB 1980, 1537, 1539; Streck/Spatscheck wistra 1998, 334, 340.

[1018] Vgl. Böse S. 532; Marx in FS Fachanwalt für Steuerrecht 2000, 673, 676; ähnlich Rogall S. 159, der zwar keine Freistellung aber eine Reduzierung der steuerrechtlichen Mitwirkungspflichten vorschlägt.

[1019] Marx in FS Fachanwalt für Steuerrecht 2000, 673, 678 f.; Reiß S. 247, 264 ff.; Seer StB 1987, 128, 130; Henneberg BB 1988, 2181, 2187.

[1020] Seer StB 1987, 128, 130; Wenzel S. 38 f.; Rüster wistra 1988, 49, 50; Streck/Spatscheck wistra 1998, 334, 335; Rogall in FS Kohlmann 2003, 465, 472; Röckl S. 120; Huchel. S. 51 ff.

[1021] DB Drucks. VII/4292 S. 46.

[1022] Rengier BB 1985, 720, 722; Seer StB 1987, 128, 130; Rüster wistra 1988, 49; Besson S. 107 m. w. N.

[1023] DB Drucks. VII/4292 S. 46; ebenso BGH NJW 2005, 763, 764; BGH wistra 2002, 149; Scheurmann-Kettner in Koch/Scholz § 393 Rn. 3; Rüster wistra 1988, 49; Wisser in Klein § 393 Rn. 1; Henneberg BB 1988, 2181, 2187; Teske wistra 1988, 207, 211.

dass sich die zutreffende Höhe der Besteuerungsgrundlage ohne die Angaben des Steuerpflichtigen im Rahmen der steuerrechtlichen Mitwirkungspflichten in aller Regel nicht sachgerecht ermitteln lässt[1024]. Wenn sich in Folge der Ermittlungsdefizite damit auch die Steuer nicht in der gesetzlich bestimmten Höhe festsetzen lasse, sei der beschuldigte Steuerpflichtige insoweit begünstigt, als sich der steuerrechtliche Anspruch zumindest für eine gewisse Zeit, im Falle der Insolvenz des Steuerpflichtigen sogar gänzlich, nicht realisieren lasse[1025]. An dieser Betrachtung soll auch die Möglichkeit der steuerrechtlichen Schätzung nichts ändern können, denn die mit ihr einhergehenden Ermittlungsdefizite dürften dem Steuerpflichtigen nur insoweit nachteilig angelastet werden, als er hierfür auch im Rahmen einer Pflichtverletzung verantwortlich gemacht werden könne[1026]. Wenn der Steuerpflichtige aber in Folge der Aussetzung der steuerrechtlichen Mitwirkungspflichten rechtlich keine Angaben machen müsste, dürften zugleich die insoweit bestehenden Unsicherheiten bei der Ermittlung der Besteuerungsgrundlage nicht zu seinen Lasten geschätzt werden, was im Ergebnis oftmals nur eine zu niedrige Steuerfestsetzung bedeuten würde[1027].

Eine nicht gerechtfertigte Begünstigung wird zum zweiten damit begründet, dass der beschuldigte Steuerpflichtige im Falle der Beseitigung der steuerrechtlichen Mitwirkungspflichten eine Strafbarkeit i. S. d. § 370 Abs. 1 AO wegen der erneuten Nichtabgabe oder Abgabe falscher Steuererklärungen nicht zu fürchten hätte[1028]. Eine solche Besserstellung des (vermeintlich) unredlichen Steuerpflichtigen gegenüber dem ehrlichen Steuerpflichtigen wollte der Gesetzgeber aber gerade durch die Beibehaltung der steuerrechtlichen Mitwirkungspflichten trotz eingeleitetem Steuerstrafverfahren verhindern[1029]. Hinzu komme, dass mit dem faktischen Verzicht der steuerstrafrechtlichen Sanktionierung mit erheblichen Steuerausfällen zu rechnen sei[1030].

[1024] Vgl. oben 3. Kapitel A. I. S. 216 f.

[1025] Scheurmann-Kettner in Koch/Scholz § 393 Rn. 3; Rengier BB 1985, 720, 722; Hellmann JZ 2002, 617, 619; Wisser in Klein § 393 Rn. 1; Henneberg BB 1988, 2181, 2187 m. w. N.

[1026] Vgl. Rüsken in Klein § 162 Rn. 20 f.; Rüping/Kopp NStZ 1997, 530, 533; Rüster wistra 1988, 49, 50; Streck in DStJG 1983, 217, 241; Frotscher in PK § 162 Rn. 9 m. w. N.

[1027] Vgl. Berthold S. 102.

[1028] Hellmann JZ 2002, 617, 619; Aselmann NStZ 2003, 71, 74; Streck in DStJG 1983, 217, 242.

[1029] DB Drucks. VII/4292 S. 46; BGH NJW 2005, 763, 764; BGH wistra 2002, 149; Scheurmann-Kettner in Koch/Scholz § 393 Rn. 3; Rüster wistra 1988, 49; Wisser in Klein § 393 Rn. 1; Henneberg BB 1988, 2181, 2187; Teske wistra 1988, 207, 211.

[1030] Vgl. Aselmann NStZ 2003, 71, 74.

Inwieweit diese Erwägungen in Bezug auf die Begünstigung des beschuldigten Steuerpflichtigen gegenüber dem nichtbeschuldigten Steuerpflichtigen beigepflichtet werden kann, bedarf an dieser Stelle keiner weiteren Erörterung[1031]. Neben der herrschenden Meinung stützt sich zumindest der Gesetzgeber in seiner Gesetzesbegründung ausdrücklich auf diese Erwägungen, weshalb de lege lata eine vorgeschlagene Aussetzung der steuerrechtlichen Mitwirkungspflichten auch im Falle der Gefahr der strafrechtlichen Selbstbelastung nicht in Betracht kommt.

Wenn hiernach eine Sicherung des Nemo-Tenetur-Grundsatzes durch die Aussetzung der steuerrechtlichen Mitwirkungspflichten aufgrund des entgegenstehenden Willens des Gesetzgebers ausscheidet, ist im Folgenden zu untersuchen, ob ein Verfassungsverstoß durch die Annahme eines strafrechtlichen Offenbarungs- undoder Verwertungsverbots verhindert werden kann.

II. Strafrechtliches Offenbarungs- und Verwertungsverbot

Die überwiegende Ansicht in Rechtsprechung und Literatur teilt die soeben beschriebene Motivation des Gesetzgebers und lehnt bei der Gefahr der strafrechtlichen Selbstbelastung ebenfalls die Aussetzung bzw. Beseitigung der Mitwirkungspflichten des Steuerpflichtigen im Besteuerungsverfahren unter Hinweis auf den besonderen Schutz des fiskalischen Interesses an einer effektiven und gleichmäßigen Besteuerung ab[1032]. Im Hinblick auf den Nemo-Tenetur-Grundsatz wird als Kompensation für die Beibehaltung der steuerrechtlichen Mitwirkungspflichten trotz der Gefahr der strafrechtlichen Selbstbelastung ein steuerstrafrechtliches Verwertungsverbot, teilweise in Kombination mit einem steuerstrafrechtlichen Offenbarungsverbot[1033], propagiert[1034]. Der besondere Vorzug einer Konfliktlösung über die Annahme eines steuerstraf-

---

[1031] Gegen das Argument, der Steuerunehrliche würde besser gestellt als der Steuerehrliche wenden sich: Teske wistra 1988, 207, 214; Streck in DStJG 1983, 217, 242; Wenzel S. 80 f.; Röckl S. 121 f.

[1032] BGH NJW 2005, 763, 764; Seer StB 1987, 128, 130; Marx in FS Fachanwalt für Steuerrecht 2000, 673, 678 f.; Teske wistra 1988, 207, 211; Hellmann JZ 2002, 617, 619; Wenzel S. 71; Rengier BB 1985, 720, 722;

[1033] Vgl. Sondervotum in BVerfGE 56, 52 ff.; Hahn S. 166; Aselmann NStZ 2003, 71, 75; Ruegenberg S. 237 f.

[1034] BGH NJW 2005, 763, 765; Marx in FS Fachanwalt für Steuerrecht 2000, 673, 680; Teske wistra 1988, 207, 211; Hellmann JZ 2002, 617, 619; Wenzel S. 71; Henneberg BB 1988, 2181, 2187; Rüping/Kopp NStZ 1997, 530, 533; Streck in DStJG 1983, 217, 243; Ruegenberg S. 164 f., 221, 238 f.; Kohlmann Steuerstrafrecht § 393 Rn. 36; derselbe in FS Tipke 1995, 487, 506 m. w. N.

rechtlichen Verwertungsverbots wird hierbei zu Recht darin gesehen, dass dieses den widerstreitenden Interessen zwischen Besteuerungs- und (Steuer-) Strafverfahren am besten gerecht wird. Das Verwertungsverbot ermöglicht nämlich aufgrund der Beibehaltung der steuerrechtlichen Mitwirkungspflichten einerseits die Gewährleistung der fiskalischen Effizienz, berücksichtigt andererseits zugleich aber auch den Schutz des Nemo-Tenetur-Grundsatzes, indem die Gefahr der strafrechtlichen Selbstbelastung ausgeschlossen wird[1035].

Wenngleich das steuerstrafrechtliche Verwertungsverbot prinzipiell geeignet ist, den Konflikt zwischen den Verfahrensprinzipien des Besteuerungs- und des Steuerstrafverfahrens zu entschärfen[1036], so stellt sich speziell im Steuerstrafverfahren doch die Frage nach der Rechtsgrundlage. Allein die Eignung zur Konfliktlösung vermag nämlich nicht zu klären, woraus sich die Annahme eines Verwertungsverbotes de lege lata folgern lässt.

1. Strafrechtliches Offenbarungs- und Verwertungsverbot vs. nachkonstitutionelles Recht

Die Protagonisten eines Verwertungsverbotes folgern dieses unmittelbar aus dem verfassungsrechtlich verankerten Verbots des Selbstbelastungszwangs[1037] und stützen sich hierfür im Allgemeinen auf die Aussagen des BVerfG[1038] im oben benannten Gemeinschuldnerbeschluss[1039]. Dort hatte es das BVerfG im Interesse der Konkursgläubiger für zulässig erachtet, dass der Gemeinschuldner im Konkursverfahren zur Erteilung der notwendigen Angaben auch dann gezwungen werden darf, wenn sich dieser mit seinen Angaben der Begehung einer strafbaren Handlung bezichtigen muss. Zugleich hat das Gericht betont, dass die Auskunftspflicht vor dem Hindergrund des Nemo-Tenetur-Grundsatzes nur dann vor der Verfassung Bestand haben könne, soweit eine Kompensation durch ein strafrechtliches Verwertungsverbot vorgesehen sei. Die Schaffung eines Verwertungsverbotes obliege hierbei grds. dem Gesetzgeber, könne bei dem Vorliegen einer entsprechenden Gesetzeslücke im Rahmen vorkonstitueller Gesetzgebung, so wie im Falle der Kon-

---

[1035] Hellmann JZ 2002, 617, 619.

[1036] BGHSt 38, 215, 221 m. w. N.

[1037] BGH NJW 2005, 763, 765;

[1038] BVerfGE 56, 37, 49 ff.

[1039] Hellmann S. 382; Rüping/Kopp NStZ 1997, 530, 533; Kohlmann in FS Tipke 1995, 506 f.

kursordnung, aber ausnahmsweise auch durch das Gericht im Wege der verfassungskonformen Auslegung geschlossen werden[1040].

Insbesondere den letzten Teil der durch das BVerfG getroffenen Feststellungen nimmt die Gegenansicht zur Grundlage ihrer Kritik und verneint die Annahme eines unmittelbar aus dem Nemo-Tenetur-Grundsatz zu folgernden Verwertungsverbots im Fall der Kollision mit den steuerrechtlichen Mitwirkungspflichten. Zutreffend wird hierfür angeführt, dass die Abgabenordnung, anders als die Konkursordnung, welche der Gemeinschuldnerentscheidung zu Grunde lag, durch den parlamentarischen Gesetzgeber legitimiert wurde und es sich somit nicht um vorkonstitutionelles, sondern um nachkonstitutionelles Recht handelt. Im Gegensatz zu vorkonstitutionellem Recht, wie im Fall der Konkursordnung, sind nachkonstitutionelle Gesetze aber lediglich der gesetzgeberischen, nicht aber auch der gerichtlichen Korrektur bzw. Ergänzung zugänglich. Eine Übertragung der Grundsätze des Gemeinschuldnerbeschlusses des BVerfG auf nachkonstitutionelle Gesetze, wie im Fall der Abgabenordnung, ist daher nicht möglich[1041]. Soweit es die Abgabenordnung betrifft, kann hiernach nur der Gesetzgeber ein entsprechendes Offenbarungs- und Verwertungsverbot als Kompensation für die Beibehaltung der steuerrechtlichen Mitwirkungspflichten schaffen[1042].

Ein Offenbarungs- und Verwertungsverbot hat der Gesetzgeber in § 30 Abs. 2 AO bzw. § 393 Abs. 2 S. 1 AO geschaffen. Ausweislich des Wortlauts in § 30 Abs. 4 Nr. 1 i. V. m. Abs. 2 Nr. 1 b) AO und § 393 Abs. 2 S. 1 a. E. AO besteht ein Offenbarungs- und Verwertungsverbot aber nur für solche Straftaten, die keine Steuerstraftaten sind. Aus dieser Formulierung wird gemeinhin der Schluss gezogen, der Gesetzgeber habe ein Offenbarungs- und Verwertungsverbot für die im Besteuerungsverfahren erlangten selbstbelastenden Angaben des Steuerpflichtigen für die Zwecke der Durchführung eines Steuerstrafverfahrens ausdrücklich zugelassen. Der Annahme eines Offenbarungs- und Verwertungsverbotes unmittelbar aus dem Nemo-Tenetur-Grundsatz soll daher der ausdrückliche Wille des Gesetzgebers entgegenstehen[1043]. Soweit nach diesem Verständnises an einer Kompensation wegen der Beibehaltung der steuerrechtlichen Mitwirkungspflichten im Besteuerungsverfahren trotz der

[1040] BVerfGE 56, 37, 50 f.

[1041] HansOLG wistra 1996, 239, 241; Dingeldey NStZ 1984, 529, 530; Schäfer in FS Dünnbier 1982, 11, 50 f.; Böse S. 458; Röckl S. 128 f.

[1042] Samson wistra 1988, 130, 132; Henneberg BB 1988, 2181, 2187

[1043] HansOLG wistra 1996, 239, 241; Wenzel S. 71; Röckl S. 128 f.; Rengier BB 1985, 720, 722; Samson wistra 1988, 130, 132; Aselmann NStZ 2003, 71, 74; Seer StB 1987, 128, 130.

Gefahr der steuerstrafrechtlichen Selbstbelastung fehlt, werden die Regelungen der Abgabenordung in Folge des Eingriffs in den Nemo-Tenetur-Grundsatz als verfassungswidrig bzw. als mit der Verfassung für unvereinbar erklärt[1044].

2. Zwischenergebnis

Folgt man der soweit erkennbar unbestrittenen Annahme, dass die Regelungen des § 30 Abs. 4 Nr. 1 i. V. m. Abs. 2 Nr. 1 b) AO und § 393 Abs. 2 S. 1 a. E. AO einem Offenbarungs- und Verwertungsverbot für die Durchführung eines Steuerstrafverfahrens entgegenstehen, fehlt es an der rechtlichen Zulässigkeit, de lege lata ein Offenbarungs- undoder Verwertungsverbot unmittelbar aus dem Nemo-Tenetur-Grundsatz in Folge der gerichtlichen Ergänzung zu schaffen[1045]. Dem stünde nämlich der ausdrückliche Wille des Gesetzgebers entgegen, welcher durch die Behörden und Gerichte zu beachten ist. Der Möglichkeit, dem Nemo-Tenetur-Grundsatz durch die Herleitung eines Verwertungsverbotes durch den Rechtsanwender gerecht zu werden, fehlt nach den bisherigen Vorgaben die Rechtsgrundlage. Wenn daher in Folge der Beibehaltung der steuerrechtlichen Mitwirkungspflichten und der damit verbundenen Gefahr der steuerstrafrechtlichen Selbstbelastung zutreffend ein verfassungswidriger Eingriff in den Nemo-Tenetur-Grundsatz bejaht wird, bleibt nur der Weg, das BVerfG im Rahmen einer Normenkontrolle gem. Art. 100 GG anzurufen[1046]. In dessen alleiniger Befugnis steht es, die geltende Gesetzeslage als mit der Verfassung für unvereinbar zu erklären[1047].

Anders wäre es nur dann, wenn erklärt werden könnte, dass der Regelungsinhalt des § 30 Abs. 4 Nr. 1 i. V. m. Abs. 2 Nr. 1 b) AO und § 393 Abs. 2 S. 1 a. E. AO einem Offenbarungs- und Verwertungsverbot auch für die Durchführung eines Steuerstrafverfahrens nicht per se widerspricht. Es stellt sich daher die Frage, ob der inhaltlichen Auslegung der benannten Vorschriften in dem oben skizzierten Sinne unbesehen gefolgt werden kann, oder ob nicht vielmehr im Zuge einer verfassungskonformen Auslegung, welche auch

---

[1044] Aselmann NStZ 2003, 71, 74 f.; Henneberg BB 1988, 2181, 2187; Samson wistra 1988, 130, 132; Böse S. 461 f.; Röckl S. 131.

[1045] So aber BGH NJW 2005, 763, 765.

[1046] Vgl. Hellmann in H/H/S § 393 Rn. 182; Böse S. 535; Reiß S. 230.

[1047] Böse S. 535 f.

durch die Fachgerichte vorgenommen werden kann[1048], eine anders lautende Interpretation geboten ist. Diese Überlegung steht im Einklang mit den Vorgaben durch das BVerfG, wonach sich die Notwendigkeit der verfassungskonformen Auslegung aus der Vermutung ergeben soll, dass ein Gesetz mit dem Grundgesetz vereinbar ist[1049]. Das Schlagwort der verfassungskonformen Auslegung bezeichnet dabei den Fall, dass eine nach bestimmten Auslegungskriterien verfassungswidrig erscheinende Norm dadurch vor der Nichtigkeit bewahrt wird, dass ihr ein der Verfassung entsprechender Inhalt beigemessen wird. Voraussetzung der verfassungskonformen Auslegung ist daher zunächst, dass die Norm neben einer verfassungswidrigen auch einer verfassungsgemäßen Interpretation zugänglich ist. Wenn dies der Fall ist, muss die verfassungsgemäße der verfassungswidrigen Gesetzesinterpretation vorgezogen werden[1050]. Klärungsbedürftig ist daher, ob § 30 Abs. 4 Nr. 1 i. V. m. Abs. 2 Nr. 1 b) AO und § 393 Abs. 2 S. 1 a. E. AO ein generelles Offenbarungs- und Verwertungsverbot für die Durchführung eines Steuerstrafverfahrens bestimmen oder demgegenüber im Lichte des Nemo-Tenetur-Grundsatzes insoweit einer einschränkenden Auslegung zugänglich sind. Zwar handelt es sich bei dem Nemo-Tenetur-Grundsatz um eine Garantie des Strafverfahrens, doch auch das Besteuerungsverfahren und das Steuerstrafverfahren haben dessen Rang zu achten[1051].

3. Verfassungskonforme Auslegung der § 30 Abs. 4 Nr. 1 i. V. m. Abs. 2 Nr. 1 b) AO und § 393 Abs. 2 S. 1 a. E. AO

Die Aussage, dass ein steuerstrafrechtliches Offenbarungs- und Verwertungsverbot der gesetzgeberischen Wertentscheidung widerspreche, stützt sich in seiner Begründung auf den insoweit angeblich "ausdrücklichen" und "eindeutigen" Wortlaut der § 30 Abs. 4 Nr. 1 i. V. m. Abs. 2 Nr. 1 b) AO und § 393 Abs. 2 S. 1 a. E. AO[1052]. Allein die Feststellung, aus dem Wortsinn ergebe sich ein "eindeutiger" oder "ausdrücklicher" Regelungsinhalt, ist bereits selbst das Ergebnis einer Auslegung[1053]. Im Hinblick auf die verfassungskonforme

---

[1048] Vgl. Lüdemann JuS 2004, 27, 30 m. w. N.

[1049] BVerfGE 2, 266, 282; Stern I § 4 III, S. 135 f.; Spanner in AöR 1966, 503, 506 ff. m. w. N.

[1050] Spanner in AöR 1966, 503, 507 ff.; Lüdemann JuS 2004, 27, 28; Larenz/Canaris S. 159 f. m. w. N.

[1051] Vgl. Streck in DStJG 1983, 217, 242; Ruegenberg S. 246 m. w. N.

[1052] HansOLG wistra 1996, 239, 241; Rengier BB 1985, 720, 722; Böse wistra 2003, 47, 48; Aselmann NStZ 2003, 71, 74.

[1053] Larenz/Canaris S. 163 f. m. w. N.

Auslegung ist jedoch zu beachten, dass die grammatikalische Interpretation in der Lehre der Hermeneutik lediglich ein Auslegungsmittel neben anderen, wie z. B. der systematischen, der historischen oder teleologischen Interpretation, darstellt[1054]. Für die sachgerechte Gesetzesauslegung sind die verschiedenen Auslegungsmittel zu kombinieren, wobei ein einzelnes Auslegungsmittel nicht zu verabsolutieren ist[1055]. Schranken sind der verfassungskonformen Auslegung erst dort gesetzt, wo sie mit dem Wortlaut und dem klar erkennbaren Willen des Gesetzgebers in Widerspruch tritt[1056] oder dem Gesetz einen geradezu entgegenstehenden Sinn geben würden[1057]. Mit anderen Worten findet die verfassungskonforme Auslegung dort ihre Grenze, wo sie dem Zweck des Gesetzes oder dem Gesetzeswortlaut derart entgegenläuft, dass eine gänzlich neue oder andere Regelung geschaffen würde[1058].

Bezogen auf die hier vorliegende Fragestellung ist im Folgenden zu untersuchen, ob § 30 Abs. 4 Nr. 1 i. V. m. Abs. 2 Nr. 1 b) AO und § 393 Abs. 2 S. 1 a. E. AO per se die Offenbarung und Verwertung steuerrechtlich erzwungener Informationen für die Durchführung eines Steuerstrafverfahrens erlauben, oder ob die Normen nicht so zu verstehen sind, dass nur falsche und unrichtige Angaben, die der Steuerpflichtige im Besteuerungsverfahren gemacht hat, von den Durchbrechungstatbeständen erfasst werden. Gerechtfertigt ist diese Überlegung schon deshalb, weil die überwiegende Ansicht das Offenbarungs- und Verwertungsverbot nach § 30 Abs. 2 AO und § 393 Abs. 2 S. 1 AO, in Bezug auf Allgemeindelikte, die in Tateinheit mit einer Steuerstraftat begangen wurden, nur dann bejaht, wenn der Steuerpflichtige im Besteuerungsverfahren wahrheitsgemäße Angaben gemacht hat[1059]. Legt z. B. der Steuerpflichtige dem Betriebsprüfer zum Zwecke der Steuerhinterziehung im Rahmen einer Betriebsprüfung gefälschte Belege als Teil der Buchhaltung vor, können diese Angaben im Rahmen eines Strafverfahrens wegen Urkundenfälschung ver-

---

[1054] Zu den einzelnen Auslegungsmitteln Stern I § 4 III, S. 125 f.; Larenz/Canaris S. 141 ff.

[1055] BVerfGE 11, 126, 130; E 20, 238, 253; E 35, 263, 278 f.; E 50, 177, 194; Stern I § 4 III, S. 125 f.; Larenz/Canaris S. 165 f.

[1056] BVerfGE 18, 97, 111; E 52, 375, 368 f.

[1057] BVerfGE 8, 28, 34; E 9, 194, 200; E 33, 52, 69; E 35, 263, 280.

[1058] Larenz/Canaris S. 160 f.; Spanner in AöR 1966, 503, 512 ff.; Stern I § 4 III, S. 136 m. w. N.

[1059] Joecks wistra 1998, 86, 89; Jarke wistra 1997, 325, 327; Maier wistra 1997, 53, 54; Rogall in FS Kohlmann 2003, 465, 491; Ruegenberg S. 96 f.; Heerspink wistra 2001, 441, 443; Richter wistra 2000, 1, 3; a. A. BayOLG wistra 1996, 535; Kohlmann Steuerstrafrecht § 393 Rn. 70; Spriegel wistra 1997, 321, 324; Krieg S. 89 ff.

wertet werden. Das dem Grunde nach, hinsichtlich der strafrechtlichen Verfolgung der Urkundenfälschung gem. § 267 StGB, einschlägige Verwertungsverbot des § 393 Abs. 2 S. 1 AO, soll nicht eingreifen, weil die Vorlage falscher Urkunden nicht als Erfüllung steuerlicher Pflichten zu bewerten sei. Wenn hiernach im Bereich von Allgemeindelikten die Regel gilt, dass nur die Angaben von wahren Erklärungen dem Verwertungsverbot des § 393 Abs. 2 AO unterfallen sollen[1060], ist zu untersuchen, ob diese Aussage nicht auch für die Verfolgung von Steuerstraftaten selbst Geltung beanspruchen kann. Zuzugeben ist in diesem Zusammenhang zwar, dass sich dem Wortlaut der Durchbrechungstatbestände eine Beschränkung der Offenbarungs- und Verwertungsbefugnis auf nur unwahre Angaben von Informationen im Besteuerungsverfahren nicht unmittelbar entnehmen lässt. Andererseits steht der Wortlaut einer solchen Auslegung aber auch nicht entgegen. Soweit daher die Reduktion der Durchbrechungstatbestände auf lediglich falsche und unrichtige Angaben nicht in Widerspruch zu der Wortbedeutung des § 30 Abs. 4 Nr. 1 i. V. m. Abs. 2 Nr. 1 b) AO und § 393 Abs. 2 S. 1 a. E. AO steht, ist in einem zweiten Schritt zu fragen, ob die hier angedachte Tatbestandsbeschränkung im Rahmen der verfassungskonformen Auslegung noch von dem Sinngehalt der benannten Normen gedeckt wird oder demgegenüber dem gesetzgeberischen Zweck entgegenläuft[1061]. Soweit die Beantwortung dieser Frage eine genauere Betrachtung dessen verlangt, worin der Sinn und Zweck, d. h. die gesetzgeberische Funktion des § 30 Abs. 4 Nr. 1 i. V. m. Abs. 2 Nr. 1 b) AO und § 393 Abs. 2 S. 1 a. E. AO liegt, ist ein Rückgriff auf die Stellung dieser Vorschriften im Gesamtregelungswerk über die Offenbarung und Verwertung steuerrechtlich erlangter Informationen notwendig.

a) Tatbestandsreduktion der Offenbarungs- und Verwertungsbefugnis auf Informationen über Tathandlungen i. S. v. § 370 Abs. 1 AO

Noch einmal sei an dieser Stelle an den Sinn und Zweck des Steuergeheimnisses nach § 30 Abs. 2 AO sowie das Verwertungsverbot des § 393 Abs. 2 S. 1 AO erinnert[1062]. Beide Vorschriften besitzen eine doppelte Funktion dahingehend, dass sie zum einen dem Individualschutz zum anderen aber auch dem öffentlichen Interesse an einer gleichmäßigen und effektiven Besteuerung die-

---

[1060] Joecks wistra 1998, 86, 91.

[1061] Vgl. Reiß S. 229.

[1062] Vgl. oben 3. Kapitel A. III. 1. S. 226 ff.

nen[1063]. Mit ihrer Hilfe soll gewährleistet werden, dass der Steuerpflichtige im Besteuerungsverfahren alle steuerlich relevanten Umstände offenbart, gleichgültig ob damit die Aufdeckung strafbarer oder sittenwidriger Handlung verbunden ist[1064].

Wenn § 30 Abs. 4 Nr. 1 i. V. m. Abs. 2 Nr. 1 b) AO und § 393 Abs. 2 S. 1 a. E. AO eine Offenbarungs- bzw. Verwertungsbefugnis für die Durchführung eines Steuerstrafverfahrens vorsehen, tragen beide Durchbrechungstatbestände damit grds. der vorangestellten Ratio des Steuergeheimnisses bzw. des Verwertungsverbots Rechnung. Auch die Verfolgung von Steuerstraftaten, welche die genannten Durchbrechungstatbestände ermöglichen, zielen nämlich auf den Schutz des Fiskalinteresses an einer effektiven und gleichmäßigen Besteuerung[1065]. Durch die Sanktionsandrohung des § 370 Abs. 1 AO soll der Steuerpflichtige zur Erfüllung seiner steuerlichen Mitwirkungspflichten angehalten werden[1066]. Eine Sanktionierung steuerlicher Pflichtverletzungen, z. B. durch die Abgabe falscher oder unrichtiger Angaben im Besteuerungsverfahren, ist aber nur insoweit möglich, als die im Veranlagungsverfahren erlangten Informationen von dem Finanzbeamten für die Durchführung eines Steuerstrafverfahrens offenbart und verwertet werden dürfen. Würde demgegenüber das Offenbarungsverbot des § 30 Abs. 2 AO und das Verwertungsverbot des § 393 Abs. 2 S. 1 AO auch eine repressive Informationsverwendung von falschen oder unrichtigen Angaben im Besteuerungsverfahren erfassen, wäre de facto eine steuerstrafrechtliche Ahndung wegen dieser Pflichtverletzungen nicht möglich. Die Abgabe falscher oder unrichtiger Informationen im Besteuerungsverfahren bliebe dann folgenlos und der mit der Sanktionsandrohung des § 370 Abs. 1 AO verfolgte Zweck würde ins Leere laufen. Ein generelles Offenbarungs- und Verwertungsverbot hätte insoweit zur Konsequenz, dass das fiskalische Ziel der effektiven und gleichmäßigen Besteuerung untergraben würde.

Dieses Ergebnis kann nur dadurch vermieden werden, indem es den Behörden erlaubt ist, sämtliche Angaben, die der Steuerpflichtige im Zusammen-

---

[1063] Drüen in Tipke/Kruse § 30 Rn. 10; Alber in H/H/S § 30 Rn. 6 f.; Schwarz in PK § 30 Rn. 4.

[1064] Jarke wistra 1997, 325, 327 m. w. N.

[1065] Vgl. Kohlmann Steuerstrafrecht § 393 Rn. 6.

[1066] Vgl. BGHSt 36, 100, 102; St 40, 109, 111; BFH NJW 1997, 1725, 1727; Schwarz in PK § 30 Rn. 29; Scheurmann-Kettner in Koch/Scholtz § 370 Rn. 8; Rolletschke in Dietz/Cratz/Rolletschke § 370 Rn. 17; Krieg S. 95; Hellmann in H/H/S § 370 Rn. 43; Hoff S. 7, 10 m. w. N.

hang mit einer der in § 370 Abs. 1 AO beschriebenen Tathandlungen gemacht hat, auch bei der Durchführung eines Steuerstrafverfahrens gem. § 30 Abs. 4 Nr. 1 i. V. m. Abs. 2 Nr. 1 b) AO offenbart und gem. § 393 Abs. 2 S. 1 a. E. AO verwertet werden dürfen. Sämtliche Informationen, die den Finanzbehörden durch falsche oder unvollständige Angaben des Steuerpflichtigen zur Kenntnis gelangt sind, dürfen von diesen daher für die Zwecke eines Steuerstrafverfahrens wegen dieser Nicht- oder Falscherklärungen offenbart werden. Macht der Steuerpflichtige daher z. B. für den VZ 01 gegenüber den Besteuerungsbehörden unrichtige Angaben, können die so erlangten Informationen für die Durchführung eines Steuerstrafverfahrens in eben diesem VZ wegen dieser Falscherklärung offenbart und verwertet werden.

Entsprechend dem Schutzzweck des Steuergeheimnisses und des Verwertungsverbots, liegt den Durchbrechungstatbeständen des § 30 Abs. 4 Nr. 1 i. V. m. Abs. 2 Nr. 1 b) AO und § 393 Abs. 2 S. 1 a. E. AO der Gedanke zugrunde, dass falsche und unrichtige Erklärungen vor dem Hintergrund einer effektiven und gleichmäßigen Besteuerung nicht schützenswert sind und eine Verfolgung von Steuerstraftaten von daher geboten ist[1067]. Umgekehrt lässt sich hieraus aber auch der Schluss ziehen, dass wahrheitsgemäße und vollständige Angaben im Besteuerungsverfahren nicht von den Durchbrechungstatbeständen erfasst werden und daher dem Steuergeheimnis nach § 30 Abs. 2 AO und dem Verwertungsverbot gem. § 393 Abs. 2 S. 1 AO unterfallen. Soweit nämlich der Steuerpflichtige den steuerrechtlichen Mitwirkungspflichten in vollem Umfang nachkommt, lässt sich zumindest aus fiskalischer Sicht kein Grund erkennen, der eine Offenbarung der innerhalb des Besteuerungsverfahrens gewonnenen Erkenntnisse im Steuerstrafverfahren rechtfertigen würde. Im Gegenteil stünde es zu befürchten, dass der zu Angaben bereite Steuerpflichtige seine Mitwirkung verweigert oder doch zumindest reduziert, wenn er im Falle der Kooperation mit nachteiligen Konsequenzen in Form eines Steuerstrafverfahrens wegen falscher oder unrichtiger Angaben in Bezug auf einen anderen Besteuerungssachverhalt zu rechnen hätte. Ganz im Sinne des Steuergeheimnisses und des Verwertungsverbots kann diesem Motiv des Steuerpflichtigen zur Mitwirkungsverweigerung nur dadurch entgegengetreten werden, dass preisgegebene Informationen in Erfüllung steuerrechtlicher Pflichten nicht für die Durchführung eines Steuerstrafverfahrens offenbart und verwertet werden dürfen. Kommt der Steuerpflichtige daher z. B. im VZ

[1067] Vgl. Besson S. 37; Alber in H/H/S § 30 Rn. 156; Ruegenberg S. 52 m. w. N.

02 seinen steuerlichen Mitwirkungs- und Erklärungspflichten in vollem Umfang nach, dürfen diese Angaben nach der vorangestellten Ratio nicht für ein Steuerstrafverfahren hinsichtlich des VZ 01 offenbart und verwertet werden.

In Erfüllung steuerrechtlicher Mitwirkungspflichten handelt der Steuerpflichtige dabei nicht nur im Falle der Abgabe einer richtigen und vollständigen Steuererklärung, sondern auch bei der Beachtung steuerrechtlicher Buchführungs- und Aufzeichnungspflichten nach §§ 140 ff. AO. Gleiches gilt dann, wenn der Steuerpflichtige Angaben im Rahmen eines Steuererstattungs- oder Vergütungsverfahrens abgegeben hat[1068]. Zwar ist der Steuerpflichtige grds. nicht verpflichtet, ein solches Verfahren anzustrengen[1069], doch hat das BVerfG zugleich klargestellt, dass allein der Umstand, *"dass ein Steuerpflichtiger Angaben macht, um eine nur auf Antrag mögliche Steuerbefreiung, Minderung seiner Steuerschuld oder eine sonstige steuerliche Vergünstigung zu erlangen, grds. nicht zu einer Abschwächung des grundrechtlich verbürgten Schutzes seiner Daten"* führt[1070]. Dem ist zuzustimmen, denn das Besteuerungsverfahren ist auf die Festsetzung der Steuer in Höhe des gesetzlichen Steueranspruchs gerichtet. Der gesetzliche Steueranspruch bemisst sich aber nicht allein nach den Einnahmen, sondern verlangt die Ermittlung des zu versteuernden Einkommens, wofür diverse Abzüge von den Einnahmen in Ansatz zu bringen sind. Steuerrechtliche Vergünstigungen sind daher mit den Mitwirkungspflichten zur Ermittlung des gesetzlichen Steueranspruchs derart verbunden, dass eine sinnvolle Trennung zwischen beiden nicht möglich ist[1071]. Hinzu kommt, dass sich die steuerrechtlichen Mitwirkungspflichten in einem Erstattungsverfahren fortsetzen[1072]. In Erfüllung steuerrechtlicher Pflichten handelt der Steuerpflichtige auch dann, wenn er sich mit einem Einspruch gegen einen Schätzungsbescheid zur Wehr setzt. Ausweislich der Regelung des § 149 Abs. 1 S. 4 AO bleibt die Verpflichtung zur Abgabe einer Steuererklärung nämlich auch dann bestehen, wenn die Finanzbehörde die Besteuerungsgrundlage gem. § 162 AO geschätzt hat[1073]. Das Offenbarungs- und Verwertungsverbot der §§ 30 Abs. 2 AO und § 393 Abs. 2 S. 1 AO kommt daher auch dann zur Anwendung, wenn

---

[1068] Dumke in Schwarz § 393 Rn. 48; Heerspink wistra 2001, 441, 443; Ruegenberg S. 213 m. w. N.; a. A. Bruder S. 83 f. m. w. N.

[1069] Wisser in Klein § 393 Rn. 24 m. w. N.

[1070] BVerfGE 67, 100, 144.

[1071] Vgl. Heerspink wistra 2001, 441, 443.

[1072] Ruegeneberg S. 213 m. w. N.

[1073] Schmitz wistra 1993, 248, 250.

sich der Steuerpflichtige mit Hilfe des Einspruchs gegen eine überhöhte Schätzung zur Wehr setzt und in diesem Rahmen vollständige und wahrheitsgemäße Angaben macht[1074].

b) Zwischenergebnis

In Kurzform lassen sich die soeben getroffenen Überlegungen dahingehend zusammenfassen, dass das in § 30 Abs. 2 AO und § 393 Abs. 2 S. 1 AO verankerte Offenbarungs- und Verwertungsverbot immer dann zur Anwendung kommt, wenn der Steuerpflichtige gesetzlich zur Informationspreisgabe verpflichtet war und in Erfüllung dieser Pflicht Angaben im Besteuerungsverfahren gemacht hat. Soweit die §§ 30 Abs. 4 Nr. 1 i. V. m. Abs. 2 Nr. 1 b) AO und § 393 Abs. 2 S. 1 a. E. AO eine Durchbrechung dieser Verbote für die Zwecke eines Steuerstrafverfahrens aussprechen, konnte mit Hilfe der teleologischen Interpretation aufgezeigt werden, dass der Wortlaut in Bezug auf die Durchführung eines Steuerstrafverfahrens einer inhaltlichen Differenzierung zugänglich ist. Nach vorliegendem Verständnis und entgegen anderer Aussagen erlauben die Durchbrechungstatbestände eine Offenbarung und Verwertung der im Besteuerungsverfahren preisgegebenen Informationen für die Zwecke eines Steuerstrafverfahrens nur dann, wenn der Steuerpflichtige falsche oder unwahre Angaben i. S. v. § 370 Abs. 1 AO gemacht hat. Mit Hilfe der Durchbrechungstatbestände soll nämlich im Interesse einer effektiven und gleichmäßigen Besteuerung verhindert werden, dass der Steuerpflichtige, der die steuerrechtlichen Mitwirkungspflichten missachtet hat, durch die Regelungen der §§ 30 Abs. 2 und 393 Abs. 2 S. 1 AO vor einer Verfolgung der steuerrechtlichen Zuwiderhandlungen geschützt wird. Eine darüber hinausgehende Befugnis zur Offenbarung und Verwertung auch wahrheitsgemäßer Angaben des Steuerpflichtigen für die Durchführung eines Steuerstrafverfahrens läuft demgegenüber der Ratio der §§ 30 Abs. 2 und 393 Abs. 2 S. 1 AO entgegen.

Wenngleich vor dem Hintergrund anderer Auslegungsmethoden dem Grunde nach auch eine andere Rechtsbewertung möglich erscheint, so ist die hier vorgetragene teleologische Reduktion der Durchbrechungstatbestände des § 30 Abs. 4 Nr. 1 i. V. m. Abs. 2 Nr. 1 b) AO und § 393 Abs. 2 S. 1 a. E. AO auf die Befugnis zur Offenbarung und Verwertung nur falscher und unrichtiger Angaben des Steuerpflichtigen vor dem Hintergrund des Nemo-Tenetur-Grundsatzes zwingend geboten. Denn da die Durchbrechung des Steuergeheimnisses und des Verwertungsverbotes nicht durch das fiskalische Interesse

---

[1074] Vgl. Bilsdorfer PStR 2001, 238, 240; Kohlmann in FS Tipke 1995, 487, 502 m. w. N.

gerechtfertigt werden kann, bleibt als Begründung für die zweckwidrige Offenbarung und Verwertung der im Besteuerungsverfahren durch den Steuerpflichtigen preisgegebenen Informationen nur die Effektivität der Strafverfolgung wegen einer vormals begangenen Tathandlung nach § 370 Abs. 1 AO. Eine Rechtfertigung für den Eingriff in den Nemo-Tenetur-Grundsatz allein aufgrund repressiver Verfahrenszwecke kommt aber nicht in Betracht[1075].

Wenn sich nach den vorangestellten Aussagen das Offenbarungs- und Verwertungsverbot mit Hilfe der verfassungskonformen Auslegung zwar grundsätzlich aus den gesetzlichen Regelungen des § 30 Abs. 2 AO und § 393 Abs. 2 S. 1 AO ableiten lässt, bedarf es in Bezug auf den absoluten Gewährleistungsinhalt des Nemo-Tenetur-Grundsatzes noch einer weiteren Betrachtung. Ein steuerstrafrechtliches Nutzungsverbot für die im Besteuerungsverfahren in Erfüllung steuerrechtlicher Pflichten preisgegebenen Informationen kann in der bisher propagierten generellen Form allein aus dem Steuergeheimnis gem. § 30 Abs. 2 AO und der teleologischen Reduktion seines Durchbrechungstatbestandes gem. § 30 Abs. 4 Nr. 1 i. V. m. Abs. 2 Nr. 1 b) AO gefolgert werden. Unbesehen kann diese Aussage allerdings nicht auch auf das in § 393 Abs. 2 S. 1 AO beschriebene Verwertungsverbot übernommen werden. Anders als das Steuergeheimnis, dessen Tatbestand bereits immer dann eingreift, sobald eine irgendwie geartete Informationsoffenbarung durch den jeweiligen Hoheitsträger festzustellen ist, normiert § 393 Abs. 2 S. 1 AO nämlich nicht ein generelles Offenbarungs- bzw. Verwertungsverbot, sondern verbietet die Verwertung nur in Abhängigkeit bestimmter Tatbestandsvoraussetzungen. Nach dem Wortlaut des § 393 Abs. 2 S. 1 AO kommt das Verwertungsverbot hiernach überhaupt nur dann zum Tragen, soweit den Strafverfolgungsbehörden Tatsachen oder Beweismittel bekannt werden, die der Steuerpflichtige den Finanzbehörden *vor* Einleitung des Strafverfahrens oder *in Unkenntnis der Einleitung des Strafverfahrens* in Erfüllung steuerrechtlicher Pflichten offenbart hat[1076]. Nach dem Tatbestand des § 393 Abs. 2 S. 1 AO werden daher ordnungsgemäße Angaben, die der Steuerpflichtige *in Kenntnis des Steuerstrafverfahrens* für einen dem Steuerstrafverfahren zeitlich nachfolgenden VZ im Besteuerungsverfahren macht, nicht von dem Verwertungsverbot erfasst. In der Konsequenz würde dies z. B. bedeuten, dass Angaben, die der Steuerpflichtige

---

[1075] Rogall ZRP 1975, 278, 280; Reiß S. 231; Zu der Frage, ob durch ein steuerstrafrechtliches Offenbarungs- und Verwertungsverbot die Effektivität der steuerstrafrechtlichen Ermittlungen in unzumutbarer Wiese beschränkt wird, vgl. unten 3. Kapitel B. II. 6. S. 250 f.

[1076] Bruder S. 84.

in Erfüllung seiner steuerrechtlichen Pflichten im Besteuerungsverfahren für den VZ 02 macht, auch für die Durchführung eines Steuerstrafverfahrens in Bezug auf den VZ 01 verwertet werden dürften, soweit dem Steuerpflichtigen das steuerstrafrechtliche Ermittlungsverfahren bekannt gegeben wurde. Da der Steuerpflichtige nach § 393 Abs. 1 AO aber trotz der Einleitung eines steuerstrafrechtlichen Ermittlungsverfahrens für den VZ 01 weiterhin zur Abgabe einer Steuererklärung für den VZ 02 verpflichtet ist, besteht ohne die Kompensation durch ein steuerstrafrechtliches Verwertungsverbot dieser im Besteuerungsverfahren gemachten Angaben die Gefahr der steuerstrafrechtlichen Selbstbelastung[1077].

c) Lückenhaftigkeit des § 393 Abs. 2 S. 1 AO

Ausweislich der Regelung des § 393 Abs. 2 S. 1 AO besteht ein Verwertungsverbot für solche Informationen, die der Steuerpflichtige den Finanzbehörden vor Einleitung des Strafverfahrens oder in Unkenntnis des Strafverfahrens in Erfüllung steuerrechtlicher Pflichten offenbart hat. Durch die Benennung dieser beiden Merkmale soll zum Ausdruck gebracht werden, dass sich das Verwertungsverbot nur auf solche Erklärungen erstreckt, die der Steuerpflichtige unter dem Zwang zur Informationspreisgabe im Besteuerungsverfahren preisgegeben hat[1078]. Entsprechend § 393 Abs. 1 S. 2 AO geht das Gesetz hierbei von der Annahme aus, dass ein Zwang zur Selbstbelastung nur in Gestalt der Zwangsmittel gem. § 328 AO anzunehmen ist[1079]. Die Durchsetzung der steuerrechtlichen Mitwirkungspflichten mit Hilfe der in § 328 AO normierten Zwangsmittel ist gem. § 393 Abs. 1 S. 2 AO jedoch dann unzulässig, wenn für den entsprechenden Besteuerungszeitraum ein Steuerstrafverfahren eingeleitet ist. Soweit die steuerrechtlichen Pflichten durch die Zwangsmittel des § 328 AO nicht mehr vollstreckt werden können, wird zu Gunsten des Steuerpflichtigen ein faktisches Mitwirkungsverweigerungsrecht unterstellt. In Folge der faktischen Möglichkeit der Verweigerung zur steuerrechtlichen Mitwirkung geht das Gesetz von der Fiktion aus, dass sämtliche Angaben, die der Steuerpflichtige in Kenntnis der Einleitung eines Steuerstrafverfahrens macht,

---

[1077] BGH NJW 2005, 763, 765; vgl. zu dieser Sachverhaltskonstellation oben 1. Kapitel C. I. 2. S. 46 ff.

[1078] Kohlmann Steuerstrafrecht § 393 Rn. 71; Wisser in Klein § 393 Rn. 22; Hellmann in H/H/S § 393 Rn. 145.

[1079] Vgl. Hellmann in H/H/S § 393 Rn. 145.

freiwillig erfolgen und ein Zwang zur Selbstbelastung daher auszuschließen ist[1080].

Nun hat die vorliegende Untersuchung aber ergeben, dass bereits die Pflicht zur Informationspreisgabe selbst als Selbstbelastungszwang zu qualifizieren ist und zwar unabhängig davon, ob diese mit Hilfe der Zwangsmittel gem. § 328 AO durchgesetzt werden kann. Da in Folge der Regelung des § 393 Abs. 1 AO die steuerrechtlichen Mitwirkungspflichten auch im Fall der Einleitung eines Steuerstrafverfahrens bestehen bleiben, begründet bereits dieser Umstand einen Zwang i. S. d. Nemo-Tenetur-Grundsatzes. Entgegen der gesetzlichen Annahme des § 393 Abs. 2 S. 1 AO lassen sich nicht nur solche Angaben unter den Selbstbelastungszwang subsumieren, die der Steuerpflichtige unter dem Druck der Zwangsmittel, mithin vor oder in Unkenntnis der Einleitung eines Steuerstrafverfahrens, gemacht hat. Vielmehr ist ein Zwang zur Selbstbelastung auch dann anzunehmen, wenn der Steuerpflichtige um das Steuerstrafverfahren und der damit einhergehenden Unzulässigkeit der Zwangsmittel des § 328 AO weiß, die Informationen aber in Erfüllung der ihm steuerrechtlich auferlegten Pflichten preisgegeben hat. An dieser Betrachtung ändert sich auch dann nichts, wenn der Steuerpflichtige im Besteuerungsverfahren bei der Einleitung eines Steuerstrafverfahrens nach § 393 Abs. 1 S. 4 AO über die Rechtslage belehrt worden ist. Inhaltlich erstreckt sich die Belehrung auf die Gesamtregelung des § 393 Abs. 1 AO, d. h. der Steuerpflichtige ist über die Selbstständigkeit von Steuer- und Steuerstrafverfahren zu informieren und zugleich über den rechtlichen Fortbestand der steuerrechtlichen Mitwirkungspflichten sowie die Unzulässigkeit ihrer Durchsetzung mit Hilfe der Zwangsmittel i. S. v. § 328 AO in Kenntnis zu setzen[1081]. Abweichend von der Belehrungsformel des § 136 Abs. 1 S. 2 StPO, wird der Steuerpflichtige nicht über ein Auskunftsverweigerungsrecht informiert, sondern im Gegenteil, ihm wird nochmals deutlich vor Augen geführt, dass er trotz der Einleitung eines Steuerstrafverfahrens durch Gesetz weiterhin zur steuerrechtlichen Mitwirkung und Auskunftserteilung verpflichtet ist[1082]. Aufgrund des gesetzlich normierten Zwangs zur Informationspreisgabe kann von freiwilligen Angaben des Steuerpflichtigen auch dann nicht gesprochen werden, wenn dieser nach der

---

[1080] Vgl. Kohlmann in FS Tipke 1995, 487, 501.

[1081] Dumke in PK § 393 Rn. 30; Hellmann in H/H/S § 393 Rn. 104; Wenzel S. 41 ff. m. w. N.

[1082] Kohlmann in FS Tipke 1995, 487, 501 spricht von einer spezialgesetzlichen Ausprägung des § 1136 Abs. 1 S. 2 AO für das Steuerstrafverfahren, wobei in Folge der inhaltlichen Divergenz der beiden Belehrungsformeln besser von einem Aliud zu sprechen ist.

Einleitung und in Kenntnis des Steuerstrafverfahrens steuerrechtliche Erklärungen abgibt[1083]. Eine freiwillige Informationspreisgabe i. S. d. Nemo-Tenetur-Grundsatzes kann nur dann bejaht werden, wenn der Steuerpflichtige im Steuerstrafverfahren nach einer Belehrung gem. § 136 Abs. 1 S. 2 StPO steuerrechtlich und steuerstrafrechtlich relevante Erklärungen abgibt.

Soweit § 393 Abs. 2 S. 1 AO den Zwang zur Selbstbelastung allein in der Androhung oder Anwendung der Zwangsmittel i. S. d. § 328 AO erkennt, den Selbstbelastungszwang bereits als Folge der steuerrechtlichen Mitwirkungspflichten aber übersieht, muss die Regelung als lückenhaft bezeichnet werden[1084]. Diese Bewertung ist schon deshalb gerechtfertigt, als die Vorschrift des § 393 Abs. 2. S. 1 AO, ebenso wie das Steuergeheimnis gem. § 30 Abs. 2 AO, als gesetzliche Ausprägung des Nemo-Tenetur-Grundsatzes zu begreifen ist[1085]. Bereits aufgrund ihrer Herkunft ist die Norm darauf angelegt, dem Nemo-Tenetur-Grundsatz in einer umfassenden Art und Weise Rechnung zu tragen. Dieser Aufgabe kann § 393 Abs. 2. S. 1 AO aber nur dann gerecht werden, wenn das Verwertungsverbot für sämtliche im Besteuerungsverfahren auftretenden Selbstbelastungszwänge Anwendung findet. Folgt man diesem Verständnis, ist der Wortlaut des § 393 Abs. 2 S. 1 AO, der ein Verwertungsverbot allein für Erklärungen, die vor oder in Unkenntnis der Einleitung eines Steuerstrafverfahrens abgegeben wurden, vorsieht, als lückenhaft zu bezeichnen. Ein Zwang zur Selbstbelastung besteht nämlich losgelöst von der Zulässigkeit etwaiger Zwangsmittel bereits aufgrund der gesetzlichen Pflicht zur steuerrechtlichen Mitwirkung. Zur Vermeidung einer derartigen Regelungslücke ist der Regelungsbereich des § 393 Abs. 2. S. 1 AO im Wege der Analogie[1086] auch auf solche Angaben zu erweitern, die der Steuerpflichtige in Erfüllung steuerrechtlicher Pflichten nach bekannt werden der Einleitung eines Steuerstrafverfahrens gemacht hat.

aa) Abgrenzung zur strafbefreienden Selbstanzeige gem. § 371 AO

Die vorangestellte Analogie bewirkt ein steuerstrafrechtliches Verwertungsverbot für sämtliche wahrheitsgemäßen Angaben, die der Steuerpflichtige in einem Besteuerungsverfahren, auch bei einem gleichzeitig durchgeführ-

---

[1083] So aber Rengier BB 1985, 720, 722.
[1084] Hellmann in H/H/S § 393 Rn. 30.
[1085] Joecks in F/G/J § 393 Rn. 10; Heerspink wistra 2001, 441, 443.
[1086] Vgl. Larenz/Canaris S. 202 ff.

ten Steuerstrafverfahren, macht. Eine Konkurrenzsituation zu der strafbefreienden Selbstanzeige gem. § 371 AO entsteht hierdurch nicht[1087]. Anders als die strafbefreiende Selbstanzeige, betrifft das Verwertungsverbot lediglich die steuerstrafrechtliche Informationsnutzung der in Erfüllung steuerrechtlicher Pflichten gemachten Angaben, bewirkt aber kein Strafverfolgungshindernis. Anderweitige Erkenntnisse und Informationen, z. B. solche aus früheren Falschangaben des Steuerpflichtigen oder Auswertungen von Kontrollmitteilungen, bleiben von dem Verwertungsverbot unberührt und können für die Durchführung eines Steuerstrafverfahrens herangezogen werden[1088].

bb) Zwischenergebnis

Überträgt man diese Aussagen auf die zuvor beschriebenen Selbstbelastungszwänge in den Fällen der Abgabe einer falschen Umsatzsteuervoranmeldung[1089], ist als Ergebnis festzustellen, dass sämtliche Angaben, die der Steuerpflichtige in Erfüllung der gesetzlichen Pflicht zur Abgabe einer wahrheitsgemäßen Umsatzsteuerjahreserklärung macht, einem steuerstrafrechtlichen – Offenbarungsverbot gem. § 30 Abs. 2 AO und – Verwertungsverbot analog § 393 Abs. 2 S. 1 AO unterfallen[1090]. Gleiches gilt für den praktisch relevanten Fall[1091], dass gegen den Steuerpflichtigen ein Steuerstrafverfahren wegen der Nichtangabe von Kapitaleinkünften für den VZ 01 eingeleitet ist, dieser aber in Folge der steuerrechtlichen Mitwirkungspflichten zur wahrheitsgemäßen und vollständigen Erklärung seiner Einkünfte aus Kapitalvermögen für den VZ 02 verpflichtet ist. Sämtliche Angaben die der Steuerpflichtige in dem Besteuerungsverfahren für den VZ 02 in Erfüllung steuerrechtlicher Pflichten preisgibt, unterliegen in Bezug auf das Steuerstrafverfahren wegen des Verdachts der Steuerhinterziehung im VZ 01 einem Offenbarungsverbot gem. § 30 Abs. 2 AO und Verwertungsverbot analog § 393 Abs. 2 S. 1 AO.

[1087] Vgl. Kohlmann Steuerstrafrecht § 393 Rn. 36.

[1088] Zu der Frage, ob diese Beschränkung der strafprozessualen Wahrheitsermittlung mit dem Interesse an einer effektiven und funktionstüchtigen Strafrechtspflege zu vereinbaren ist, vgl. unten 3. Kapitel B. II. 6. S. 250 f.

[1089] Vgl. 1. Kapitel C. I. 1. b) bb) S. 42 ff.

[1090] Im Ergebnis ebenso Joecks in FS Kohlmann 2003, 451, 461 Fn. 40; a. A. HansOLG wistra 1996, 239, 241.

[1091] Vgl. BGH NJW 2005, 763; BGH JZ 2002, 615; Joecks in FS Kohlmann 2003, 451, 457.

4. Schutz des Nemo-Tenetur-Grundsatzes durch ein steuerstrafrechtliches Offenbarungs- und Verwertungsverbot

Soweit nach den bisherigen Erörterungen aufgezeigt werden konnte, dass der Wortlaut der Durchbrechungstatbestände der §§ 30 Abs. 4 Nr. 1 i. V. m. Abs. 2 Nr. 1 b) AO und des § 393 Abs. 2 S. 1 a. E. AO einer mehrdeutigen Interpretation zugänglich ist, ist als das Ergebnis der hier vorgenommenen teleologischen Gesetzesauslegung festzustellen, dass sämtliche Angaben, die der Steuerpflichtige in Erfüllung steuerrechtlicher Pflichten im Besteuerungsverfahren preisgegeben hat, gem. § 30 Abs. 2 AO und § 393 Abs. 2 S. 1 AO für die Durchführung eines Steuerstrafverfahrens weder offenbart noch verwertet werden dürfen[1092]. Nach der hier vorgeschlagenen Lesart dürfen nach den Durchbrechungstatbeständen des § 30 Abs. 4 Nr. 1 i. V. m. Abs. 2 Nr. 1 b) AO und des § 393 Abs. 2 S. 1 a. E. AO nur solche im Besteuerungsverfahren von dem Steuerpflichtigen preisgegebenen Informationen für die Durchführung eines Steuerstrafverfahrens durch die Behörden offenbart und verwertet werden, die den in § 370 Abs. 1 AO aufgezählten Tathandlungen entsprechen. Soweit es speziell das in § 393 Abs. 2 S. 1 AO verankerte Verwertungsverbot betrifft, greift dieses im Wege der Analogie über seinen normierten Tatbestand hinaus auch dann, wenn der Steuerpflichtige nach der Einleitung eines Steuerstrafverfahrens und in Kenntnis des Zwangsmittelverbotes i. S. d. § 393 Abs. 1 S. 2 AO wahrheitsgemäße Angaben in Erfüllung steuerrechtlicher Pflichten im Besteuerungsverfahren macht.

Will man die geltende Gesetzeslage, wonach die steuerrechtlichen Mitwirkungspflichten auch bei der Gefahr der steuerstrafrechtlichen Selbstbelastung fortbestehen, nicht aufgrund eines verbotenen Eingriffs in den Nemo-Tenetur-Grundsatz für verfassungswidrig erklären, ist die hier dargestellte Gesetzesinterpretation im Rahmen der verfassungskonformen Auslegung zwingend geboten. Dem Nemo-Tenetur-Grundsatz wird hiernach durch ein weitreichendes Offenbarungs- und Verwertungsverbot sämtlicher im Besteuerungsverfahren in Erfüllung steuerrechtlicher Pflichten preisgegebenen Informationen Rechnung getragen. Nur der Vollständigkeit halber sei an dieser Stelle erwähnt, dass sich nach der hier vorgetragenen Betrachtungsweise das im Rahmen eines Verwertungsverbotes üblicherweise diskutierte Problem der sog. Fernwirkung nicht stellt[1093]. Bei der Diskussion um die Fernwirkung geht es um die Frage, ob ein Beweisverwertungsverbot eine Wirkung dergestalt entfaltet, dass

---

[1092] Vgl. Schäfer in FS Dünnbier 1982, 11, 42.

[1093] Vgl. zu dem Streitstand, ob § 393 Abs. 2 S. 1 AO Fernwirkung entfaltet: Besson S. 169 ff.; Wenzel S. 327 ff; Kohlmann Steuerstrafrecht § 393 Rn. 82 jeweils m. w. N.

von diesem neben den unmittelbaren auch die mittelbaren, erst aufgrund der unverwertbaren Beweiserhebung bekannt gewordenen Beweismittel erfasst sind[1094]. Obsolet ist die Diskussion um eine Fernwirkung deshalb, da sich aus der vorangestellten Kombination zwischen einem steuerstrafrechtlichen Offenbarungs- und Verwertungsverbot ein umfangreiches Verwendungsverbot für solche Informationen ergibt, welche der Steuerpflichtige im Besteuerungsverfahren gerade in Erfüllung der steuerrechtlichen Mitwirkungspflichten preisgegeben hat. Selbst wenn man dem § 393 Abs. 2 S. 1 AO nur ein auf unmittelbar erlangte Beweismittel eingeschränktes Verwertungsverbot zugestehen will[1095], folgt dann doch aus dem Offenbarungsverbot des § 30 Abs. 2 AO, dass jedwede Nutzung der im Besteuerungsverfahren erlangten Erkenntnisse zu Zwecken der Strafverfolgung ausgeschlossen ist. In der Konsequenz dürfen daher auch solche Tatsachen im Steuerstrafverfahren nicht berücksichtigt werden, zu denen die steuerrechtlichen Angaben des Steuerpflichtigen den Weg gewiesen haben[1096]. Soweit die konsequente Einhaltung dieses weitreichenden Verwendungsverbotes in der Ermittlungspraxis Gefahr läuft, z. B. durch die doppelte Aufgabenwahrnehmung eines Finanzbeamten als Besteuerungs- und Strafverfolgungsorgan, entkräftet zu werden[1097], ist dem Hoheitsträger im Steuerstrafverfahren der Nachweis aufzubürden, dass die entsprechenden Beweismittel unabhängig von den selbstbelastenden Angaben des Steuerpflichtigen im Besteuerungsverfahren erlangt wurden[1098].

Folgt man den Überlegungen, ist die Regel aufzustellen, dass sämtliche Angaben, die der Steuerpflichtige in Erfüllung steuerrechtlicher Pflichten im Besteuerungsverfahren gemacht hat, einem steuerstrafrechtlichen Verwendungsverbot unterfallen. Den Erörterungen ist hierbei auch zu entnehmen, dass das Offenbarungs- und Verwertungsverbot in Folge der Durchbrechungstatbestände der §§ 30 Abs. 4 Nr. 1 i. V. m. Abs. 2 Nr. 1 b) AO und des § 393 Abs. 2 S. 1 a. E. AO dann nicht greift, wenn der Steuerpflichtige unwahre oder falsche Angaben zur Erfüllung der steuerrechtlichen Pflichten abgibt. Das heißt, in Bezug auf falsche und unwahre Angaben ist der Steuerpflichtige trotz der Pflicht zur steuerrechtlichen Mitwirkung nicht durch ein steuerstrafrecht-

---

[1094] Vgl. Wenzel S. 317 ff.; Kohlmann Steuerstrafrecht § 385 Rn. 394 ff. m. w. N.

[1095] Besson S. 172 ff. m. w. N.

[1096] Im Ergebnis ebenso Rogall in FS Kohlmann 2003, 465, 485 ff.; Ruegenberg S. 230 f.; Joecks in FS Kohlmann 2003, 451, 462 m. w. N.

[1097] Ruegeneberg S. 223.

[1098] Vgl. Reiß S. 231 f.

liches Verwendungsverbot geschützt. Ein Konflikt mit dem Nemo-Tenetur-Grundsatz ergibt sich hieraus allerdings nicht, denn es fehlt insoweit bereits an einer gesetzlichen Pflicht zur Abgabe falscher Erklärungen. Mit der herrschenden Meinung ist daher davon auszugehen, dass der Nemo-Tenetur-Grundsatz nicht auf den Schutz falscher Auskünfte bezogen ist, sondern lediglich Selbstbelastungszwänge infolge zutreffender Informationspreisgaben erfasst[1099].

5. Offenbarungs- und Verwertungsverbot im Zusammenhang steuerrechtlicher Buchführungs- und Aufzeichnungspflichten

Folgt man den getroffenen Aussagen, ergibt sich als Folge des Nemo-Tenetur-Grundsatzes ein steuerstrafrechtliches Verwendungsverbot für die durch den Steuerpflichtigen im Besteuerungsverfahren in Erfüllung steuerrechtlicher Pflichten gemachten Angaben. Soweit dieses Ergebnis in erster Linie auf die steuerrechtlichen Erklärungspflichten bezogen ist, muss abschließend die Frage aufgeworfen werden, inwieweit die aufgestellten Grundsätze auf Informationspreisgaben, die im Zusammenhang mit steuerlicher Buchführungs- und Aufzeichnungspflichten stehen, übertragen werden können. Die steuerrechtlichen Buchführungs- und Aufzeichnungspflichten ergeben sich aus §§ 140 ff. AO und sind eine Konkretisierung der allgemeinen steuerrechtlichen Mitwirkungspflichten[1100]. Nach ihrem in den §§ 143 ff. AO näher beschriebenen Inhalt verpflichten sie den in § 141 AO benannten Adressatenkreis zur Aufzeichnung bestimmter steuerrechtsrelevanter Vorgänge. Zu diskutieren sind die Fälle der steuerrechtlichen Buchführungs- und Aufzeichnungspflichten im Zusammenhang mit dem Nemo-Tenetur-Grundsatz deshalb, weil der Steuerpflichtige gem. §§ 140 ff. i. V. m. § 40 AO gesetzlich verpflichtet ist, auch solche steuerrechtsrelevanten Vorgänge zu dokumentieren, denen eine strafbare Handlung zu grunde liegt. Zwar ist allein in der Aufzeichnungspflicht solcher Vorgänge noch kein Konflikt mit dem Nemo-Te-netur-Grundsatz zu erkennen[1101]. Diese Bewertung ändert sich aber dann, soweit der Steuerpflichtige im Besteuerungsverfahren gem. § 90 Abs. 1 S. 2 AO und im Rahmen einer Außenprüfung gem. § 200 Abs. 1 AO verpflichtet ist, die von dem Besteuerungs- bzw. Prüfungszeitraum umfassten Bücher herauszugeben, und sich aus den Dokumentationen der Nachweis einer vormals begangenen Steuerstraftat er-

---

[1099] BVerfGE 56, 37, 49; BGH NJW 2005, 763, 765; Maier wistra 1997, 53, 54; Bittmann/Rudolph wistra 2001, 81, 84; Rogall in FS Kohlmann 2003, 465, 475 m. w. N.

[1100] Wieland S. 11 f.; Rüping/Kopp NStZ 1997, 530, 531; Trzaskalik in H/H/S § 140 Rn. 1.

[1101] Vgl. oben 2. Kapitel B. II. 2. S. 195 ff.

gibt[1102]. Die Konfliktlage mit dem Nemo-Tenetur-Grundsatz ist hier die gleiche wie im Fall der Pflicht zur Abgabe einer steuerlichen Erklärung[1103]. Auch im Bereich der Buchführungs- und Aufzeichnungspflichten wird der Steuerpflichtige in Kombination mit der gesetzlichen Vorlagepflicht gezwungen, steuerstrafrechtlich relevante Informationen gegenüber den Finanzbehörden zu offenbaren. Kommt der Steuerpflichtige den gesetzlichen Vorgaben nicht nach, drohen ihm darüber hinaus diverse Sanktionen. In Anlehnung an die Falsch- oder Nichterklärung i. S. v. § 370 Abs. 1 AO ist die Verletzung der steuerlichen Buchführungs- und Aufzeichnungspflichten gem. § 379 Abs. 1 Nr. 2 AO bußgeldbewehrt. Erfüllt der Steuerpflichtige zwar die Buchführungs- und Aufzeichnungspflichten, verweigert aber die Herausgabe der Unterlagen, kann die Vorlagepflicht mit Hilfe der in § 328 AO normierten Zwangsmittel durchgesetzt werden. Darüber hinaus haben die Finanzbehörden bei der Nichtvorlage der Bücher, sowie im Fall der inhaltlichen Unvollständigkeit oder Unrichtigkeit der vorgelegten Aufzeichnungen, die Möglichkeit, die Besteuerungsgrundlage nach § 162 AO zu schätzen[1104].

a) Buchführungsunterlagen und Herausgabepflicht

Die Buchführungs- und Aufzeichnungspflichten sind gesetzlich normiert und lassen dem Betroffenen hinsichtlich der Informationsoffenbarung keine Entscheidungswahl. Von daher ist festzustellen, dass die steuerrechtlichen Buchführungs- und Aufzeichnungspflichten einen Zwang zur Informationspreisgabe i. S. d. Nemo-Tenetur-Grundsatzes darstellen. Soweit diese Informationen über die Zwecke des Besteuerungsverfahrens hinaus auch für die Durchführung eines Steuerstrafverfahrens herangezogen werden, liegt darin grds.[1105] ein verfassungswidriger Eingriff in den Selbstbelastungsschutz. Ebenso wie im Fall der steuerrechtlichen Erklärungspflichten ist daher auch im Rahmen der steuerrechtlichen Buchführungs- und Aufzeichnungspflichten der Grundsatz aufzustellen, dass sämtliche Informationen, die der Steuerpflichtige in Erfüllung seiner gesetzlichen Dokumentations- und Vorlagepflichten gegenüber den Finanzbehörden im Besteuerungsverfahren preisgibt,

---

[1102] Rüping/Kopp NStZ 1997, 530, 531; a. A. Richter wistra 2000, 1, 4; Franzheim NJW 1990, 2049; Bruder S. 114.

[1103] Wieland S. 140 m. w. N.

[1104] Trzaskalik in H/H/S Vor §§ 140 – 148 Rn. 27, 44, 59; Rüping/Kopp NStZ 1997, 530, 531 m. w. N.

[1105] Zu der Ausnahme sogleich.

einem steuerstrafrechtlichem Offenbarungs- und Verwertungsverbot unterliegen.

In konsequenter Fortführung der zuvor im 2. Kapitel beschriebenen verwaltungsrechtlich veranlassten Aufzeichnungs- und Urkundenherausgabepflichten findet sich jedoch auch im Rahmen der §§ 140 ff. AO eine Ausnahme von dem soeben aufgestellten Grundsatz eines steuerstrafrechtlichen Verwendungsverbots[1106]. Ebenso wie im Fall der verwaltungsrechtlich auferlegten Aufzeichnungspflichten folgt auch hier eine Beschränkung des Verwendungsverbotes aus dem Zweck und der Funktion der steuerrechtlichen Buchführungs- und Aufzeichnungspflichten.

Die steuerrechtlichen Buchführungs- und Aufzeichnungspflichten dienen der Dokumentation steuerrechtlich relevanter Vorgänge. Ihnen kommt daher sowohl im Besteuerungsverfahren eine Beweisfunktion nach § 158 AO, als auch eine Kontrollfunktion, z. B. im Rahmen einer Außenprüfung, der durch den Steuerpflichtigen abgegebenen Steuererklärungen zu[1107]. Entsprechend dieser Beweis- und Kontrollfunktion unterliegen nicht sämtliche in den Büchern und Aufzeichnungen gemachten Angaben einem steuerstrafrechtlichen Verwendungsverbot. Dies gilt zum einen für inhaltlich falsche Dokumentationen. Ergibt sich aus den Büchern der Nachweis, dass der Steuerpflichtige seinen gesetzlich auferlegten Buchführungs- und Aufzeichnungspflichten nicht oder nur unrichtig nachgekommen ist, ist die repressive Ahndung gem. § 379 Abs. 1 Nr. 2 AO nicht dadurch ausgeschlossen, dass die Behörden von der entsprechenden Pflichtverletzung nur in Folge des gesetzlich normierten Zwangs zur Herausgabe der Unterlagen gem. § 90 Abs. 1 S. 2 AO bzw. § 200 Abs. 1 AO Kenntnis erlangt haben[1108]. Zum zweiten gilt das steuerstrafrechtliche Verwendungsverbot auch dann nicht, wenn der Steuerpflichtige zwar den Buchführungs- und Aufzeichnungspflichten in gesetzlich vorgeschriebener Weise nachgekommen ist, sich aus den dort dokumentierten Angaben aber der Nachweis der Begehung einer Steuerstraftat gem. § 370 Abs. 1 AO hinsichtlich desselben Besteuerungssachverhaltes ergibt[1109]. In Anlehnung an das oben angeführte Beispiel der Herausgabepflicht der Diagrammscheibe eines Fahrtenschreibers, greift das steuerstrafrechtliche Verwendungsverbot dann nicht ein, wenn der Steuerpflichtige zwar seiner Aufzeichnungs- und Heraus-

---

[1106] Vgl. oben 2. Kapitel B. II. 2. a) S. 197 ff.

[1107] Kruse/Drüen in Tipke/Kruse Vor. § 140 Rn. 5 f.; Dumke in Schwarz § 140 Rn. 4; Trzaskalik in H/H/S § 140 Rn. 9 m. w. N.

[1108] Vgl. Reiß S. 237.

[1109] Vgl. Otto wistra 1983, 233, 234.

gabepflicht nachgekommen ist, hierdurch aber genau das steuerstrafrechtliches Fehlverhalten offenbart wird, welches gerade von dem Kontrollzweck der Buchführungs- und Aufzeichnungspflichten erfasst wird[1110].

Auch hier sei nochmals deutlich hervorgehoben, dass mit dieser Vorgehensweise ein Einbruch in die aufgezeigte Systematik der Bestimmung des absoluten Schutzbereichs des Nemo-Tenetur-Grundsatzes einhergeht[1111]. Durch die Pflicht zur Dokumentation steuerrechtsrelevanter Vorgänge und deren Offenbarung gegenüber den Behörden wird der Steuerpflichtige nämlich zur Preisgabe selbstbelastender Informationen gezwungen. Ähnlich wie im Verwaltungsverfahren ist dieser Eingriff überhaupt nur durch das Erfordernis an einer effektiven Kontrolle zur Aufdeckung und Sanktionierung begangener Steuerstraftaten im Interesse einer effektiven und gleichmäßigen Besteuerung zu rechtfertigen. Wollte man demgegenüber das steuerstrafrechtliche Verwendungsverbot auch für solche in den Büchern und Aufzeichnungen unmittelbar oder mittelbar dokumentierte Tatsachen gelten lassen, aus deren Informationsinhalt sich der Nachweis oder das Indiz einer im Besteuerungsverfahren gemachten Steuerstraftat ergibt, würde dadurch der mit der Strafandrohung des § 370 Abs. 1 AO verfolgte Zweck, den Steuerpflichtigen zu einer wahrheitsgemäßen Steuererklärung anzuhalten, unterwandert werden. Da die Steuererklärungspflichten regelmäßig schriftlich erfolgen und durch die Vorlage von Büchern und Aufzeichnungen ergänzt werden, wäre die steuerrechtliche Falscherklärung, die im Rahmen der nachträglichen Prüfung der Bücher und Aufzeichnungen entdeckt würde, aufgrund des steuerstrafrechtlichen Verwendungsverbotes nicht sanktionierbar. Eine Strafbarkeit nach § 370 AO wäre insoweit nur im Fall des Unterlassens der Steuererklärung denkbar. Wollte man demgegenüber auf die finanzbehördliche Kontrolle der Bücher und Aufzeichnungen, z. B. im Rahmen der Betriebsprüfung, verzichtet, hätte dies wiederum zu Konsequenz, dass steuerrechtliche Falschangaben oftmals unentdeckt bleiben[1112]. Der beschriebene, mit der Strafnorm des § 370 AO verbundene Zweck, würde dann ins Leere laufen.

Nach beiden Varianten ist eine Sanktionierung steuerrechtlichen Fehlverhaltens de facto ausgeschlossen, wodurch zugleich das Interesse an einer effektiven und gleichmäßigen Besteuerung in erheblichem Maß beeinträchtigt wäre. Wenn demgegenüber das steuerstrafrechtliche Verwendungsverbot im

---

[1110] Vgl. oben 2. Kapitel B. II. 2. c) S. 201 ff.

[1111] Vgl. oben 2. Kapitel B. II. 2. e) S. 207 f.

[1112] Vgl. Rößler DStZ 1996, 142, 145; Dannecker S. 125; Krekeler PStR 1999, 131, 132.

Fiskalinteresse nicht zur Anwendung kommen soll, bedeutet dies einen Eingriff in den Nemo-Tenetur-Grundsatz. Die Kollision zwischen den Buchführungs- und Aufzeichnungspflichten im Besteuerungsverfahren und dem Nemo-Tenetur-Grundsatz erweist sich hier als Konflikt zwischen dem Interesse an einer effektiven und gleichmäßigen Besteuerung auf der einen und dem Selbstbelastungsschutz auf der anderen Seite[1113]. Die vorrangige Frage besteht nun darin auszuloten, welches Interesse das andere überwiegt. Soweit der Selbstbelastungsschutz allein in Konflikt mit dem Strafverfolgungsinteresse gerät, ist der Vorrang des Nemo-Tenetur-Grundsatzes bereits durch das Prinzip selbst vorgegeben. Dies ist aber – wie oben beschrieben – dann anders, wenn der Nemo-Tenetur-Grundsatz mit berechtigten Drittinteressen und nichtstrafrechtlichen Verfahrensprinzipien kollidiert. Soweit hier sowohl das Interesse an einer effektiven und gleichmäßigen Besteuerung als auch das Individualinteresse an dem Erhalt des Selbstbelastungsschutzes Verfassungsrang besitzen[1114], ist ein grundsätzlicher Vorrang des einen oder anderen Prinzips nicht zu erkennen[1115]. Zu lösen ist dieser Konflikt nur im Wege der normativen Auslegung, wobei das Ergebnis offen ist und letztendlich eine subjektive Wertentscheidung darstellt.

In Erfüllung der eingangs aufgezeigten Zielrichtung, eine praxisnahe, gleichwohl aber konsequente und in sich schlüssige Anwendung des Nemo-Tenetur-Grundsatzes im Steuerstrafverfahren aufzuzeigen[1116], soll hier in Anlehnung an die im Verwaltungsverfahren durch die vorherrschende Rechtspraxis vorgenommenen Bewertungsvergaben die Prämisse aufgestellt werden, dass der Selbstbelastungsschutz hinter das Fiskalinteresse zurückzutreten hat. Wenngleich diese Bewertung nur eine Behauptung und von daher nicht zwingend ist, soll diese Prämisse hier nochmals durch die Aussage des BVerfG`s gestützt werden, wonach das Grundrecht aus Art. 2 Abs. 1 GG *keinen lückenlosen Schutz gegen Selbstbezichtigungen ohne Rücksicht darauf* (gebietet), *ob dadurch schutzwürdige Belange Dritter beeinträchtigt werden*"[1117].

[1113] Vgl. Teske wistra 1988, 207, 212.

[1114] Vgl. in Bezug auf das Fiskalinteresse einer effektiven und gleichmäßigen Besteuerung oben 3. Kapitel A. und A. I. S. 213 f.

[1115] Vgl. Streck in DStJG 1983, 217, 241.

[1116] Vgl. oben 1. Kapitel A. und 2. Kapitel.

[1117] BVerfGE 56, 37, 49; BGHSt 37, 340, 342.

Folgt man dieser Einschränkung des Nemo-Tenetur-Grundsatzes, dürfen die in Erfüllung steuerrechtlicher Buchführungs- und Aufzeichnungspflichten preisgegebenen Tatsachen in einem Steuerstrafverfahren dann verwendet werden, wenn mit ihrem Informationsinhalt entweder aufgezeigt werden kann, dass der Steuerpflichtige die steuerrechtlichen Dokumentationspflichten missachtet hat, oder aber, wenn mit ihnen der Nachweis der Begehung einer Steuerstraftat geführt werden soll. Ist letzteres der Fall, dürfen die Informationen wiederum nur für solch ein Steuerstrafverfahren verwendet werden, dessen VZ mit dem Aufzeichnungszeitraum der herangezogenen Dokumente identisch ist[1118]. Dies bedeutet, dass Buchführungsunterlagen aus 01 nur für den Nachweis einer Steuerstraftat in 01 verwendet werden dürfen, nicht jedoch auch als Beweis oder Indiz für eine Steuerstraftat in 02. In Bezug auf den VZ 02 stehen die in den Buchführungsunterlagen in Erfüllung steuerrechtlicher Pflichten dokumentierten Informationen für den VZ 01 unter einem steuerstrafrechtlichen Offenbarungs- und Verwertungsverbot.

b) Buchführungsunterlagen und Beschlagnahme

An dem soeben dargestellten Ergebnis ändert sich auch dann nichts, wenn der Steuerpflichtige die Buchführungsunterlagen zwar nicht in Folge der steuerrechtlichen Vorlagepflichten den Finanzbehörden übergeben hat, sondern die Dokumente durch die Strafverfolgungsbehörden unmittelbar im Wege der strafprozessualen Beschlagnahme von Beweismitteln gem. §§ 94 ff. StPO oder als sog. Zufallsfunde nach § 108 StPO[1119] gewonnen wurden. Wie bereits ausgeführt, liegt nämlich bereits in der gesetzlichen Pflicht zur Dokumentation steuerrechtlich relevanter Vorgänge in Erfüllung gesetzlicher Buchführungs- und Aufzeichnungspflichten ein Informationspreisgabezwang i. S. d. Nemo-Tenetur-Grundsatzes[1120]. Insoweit diese Angaben darüber hinaus Verwendung in einem Strafverfahren gegen den Steuerpflichtigen finden, ist der Tatbestand des Nemo-Tenetur-Grundsatzes erfüllt, und es liegt ein verfassungswidriger Eingriff in den Selbstbelastungsschutz vor[1121]. Soweit demgegenüber

---

[1118] Vgl. oben 3. Kapitel B. II. 3. S. 233 ff. und 4. S. 246 ff.

[1119] Unter der Beschlagnahme von Zufallsfunden gem. § 108 StPO versteht man die Erlangung von Beweismaterial der Begehung einer Straftat, die im Rahmen einer Durchsuchung in einem Ermittlungsverfahren wegen des Verdachts einer anderen Straftat gefunden werden. Vgl. Ruegenberg S. 179 f..

[1120] Reiß S. 236 f.

[1121] A. A. wohl BVerfG in einem nicht veröffentlichten Beschluss vom 24.7. 1981, 2 BvR 763/81. Dort hatte das Gericht die Frage zu klären, ob Buchführungsunterlagen, die der Steuerpflichtige in Erfüllung steuerrechtlicher Pflichten angefertigt und seinem Strafver-

angeführt wird, in der Beschlagnahme von Buchführungsunterlagen sei deshalb kein Verstoß gegen den Nemo-Tenetur-Grundsatz zu erblicken, weil dieser lediglich auf den Schutz von aktiven Selbstbelastungshandlungen gerichtet sei und die strafprozessualen Maßnahmen nach §§ 94 ff. StPO demgegenüber nur zur Passivität verpflichten, geht diese Argumentation schon inhaltlich fehl[1122]. Nicht die unmittelbare Kenntnisnahme der Strafverfolgungsbehörden von den selbstbelastenden Angaben muss auf einer aktiven Handlung des Grundrechtsträgers beruhen. Andernfalls ergäbe sich auch dann kein Konflikt mit dem Selbstbelastungsschutz, wenn der Steuerpflichtige die Unterlagen zwar an die Steuerbehörden durch aktives Handeln herausgibt, diese dann aber ohne sein Zutun durch den Finanzbeamten an die Strafverfolgungsbehörden weitergeleitet werden.

Entscheidend ist also nicht der Vorgang der behördlichen Kenntnisnahme, sondern der Akt der Informationspreisgabe durch den Steuerpflichtigen. Durch die Dokumentation entäußert sich dieser der entsprechenden Informationen durch ein kommunikatorisches Verhalten mit Erklärungswert[1123]. Der Umstand, dass die Angaben nicht unmittelbar gegenüber einem Beamten, sondern zunächst schriftlich dokumentiert werden, vermag an dieser Bewertung nichts zu ändern, denn die Dokumentation ist zur hoheitlichen Kenntnisnahme bestimmt. Die zeitliche Verzögerung zwischen Informationsentäußerung und staatlicher Kenntnisnahme schließt den Nemo-Tenetur-Grundsatz im Allgemeinen aber nicht aus. Da darüber hinaus die steuerrechtlichen Dokumentationen nicht aus freien Stücken von dem Steuerpflichtigen hergestellt werden, sondern in Erfüllung steuerrechtlicher Buchführungs- und Aufzeichnungspflichten, mithin unter Gesetzeszwang erfolgt, begründet dies die Bejahung von Zwang i. S. d. Nemo-Tenetur-Grundsatzes. Der Selbstbelastungszwang ist aber verfassungsrechtlich nur insoweit gerechtfertigt, als die Verwendung der preisgegebenen Informationen auf den mit dem Selbstbelastungszwang verbundenen außerstrafrechtlichen Zweck begrenzt ist[1124].

Nach alledem kann festgehalten werden, dass der Nemo-Tenetur-Grundsatz seinen Schutz auch auf die gesetzlich erzwungene Informationspreisgabe im Rahmen steuerrechtlicher Buchführungs- und Aufzeichnungspflichten er-

---

teidiger im Rahmen der Mandatierung wegen eines Steuerstrafverfahrens übergeben hatte, bei dem Rechtsbeistand gem. § 97 StPO beschlagnahmt werden dürfen. Das BVerfG hat die Frage in diesem Beschluss bejaht.

[1122] So aber Wieland S. 140; Richter wistra 2000, 1, 4.

[1123] Vgl. oben 2. Kapitel A. II. 2. d) S. 180 ff.

[1124] Reiß S. 236; Vgl. 2. Kapitel B. II. b) S. 200 ff. und d) S. 204 ff.

streckt, soweit diese in einem steuerstrafrechtlichen Verfahren Verwendung finden sollen. Dies gilt gleichermaßen dann, wenn die Buchführungsunterlagen durch den Steuerpflichtigen in Erfüllung steuerrechtlicher Vorlagepflichten an die Behörden herausgegeben werden, oder aber von diesen im Wege der strafprozessualen Beschlagnahme gem. §§ 94 ff. StPO oder gem. § 108 StPO gewonnen werden.

6. Steuerstrafrechtliches Offenbarungs- und Verwertungsverbot vs. wirksame Strafverfolgung

Schlussendlich ist die Frage aufzuwerfen, ob das hier gefundene Ergebnis eines steuerrechtlichen Offenbarungs- und Verwertungsverbots für sämtliche in Erfüllung steuerrechtlicher Pflichten preisgegebenen Informationen nicht unzulässig in das unabweisbare Bedürfnis einer wirksamen Strafverfolgung und Verbrechensbekämpfung eingreift[1125]. Hinter der Bezeichnung des unabweisbaren Bedürfnisses einer wirksamen Strafverfolgung verbirgt sich das Interesse an einer leistungsfähigen Strafjustiz, deren Funktionstüchtigkeit durch die Rechtsprechung mit Verfassungsrang ausgestattet ist[1126]. Zentrales Anliegen des Strafprozesses ist hierbei die Ermittlung des wahren Sachverhaltes[1127]. Dem Bestreben, den wahren Sachverhalt zu ermitteln, wird aber gerade durch die Statuierung eines steuerstrafrechtlichen Verwendungsverbotes entgegengetreten, denn dieses verringert die Tatsachengrundlage, auf die das Gericht seine Entscheidung stützen darf[1128]. Obgleich das Strafverfahren auf eine möglichst vollständige Wahrheitsermittlung angelegt ist, soll dem Bemühen hierum nach wohl unbestrittener Meinung nicht um jeden Preis nachgekommen werden[1129]. Erkennt man den Nemo-Tenetur-Grundsatz als Fundamentalwert des Strafverfahrens an, führt auch er dem Grunde nach zu einer zulässigen Restriktion der strafprozessualen Wahrheitsermittlung[1130].

Soweit es speziell das Steuerstrafverfahren betrifft, kann nicht davon gesprochen werden, dass die Arbeit der Strafverfolgungsorgane durch das steu-

---

[1125] Vgl. zu der Maxime einer effektiven und funktionstüchtigen Strafrechtspflege: BVerfGE 80, 367, 375; BVerfGE 77, 65, 82; BVerfG NJW 1996, 771, 772; Lorenz JZ 1992, 1000, 1002; Wölfl S. 100 m. w. N.

[1126] BVerfGE 44, 535, 374; zum Ganzen Wölfl. S. 100 f. m. w. N.

[1127] BVerfGE 77, 65, 76; E 57, 250, 275; E 33, 367, 383; Goldmann S. 60 f.

[1128] Vgl. BGHSt 28, 122, 128; St 37, 30, 32; Weigend ZStW 2001, 271, 288 f.

[1129] BVerfGE 34, 238, 247; BVerfG StV 1990, 1, 2; BGHSt 14, 358, 365; St 31, 304, 309; Dauster StraFo 2000, 154,156; Schneider Jura 1990, 572, 579; Kühl JuS 1986, 115, 116.

[1130] Vgl. Frister ZStW 1994, 303, 328.

erstrafrechtliche Verwendungsverbot in unakzeptabler Weise behindert würde. Ihnen wird nämlich lediglich der Vorteil genommen, der sich durch die
Technik des Besteuerungsverfahrens mit der Pflicht zur periodischen Abgabe
immer neuer Erklärungen durch den Steuerpflichtigen ergibt. Damit stehen
die Strafverfolger im Steuerstrafverfahren ungleich "besser" da als die Ermittlungsbeamten im allgemeinen Strafverfahren, denn dort entfällt bereits die
Pflicht zur Abgabe selbstbelastender Angaben. Wenn den Verfolgungsbehör-
den also der bezeichnete Vorteil im Steuerstrafverfahren durch ein steuerstrafrechtliches Verwendungsverbot genommen wird, stehen diese vor der Situation, die im allgemeinen Strafverfahren gängig ist. Die Annahme eines steuerstrafrechtlichen Verwendungsverbots gleicht somit lediglich die Ermittlungsmethoden des Steuerstrafverfahrens an jene des allgemeinen Strafverfahrens
an. Dies aber kann nicht unbillig sein[1131].

Darüber hinaus steht das steuerstrafrechtliche Verwendungsverbot im Einklang mit der gesetzgeberischen Wertentscheidung. Der Gesetzgeber hat mit
der Einführung der Selbstanzeige nach § 371 AO und dem sich aus § 393
Abs. 2 S. 1 AO ergebenden Verwertungsverbotes selbst deutlich gemacht, dass
er die Sicherung des Steueraufkommens höher einstuft als das Strafbedürfnis
des Staates[1132]. Wie aufgezeigt, kommt dem Verwendungsverbot neben dem
Schutz der Individualinteressen des Beschuldigten auch die Funktion der Sicherung einer gleichmäßigen und effektiven Besteuerung zu. Soweit dieses Prinzip durch das Interesse an Strafverfolgung gefährdet ist, hat letzteres nach der
gesetzgeberischen Wertentscheidung zurückzutreten. Nur wo dies nicht der
Fall ist, und die Strafverfolgung gerade dem Interesse an der Gewährleistung
einer effektiven und gleichmäßigen Besteuerung entspricht, kommt – nach der
gängigen Rechtspraxis – eine Einschränkung der Individualinteressen in Betracht. Aber dies eben nur dort, wo der Selbstbelastungsschutz in einen unauflösbaren Konflikt mit dem Fiskalinteresse gerät. Ist demgegenüber lediglich
das Strafverfolgungsinteresse betroffen, entfaltet der Nemo-Tenetur-Grundsatz seine volle Wirkung.

Das Interesse an einer effektiven Verfolgung von Steuerstraftaten ist daher
nicht in der Lage, einen durchgreifenden Einwand gegen das auf den Nemo-
Tenetur-Grundsatz gestützte steuerstrafrechtliche Offenbarungs- und Verwertungsverbot aufzuzeigen.

[1131] Reiß S. 237.
[1132] Schwarz in PK § 30 Rn. 29; Hellmann JZ 2002, 617, 619.

4. Kapitel

Die wesentlichen Ergebnisse dieser Untersuchung lassen sich wie folgt zusammenfassen:

A.Zusammenfassung

I.

Der Beschuldigte im Steuerstrafverfahren nimmt eine Doppelstellung ein. Er ist zum einen Beschuldigter im Steuerstrafverfahren und zum zweiten Steuerpflichtiger im Besteuerungsverfahren. Die Doppelstellung als Beschuldigter und Steuerpflichtiger entsteht sowohl dann, wenn Steuer- und Steuerstrafverfahren gleichzeitig, als auch wenn diese zeitlich versetzt durchgeführt werden. Die Besonderheit der Doppelstellung als Beschuldigter und Steuerpflichtiger im Steuerstrafverfahren liegt darin, dass den Betroffenen, je nach Art seiner Verfahrensstellung, unterschiedliche Rechte und Pflichten treffen. Als Steuerpflichtiger hat der Betroffene im Besteuerungsverfahren umfassende Mitwirkungspflichten bei der Ermittlung des besteuerungsrelevanten Sachverhalts zu erfüllen. Nach den §§ 33, 90 Abs. 1 S. 1, 2 AO obliegt es dem Steuerpflichtigen, die für die Besteuerung erheblichen Tatsachen vollständig und wahrheitsgemäß offen zu legen und die ihm bekannten Beweismittel zu benennen. Dies gilt gem. § 40 AO für alle besteuerungsrelevanten Sachverhaltsgestaltungen, unabhängig davon, ob hierdurch strafbare, unsittliche oder sonst kompromittierende Handlungsweisen offenbart werden. Jede Offenbarung strafbarer Handlungen löst aber zugleich die Gefahr der strafrechtlichen Verfolgung und Sanktionierung aus.

Völlig anders ist die Situation im Strafverfahren. Dort gilt der Grundsatz "nemo tenetur se ipsum accusare", der auch als Selbstbelastungsschutz bezeichnet wird. Gemeinhin wird der Nemo-Tenetur-Grundsatz dahingehend interpretiert, dass niemand gezwungen werden darf, durch die eigenen Aussagen die Voraussetzungen für die strafrechtliche Verurteilung der eigenen Person liefern zu müssen. Sowohl das Schweigen als auch die Mitwirkungsverweigerung des Beschuldigten sollen hiernach nicht mit Zwangsmitteln durchgesetzt oder sanktioniert werden dürfen. [1. Kapitel, B.]

II.

Im Steuerstrafverfahren treffen die Verfahrensprinzipien der steuerrechtlichen Mitwirkungspflicht und des strafrechtlichen Verbots des Selbstbelastungszwanges diametral aufeinander. Dies verursacht eine Prinzipienkollision, die vornehmlich auf zwei Umstände zurückzuführen ist. Zum einen ist der Steuerpflichtige gem. § 393 Abs. 1 S. 2 AO trotz eines eingeleiteten Steuerstrafverfahrens zur steuerrechtlichen Mitwirkung und Informationspreisgabe gegenüber den Finanzbehörden im Besteuerungsverfahren verpflichtet. Zum anderen findet zwischen den Finanz- und Strafverfolgungsbehörden ein ungehinderter Informationsaustausch dergestalt statt, dass die durch den Steuerpflichtigen im Besteuerungsverfahren preisgegebenen Angaben auch für die Zwecke der steuerstrafrechtlichen Ermittlungen verwendet werden. Als Rechtsgrundlage für diesen Informationsaustausch werden die §§ 30 Abs. 4 Nr. 1 i. V. m. Abs. 2 Nr. 1 b) AO und § 393 Abs. 2 S. 1 AO herangezogen, die insoweit eine Durchbrechung des in § 30 Abs. 2 AO normierten Steuergeheimnisses und des damit korrespondierenden, in § 393 Abs. 2 S. 1 AO niedergeschriebenen, strafrechtlichen Verwertungsverbots erlauben sollen. [1. Kapitel, B.]

III.

Die Prinzipienkollision wird von der Abgabenordnung erkannt, aber nur unzureichend, weil auf punktuelle Einzelfälle beschränkt, aufgelöst. In § 393 Abs. 1 AO begnügt sich das Gesetz in Satz 2 mit dem bloßen Hinweis darauf, dass im Fall der strafrechtlichen Selbstbelastung die Pflicht zur steuerrechtlichen Mitwirkung nicht mit den Zwangsmitteln i. S. v. § 328 AO (Zwangsgeld, Ersatzvornahme, unmittelbarer Zwang) durchgesetzt werden darf. Andere Maßnahmen, die nicht minder geeignet sind einen ebensolchen starken Druck auf die Mitwirkungsbereitschaft des beschuldigten Steuerpflichtigen auszuüben, werden von dem Wortlaut des Zwangsmittelverbots des § 328 AO hingegen nicht erfasst. Dies gilt insbesondere für den Mitwirkungszwang, der von der Sanktionsandrohung des § 370 Abs. 1 AO zur Abgabe steuerrechtlicher Erklärungen nach den Steuergesetzen ausgeht. Verweigert der Steuerpflichtige nämlich unter Hinweis auf die bestehende Selbstbelastungsgefahr die Erfüllung seiner steuerrechtlichen Mitwirkungspflicht, läuft er Gefahr, eine (erneute) Steuerstraftat i. S. v. § 370 Abs. 1 AO zu begehen. Ebenso trifft § 393 Abs. 1 AO keine Aussage über den Mitwirkungsdruck, der von den nachteiligen Folgen einer überhöhten Schätzung der Besteuerungsgrundlage gem. § 162 AO als Folge der Mitwirkungsverweigerung auf den Steuerpflichtigen ausgeübt wird. Die Bewertung dieser Zwangswirkungen als rechtserhebliche Konfliktursache der Kollision der gegenläufigen Prinzipien von Steuer- und Steuerstrafverfahren überlässt das Gesetz dem Rechtsanwender. Soweit es die geltende Rechtspraxis betrifft, lässt sich weder eine Struktur dafür erkennen, wann der von den §§ 370 Abs. 1 AO und 162 AO ausgehende Mitwirkungs-druck in Konflikt mit dem Nemo-Tenetur-Grundsatz tritt, noch welche Rechts-folgen sich im Fall der Bejahung einer Kollision ergeben. Es ist festzustellen, dass die Argumentationsführung und rechtliche Bewertung möglicher Kollisi-onssachverhalte auf die jeweils zu justizierende Fallvariante beschränkt blei-ben und jegliche einzelfallübergreifende Systematik vermissen lassen. Dies aber lässt den Eindruck der willkürlichen und allein ergebnisorientierten Ent-scheidungsfindung entstehen, was wiederum zur Folge hat, dass die Rechte des Beschuldigten im Steuerstrafverfahren nur lückenhaft gewährleistet sind. [1. Kapitel, C.]

IV.

Um eine abschließende Rechtsbewertung der möglichen Konfliktsachver-halte vornehmen und eine systematisch konsequente Lösung der festgestellten Prinzipienkollisionen aufzeigen zu können, muss zunächst erörtert werden, was unter dem Nemo-Tenetur-Grundsatz zu verstehen ist. Wenngleich der Grundsatz im Allgemeinen unbestritten ist, so findet sich doch in Bezug auf seinen konkreten inhaltlichen Aussagegehalt kein Konsens darüber, wann ein staatlicher Rechtsakt als unzulässige Rechtsverletzung und wann als gerecht-fertigter und damit folgenloser Eingriff zu bewerten ist. Von maßgeblicher Bedeutung ist hierbei vor allem die Frage, in welchem Umfang dem Nemo-Tenetur-Grundsatz eine absolute, d. h. nicht einschränkbare Wirkung zuzu-sprechen ist. Zwar wird der Nemo-Tenetur-Grundsatz häufig als unverfügba-res Recht des Strafverfahrens dargestellt, wonach gegenüber dem Beschuldig-ten von staatlicher Seite kein Zwang zur Informationspreisgabe ausgeübt werden darf. Demgegenüber ist aber festzustellen, dass der Beschuldigte im Strafprozess erheblichen Zwängen zur Informationspreisgabe ausgesetzt ist. Als Beispiel ist der Umstand zu nennen, wonach das Ablegen eines Geständ-nisses in der Lage ist, eine bevorstehende Untersuchungshaft nach § 112 StPO zu vermeiden bzw. die Entlassung aus der Untersuchungshaft zu bewirken. Wiewohl mit dem Geständnis eine mögliche Selbstbelastung hinsichtlich der vorgeworfenen oder einer anderen Straftat einhergeht, soll doch der faktisch drohende Nachteil der Vollstreckung bzw. Fortsetzung der Untersuchungs-haft im Falle des Schweigens des Beschuldigten keinen Verstoß gegen den

Nemo-Tenetur-Grundsatz bewirken. Eine sachgerechte und klare Aussage, wie diese Widersprüchlichkeit zwischen propagierter Absolutheit und faktischer Beschränkbarkeit des Nemo-Tenetur-Grundsatzes systematisch und mit Wirkung über den jeweiligen Einzelfall hinaus zu erklären ist, findet sich nicht. Im Gegenteil, es wird vorgetragen, das Dilemma zwischen Zwang im Strafverfahren und dem Nemo-Tenetur-Grundsatz sei nicht aufzulösen. Kurz gesprochen, in Bezug auf die Rechtswirkung des Nemo-Tenetur-Grundsatzes herrscht eine tiefe Rechtsunsicherheit vor. [2. Kapitel, A.]

V.

Der Nemo-Tenetur-Grundsatz ist eine Wertentscheidung des Strafverfahrens mit Verfassungsrang. Als solche orientieren sich seine inhaltlichen Aussagen unmittelbar an der Verfassung und lassen sich dort speziell dem allgemeinen Persönlichkeitsrecht gem. Art. 2 Abs. 1 i. V. m. Art. 1 Abs. 1 GG entnehmen. Eine darüber hinausgehende verfassungsrechtliche Verankerung unmittelbar in Art. 1 Abs. 1 GG ist nicht gegeben. [2. Kapitel, A.]

Das Grundrecht aus Art. 2 Abs. 1 i. V. m. Art. 1 Abs. 1 GG schützt die freie Entfaltung der Persönlichkeit. Es wurde aufgezeigt, dass die Persönlichkeit des Individuums als das Produkt sozialer Bezüge zu beschreiben ist. Die Entfaltung der Persönlichkeit beruht insoweit auf dem Vorgang der Interaktion, welche sich durch Kommunikation vollzieht. In Folge dieser Ableitung kann festgestellt werden, dass das allgemeine Persönlichkeitsrecht auf den Schutz der individuellen Kommunikation, als Bedingung für die Entfaltung der Persönlichkeit, ausgerichtet ist. Soweit darüber hinaus das Grundrecht aus Art. 2 Abs. 1 i. V. m. Art. 1 Abs. 1 GG expressis verbis die Freiheit der Persönlichkeitsentfaltung formuliert, ist damit das Recht zur individuellen Selbstbestimmung der eigenen Persönlichkeit hervorgehoben. Die Persönlichkeit, als das Produkt der Kommunikation, und Freiheit, als Ausdruck individueller Selbstbestimmung, fügen sich zu der Bezeichnung der Kommunikationsautonomie zusammen. Als Ergebnis ist festzustellen, dass das Grundrecht des allgemeinen Persönlichkeitsrechts auf den Schutz der individuellen Kommunikationsautonomie bezogen ist. [2. Kapitel, A. I. aa) 3)]

VI.

Das allgemeine Persönlichkeitsrecht gem. Art. 2 Abs. 1 i. V. m. Art. 1 Abs. 1 GG besitzt keinen fest umrissenen Tatbestand. Vielmehr erweist sich dieser als entwicklungsoffen und wird daher von einer generalklauselartigen Interpretation beherrscht. Zum Schutz der Kommunikationsautonomie haben sich diverse Einzelverbürgungen entwickelt, die in einer Reihe fallgruppenbezogener Gewährleistungen zusammengefasst werden. Eine besondere Stellung nimmt hierbei der Gewährleistungsinhalt des Rechts auf informationelle Selbstbestimmung ein, welches als eigenständige Ausprägung des allgemeinen Persönlichkeitsrechts fungiert, zugleich aber auch in Ergänzung zu den übrigen Fallgruppen tritt und diese in ihrem Inhalt beeinflusst. Aufgrund der fallgruppenübergreifenden Funktion erweitert das Recht auf informationelle Selbstbestimmung den grundrechtlichen Schutzbereich des allgemeinen Persönlichkeitsrechts über die Sicherung der Kommunikationsautonomie privater oder höchst persönlicher Informationen hinaus auf den Schutz der Kommunikationsautonomie sämtlicher personenbezogener Daten. [2. Kapitel, A. I. 1. aa) (4)]

VII.

Der Schutzbereich des allgemeinen Persönlichkeitsrechts erstreckt sich auch auf die individuelle Kommunikationsautonomie des Beschuldigten im Strafverfahren. Eben dieser Anwendungsbereich entspricht dem Nemo-Tenetur-Grundsatz. Als Prinzip des Strafverfahrens ist dieser in seiner Funktion darauf angelegt, die Kommunikationsautonomie des Beschuldigten zu schützen und der staatlichen Informationserhebung im Strafverfahren Grenzen zu setzen. Der Nemo-Tenetur-Grundsatz findet seine Rechtsgrundlage unmittelbar in Art. 2 Abs. 1 i. V. m. Art. 1 Abs. 1 GG und stellt eine eigenständige Fallgruppe des Grundrechts dar. Ebenso wie die übrigen Fallgruppen des allgemeinen Persönlichkeitsrechts wird auch der Nemo-Tenetur-Grundsatz durch das Recht auf informationelle Selbstbestimmung beeinflusst. Infolgedessen ist der Nemo-Tenetur-Grundsatz auf den Schutz der Kommunikationsautonomie des Beschuldigten hinsichtlich der Preisgabe von strafrechtsrelevanten Informationen und den damit verbundenen Angaben über belastende oder auch entlastende persönliche Umstände und Tatsachen der eigenen Person bezogen, denn hierbei handelt es sich stets um personenbezogene Daten. Der Nemo-Tenetur-Grundsatz gewährleistet das Recht des Beschuldigten selbst zu entscheiden, ob der sich redend oder schweigend verteidigen möchte. [2. Kapitel, A. I. 2. c) cc)]

VIII.

Durch seine Verankerung in dem Grundrecht des Art. 2 Abs. 1 i. V. m. Art. 1 Abs. 1 GG erweist sich der Nemo-Tenetur-Grundsatz als ein subjektives Recht, das auf den Schutz der Kommunikationsautonomie des Beschuldigten im Strafverfahren bezogen ist. Sowohl sein tatbestandlicher Inhalt als auch seine tatbestandliche Rechtsfolge als absolutes oder beschränkbares Recht bestimmen sich anhand der Vorgaben des allgemeinen Persönlichkeitsrechts. [2. Kapitel, A. I. 2.]

In Bezug auf das allgemeine Persönlichkeitsrecht ist festzustellen, dass dessen fallgruppenbezogener Gewährleistungsinhalt nicht schrankenlose Wirkung entfaltet. Die durch Art. 2 Abs. 1 i. V. m. Art. 1 Abs. 1 GG geschützte Kommunikationsautonomie wird nur im Rahmen der Abwägung gegenläufiger Drittinteressen unter Berücksichtigung des Verhältnismäßigkeitsprinzips gewährleistet. Absoluten und unbeschränkbaren Schutz erfährt die Kommunikationsautonomie nur dort, wo der unantastbare Kernbereich des allgemeinen Persönlichkeitsrechts betroffen ist. Dieser bestimmt sich anhand von Art. 1 Abs. 1 GG und Art. 19 Abs. 2 GG, wonach der grundrechtliche Wesensgehalt zu ermitteln ist. Der Wesensgehalt umschreibt die Mindestbedingungen für den Bestand der jeweiligen zur Diskussion stehenden Grundrechtsgarantie. Soweit auch der absolute Kerngehalt das Ergebnis einer Abwägung darstellt, ist diese nicht auf den konkreten Einzelfall bezogen, sondern erweist sich als normativ angelegte Wertentscheidung, die über den Einzelfall hinaus Geltung beansprucht. Der unantastbare Kerngehalt beschreibt das Ergebnis der Abwägung der grundrechtlich geschützten Individualposition mit sämtlichen gegenläufigen Drittinteressen. Da die gegenläufigen Drittinteressen aber nur in Abhängigkeit des zugrunde liegenden Rechtsverhältnisses ermittelt und konkretisiert werden können, bestimmt sich der absolut geschützte Kerngehalt in Abhängigkeit der jeweiligen Verfahrensart. Je nachdem, ob im Zivil-, Straf- oder Verwaltungsverfahren, kann dem unantastbaren Kerngehalt ein jeweils anderer Inhalt beigemessen werden. [2. Kapitel, A. I. 2.]

IX.

Als gewichtige Erkenntnis der Herleitung aus Art. 2 Abs. 1 i. V. m. Art. 1 Abs. 1 GG ist festzustellen, dass auch der Nemo-Tenetur-Grundsatz, ebenso wie das "Mutterrecht" des allgemeinen Persönlichkeitsrechts selbst, über einen absoluten und einen relativen Schutzbereich verfügt. In Bezug auf den Schutz der Kommunikationsautonomie des Beschuldigten im Strafverfahren konnte hier mit Hilfe der induktiven Analyse eine einzelfallübergreifende Struktur dessen aufgezeigt werden, wonach sich der beschränkbare und der unbeschränkbare Bereich der Entscheidungsfreiheit bestimmen. Zu differenzieren ist zwischen der Entscheidungswahl und der Entscheidungsfindung. [2. Kapitel, A. I. 2. c) dd)]

Um den absoluten Schutzbereich des Nemo-Tenetur-Grundsatzes bestimmen zu können, ist dessen absoluter Kerngehalt anhand von Art. 1 Abs. 1 GG und Art. 19 Abs. 2 GG zu bestimmen, d. h. sein Wesensgehalt, sein Gewährleistungsminimum ist zu ermitteln. Zu fragen ist nach den Mindestbedingungen für den Bestand der Entscheidungsfreiheit im Strafverfahren. Die Mindestbedingung für den Bestand der Entscheidungsfreiheit findet sich in dem Recht des Individuums, selbst entscheiden zu dürfen, ob es sich erklärt oder nicht. Dies bedeutet, dass dem Grundrechtsträger für die Ausübung der Entscheidungsfreiheit vom Gesetzgeber mindestens eine Entscheidungsalternative einzuräumen ist. Denn wenn für den Vorgang der Entscheidungsfindung nicht mindestens zwei Varianten zur Verfügung stehen, scheidet bereits von vornherein die konkrete Möglichkeit zu einer Entscheidung aus. Eine Entscheidung im herkömmlichen Sinne wäre nicht möglich, denn die hoheitliche Vorgabe nur einer (Handlungs-)Alternative erweist sich als Diktat. Das Recht zur Entscheidungswahl besteht daher nur dann, wenn der Staat dem Beschuldigten rechtlich mindestens eine Entscheidungsalternative einräumt. Allein die theoretische Wahlmöglichkeit des Beschuldigten, die Informationspreisgabe faktisch verweigern zu können, stellt keine zulässige Entscheidungsalternative dar. Die Mindestbedingung der Entscheidungsfreiheit im Strafverfahren findet sich daher in dem Recht des Beschuldigten zur Entscheidungswahl über die eigene Informationspreisgabe. Dem Beschuldigten steht daher sowohl die eigene Bewertung der Vor- und Nachteile zwischen Mitwirkung- und Mitwirkungsverweigerung, als auch die abschließende Entscheidungswahl hierüber zu. [2. Kapitel, A. I. 2. d)]

X.

Während die Rechtsposition der Entscheidungswahl, als Mindestbedingung der Entscheidungsfreiheit, den absolut geschützten Kernbereich des Nemo-Tenetur-Grundsatzes markiert, beschreibt der Vorgang der Entscheidungsfindung den nur relativ geschützten Abwägungsbereich. Hiernach darf der Staat auf die Willensbildung des Beschuldigten grds. Einfluss nehmen. [2. Kapitel, A. I. 2. c) dd) (2)] Inwieweit die staatliche Einflussnahme auf die Willensbildung unter rechtsstaatlichen Gesichtspunkten zulässig sein soll, ist einer normativen und damit letzten Endes subjektiven Abwägung vorenthalten. Einen Katalog für die rechtsstaatlichen Grenzen staatlicher Einflussnahme auf die Willensbildung des Beschuldigten enthält § 136a StPO. Da § 136a StPO die Einflussnahme auf die Willensbildung regelt, der Nemo-Tenetur-Grundsatz aber in seinem absoluten Bestand allein auf die Rechtsposition der Entscheidungswahl bezogen ist, stehen beide Regelungswerke insoweit unabhängig und selbständig nebeneinander. [2. Kapitel, A. II. 1. b)]

XI.

Der Zwangsbegriff des Nemo-Tenetur-Grundsatzes ist gleichzusetzen mit dem grundrechtlichen Eingriffsbegriff. Ein verbotener Zwang i. S. d. Nemo-Tenetur-Grundsatzes ist daher dann anzunehmen, wenn ein staatlicher Rechtsakt in die absolut geschützte Rechtsposition der Entscheidungswahl eingreift. Dies ist insbesondere dann der Fall, wenn dem Beschuldigten eine gesetzliche Pflicht zur Informationspreisgabe auferlegt wird. Dann nämlich verbleibt dem Beschuldigten in Bezug auf sein Informationsverhalten rechtlich nur eine Alternative, nämlich die zur Aussage. Die Entscheidungswahl, sich redend oder schweigend zu verteidigen, ist dann nicht durch das Individuum, sondern durch den Staat getroffen. Wichtig ist es hervorzuheben, dass es für die Bejahung der Zwangswirkung unerheblich ist, ob die gesetzliche Pflicht zur Informationspreisgabe vollstreckbar oder mit Hilfe von Zwangsmitteln durchsetzbar ist. Bereits das gesetzliche Gebot selbst macht insoweit deutlich, dass dem Beschuldigten kein Recht zur Entscheidungswahl über sein Kommunikationsverhalten zustehen soll, und ist als Eingriff in den absoluten Schutz des Nemo-Tenetur-Grundsatzes zu qualifizieren. Da der Rechtsstaat an den Grundsatz vom Vorbehalt des Gesetzes gebunden ist, stellt darüber hinaus jeder Rechtsakt zur Durchsetzung einer bestehenden oder irrtümlich angenommenen Rechtspflicht zur Informationspreisgabe einen Zwang i. S. d. Nemo-Tenetur-Grundsatzes dar. [2. Kapitel, A. II. 1. a)]

Wann ein staatlicher Rechtsakt als grds. zulässige Einflussnahme auf die Willensbildung und wann als unzulässiger Eingriff in die Rechtsposition der Entscheidungswahl zu qualifizieren ist, kann nicht pauschal beantwortet werden, sondern ist anhand von Indizien zu ermitteln. Als solche können insbesondere die Handlungsintention des jeweiligen Hoheitsträgers und die Zweckbindung des entsprechenden Rechtsaktes herangezogen werden. [2. Kapitel, A. II. 1. a)]

XII.

Die vorgetragene Idee, zwischen einem Eingriff in die Rechtsposition der Entscheidungswahl und der Entscheidungsfindung zu differenzieren, ist in der Lage, das Erklärungsdilemma zwischen den vorhandenen Mitwirkungszwängen des Strafverfahrens und dem propagierten absoluten Schutz des Nemo-Tenetur-Grundsatzes zu beheben. Zwar kann auch diese Innovation in Grenzbereichen nicht sicher bestimmen, ob ein verbotener Eingriff in die Rechtsposition der Entscheidungswahl oder ein erlaubter Eingriff in die Entscheidungsfindung vorliegt. Sie ist aber in der Lage, eine praktisch verwendbare und systematische Struktur des Nemo-Tenetur-Grundsatzes zu zeichnen, und erlaubt eine ebensolche Bewertung der in diesem Zusammenhang immer wieder diskutierten Konfliktsituationen. Mit Hilfe der Unterscheidung zwischen der Rechtsposition der Entscheidungswahl und der Entscheidungsfindung, lässt sich die Rechtsfolge eines staatlichen Eingriffs in die Entscheidungsfreiheit des Beschuldigten abstrakt begründen, was erst die Subsumtion der konkreten Sachverhaltsgestaltung unter den Nemo-Tenetur-Grundsatz ermöglicht.

XIII.

Wie am Beispiel der Blutentnahme nach § 81a StPO oder der Durchsuchung beim Verdächtigen nach § 102 StPO aufgezeigt, wird durch den absoluten Schutz der Rechtsposition der Wahlfreiheit i. S. d. Nemo-Tenetur-Grundsatzes nicht jede Form der Informationspreisgabe bzw. jeder auf den Beschuldigten ausgeübte Verhaltenszwang erfasst. Entsprechend seiner Ableitung aus dem Grundrecht des Art. 2 Abs. 1 i. V. m. Art. 1 Abs. 1 GG, welches als Kommunikationsgrundrecht fungiert, liegt ein Eingriff in den Nemo-Tenetur-Grundsatz nur dann vor, soweit von dem Beschuldigten ein Verhalten mit unmittelbarem Erklärungswert gefordert wird. Der Befehl im Rahmen einer Blutentnahme, den Arm auszustrecken oder die Durchsuchung zu dulden oder nicht zu behindern, stellt zwar einen Verhaltenszwang dar, aber eben keinen mit unmittelbarem kommunikatorischen Erklärungswert. Wenn in aller Regel ein kommunikatives Verhalten mit Erklärungswert nur von einer aktiven Handlung ausgeht, findeen sich hierin auch die, von der überwiegenden Meinung für die Schutzbereichsbestimmung des Nemo-Tenetur-Grundsatzes herangezogenen, Differenzierungsmerkmale der Aktivität und Passivität wieder, wenngleich mit anderer Akzentuierung. [2. Kapitel, A. II. 2.]

XIV.

Der Nemo-Tenetur-Grundsatz definiert sich als das Recht des Beschuldigten, über das eigene kommunikatorische Verhalten mit Erklärungswert im Strafverfahren selbst entscheiden zu dürfen. Jeder staatliche Eingriff in die Rechtsposition der Entscheidungswahl über das eigene kommunikatorische Verhalten mit Erklärungswert stellt sich als Verstoß gegen den Nemo-Tenetur-Grundsatz dar.

XV.

Da der staatlichen Informationserhebung nur in Abhängigkeit des jeweiligen Verwendungszusammenhanges Grenzen gesetzt sind, verstößt nicht jeder gesetzliche Zwang zur Informationspreisgabe gegen den Nemo-Tenetur-Grundsatz. Zu einem Verstoß gegen den Nemo-Tenetur-Grundsatz kommt es nur dort, wo es neben einem Eingriff in die Rechtsposition der Entscheidungswahl zu einer strafrechtlichen Selbstbelastungsgefahr kommt. Dieses Merkmal ist dann erfüllt, wenn die erzwungene Information in einem repressiven Verfahren Verwendung findet. Es gilt der Grundsatz, dass sämtliche Informationen, die der Betroffene außerhalb des Strafverfahrens in Erfüllung gesetzlicher Pflichten zur Informationspreisgabe offenbart hat, der Verwendung im Straf- und Bußgeldverfahren entzogen sind. [2. Kapitel, B. II.] Eine Ausnahme gilt allerdings in Bezug auf gesetzliche Dokumentations- und Aufzeichnungspflichten, die dem Betroffenen zu Überwachungszwecken normgemäßen Verhaltens auferlegt sind. Lässt sich mit den Dokumentationen der Nachweis führen, dass der Betroffene entweder gegen den von dem Überwachungszweck umfassten Normbefehl verstoßen hat, oder dass er den Aufzeichnungspflichten nicht ordnungsgemäß nachgekommen ist, dürfen diese Informationen auch dann für die Durchführung eines repressiven Verfahrens verwendet werden, wenn eine gesetzliche Pflicht zur Vorlage und Übergabe der Dokumente an die Behörden besteht. Die repressive Informationsverwendung ist allerdings streng auf die Sanktionierung solcher Verstöße beschränkt, die gerade von dem gesetzlichen Überwachungszweck erfasst werden. Diese mit Hilfe der induktiven Analyse festgestellte Ausnahme stellt einen Einbruch in die systematische Struktur der aufgezeigten Definition des absoluten Schutzbereichs des Nemo-Tenetur-Grundsatzes dar, ist aber ein gängiger und gewollter Vorgang in der Rechtspraxis. [2. Kapitel, B. II. 2. 1)]

XVI.

Für das Steuerstrafverfahren ergibt sich folgendes Ergebnis. Sämtliche steuerrechtlichen Mitwirkungspflichten stellen einen Eingriff in die Rechtsposition der Entscheidungswahl dar und sind daher als Zwang i. S. d. Nemo-Tenetur-Grundsatzes zu qualifizieren. Hieran vermag auch die Regelung des § 393 Abs. 1 S. 2 AO und das dort normierte Zwangsmittelverbot für den Fall der strafrechtlichen Selbstbelastung nichts zu ändern. [3. Kapitel, A. II.] Zu einem Verstoß gegen den Nemo-Tenetur-Grundsatz kommt es aber erst dann, wenn die im Besteuerungsverfahren zwangsweise erhobenen Informationen im Steuerstrafverfahren Verwendung finden. Einer insoweit zweckwidrigen Verwendung der im Besteuerungsverfahren erlangten Informationen steht grundsätzlich sowohl das Steuergeheimnis gem. § 30 Abs. 2 AO als auch das steuerstrafrechtliche Verwertungsverbot des § 393 Abs. 2 S. 1 entgegen. Eine Ausnahme hiervon findet sich in den Durchbrechungstatbeständen der §§ 30 Abs. 4 Nr. 1 i. V. m. Abs. 2 Nr. 1 b) AO und § 393 Abs. 2 S. 1 a. E. AO, nach deren Wortlaut die im Besteuerungsverfahren durch den Steuerpflichtigen preisgegebenen Informationen auch für die Zwecke eines Steuerstrafverfahrens von den Finanzbehörden offenbart und von den Strafverfolgungsbehörden verwertet werden dürfen. Die steuerstrafrechtliche Informationsverwendung der unter dem Zwang der steuerrechtlichen Mitwirkungspflichten von dem Steuerpflichtigen gemachten Angaben stellt jedoch einen Eingriff in den unantastbaren Kernbereich des Nemo-Tenetur-Grundsatzes dar. Im Steuerstrafverfahren kommt es daher zu einem rechtserheblichen Konflikt zwischen den steuerrechtlichen Mitwirkungspflichten und dem Nemo-Tenetur-Grundsatz. [3. Kapitel, A. III.]

Um diesen Verstoß gegen den Nemo-Tenetur-Grundsatz zu vermeiden und einen insoweit verfassungsgemäßen Zustand herzustellen, stehen dem Gesetzgeber zwei Möglichkeiten zur Verfügung. Entweder wird der im Besteuerungsverfahren in Folge der gesetzlichen Mitwirkungspflichten bestehende Zwang zur Informationspreisgabe im Falle der strafrechtlichen Selbstbelastung rechtlich suspendiert. Oder aber die steuerrechtliche Pflicht zur Informationspreisgabe bleibt bestehen, es wird aber der die Strafverfolgungsgefahr begründende Informationsfluss zwischen Steuer- und Steuerstrafverfahren unterbrochen. Die Entscheidung darüber, welcher Weg für die Konfliktlösung zu beschreiten ist, bleibt aufgrund des legislativen Gestaltungsspielraumes dem Gesetzgeber vorbehalten [3. Kapitel, B.]

XVII.

Die Auflösung der Konfliktsituation durch die Aussetzung der steuerrechtlichen Mitwirkungspflichten scheidet de lege lata aus. Ihr steht der Wille des Gesetzgebers entgegen, welcher durch die Regelung des § 393 Abs. 1 S. 1 AO zum Ausdruck bringt, dass dem Steuerpflichtigen trotz der Einleitung eines Steuerstrafverfahrens kein Aussageverweigerungsrecht zuzusprechen ist. [3. Kapitel, B. I.]

Die Konfliktlösung findet sich in einem steuerstrafrechtlichen Verwendungsverbot der im Besteuerungsverfahren durch den Steuerpflichtigen gemachten Angaben. Entgegen der gängigen Meinung, wonach die Durchbrechungstatbestände einen ungehinderten Informationsaustausch zwischen Angaben im Besteuerungs- und Steuerstrafverfahren erlauben, ist den §§ 30 Abs. 2 AO und § 393 Abs. 2 S. 1 AO ein steuerstrafrechtliches Offenbarungs- und Verwertungsverbot zu entnehmen. Mit Hilfe der verfassungskonformen Auslegung und unter Beachtung der Wortlautvorgaben der §§ 30 Abs. 4 Nr. 1 i. V. m. Abs. 2 Nr. 1 b) AO und § 393 Abs. 2 S. 1 a. E. AO konnte deutlich gemacht werden, dass die Durchbrechungstatbestände einen Informationsaustausch nur in Bezug auf falsche und unrichtige Angaben des Steuerpflichtigen im Besteuerungsverfahren erlauben. Sämtliche Angaben die der Steuerpflichtige in Erfüllung steuerrechtlicher Pflichten im Besteuerungsverfahren macht, sind nach ihrem Inhalt nicht von den Durchbrechungstatbeständen erfasst, so dass insoweit das steuerstrafrechtliche Offenbarungsverbot gem. § 30 Abs. 2 AO und das Verwertungsverbot gem. § 393 Abs. 2 S. 1 AO unbeschränkte Wirkung entfalten. [3. Kapitel, B. II.] Eine Ausnahme hiervon findet sich nur für Angaben und Informationspreisgaben im Zusammenhang steuerrechtlicher Buchführungspflichten. [3. Kapitel, B. II. 5.]

XVIII.

Für das Steuerstrafverfahren ist abschließend folgendes Ergebnis festzustellen: Angaben, die der Steuerpflichtige in Erfüllung steuerrechtlicher Pflichten im Besteuerungsverfahren macht, unterliegen dem behördlichen Offenbarungsverbot gem. § 30 Abs. 2 AO und dem strafrechtlichen Verwertungsverbot gem. § 393 Abs. 2 S. 1 AO. Aus der Kombination von Offenbarungs- und Verwertungsverbot ergibt sich ein Verwertungsverbot mit Fernwirkung, mithin ein echtes Verwendungsverbot. Das Verwendungsverbot gilt auch für solche Angaben des Steuerpflichtigen, welche dieser in Erfüllung steuerrechtlicher Pflichten im Rahmen eines Steuererstattungs- oder eines Einspruchsverfahrens gegen einen Schätzungsbescheid gem. § 162 AO macht. Insoweit liegt zwar nur ein Eingriff in den beschränkbaren Schutz der Entscheidungsfindung vor. Das Ergebnis ist aber die Konsequenz aus der Gesetzesinterpretation der abgabenrechtlichen Regelungen im Zuge der auf den Nemo-Tenetur-Grundsatz gestützten verfassungskonformen Auslegung. Nach dieser erlauben die Durchbrechungstatbestände gem. § 30 Abs. 4 Nr. 1 i. V. m. Abs. 2 Nr. 1 b) AO und § 393 Abs. 2 S. 1 a. E. AO nur die steuerstrafrechtliche Offenbarung und Verwertung von unrichtigen oder falschen Angaben, die der Steuerpflichtige im Besteuerungsverfahren gemacht hat.

B. Schlussbemerkung

In ihrer jüngsten Entscheidung bejaht nunmehr auch die Rechtsprechung ein steuerstrafrechtliches Verwendungsverbot in Bezug auf solche Angaben, die der Steuerpflichtige in Erfüllung steuerrechtlicher Pflichten in einem dem Steuerstrafverfahren nachfolgenden Besteuerungsverfahren gemacht hat (BGH NJW 2005, 763 ff.). Die Aussagen der vorliegenden Arbeit sind geeignet, diese Rechtsprechung in ihrer Entscheidung inhaltlich zu begründen. Der primäre Entscheidungsträger für die Lösung der aufgezeigten Konfliktsituationen zwischen steuerrechtlichen Mitwirkungspflichten und dem Nemo-Tenetur-Grundsatz ist jedoch der Gesetzgeber. Nur dieser kann durch eine deutliche Normierung, was eine Kodifikation in der Abgabenordnung verlangt, die in der Praxis vorzufindende Rechtsunsicherheit beheben. Mit Blick über die Themenbegrenzung der vorliegenden Arbeit auf das Steuerstrafverfahren hinaus, stellt sich die Notwendigkeit einer gesetzlichen Normierung de lege ferenda insbesondere hinsichtlich der §§ 393 Abs. 1 S. 2 AO, § 30 Abs. 4 Nr. 5 AO und § 31b AO. Diese Regelungen stehen in einem erheblichen Spannungsverhältnis zu dem absoluten Schutz des Nemo-Tenetur-Grundsatzes. Nimmt man die jüngste gerichtliche Ergebnisvorlage in ihren Kernaussagen ernst und orientiert sich zudem an der hier beschriebenen Definition des Nemo-Tenetur-Grundsatzes, stellen sich die in den §§ 393 Abs. 2 S. 2 AO, § 30 Abs. 4 Nr. 5 AO und § 31b AO getroffenen Wertungen als verfassungswidrig dar. Von der unbestrittenen Meinung in der Literatur wird die Einstufung als verfassungswidrig zumindest hinsichtlich § 393 Abs. 2 S. 2 AO geteilt. Diese Rechtsbewertung ist konsequent und die zwingende Folge, wenn man an dem Gewährleistungsinhalt des Nemo-Tenetur-Grundsatzes festhalten will. Es ist nämlich nicht zu erklären, warum die Aufklärung einer noch so schweren Straftat die Anwendung von Zwang im Strafprozess nicht erlaubt, demgegenüber aber für die mit Hilfe von Zwang im Besteuerungsverfahren erlangten Angaben die strafrechtliche Verwertung zulässig sein soll.

Wenn der Gesetzgeber daher aufgefordert wird, die Widersprüchlichkeiten zwischen den Regelungen der Abgabenordnung und dem Gewährleistungsinhalt des Nemo-Tenetur-Grundsatzes auszuräumen, bleibt jedoch zu befürchten, dass er dieser Aufgabe nicht nachkommen wird. Zu lange schon sind die Konfliktsituationen in der Rechtspraxis bekannt, als dass sie dem Gesetzgeber hätten verborgen bleiben können. Zu häufig schon wurde der Gesetzgeber durch die Literatur mit dem Ruf nach einer grundlegenden Neuordnung über den verfassungswidrigen Zustand in Kenntnis gesetzt, als dass er die Dringlichkeit der Sache nicht hätte erkennen können. Die Untätigkeit des Gesetzgebers ist durch die Rechtspraxis zur Kenntnis zu nehmen, nicht aber zu akzeptieren. Es ist daher an den Fachgerichten, den Konflikt mit dem Nemo-Tenetur-Grundsatz aufzuzeigen und an das Bundesverfassungsgericht zu überweisen, welches in der Lage, ist dem Gesetzgeber die Verfassungswidrigkeit der Abgabenordnung in dem genannten Umfang aufzuzeigen und ihn zu einer Neuregelung anzuhalten.

Literaturverzeichnis

Achenbach, Hans
Anmerkung zu BGH, Beschl. v. 16.3.1989, StV 1989, 515 ff.

Albers, Marion
Faktische Grundrechtsbeeinträchtigung als Schutzbereichsproblem, DVBl 1996, 233 ff.

Alexy, Robert
Theorie der Grundrechte, Farnkfurt am Main 1986

Alternativ Komentar
Kommentar zum Grundgesetz für die Bundesrepublik Deutschland, Hrsg. Rudolf Wassermann, Neuwied 1984 (zit. Bearbeiter in AK zum GG)

Alternativ Kommentar
Kommentar zur Strafprozessordnung, hrsg. von Rudolf Wassermann, Band 1, §§ 1-93, Neuwied 1988; Band 2, Teilband 1, §§ 94 – 212b, Neuwied 1992; Teilband 2, Teilband 2, §§ 213 – 275, Neuwied 1993 (zit: Bearbeiter in AK-StPO)

Alvarez, Ligabue/Ricardo M.
Der Grundsatz "nemo tenetur seipsum accusare" und die Vertraulichkeit der Korrespondenz zwischen Anwalt und Mandant im Bußgeldrecht des Europäischen Kartellverfahrens, Diss. Universität Bonn 2000

Aselmann, Maike
Die Selbstbelastungsfreiheit im Steuerrecht im Lichte der aktuellen Rechtsprechung des Bundesgerichtshofs, NStZ 2003, 71 ff.

Aulehner, Josef
Polizeiliche Gefahren- und Informationsvorsorge, Diss. Universität Speyer 1996, Berlin 1998

Bärlein, Michael/Pananis, Panos/Rehmsmeier, Jörg
Spannungsverhältnis zwischen der Aussagefreiheit im Strafverfahren und den Mitwirkungspflichten im Verwaltungsverfahren, NJW 2002, 1825 ff.

Benkendorff, -
Die Aufgaben und Befugnisse der Zollfahndung nach der neuen AO, ZFZ 1977, 106 ff.

Beratungsakzente
Der Eingriff der Steuerfahndnung, hrsg. von Michael Streck, Bonn 1998 (zit: Bearbeiter in Beratungsakzente)

Bernsmann, Klaus
Anmerkung zum BGH-Beschluss vom 13.05.1996 (Hörfalle), StV 1997, 116 ff.

Berthold, Volker
 Der Zwang zur Selbsbezichtigung aus § 370 I AO und der Grundsatz des nemo tenetur, Diss. Universität Kiel, Frankfurt am Main 1992

Besson, Philipp
 Das Steuergeheimnis und das Nemo-tenetur-Prinzip im (steuer-) strafrechtlichen Ermittlungsverfahren, Diss. Universität Bochum, Frankfurt am Main 1996

Bethge, Herbert
 Staatszwecke im Verfassungsstaat, DVBl 1989, 841 ff.

Betriebsprüferhandbuch
 hrsg. von Wolfgang Blumers u. a., 11. Lieferung, München 2005 (zit: Betriebsprüferhandbuch)

Bethge, Herbert
 Der Grundrechtseingriff, VVDStRL 1997, 7 ff.

Bilsdorfer, Peter
 Einleitung eines Straferfahrens, PStR 2001, 238 ff.

derselbe
 Die Entwicklung des Steuerstraf- und Steuerordnungswidrigkeitenrechts, NJW 1999, 1675 ff.

Birk, Dieter
 Gleichheit und Gesetzmäßigkeit der Besteuerung - Zum Stellenwert zweier Grundprinzipien in der Steuerreform 1990, StuW 1989, 212 ff.

Bittmann, Folker/Rudolph, Carolin
 Das Verwendungsverbot gemäß § 97 Abs. 1 Satz 3 InsO, wistra 2001, 81 ff.

Bleckmann, Albert
 Staatsrecht II – Die Grundrechte, 4. Auflage, Köln 1997 (zit: Bleckmann Staatsrecht II)

Blesinger, Karl
 Die Einleitung des Steuerstrafverfahrens, wistra 1994, 48 ff.

derselbe
 Das Steuergeheimnis im Strafverfahren (Teil I), wistra 1991, 239 ff.

Bosch, Nikolaus
 Aspekte des nemo-tenetur-Prinzips aus verfassungsrechtlicher und strafprozessualer Sicht, Diss. Universität Augsburg 1997, Berlin 1998

Blumers, Wolfgang/Göggerle, Werner
 Handbuch des Verteidigers und Beraters im Steuerstrafverfahren, 2. Auflage, Köln 1989

Böse, Martin
 Wirtschaftsaufsicht und Strafverfolgung, Tübingen 2005

derselbe

Der Nemo-Tenetur-Grundsatz als Gebot zur Aussetzung des Zivilprozesses nach § 149 ZPO?, wistra 1999, 451 ff.

derselbe

Die Strafbarkeit wegen Steuerhinterziehung und der Nemo-Tenetur-Grundsatz, wistra 2003, 47 ff.

Briel, Olaf G. von

Steuerrechtliche Erklärungspflichten und das nemo-tenetur-Prinzip, StraFO 1998, 336 ff.

Brockhaus

Die Enzyklopädie in 24 Bänden, 10. Band, HERR – ISS, 20. Aufl., 1997

Brossette, Josef

Der Wert der Wahrheit im Schatten des Rechts auf informationelle Selbstbestimmung, Diss. Universität Trier 1989/1990, Berlin 1991

Bruder, Michael

Beweisverwertungsverbote im Steuerrecht und Steuerstrafrecht, Diss. Universität Frankfurt am Main 2000, Frankfurt am Main 2000

Calliess, Rolf-Peter

Strafvollzugsrecht, 3. Auflage, 1992

Dahs, Hans/Langkeit, Jochen

Das Schweigerecht des Beschuldigten und seine Auskunftsverweigerung als "verdächtiger Zeuge", NStZ 1993, 213 ff.

Dannecker, Gerhard

Steuerhinterziehung im internationalen Wirtschaftsverkehr, Diss. Universität Freiburg i. Br. 1983, Köln 1984

Dauster, Manfred

Die zivilprozessuale Erklärungslast zur Wahrhaftigkeit und Vollständigkeit nach § 138 Abs. 1, 2 ZPO im Spannungsfeld mit dem Recht des Beschuldigten nach §§ 136 Abs. 1 Satz 2; 243 Abs. 4 Satz 1 StPO, StraFo 2000, 154 ff.

Degenhart, Christoph

Die allgemeine Handlungsfreiheit des Art. 2 I GG, JuS 1990, 161 ff.

derselbe

Das allgemeine Persönlichkeitsrecht, Art. 2 I i. V. m. Art. 1 I GG, JuS 1992, 361 ff.

Denecker, Friedrich

Über Heimlichkeit, Offenheit und Täuschung bei der Beweisgewinnung im Strafverfahren, StV 1994, 667 ff.

Deutsch, Markus

Die heimliche Erhebung von Informationen und deren Aufbewahrung durch die Polizei, Diss. Universität Mannheim 1990/1991, Heidelberg 1992

Dietz, Gottfried/Cratz, Egon/Rolletschke, Stefan
Steuerverfehlungen, Kommentar zum materiellen Straf- und Ordnungswidrig-
keitenrecht sowie zum Straf- und Bußgeldverfahren in Steuersachen, Neuwied
Dez. 2002, (zit: Bearbeiter in Dietz/Cratz/Rolletschke)

Dingeldey, Thomas
Das Prinzip der Aussagefreiheit im Strafprozess, JA 1984, 407 ff.

derselbe
Der Schutz der strafprozessualen Aussagefreiheit durch Verwertungsverbote bei
außerstrafrechtlichen Aussage- und Mitwirkungspflichten, NStZ 1984, 529 ff.

Dierlamm, Manfred
Die zivilprozessuale Erklärungslast zur Wahrhaftigkeit und Vollständigkeit
nach § 138 Abs. 1, 2 ZPO im Spannungsfeld mit dem Recht des Beschuldigten
nach §§ 136 Abs. 1 S. 2; 243 Abs. 4 Satz 1 StPO, StrFo 2000, 154 ff.

Discher, Thomas
Mittelbarer Eingriff, Gesetzesvorbehalt, Verwaltungskompetenz: Die Jugend-
sekten – Entscheidung – BVerfGE 82, 76; BVerwG NJW 1991, 1770; 1992,
2496; BVerfG NJW 1989, 3269, JuS 1993, 463 ff.

Dörn, Harald
Praxisfragen im Grenzbereich von Besteuerungs- und Strafverfahren, DStZ
1999, 245 ff.

derselbe
Steuerstraf- und bußgeldrechtliche Aspekte in der Betriebsprüfung, DStZ 1996,
142 ff.

Dürig, Günter
Der Grundrechtssatz von der Menschenwürde, AöR 81 (1956), 117 ff.

Duttge, Gunnar
Der Begriff der Zwangsmaßnahme im Strafprozess, Diss. Universität Würzburg
1995, Baden-Baden 1995

derselbe
Strafprozessualer Einsatz von V-Personen und Vorbehalt des Gesetzes, JZ 1996,
556 ff.

Dreier
Grundgesetz: Komentar, hrsg. von Horst Dreier, Band 1, Art 1-19, Tübingen
1996; Band III, Art. 83-146, Tübingen 2000 (zit: Bearbeiter in Dreier)

Eckhoff, Rolf
Der Grundrechtseingriff, Diss. Unviversität Münster 1991, Köln 1992

Ehmann, Horst
Zur Struktur des allgemeinen Persönlichkeitsrechts, JuS 1997, 193 ff.

derselbe
Informationsschutz und Informationsverkehr im Zivilrecht, AcP 1988, 230 ff.

Erichsen, Hans-Uwe
    Das Grundrecht aus Art. 2 I GG, Jura 1987, 367 ff.

derselbe/Rauschenberg, Dirk
    Verwaltungsvollstreckungn: Jura 1998, 31 ff

Ernst, Marcus A.
    Verarbeitung und Zweckbindung von Informationen im Strafprozeß, Diss. Universität Regensburg 1992/1993, Berlin 1993

Eschelbach, Ralf
    Rechtsfragen zum Einsatz von V-Leuten, StV 2000, 390 ff.

Eser, Albin
    Aussagefreiheit und Beistand des Verteidigers im Ermittlungsverfahren, ZStW 1967, 565 ff.

Ferschl, Klaus
    Die Abgrenzung versuchter von vollendeter Steuerhinterziehung im Falle des § 370 I Nr. 2 AO bei Ergehen eines Schätzungsbescheids, wistra 1990, 177 ff.

Fezer, Gerhard
    Anmerkung zu BGH, Urt. v. 21.6.1995, StV 1996, 77 ff.

Fisahn, Andreas
    Ein unveräußerliches Grundrecht am eigenen genetischen Code, ZRP 2001, 49 ff.

Franke, Ulrich
    Anmerkung zu BVerfG, Urt. vom 27.4.2000, JR 2000, 468 ff.

Franzen, Klaus/Gast-De Haan, Brigitte/Joecks, Wolfgang
    Kommentar zum Steuerstrafrecht mit Steuerordnungswidrigkeiten und Verfahrensrecht, §§ 369 – 412 AO, § 32 ZollVG, 5. Auflage, München 2001 (zit: Bearbeiter in F/G/J § u. Rn.)

Franzheim, Horst
    Beweisverbote bei Erkenntnissen der Eigenüberwachung, NJW 1990, 2049 ff.

Freund, Georg
    Zulässigkeit, Verwertbarkeit und Beweiswert eines heimlichen Stimmenvergleichs – BGHSt 40, 66, JuS 1995, 394 ff.

Frister, Helmut
    Der Lügendetektor – Zulässiger Sachbeweis oder unzulässige Vernehmungsmethode?, ZStW 1994, 303 ff.

Gallandi, Volker
    Das Auskunftsverweigerungsrecht nach § 44 Abs. 4 KWG, wistra 1987, 127 ff.

Gallwas, Hans-Ullrich
    Der allgemeine Konflikt zwischen dem Recht auf informationelle Selbstbestimmung und der Informationsfreiheit, NJW 1992, 2785 ff.

Geerds, Friedrich
Auskunftsverweigerungsrecht oder Schweigebefugnis?, in Festschrift für Ulrich Stock, hrsg. von Günter Spendel, 1966 (zit: Geerds in FS Stock 1966)

Geis, Max-Emanuel
Der Kernbereich des Persönlichkeitsrechts, JZ 1991, 112 ff.

Geppert, Klaus
Zur Einführung verdachtsfreier Atemalkoholkontrollen aus rechtlicher Sicht, in Festschrift für Günter Spendel, hrsg. von Menfred Seebode, 1992 (zit. Geppert in FS Spendel 1992)

derselbe
Beschlagnahme von Schadensakten privater (Kraftfahrzeug-) Haftpflichtversicherer im (Verkehrs-) Strafprozess, DAR 1981, 301 ff.

Goldmann, Kay-Oliver
Das Spannungsverhältnis zwischen Allgemeininteresse und Persönlichkeitsinteresse im Strafverfahren am Beispiel des "Großen Lauschangriffs", Diss. Universität Marburg 2002, Berlin 2002

Grezesch, Wolf
Steuererklärungspflichten im Strafverfahren, DStR 1997, 1273 ff.

Grünwald, Gerald
Probleme der Gegenüberstellung zum Zwecke der Wiedererkennung, JZ 1981, 423 ff.

Grupp, Klaus
Mitwirkungspflichten im Verwaltungsverfahren, VerwArch 1989, 44 ff.

Günther, Hans-Ludwig
Die Schweigebefugnis des Tatverdächtigen im Straf- und Bußgeldverfahren aus verfassungsrechtlicher Sicht, GA 1978, 193 ff.

derselbe
Strafrichterliche Beweiswürdigung und schweigender Angeklagter, JR 1978, 89 ff.

Gusy, Christoph
Grundrechtsschutz vor staatlichem Informationseingriffen, VerwArch 1983, 91 ff.

Hahn, Werner
Offenbarungspflichten im Umweltschutzrecht, Köln 1984

Hamacher, Rolfjosef
Aufgaben und Befugnisse der Steuerfahndung bei Ermittlungen nach § 208 Abs. 1 Satz 1 Nr. 1 und Nr. 2 AO, DStZ 1983, 493 ff.

Handbuch des Staatsrechts

Der Bundesrepublik Deutschland, hrsg. von Josef Isensee und Paul Kirchhof, Band IV, Finanzverfassung – Bundesstaatliche Ordnung, § 87 - § 107, Heidelberg 1990; Band V, Allgemeine Grundrechtslehren, § 108 - § 127, Heidelberg 1992; Band VI, Freiheitsrechte, § 218 - § 157, Heidelberg 1989
(zit: Bearbeiter in HdbStR)

Hardtke, Frank

Steuerhinterziehung durch verdeckte Gewinnausschüttung – Unrichtige Feststellungen nach § 47 KStG als Steuervorteilserlangung, Diss. Universität Greifwald 1994, Berlin 1995

Hartung, Marcus

Zum Umfang des Auskunftsverweigerungsrrechts nach § 44 IV KWG, NJW 1988, 1070 ff.

Heerspink, Frank

Zum Konflikt zwischen der steuerlichen Mitteilungspflicht des § 4 Abs. 5 Nr. 10 EStG und dem nemo-tenetur-Prinzip, wistra 2001, 441 ff.

Hefendehl, Roland

Beweisermittlungs- und Beweisverwertungsverbote bei Auskunfts- und Mitwirkungspflichten, wistra 2003, 1 ff.

Helle, Ernst

Der Schutz der Persönlichkeit, der Ehre und des wirtschaftlichen Rufes im Privatrecht, 2. Auflage, Tübingen 1969

Hellmann, Uwe

Das Neben-Strafverfahrensrecht der Abgabenordnung, Köln 1995

derselbe

Anmerkung zu BGH Beschluß vom 23.01.2002, JZ 2002, 617 ff.

Henneberg, Ernst

Der Steuerpflichtige im Spannunsfeld zwischen Besteuerungsverfahren und Steuerstrafverfahren, BB 1988, 2181 ff.

Herzog, Felix

Präimplantationsdiagnostik – im Zweifel für ein Verbot?, ZRP 2001, 393 ff.

Hesse, Konrad

Grundzüge des Verfassungsrechts der Bundesrepublik Deutschland, 20. Auflage, Heidelberg 1995

Hoff, Alexander

Das Handlungsunrecht der Steuerhinterziehung, Diss. Universität Potsdam 1997/1998, Berlin 1999

Höfling, Wolfram

Die Unantastberkeit der Menschenwürde – Annäherungen an einen schwierigen Verfassungsrechtssatz, JuS 1995, 857 ff.

Hofmann, Hasso
Die versprochene Menschenwürde, AöR 118 (1993), 354 ff.

Huber, Peter
Das Menschenbild im Grundgesetz, Jura 1998, 505 ff.

Hubmann, Heinrich
Das Persönlichkeitsrecht, 2. erweiterte Auflage, Köln 1967

Hübschmann, Walter/Hepp, Ernst/Spitaler, Armin
Kommentar zur Abgabenordnung und Finanzgerichtsordnung, 10. Auflage, 185. Lieferung, Köln 2005 (zit: Bearbeiter in H/H/S)

Huchel, Uwe
Schätzungen im Steuerstrafverfahren, Diss. Universität Tübingen 1994

Hüttinger, Stefan
Schutz des Steuerpflichtigen durch Beweisverbote im Steuer- und Steuerstrafverfahren, Diss. Universität Tübingen 1997

Ipsen, Jörn
Staatsrecht II Grundrechte, 7. Auflage, München 2004 (zit: Ipsen Staatsrecht II)

Isensee, Josef
Das staatliche Gewaltmonopol als Grundlage und Grenze der Grundrechte, in: Festschrift für Horst Sendler, S. 39 ff., hrsg. von Everhardt Franßen u. a., München 1991 (zit: Insensee in FS Sendler 1991)

derselbe
Die alte Frage nach der Rechtfertigung des Staates, JZ 1999, 265 ff.

Jakob, Wolfgang
Rechtsfragen der Organisation und Funktion des Steuerfahndungsdienstes, StuW 1971, 297 ff.

Jakobs, Günther
Norm, Person, Gesellschaft, Berlin 1997

Jarass, Hans D
Das allgemeine Persönlichkeitsrecht im Grundgesetz, NJW 1989, 857 ff.

Jarke, Annette
Das Verwertungsverbot des § 393 Abs. 2 S. 1 AO, wistra 1997, 325 ff.

Joecks, Wolfgang
Der nemo-tenetur-Grundsatz und das Steuerstrafrecht, in Festschrift für Günter Kohlmann, S. 451 ff., hrsg. von Hans Joachim Hirsch u. a., Köln 2003 (zit: Joecks in FS Kohlmann)

derselbe
Praxis Steuerstrafrecht, Berlin 1998 (zit: Joecks 1998)

derselbe
Urkundenfälschung „in Erfüllung steuerrechtlicher Pflichten" (§ 393 II S. 1 AO)?, wistra 1998, 86 ff.

KMR

Kommentar zur Strafprozessordnung, hrsg. von Bernd von Hentschel-Heinegg u. a., 39. Lieferung Neuwied 2005

Kahlo, Michael

Der Begriff der Prozesssubjektivität und seine Bedeutung im reformierten Strafverfahren, besonders für die Rechtstellung des Beschuldigten, KritV 1997, 183 ff.

Karlsruher Kommentar

Kommentar zur Strafprozessordnung und zum Gerichtsverfassungsgesetz mit Einführungsgesetz, hrsg. von Gerd Pfeiffer, 5. Auflage, München 2003 (zit: Bearbeiter in KK-StPO)

Karpen, Ulrich

Die Unterscheidunhg von Staat und Gesellschaft als Bedingung der rechtsstaatlichen Freiheit, JA 1986, 229 ff.

Katz, Alfred

Staatsrecht, Grundkurs im öffentlichen Recht, 15. Auflage, Heidelberg 2002

Kehr, Martin

Dilemma des Zeugen, NStZ 1997, 160 ff.

Keiser, Claudia

Die Anwendung des "nemo-tenetur-Grundsatzes" auf das Prozessverhalten des Angeklagten, StV 2000, 633 ff.

Keller, Rainer

Rechtliche Grenzen der Provokation von Straftaten, Berlin 1989

Klein, Franz

Abgabenordnung, Kommentar, 8. Auflage, Müchen 2003 (zit: Bearbeiter in Klein)

Klein, Hans

Vom sozialistischen Machtsstaat zum demokratischen Rechtsstaat, JZ 1990, 53 ff.

Kloepfer, Michael

Leben und Würde des Menschen, in: Festschrift 50 Jahre Bundesverfassungsgericht, S. 77 ff., hrsg. von Peter Badura u. a., Tübingen 2001 (zit: Kloepfer in FS BVerfG)

Koch, Karl/Scholtz, Rolf-Detlev

Abgabenordnung, Kommentar, 5. Auflage, Köln 1996 (zit: Bearbeiter in Koch/Scholtz)

Kohlmann, Günter

Steuerstrafrecht mit Ordnungswidrigkeitenrecht und Verfahrensrecht, Kommentar zu den §§ 369 – 412 AO 1977, 33. Lieferung, Köln 2005 (zit: Kohlmann Steuerstrafrecht)

derselbe
Strafprozessuale Verwertungsverbote als Schranken für steuerliche und steuer-strafrechtliche Ermittlungen der Fahndungsbehörden, in: Festschrift für Klaus Tipke, 487 ff., hrsg. von Joachim Lang, Köln 1995 (zit: Kohlmann in FS Tipke 1995)

Köpp, Klaus
Das Steuergeheimnis innerhalb der Finanzverwaltung, insbesondere in Zoll- und Steuerstrafverfahren, ZfZ 1984, 329 ff.

Krause, Peter
Das Recht auf informationelle Selbstbestimmung – BVerfGE 65, 1, JuS 1984, 268 ff.

Krekeler, Wilhelm
Steuerstrafrechtliche Ermittlungen der Betriebsprüfung, PStR 1999, 131 ff.

Krieg, Michael
Das Beweisverwertungsverbot des § 393 Absatz 2 Satz 1 AO 1977 bei Tateinheit gem. § 52 StGB zwischen Allgemeindelikt und Steuerstraftat, Diss. Universität Köln 2001

Kruse, Heinrich Wilhelm
Lehrbuch des Steuerrechts Band I, Allgemeinder Teil, München 1991

Kube, Hanno
Die Elfes-Konstruktion, JuS 2003, 111 ff.

Kühl, Christian
Freie Beweiswürdigung des Schweigens des Angeklagten und der Unter-suchungsverweigerung eines angehörigen Zeugen – BGHSt 32, 140, JuS 1986, 115 ff.

derselbe
Anmerkung zu BGH StV 1986, 185 ff., StV 1986, 187 ff.

Kunig, Philip
Der Grundsatz informationelle Selbstbestimmung, Jura 1993, 595 ff.

derselbe
Freie Beweiswürdigung des Schweigens des Angeklagten und der Untersuchungsverweigerung eines angehörigen Zeugen – BGHSt 32, 140, JuS 1986, 115 ff.

Laber, Birgit
Die Verwertbarkeit von Tagebuchaufzeichnungen im Strafverfahren, Diss. Universität Köln 1994/1995, Frankfurt am Main 1995

Lagodny, Otto
Strafrecht vor den Schranken der Grundrechte, Tübingen 1996

Lammer, Dirk
Verdeckte Ermittlungen im Strafprozeß, Diss. Universität Regensburg 1991/1992, Berlin 1992

Langer, Roman
Lenk- und Ruhezeiten im Straßenverkehr und ihre Kontrolle durch Fahrtschreiber und Kontrollgeräte, DAR 2002, 97 ff.

Larenz, Karl/Canaris, Claus-Wilhelm
Methodenlehre der Rechtswissenschaft, 3. Auflage, Berlin 1995

Lege, Joachim
Die allgemeine Handlungsfreiheit gem. Art. 2 I GG, Jura 2002, 753 ff.

Leibziger Kommentar
StGB, Großkommentar, hrsg. von Hans-Heinrich Jescheck u. a., 10. Auflage, zweiter Band, §§ 32 – 60, Berlin 1985; Fünfter Band §§ 185 – 262, Berlin 1989 (zit: Bearbeiter in LK-StGB)

Lesch, Heiko Hartmut
Inquisition und rechtliches Gehör in der Beschuldigtenvernehmung, ZStW 1999, 624 ff.

Lorenz, Frank Lucien
„Operative Informationserhebung" im Strafverfahren, „Unverfügbares" und Grundrechtsschutz durch „institutionelle Kontrolle", JZ 1992, 1000 ff.

derselbe
Absoluter Schutz versus absloute Relativität, GA 1992, 254 ff.

Loschelder, Wolfgang
Rasterfahndung – Polizeiliche Ermittlung zwischen Effektivität und Freiheitsschutz, Der Staat 1981, 349 ff.

Löwe, Erdmann/Rosenberg, Werner
Die Strafprozessordnung und das Gerichtsverfassungsgesetz, Großkommentar, hrsg. von Peter Rieß, Erster Band, Einleitung, §§ 1-71, 25. Auflage, Berlin 1999; 26. Lieferung: §§ 72-93, 25. Auflage, Berlin 2003; 2. Lieferung: §§ 112-136a, 25. Auflage, Berlin 1997; Sonderband: MRK, IPBPR, 25. Auflage, Berlin 2005 (zit: Bearbeiter in LR-StPO)

Lübbe-Wolff, Gertrude
Grundrechte als Eingriffsabwehrrechte: Struktur und Reichweite der Eingriffsdogmatik im Bereich staatlicher Leistungen, Baden-Baden 1988

Lücke, Jörg
Die spezifischen Schranken des allgemeinen Persönlichkeitsrechts und ihre Geltung für vorbehaltlose Grundrechte, DÖV 2003, 93 ff.

Lüdemann, Jörn
Die verfassungskonforme Auslegung von Gesetzen, JuS 2004, 27 ff.

Luhmann, Niklas
Grundrechte als Institution – Ein Beitrag zur politischen Soziologie, Berlin 1986

Mäder, Detlef
Betriebliche Offenbarungspflichten und Schutz vor Selbstbelastung, Diss. Universität Freiburg i. Br. 1996, Freiburg i. Br. 1997

Maier, Winfried
Reichweite des Verwertungsverbotes nach § 393 Abs. 2 Satz 1 AO, wistra 1997, 53 f.

Maihofer, Werner
    Handbuch des Verfassungsrechts der Bundesrepublik Deutschland, hrsg. von
    Ernst Benda u. a., 2. Auflage, Berlin 1995 (zit: Maihofer in Handbuch des
    Verfassungsrechts)

Mangoldt, Hermann von/Klein, Friedrich/Starck, Christian
    Das Bonner Grundgesetz, Kommentar, Band 1: Präambel, Artikel 1 bis 19, 4.
    Auflage, München 1999; Band 2, Art. 20 – 78, München 2000 (zit: Bearbeiter
    in Mangoldt/Klein/Starck)

Marx, Thomas
    Nemo tenetur se ipsum accusare? – Der Steuerpflichtige in der Klemme von
    Besteuerungs- und Strafverfahren –, in der Fachanwalt für Steuerrecht im
    Rechtswesen, S. 673 ff., Festschrift: 50 Jahre Arbeitsgemeinschaft der Fach-
    anwälte für Steuerrecht e. V., Bochum 2000 (zit: Marx in FS Fachanwalt für
    Steuerrecht 2000)

Maunz, Theodor/Dürig, Günter
    Grundgesetz: Kommentar, Band I: GG-Text – Art. 11; Band V: Art. 89 – 146;
    43. Lieferung, München 2004 (zit. Bearbeiter in Maunz – Dürig)

Meine, Hans-Gerd
    Tateinheit zwischen jeweils fortgesetzter Einkommen-, Gewerbe- und
    Umsatzsteuerhinterziehung bei gleichzeitig eingereichten Steuererklärungen?,
    BB 1978, 1309

Merkel,Reinhard
    Hirntot und kein Ende, Jura 1999, 113 ff.

Merten, Detlef
    Das Recht auf freie Entfaltung der Persönlichkeit, JuS 1976, 345 ff.

Meyer, Ingeborg
    Steuerstrafrechtliche Probleme bei Betriebsprüfungen, DStR 2001, 461 ff.

Meyer-Goßner, Lutz
    Kommentar: Strafprozessordnung Gereichtsverfassungsgesetz, Nebengesetze
    und ergänzende Bestimmungen, 47. Auflage, München 2004 (zit: Meyer-
    Goßner StPO)

Meyer-Mews
    Beweisververtungsverbote im Strafverfahren, JuS 2004, 39 ff.

Michalke, Regina
    Die Verwertbarkeit von Erkenntnissen der Eigenüberwachung zu
    Beweiszwecken im Straf- und Ordnungswidrigkeitenverfahren, NJW 1990,
    417 ff.

Miebach, Klaus
    Der teilschweigende Angeklagte, NStZ 2000, 234 ff.

Möller, Marcus
Die Berichtigungspflicht nach § 153 Abs. 1 AO und die strafrechtlichen Folgen einer Pflichtverletzung, Diss. Universität Greifswald 1995, Frankfurt am Main 1996

Möller, Hauke
Verfassungsrechtliche Überlegungen zum „nemo-tenetur"-Grundsatz und zur strafmildernden Berücksichtigung von Geständnissen, JR 2005, 314 ff.

Mösbauer, Heinz
Verdacht einer Steuerordnungswidrigkeit während einer steuerlichen Außenprüfung, StBp 2004, 229 ff.

derselbe
Steuerstraf- und Steuerordnungswidrigkeitenrecht, 2. Auflage, 2000

derselbe
Steuerfahndung – ein besonderer Prüfdienst der Finanzverwaltung zur Bekämpfung der Steuerkriminalität, StB 2003, 214 ff.

derselbe
Steuerfahndung im Rechtsstaat, DStZ 1986, 339 ff.

derselbe
Zum Umfang der Mitwirkungspflichten der Beteiligten und anderer Personen im Besteuerungsverfahren, DB 1985, 410 ff.

Mössner, Jörg Manfred
Staatsrecht, 2., neubearbeitete und erweiterte Auflage, Düsseldorf 1985

derselbe
Internationale Menschenrechte und Steuern, StuW 1991, 224 ff.

Müller, Arnold
Das Nebeneinander von Steuerrecht und Steuerstrafrecht, AO-StB 2001, 90 ff.

Müller, Lutz
Steuergeheimnis und Verwertungsverbot bei nichtsteuerlichen Straftaten, DStR 1986, 699 ff.

Müller, Rudolf
Neue Ermittlungsmethoden und das Verbot des Zwangs zur Selbstbelastung, EuGRZ 2002, S. 546 ff.

Müssig, Bernd
Beweisverbote im Legitimationszusammenhang von Strafrechtstheorie und trafverfahren, GA 1999, 119 ff.

Nass, Gustav
Person, Persönlichkeit und juristische Person, Berlin 1964

Neumann, Ulfried
Mitwirkungs- und Duldungspflichten des Beschuldigten bei körperlichen Eingriffen im Strafverfahren, in Festschrift für E. A. Wolff, S. 373 ff., hersg. von Rainer Zaczyk, Berlin 1998 (zit. Neumann in FS Wolff 1998)

Niebler, Engelbert
Die Rechtsprechung des Bundesverfassungsgerichts zum obersten Rechtswert der Menschenwürde, BayVBl 1989, 737 ff.

Niese, Werner
Narkoanalyse als doppelfunktionelle Prozesshandlung, ZStW 1951, 212 ff.

Nobbe, U./Vögele, P.
Offenbarungspflichten und Auskunftsverweigerungsrechte, NuR 1988, 313 ff.

Nothhelfer, Martin
Die Freiheit von Selbsbezichtigungszwang: verfassungsrechtliche Grundlagen und einfachgesetzliche Ausformungen, Diss. Universität Heidelberg, Heidelberg 1989

Olgemöller, Herbert
Die Steuerfahndung – Organisation, Kompetenzen, Rechtsschutz, Vorbereitung auf den Fahndungseingriff, in Beratungsakzente, Der Eingriff der Steuerfahndung, Hrsg. Michael Streck, Bonn 1998 (zit: Olgemöller in Beratungsakzente)

Otto, Harro
Beweisverbote aus steuerrechtlicher Mitwirkungspflicht?, wistra 1983, 233 ff.

Paeffgen, Hans-Ulrich
Vorüberlegungen zu einer Dogmatik des Untersuchungshaft-Rechts, Köln 1986

Pahlke, Armin/Koenig, Ulrich
Abgabenordnung, Kommentar, §§ 1 bis 368, München 2004 (zit: Bearbeiter in Pahlke/Koenig)

Pawlik, Michael
Verdeckte Ermittlungen und das Schweigerecht des Beschuldigten; Zu den Anwendungsgrenzen der §§ 136 Abs. 1 Satz 2 und 136 a StPO, GA 1998, 378 ff.

Peifer, Karl-Nikolaus
Individualität im Zivilrecht, Tübingen 2001

Peres, Holger
Strafprozessuale Beweisverbote und Beweisverwertungsverbote – und ihre Grundlagen in Gesetz, Verfassung und Rechtsfortbildung, Diss. Universität München1988, München 1991

Pfohl, Michael
Strafbarkeit von unerlaubten Einleitungen in öffentliche Abwasseranlagen, wistra 1994, 6 ff.

Pieroth, Bodo/Schlink, Bernhard
Grundrechte Staatsrecht II, 20. Auflage, Heidelberg 2004 (zit: Pieroth/Schlink Grundrechte)

Praxis Kommentar
Kommentar zur Abgabenordnung, hrsg. von Bernhard Schwarz, 101. Lieferung, Freiburg i. Br. 2002 (zit: Bearbeiter in PK)

Prittwitz, Cornelius
Anmerkung zu OLG Düsseldorf, Beschl. v. 4.3.1982, StV 1982, 344 ff.

Puppe, Ingeborg
List im Verhör des Beschuldigten, GA 1978, 289 ff.

Ranft, Otfried
Strafprozessrecht, 3. Auflage, Stuttgart 2005

Ransiek, Andreas
Die Rechte des Beschuldigten in der Polizeivernehmung, Heidelberg 1990

derselbe
Belehrung über Aussagefreiheit und Recht der Verteidigerkonsultation: Folgerungen für die Beschuldigtenvernehmung, StV 1994, 343 ff.

Reiche, Klaus
Die strafrechtliche Ermittlungskompetenz der Zollfahndung, wistra 1990, 90 ff.

Reiß, Wolfram
Besteuerungsverfahren und Strafverfahren, Köln 1987

derselbe
Zwang zur Selbstbelastung nach der neuen Abgabenordnung NJW 1977, 1436 f.

Rengier, Rudolf
Aushölung der Schweigebefugnis des auch steuerlich belangten Beschuldigten durch „nachteilige" Schätzung der Besteuerungsgrundlagen?, BB 1985, 720 ff.

Renzikowski, Joachim
Die förmliche Vernehmung des Beschuldigten und ihre Umgehung, JZ 1997, 710 ff.

Richter, Hans
Auskunfts- und Mitteilungspflichten nach §§ 20, 97 Abs. 1 ff. InsO, wistra 2000, 1 ff.

Riepl, Frank
Informationelle Selbsbestimmung im Strafverfahren, Diss. Universität Tübingen 1994, Tübingen 1998

Rieß, Peter
Die Vernehmung des Beschuldigten im Strafprozess, JA 1980, 293 ff.

Röckl, Edgar
Das Steuerstrafrecht im Spannungsfeld des Verfassungs- und Europarechts, Diss. Universität Bayreuth 2000, Berlin 2002

Rogall, Klaus
Das Verwendungsverbot des § 393 II AO, in Festschrift für Günter Kohlmann, S. 465 ff., hrsg. von Hans Joachim Hirsch u. a., Köln 2003 (zit: Rogall in FS Kohlmann)

derselbe
Der Beschuldigte als Beweismittel gegen sich selbst, Diss. Universität Bonn 1975/1976, Berlin 1977 (zit: Rogall)

derselbe
Verwertungsverbote im Besteuerungsverfahren, Festschrift für Peter Riess, S. 951 ff, hrsg. von Ernst-Walter Hanack, Berlin 2002 (zit: Rogall in FS Riess 2002)

derselbe
Die Missachtung des Verbots der Selbstbelastung im geltenden und kommenden Abgabenrecht, ZRP 1975, 278 ff.

derselbe
Die Vergabe von Vomitivmitteln als strafprozessuale Zwangsmaßnahme NStZ 1998, 66 ff.

Rolletschke, Stefan
Die Abgabe einer Unrichtigen Umsatzsteuerjahreserklärung und das nemo-tenetur-Prinzip, wistra 2004, 426 ff.

derselbe
Die neuere Rechtsprechung zum Nebeneinander von Strafverfahren und Besteuerungsverfahren, StV 2005, 355 ff.

derselbe/Kemper, Martin
Steuerverfehlungen, Kommentar zum Steuerstrafrecht, 77. Aktualisierung, Dezember 2004 (zit: Bearbeiter in Rolletschke/Kemper)

Rosenbaum, Christian
Der grundrechtliche Schutz vor Informationseingriffen, Jura 1988, 178 ff.

Rößler, Harald
Steuerstraf- und bußgeldrechtliche Aspekte in der Betriebsprüfung, DStZ 1996, 142 ff.

Roxin, Claus
Strafverfahrensrecht, 25. Auflage, München 1998

derselbe
Nemo tenetur: die Rechtsprechung am Scheideweg, NStZ 1995, 465 ff.

derselbe
Zum Hörfallen-Beschluss des Großen Senats für Strafsachen, NStZ 1997, 18 ff.

Ruegenberg, Guido
Das nationale und das internationale Steuergeheimnis im Schnittpunkt von Besteuerungs- und Steuerstrafverfahren, Diss. Universität Bayreuth 1999, Köln 2001

Rüping, Hinrich

    Ermittlungen der Steuerfahndung und ihre Schranken, DStR 2002, 2020 ff.

derselbe/Kopp, Tohmas

    Steuerrechtliche Mitwirkungspflichten und strafrechtlicher Schutz vor Selbstbelastung, NStZ 1997, 530 ff.

Rüster, Susanne

    Der Steuerpflichtige im Grenzbereich zwischen Besteuerungsverfahren und Strafverfahren, Diss. Freie Universität Berlin 1988, Göttingen 1989

dieselbe

    Rechtsstaatliche Probleme im Grenzbereich zwischen Besteuerungsverfahren und Strafverfahren, wistra 1988, 49 ff.

Sachs

    Grundgesetz Kommentar, hrsg. von Michael Sachs, 3. Auflage, München 2003 (zit: Bearbeiter in Sachs)

Salditt, Franz

    25 Jahre Miranda, GA 1992, 51 ff.

Samson, Erich

    Steuerhinterziehung, nemo tenetur und Selbstanzeige – eine Dokumentation, wistra 1988, 130 ff.

derselbe

    Strafbefreiende Selbstanzeige (§ 371 IV AO) und Berichtigungspflicht (§ 153 I AO), wistra 1990, 245 ff.

Schall, Hero

    Die Schutzfunktion der Strafbestimmung gegen den Hausfriedensbruch, Diss. Universität Göttingen 1973, Berlin 1974

Schäfer, Karl

    Einige Bemerkungen zu dem Satz "nemo tenetur se ipsum accusare", in Festschrift für Hans Dünnbier, S. 11 ff., hrsg. von Ernst-Walter Hanack u. a., Berlin 1982 (zit: Schäfer in FS Dünnbier 1982)

Schick, Walter

    Steuerfahndung im Rechtsstaat, JZ 1982, 125 ff.

derselbe

    Die Steuererklärung, StuW 1988, 301 ff.

Schickedanz, Erich

    Das informationelle Selbstbestimmungsrecht, BayVBl. 1984, 705 ff.

Schleifer, Carl-Hermann

    Verhältnis von Besteuerungs- und Steuerstrafverfahren, wistra 1986, 250ff.

Schlink, Bernhard

    Das Recht der informationellen Selbstbestimmung, Der Staat 1986, 233 ff.

Schlothauer, Reinhold/Wieder, Hans-Joachim
Untersuchungshaft, 2. Auflage, 1996

Schlüchter, Ellen/Radbruch, Jochen
BGH – Anmerkung, Urt. v. 21.7.1994 – 1 StR 83/94, NStZ 1995, 354 f.

Schmidt-Jortzig, Edzard
Grenzen der staatlichen Strafgewalt, in Festschrift 50 Jahre Bundesverfassungsgericht, S. 505 ff., hrsg. von Peter Badura u. a., Tübingen 2001 (zit: Schmidt-Jortzig in 50 Jahre BVerfG)

Schmitz, Monika
Rechtliche Probleme des Einsatzes verdeckter Ermittler, Diss. Universität Bonn 1995, Frankfurt am Main 1996

Schmitz, Roland
Der Beginn der Verjährungsfrist nach § 78a StGB bei Hinterziehung von Einkommensteuer durch Unterlassen, wistra 1993, 248 ff

Schneider, Hartmut
Grund und Grenzen des strafrechtlichen Selbsbegünstigungsprinzips: auf der Basis eines generalpräventiv-funktionalen Schuldmodells, Diss. Freie Universität Berlin 1990, Berlin 1991

derselbe
Strafprozessuale Anforderungen an Polizeibeamte zur Ermöglichung der Verteidigerkonsultation durch den festgenommenen Beschuldigten, Jura 1997, 131 ff.

derselbe
Die strafprozessuale Beweiswürdigung des Schweigens von Beschuldigten und angehörigen Zeugen, Jura 1990, 572 ff.

Schönke, Adolf/Schröder, Horst
Kommentar zum Strafgesetzbuch, 26. Auflage, 2001 (zit: Bearbeiter in Schönke/Schröder)

Schramm, Hans-Holger
Die Verpflichtung des Abwassereinleiters zur Weitergabe von Eigenmesswerten und der nemo-tenetur-Satz, Diss. Universität Kiel 1988, Frankfurt am Main 1990

Schuhmann, Helmut
Berichtigung von Erklärungen (§ 153 AO) und Selbstanzeige, wistra 1994, 45 ff.

Schumann, Heribert
Verfahrenshindernis bei Einsatz von V-Leuten als agents provocateurs?, JZ 1986, 66 ff.

Schünemann, Bernd
Überkriminalisierung und Perfektionismus als Krebsschaden des Verkehrsstrafrechts, DAR 1998, 424 ff.

Seebode, Manfred
Anmerkung zu BGH, Urt. v. 28.4.1987, JR 1988, 427 ff.

Seer, Roman
Konsensuale Paketlösungen im Steuerstrafverfahren, Festschrift für Günter Kohlmann, S. 535 ff., hrsg. von Hans Joachim Hirsch u. a., Köln 2003 (zit: Seer in FS Kohlmann)

derselbe
Der Konflikt zwischen dem Schweigerecht des Beschuldigten im Steuerstrafverfahren und seiner Mitwirkungspflicht im Besteuerungsverfahren, Der Steuerberater 1987, 128 ff.

Seifert, Karl-Heinz/Hömig, Dieter
Grundgesetz für die Bundesrepublik Deutschland: Taschekommentar, 7. Auflge, Baden-Baden 2003 (zit: Seifert/Hömig)

Sendler, Horst
Menschenwürde, PID und Schwangerschaftsabbruch, NJW 2001, 2148 ff.

Simitis, Spiros
Die informationelle Selbstbestimmung – Grundbedingung einer verfassungs-konformen Informationsordnung, NJW 1984, 398 ff.

Simon, H. Eberhard/Vogelberg, Claus-Arnold
Steuerstrafrecht, Stuttgart 2000 (zit: Simon/Vogelberg)

Soergel
Kommentar zum Bürgerlichen Gesetzbuch, begründet von Hs. Th. Soergel, Bd. 5/2, Schuldrecht IV/2, §§ 823 – 853; 12. Auflage; Stuttgart 1999 (zit: Bearbeiter in Soergel)

Spaeth, Wiebke
Grundrechtseingriff durch Information, Diss. Univerität Passau 1994, Frankfurt am Main 1995

Spanner, Hans
Die verfassungskonforme Auslegung in der Rechtsprechung des Bundesverfassungsgerichts, AöR 1966, 503 ff.

Spitz, Helmut
Auskunftspflichten – Bankgeheimnis – Beschlagnahme / Durchsuchung – Zeugenvernehmung im Steuerstrafverfahren, DStR 1981, 428 ff.

Spriegel, Helmut
Steuergeheimnis und nichtsteuerliche Straftat, wistra 1997, 321 ff.

Stern, Klaus
Das Staatsrecht der Bundesrepublik Deutschland, Band I Grundbegriffe und Grundlagen des Staatsrechts, Strukturprinzipien der Verfassunf, 2. Auflage, München 1984 (zit: Stern I)

derselbe
  Das Staatsrecht der Bundesrepublik Deutschland, Band III/1, Allgemeine
  Lehren der Grundrechte, München 1988 (zit: Stern III/1)

derselbe
  Das Staatsrecht der Bundesrepublik Deutschland, Band III/2, Allgemeine
  Lehren der Grundrechte, München 1994 (zit: Stern III/2)

Sternberg-Lieben, Detlev
  Anmerkung zu BGH, Urt. v. 21.7.1994 – 1 StR 83/94, JZ 1995, 844 ff.

Stetten, Annette von
  Strafprozessuale Verwertung von beschlagnahmten Akten privater KfZ-
  Haftpflichtversicherer, JA 1996, 55 ff.

Störmer, Rainer
  Strafprozessuale Verwertungsverbote in verschiedenen Konstellationen, Jura
  1994, 621 ff.

Streck, Michael
  Die Steuerfahndung, 3. Auflage, Köln 1996 (zit. Streck Steuerfahndung)

derselbe
  Betriebsprüfung und Steuerstrafverfahren, BB 1980, 1537 ff.

derselbe
  Das Recht des Verhältnisses von Steuer- und Strafverfahren, in Strafverfolgung
  und Strafverteidigung im Steuerstrafrecht, S. 217 ff., Deutsche Steuerjuristische
  Gesellschaft e. V., hrsg. von Günter Kohlmann, Köln 1983 (zit: Streck in DStJG
  1983)

derselbe/Spatscheck, Rainer
  Steuerliche Mitwirkungspflicht trotz Strafverfahren?, wistra 1998, 334 ff.

Stree, Walter
  Schweigen des Beschuldigten im Strafverfahren, JZ 1966, 593 ff.

Stürner, Rolf
  Strafrechtliche Selbstbelastung und verfahrensförmige Wahrheitsermittlung,
  NJW 1981, 1757 ff.

Suhr, Dieter
  Entfaltung der Menschen durch die Menschen, Berlin 1976

Systematischer Kommentar
  Kommentar zur Strafprozessordnung und zum Gerichtsverfassungsgesetz, hrsg.
  von Rudolphi, Hans-Joachim, 42. Lieferung, Frankfurt am Main 2005 (zit:
  Bearbeiter in SK-StPO)

Teske, Doris
  Das Verhältnis von Besteuerungs- und Steuerstrafverfahren unter besonderer
  Berücksichtigung des Zwangsmittelverbotes (§ 393 Abs. 1 S. 2 und S. 3 AO),
  wistra 1988, 207 ff.

Thomas, Heinz/Putzo, Hans
   Kommentar zu Zivilprozessordnung, 26. Auflage, München 2004 (zit: Thomas/Putzo)

Tiedemann, Paul
   Von den Schranken des allgemeinen Persönlichkeitsrechts, DÖV 2003, 74 ff.

Tipke, Klaus/Kruse, Heinrich Wilhelm
   Abgabenordnung, Finanzgerichtsordnung; Kommentar zur AO und FGO, 106. Lieferung, Köln 2005 (zit: Tipke/Kruse)

Torka, Ronald
   Nachtatverhalten und Nemo tenetur, Diss. Universität Passau 1998/1999, Berlin 2000

Tröndle, Herbert/Fischer, Thomas
   Kommentar, Strafgesetzbuch und Nebengesetze, 52. Auflage, München 2004 (zit: Tröndle/Fischer)

Ventzke, Klaus-Ulrich
   Strafverfolgung als Konsequenz der Asylantragsbegründung, StV 1990, 279 ff.

Verrel, Torsten
   Die Selbstbelastungsfreiheit im Strafverfahren, München 2001

derselbe
   Nemo tenetur – Rekonstruktion eines Verfahrensgrundsatzes, 1. und 2. Teil, NStZ 1997, 361 ff., 415 ff.

Vitzthum, Graf Wolfgand
   Gentechnologie und Menschenwürdeargument, ZRP 1987, 33 ff.

Vogel, Klaus
   Rechtfertigung der Steuern: Eine vergessene Vorfrage; Zugleich zur „heimlichen Steuerrevolte" und zum Dreieck Staat/Wirtschaft/Gesellschaft, Der Staat 1986, 481 ff.

Vogelgesang, Klaus
   Grundrecht auf informationelle Selbsbestimmung?, 1. Auflage, Baden-Baden 1987

Volk, Klaus
   Kronzeugen praeter legem?, NJW 1996, 879 ff.

Wannemacher, Wolfgang
   Steuestrafrecht Handbuch, 5. Auflage, Bonn 2004 (zit: Bearbeiter in Wannemacher)

Weber-Dürler, Beatrice
   Der Grundrechtseingriff, VVDStRL 1997, 57 ff.

Weichert, Thilo
   Informationelle Selbstbestimmung und strafrechtliche Ermittlungen, Diss Universität Freiburg i. Br. 1990, Pfaffenweiler 1990

Weigend, Thomas
  Unverzichtbares im Strafverfahren, ZStW 113 (2001), 271 ff.

derselbe
  Abgesprochene Gerechtigkeit – Effiziens durch Kooperation im Strafverfahren? –, JZ 1990, 774 ff.

Wendeborn, Matthias M.
  Das Recht der Steuerfahndung gemäß §§ 208, 404 AO, Diss. Universität Hamburg 1988, Frankfurt am Main 1989

Weßlau, Edda
  Zwang, Täuschung und Heimlichkeit im Strafverfahren, ZStW 1998, 1 ff.

Wenzel, Judith
  Das Verhältnis von Steuerstraf- und Besteuerungsverfahren, Diss. Universität Bayreuth 2003, Herbolzheim 2003

Wieland, Rainer
  Buchhaltungsunterlagen als Gegenstand der Beschlagnahme beim Steuerberater des Beschuldigten, Diss. Universität Bochum 1997

Wisser, Michael
  Die Aussetzung des Steuerstrafverfahrens gem. § 396 AO und die Bindung des Strafrichters, Diss. Universität Giessen 1992, Pfaffenweiler 1992

Wolff, Heinrich Amadeus
  Selbstbelastung und Verfahrenstrennung: das Verbot des Zwangs zur aktiven Mitwirkung am eigenen Strafverfahren und seine Ausstrahlungswirkung auf die gesetzlichen Mitwirkungspflichten des Verwaltungsrechts, Diss. Hochschule für Verwaltungswissenschaften Speyer 1995/1996, Berlin 1997

Wölfl, Bernd
  Die Verwertbarkeit heimlicher privater Ton- und Bildaufnahmen im Strafverfahren, Diss. Universität Passau 1997, Frankfurt am Main 1997

Wolfslast, Gabriele
  Beweisführung durch heimliche Tonbandaufzeichnung, NStZ 1987, 103 ff.

Wulff, Martin
  Steuererklärungspflichten und „nemo tenetur", wistra 2006, 89 ff.

Zacharias, Erwin/Rinnewitz, Jürgen/Wiesbaum, Marina
  Anordnung der Außenprüfung und Einschaltung der Steuerfahndung als gleichrangige Intrumente zur Ermittlung von Steuerstraftaten und Steuerordnungswidrigkeiten?, DStZ 1988, 609 ff.

Zeising, Klaus
  Die Verwertung von Diagrammscheiben aus Fahrtenschreibern zum Nachweis von Geschwindigkeitsverstößen, NZV 1994, 383 ff.